Irgendwann erwischt es dich: Du fliegst aus dem »Hotel Mama«. Knallhart siehst du dich plötzlich dem schonungslosen Alltag ausgesetzt. Waschen, putzen, kochen – was früher im Wunder-Mutterland wie ein weit entfernter Fluch klang, musst du jetzt ganz alleine auf die Reihe kriegen. Schnell bemerkst du, dass du nicht mal Salzkartoffeln kochen kannst, geschweige denn weißt, wie eine Waschmaschine funktioniert.

Zwei Junggesellen, die diese schwere Schule durchlitten haben, helfen mit wertvollen Tipps und Tricks, die erste Zeit im K(r)ampf mit den alltäglichen Tätigkeiten zu meistern – und der Anruf bei »Mutti« ist bald überflüssig!
Wenn Mutti nicht mehr weiterweiß, steht Vati in diesem Doppelband mit Rat und Tat zur Seite. »Frag Vati«, der ideale Helfer für alle Fragen rund um die Bereiche Handwerken, Auto, Finanzen, Job und Freizeit, beantwortet Fragen wie: Welche Grillkohle brauche ich für mein Fünf-Sterne-Würstchen? oder Woher kommt der Seemannsknoten in meiner Krawatte? Die unentbehrliche Fortsetzung des Ratgebers »Frag Mutti« – wieder mit Komplettlösungen für alle Alltagsfallen. Alles garantiert alltagserpobt!

Bernhard Finkbeiner wurde am 8. Januar 1983 in Ludwigsburg geboren. Nach dem Studium der Medieninformatik an der Universität Ulm studierte und forschte Finkbeiner an der Simon Fraser University in Vancouver, wo er seit Sommer 2007 mit seiner Familie lebt.

Hans-Jörg Brekle wurde am 17. Mai 1976 in Stuttgart geboren und wohnt mit seiner Frau in Esslingen. Der gelernte Zimmermann und studierte Sozialpädagoge arbeitet in der Diakonie auf der Karlshöhe Ludwigsburg und spielt in zwei Bands.

Weitere Informationen finden Sie auf www.fischerverlage.de

BERNHARD FINKBEINER
HANS-JÖRG BREKLE

FRAG MUTTI FRAG VATI

Zwei Bestseller in einem Band

FISCHER Taschenbuch

Illustrationen von Sebastian Steitz

3. Auflage: Januar 2018

Erschienen bei FISCHER Taschenbuch
Frankfurt am Main, Dezember 2012

Lizenzausgabe mit Genehmigung
des S. Fischer Verlags GmbH, Frankfurt am Main

Satz: Pinkuin Satz und Datentechnik, Berlin
Druck und Bindung: CPI books GmbH, Leck
Printed in Germany
ISBN 978-3-596-19559-6

Frag Mutti

Das Handbuch nicht nur für Junggesellen

BRAUCHE ICH DIESES BUCH?

A. Deine Freundin hat gerade ein Glas Rotwein über deinen neuen Flokati gekippt. Was machst du?

Du holst die Fleckenschere. (1 Punkt)
Du färbst den Teppich rot ein. (1 Punkt)
Du wickelst die Freundin in den Flokati und versteigerst sie bei eBay. (1 Punkt)

B. Du wäschst deine weiße Wäsche und merkst in der Hälfte des Waschgangs, dass alles so schön rosa ist. Deine Lösung des Problems?

Du stellst die Waschmaschine auf schwarz-weiß um. (1 Punkt)
Du gründest die RSV (Rosa Socken Vereinigung). Du glaubst gar nicht, wie viele Anhänger sie in wenigen Wochen haben wird. (1 Punkt)
Du verzichtest in Zukunft auf Unterwäsche. (1 Punkt)

C. Du hast großspurig Freunde zum Essen eingeladen, nun kannst du fast die Wohnungseingangstür nicht mehr finden, um ihnen zu öffnen, weil dir gerade der Versuch geglückt ist, aus einem Schweinebraten Kohle zu machen. Wie rettest du dich?

Du gibst das Ganze als Eventgastronomie aus. (1 Punkt)
Du sagst, dass du heute nicht da bist. (1 Punkt)
Du holst deinen Grill aus dem Keller, Kohle hast du ja. (1 Punkt)

D. Du stehst am Supermarkt und hast keinen Euro für den Einkaufswagen. Wie verhältst du dich?

Du knackst einen Wagen mit deiner Eurocheckkarte und verscherbelst ihn später wieder gegen einen Euro! (1 Punkt)

Du lernst Jonglieren. (1 Punkt)

Du zerrst ein kleines Monster aus einem dieser bunten Einkaufsautos und hast überall freie Fahrt. (1 Punkt)

1 Punkt und mehr

Bist du in anderen Dingen besser? So wie es aussieht, bist du der absolute Haushaltsidiot. Willst du alleine überleben? Dann brauchst du dringend dieses Buch. UNBEDINGT!

INTRO

Geschafft! Mein neues Leben beginnt. Stolz lächelt mich mein Spiegelbild im ICE-Fenster an. Wie souverän ich klar gemacht habe, dass nur ich der Richtige für diesen Job bin. Sie haben gar keine andere Wahl. Sie werden mich einstellen müssen. Dann ist es so weit: Von zu Hause ausziehen, eine eigene Wohnung besitzen, viele tolle Frauen einladen und endlich ein Leben führen, in dem ich der Boss bin. Ich, INGO, frisch gekürter Sozialversicherungsfachangestellter, bin fest entschlossen, das durchzuziehen.

Die vielen Nesthocker in meinem Bekanntenkreis kann ich nicht verstehen. Sind die denn total bescheuert? Für eine warme Mahlzeit oder frische Hemden opfern sie ihre Freiheit. Geben sich zufrieden mit einem separaten Wohnungseingang oder einem eigenen Klo. Zugegeben, mein Zimmer bei meinen Eltern in Ludwigsburg ist auch nicht schlecht. Unterm Dach mit freiem Blick in den Himmel, doch auf dem Weg dorthin kommt man dummerweise direkt am Schlafzimmer meiner Eltern vorbei. Was das bedeutet, kann man sich leicht ausmalen. Zumal meine Mutter nur bei geöffneter Tür schlafen kann.

Es ist einfach oberpeinlich, die Angebetete am Bett der Eltern vorbeischleusen zu müssen. Welche Libido hält diesem Anblick stand? Oft bin ich allerdings noch nicht in diese Verlegenheit gekommen. Eigentlich noch nie. Dabei finde ich mich ganz akzeptabel. Ich bin zwar rein körperlich nicht der Größte, aber mir wurde schon öfter bekundet, dass ich bei den Mädels gut ankomme. Was ich aber mit Sicherheit sagen kann, ist, dass ich im Moment keine Freundin habe. Meine letzte hat mich nach vierzehn Tagen verlassen, weil ihr ein anderer über den Weg gelaufen ist, bei dem es »mehr prickelte«. Mr. Brausestäbchen ist inzwischen auch hopp und ex. Doch das ist jetzt alles Schnee von gestern. Ich stehe jetzt vor wahren Herausforderungen. Wenn ich von zu Hause ausgezogen bin, wird die Welt einen anderen Ingo kennen lernen! Dank meiner angeborenen Anpassungsfähigkeit und meines hervorragenden Improvisationstalents wird es mir ein Leichtes sein, mich in der neuen Stadt zurechtzufinden, meinen Haushalt zu führen, den Alltag zu meistern, und innerhalb kürzester Zeit werde ich mit selbst kreierten kulinarischen Spezialitäten die Frauen verführen und dann in mein eigenes Schlafgemach entführen. Auf dem Weg ins Dorado des Junggesellendaseins habe ich heute souverän die erste Hürde genommen.

Hallo, Ingo,
auch wir, die Autoren dieses Buches, glaubten nach dem Auszug von zu Hause, uns liege die Welt zu Füßen. Nach kurzer Zeit stellten wir jedoch fest, dass uns noch nicht einmal die Waschmaschine folgt und unser Kochkünste schon bei der Zubereitung von Salzkartoffeln schlapp machten. (Weißt *du*, wie man sie kocht?) Irgendwann haben wir dann kapituliert: Hans-Jörg rief seine Mutter an, die ihm erklärte, wie man rosa Socken wieder weiß bekommt und Salzkartoffeln nicht matschig werden. Das war unser Schlüsselerlebnis. Seither wissen wir: Der Anruf bei Mutti ist für junge Menschen, die flügge geworden sind, überlebenswichtig! Für alle, denen eine Standleitung nach Hause zu teuer oder zu peinlich ist oder deren Mütter wenig auskunftsfreudig sind, haben wir dieses Buch geschrieben. Alle Tipps sind garantiert alltagstauglich, manche vielleicht nicht ganz so ernst zu nehmen, aber auf jeden Fall von uns oder einer Jury aus vielen Schicksalsgenossen und -genossinnen erprobt.
Nach der Lektüre bist du der perfekte Gastgeber und schmeißt die coolsten Partys. VERSPROCHEN!
Dein
Bernhard und Hans-Jörg

PS: Wenn du das Buch liest, wirst du ab und zu auf »Komplettlösungen« und »Cheats« stoßen. Komplettlösungen liefern dir, wie der Name schon vermuten lässt, eine fertige Lösung für ein Problem. Also: Wie kommst du von A nach B (z. B. zu einem weich gekochten Frühstücksei oder zu einem gebügelten Hemd).
Cheats hingegen sind kleine, aber unheimlich wirksame Tricks gegen die hinterhältigen Krankheiten im Haushalt (cheat heißt schummeln). Mit wenig Aufwand und einer pfiffigen Idee lassen sich viele kleine Problemchen im Haushalt bewerkstelligen, z. B. wie man Flecken wieder aus einem heißgeliebten T-Shirt rausbekommt.
An manchen Stellen wird dir Hilde begegnen. Hilde ist unser Maskottchen auf unserer Website *www.frag-mutti.de.* Die Tipps, die sie dir gibt, sind von einer Jury, unserer Internetgemeinde, geprüft und mit Hildepunkten ausgestattet. Ein Punkt bedeutet: »Hände weg, nur was für Esoteriker«, fünf Punkte hingegen sind der absolute Knaller. Trotz sorgfältigster Prüfung können wir natürlich nicht für jeden Tipp die Hand ins Feuer legen. Wenn ihr also Kritik, Anregungen oder selbst einen Tipp habt, füllt die Antwortkarte auf S. 245/246 aus und schickt sie in einem Briefumschlag an die angegebene Adresse. Unter allen Einsendungen wird ein Buchpreis in Höhe von 50 € verlost. Die Gewinner und natürlich eure besten Tipps werden auf unserer Website veröffentlicht.

FREIFLUG

Freitag, 17:00 Uhr

Yeah! Morgen gehe ich auf Wohnungssuche. Und ich habs im Blut. Die Vermieterinnen werden vor meinem Junggesellencharme in die Knie gehen. Überflüssig zu erwähnen: Ich bekomme die Stelle bei der Krankenkasse in Ulm. Leichte Zweifel trübten schon meine Stimmung. Am meisten nervte mich meine Familie. Schlimmer als die mitleidigen Blicke meiner Mutter war die offen zu Schau gestellte Häme meiner Schwester. Früher klärte meine körperliche Überlegenheit solche Dinge. Heute verhindern ihre zum Teil um zwei Köpfe größeren Verehrer eine solch schnelle Lösung.

»Weißt du, über was ich mich am meisten freue?«, habe ich ihr eben im Vorübergehen lässig hingeworfen. »Nie mehr morgens deine ekligen Haare aus dem Abfluss fummeln zu müssen.«

Lieber Ingo,
freu dich nicht zu früh: In deinem neuen Leben erwarten dich noch viel größere Herausforderungen als Haare im Abfluss, außerdem sind nicht alle Vermieter Frauen.

Komplettlösung – Wohnungssuche Um eine Wohnung in einer anderen Stadt zu suchen, benötigst du zuerst folgende Dinge:	
Telefon/E-Mail	Für die persönliche Kontaktaufnahme.
Stadtplan	Vor allem in größeren Städten ist dieser sehr hilfreich bei der Auswahl der infrage kommenden Stadtteile und erleichtert die Suche nach der angebotenen Wohnung. (Stadtpläne gibt es auch im Internet: www.stadtplandienst.de)
Zeitung mit Wohnungsanzeigen	Das größte Wohnungsangebot für die jeweilige Stadt findet sich in der Regel in den Wochenendausgaben der dort erscheinenden Zeitungen. So gut wie jede größere Zeitung präsentiert ihren Anzeigenmarkt auch auf ihrer Internetseite.
Internetanschluss	Im Internet kann gezielt nach der Traumwohnung recherchiert werden, z. B. auf www.immobilienscout24.de, www.studenten-wg.de oder www.wg-gesucht.de

1:30 Uhr

Hilfe! Seit drei Stunden quäle ich mich am Computer. Angebot groß, aber chaotisch. Meine Schwester und neuer Typ nerven von nebenan.

Lieber Ingo!

Mach die Musik lauter, und überlege dir Folgendes, bevor du ins Netz gehst:

1. Wie viel Miete willst/kannst du zahlen?
2. Wo soll die Wohnung liegen? (Wie kommst du von dort zum Arbeitsplatz/zur Uni?)
3. Wie soll die Wohnung ausgestattet sein? (Wie viele Zimmer, Balkon, Parkplatz etc.?)

Ein Tipp noch: Auch wenn es dein Selbstbewusstsein etwas ankratzt: Es ist immer geschickt, die Mutter/den Vater mit zu einem Besichtigungstermin zu nehmen, das vermittelt dem Vermieter Vertrauen und Liquidität. Vorsicht: Bei einem WG-Platz wäre eine solche Begleitung aber eher kontraproduktiv.

Sonntagnachmittag

Ich liege auf meinem Bett und nehme Abschied. In einem Anflug von Sentimentalität habe ich die Ü-Ei-Sammlung meiner Schwester geschenkt. Samstag letzter Woche bin ich mit meinem Vater nach Ulm gefahren. Drei Wohnungen standen auf dem Programm. Die zweite war ein Traum. Zwei Zimmer, eins kleiner, aber beide hell – ich wusste sofort, wie ich sie einrichten werde. Die Küche ist zwar eng, hat aber dafür einen kleinen Balkon. Das Bad mit Dusche ist nicht gerade eine Wellnessoase, aber fürs Erste ganz akzeptabel. Da die Wohnung nicht weit von meinem neuen Arbeitsplatz liegt, war die Sache gebongt. »Alles klar, dann schicke ich Ihnen den Mietvertrag in den nächsten Tagen mit der Post«, sagte die Vermieterin zu meinem Vater, und für einen Moment fragte ich mich, wer denn nun hier einziehen soll. Aber was solls: Morgen ist die Schlüsselübergabe, den Mietvertrag soll ich unterschrieben mitbringen.

Der Mietvertrag

Ein Mietvertrag regelt eine ganze Menge. Deshalb solltest du ihn unbedingt sorgfältig durchlesen und auf ein paar Dinge achten, bevor du unterschreibst. Die Kaution zum Beispiel. Diese muss nur gezahlt werden, wenn sie im Mietvertrag vereinbart wird. Der Gesetzgeber lässt bis zu drei Monatsmieten als Kaution zu, die man in bis zu drei Raten zahlen kann. Bei der Rückerstattung stehen einem die Zinsen, die für Spareinlagen mit dreimonatiger Kündigungsfrist üblich sind, zu. Darüber hinaus hast du jederzeit das Recht, von deinem Vermieter zu erfahren, wie hoch die Zinserlöse sind. Wenn du die Kaution bezahlst, bietet es sich an, das Geld auf einem Sparbuch anzulegen und es dem Vermieter auszuhändigen.

Es lohnt auch, einen Blick auf das Kleingedruckte im Mietvertrag zu werfen. Wie sieht es mit den Regelungen zu Nebenkosten, Schönheitsreparaturen und Instandhaltungen aus? Du musst Reparaturen nur übernehmen, wenn das auch im Mietvertrag steht. Wenn dort eine Klausel steht, die festlegt, dass du beim Ein- *und* Auszug renovieren musst, so ist das ungültig. Gültig ist die Klausel nur, wenn du entweder beim Einzug *oder* beim Auszug renovieren musst.

Bist du über einen Makler an die Wohnung geraten, so darf der Makler nur dann Kaution verlangen, wenn er dir zu dem Mietvertrag verholfen hat. Sollte der Makler Eigentümer, Vermieter oder Verwalter sein, so steht ihm keine Kaution zu. Auch wenn du in eine Sozialwohnung ziehst, darf der Makler keine Kaution verlangen. Die Provision der Makler ist gesetzlich festgeschrieben und darf nicht mehr als das 2-fache der Nettokaltmiete zuzüglich Mehrwertsteuer betragen.

Handelt es sich bei deinem Mietvertrag um einen befristeten Vertrag, so muss dieser eine Begründung für die Frist enthalten. Es sind vom Gesetzgeber nur drei Gründe erlaubt: erstens, der Vermieter möchte die Wohnung für sich oder nahe Angehörige

verwenden, zweitens, der Vermieter will die Räume abreißen oder grundlegend renovieren oder drittens, er will die Wohnung an Angestellte vermieten.
Bei schwierigeren Mietfragen solltest du dich an den Mieterverein – z. B. www.mieterverein.de – oder an einen in Mietfragen spezialisierten Anwalt wenden.

Das Übergabeprotokoll

Bei der Wohnungsübergabe solltest du unbedingt ein Übergabeprotokoll führen. Darin aufgeführt werden z. B. der Stand der Strom-, Gas- und Wasserzähler, die Anzahl der übergebenen Schlüssel sowie der Allgemeinzustand der Wohnung und eventuelle Mängel. Das Protokoll sollte in zweifacher Ausfertigung von Vermieter und Mieter unterschrieben werden. Ein Exemplar bekommt der Vermieter, das andere ist für deine Unterlagen bestimmt. Nur so kann beim Auszug objektiv entschieden werden, ob ein Schaden während deiner Zeit entstanden ist oder schon vorher bestanden hat.

Montag, 11:00 Uhr

Meine neue Freiheit ist 45 qm groß und müffelt noch etwas. Klar, die Wände benötigen einen neuen Anstrich und geputzt werden muss unbedingt auch. Aber mit einem Kasten Bier als Köder dauerte es keine drei Sekunden, meine Freunde Lars und Benjamin zu überreden, die Seminare an der Uni ausfallen zu lassen und ihrem alten Kumpel zu Hilfe zu eilen.

Super, Ingo! Du willst deine Wohnung auf Vordermann bringen. Das ist eine phantastische Idee, aber besorge dir unbedingt genügend Abdeckfolie und Zeitungspapier, damit du die Wohnung *vor* dem Streichen damit abdecken kannst. Ansonsten bist du *nach* dem Streichen zwei Tage lang mit Putzen beschäftigt. Denk an die Musik, sonst wird euch schnell langweilig beim Streichen. Weiterhin sinnvoll ist eine Leiter und ein Teleskopstab für die Farbrollen. Dann wird die Decke auch bei mangelnder Körpergröße weiß.

Bevor Lars und Beni kommen, gehts also noch zum Baumarkt. Vorher muss ich mir allerdings etwas für die Wände einfallen lassen. Der Vormieter hatte wohl eine Gemäldegalerie, sie sind durchlöchert wie Schweizer Käse.

Wandlöcher stopfen ★★★☆☆

Wenn du hässliche Löcher in der Wand hast: Einfach Papiertaschentücher in die Wand klopfen. Auf diese Weise kannst du Löcher von Nägeln und Dübeln so gut wie unsichtbar machen. Du schnappst dir ein kleines Stück Papiertaschentuch und zwirbelst es kegelförmig zu einer Spitze, die so dick wie das Loch sein sollte. Dann ins Loch stecken, 2–4 mm Überstand lassen und den Rest abreißen. Danach klopfst du das Teil noch mit einem Hammer platt.

Was meint die Jury?

: Habs gerade probiert – das gibts ja nicht! – es funktioniert echt!

: Ist sogar besser als Zahnpasta. Die dellt nämlich ein, wenn sie trocknet und wird mit der Zeit gelb – der Schrecken aller Maler.

: Noch einfacher geht es mit Watte, sieht auch mehr nach Raufasertapete aus.

: Ich habs auch ausprobiert, allerdings bei roter Tapete, und das sieht nicht so toll aus!

: Wenn man die Taschentücher nass macht, klappts noch besser ;-)

: Ihr wollt mir jetzt nicht im Ernst erzählen, dass ihr mal eben alle ein Taschentuch in die Wand genagelt habt, oder?

: aufdembodenliegundkrummlach

: Das ist endlich mal eine praktische Lösung. Wenn ich mir die Nase putzen muss und gerade kein Taschentuch zur Hand habe, ziehe ich es einfach wieder aus der Wand. Das dürfte vor allem bei kleinen Kindern Eindruck machen; die glauben nämlich, dass ich zaubern kann.

: Funktioniert erst mal, doch wenn dann neu gemalert wird, erkennt man sofort, dass das Loch unsauber ist. Und es erfordert Augenmaß, gerade die richtige Taschentuchgröße zu finden.

: Bei mir sah es aus wie »ein Taschentuch steckt in der Wand«. Habe mir jetzt Moltofill geholt!

17:30 Uhr

Lars und Benjamin kamen vor einer Stunde. Zuerst wollten sie natürlich auf die geilste Single-Wohnung der Stadt anstoßen. Lars meinte dann, er hätte eine Farballergie, und zog sich gleich zum Putzen ins Klo zurück. Nun kommt er nur zum Bierholen raus. Beni raucht noch eine und genießt die Aussicht von meinem Balkon.

20:00 Uhr

Geschafft. Die Wohnung ist weiß und nicht nur die, wir auch. Das heißt eigentlich nur Beni und ich, von Lars habe ich seit einer Weile nichts mehr gehört. Beni findet, wir sollten die Putzerei auf Morgen verlegen und zum gemütlichen Teil des Tages übergehen. Er holt gerade mit meinem letzten Geld noch einen Kasten Bier.

22:30 Uhr

Beni ist bislang noch nicht zurückgekehrt, Lars wahrscheinlich auf dem Klo eingeschlafen. Ich kann die Tür nicht mehr öffnen, höre aber sein Schnarchen. Die Wohnung ist kalt und dunkel (habe vollkommen vergessen, Lampen mitzubringen). So bleibt mir nichts anderes übrig, als irgendwie zu versuchen einzuschlafen, bevor ich aufs Klo muss.

Das-erste-Nacht-in-der-eigenen-Wohnung-Survival-Kit	
Lampe/Glühbirnen	Wenn du nicht im Dunkeln sitzen willst und Strom bereits vorhanden ist.
Teelichter/Kerzen	Falls noch kein Strom vorhanden sein sollte, sorgen Kerzen für eine gemütliche

	Stimmung. Für Unromantiker tuts auch eine Taschen- oder Campinglampe.
Eine Rolle Toilettenpapier	Wird gerne vergessen, kann aber sehr dringend werden.
Reinigungs-utensilien	Es gibt immer was zu putzen: Lappen, Spülmittel, Putzeimer und Küchentücher dürfen auf keinen Fall fehlen.
Etwas zu essen und zu trinken	Hebt die Moral der Putztruppe.
Papier und Stift	Falls es noch Besorgungen zu erledigen gibt oder Reklamationen für den Vermieter zu notieren sind.
Schlafsack und Isomatte/Luftmatratze	Wenn noch kein funktionstüchtiges Bett vorhanden ist.

Samstag, 14:00 Uhr

Von der Arbeitsmoral meiner Freunde enttäuscht – ich warte immer noch auf den Kasten Bier und auf Beni –, setze ich beim Umzug doch lieber auf Verwandtschaft. Mein Onkel Norbert hat einen kleinen Sanitärladen, und nachdem ich mir einen endlosen Vortrag über meine untauglichen Rohre im Bad anhören musste, ist er mit seinem Kleintransporter das zweite Mal nach Hause unterwegs. Dort helfen meine Eltern und meine Schwester (!) (erkannte ich doch letztens in jenem nächtlichen Besucher den Freund ihrer besten Freundin) beim Beladen. Hier ist noch Irene, Rudis Frau, die all die Putzversäumnisse von Beni und Lars doppelt wieder wettmacht.

Komplettlösung – Umzug	
In den Wochen vor dem Umzug	
Adressenänderung	Teile rechtzeitig Versicherungen, Bausparkassen, Krankenkassen, Vereinen deine neue Adresse mit. Überprüfe deine Mitgliedschaften und Abonnements.
Arbeitsamt	Wenn du Bafög und/oder deine Eltern Kindergeld erhalten, solltest du das Arbeitsamt über deinen Umzug informieren.
Bank	Falls deine bisherige Bank nicht in deiner neuen Stadt vertreten ist, ist es sinnvoll, ein neues Girokonto bei einer dortigen Bank zu eröffnen.
Einwohnermeldeamt	Je nach Bundesland musst du dich 7 bis 14 Tage nach deinem Umzug beim dortigen Einwohnermeldeamt anmelden. Bring deine Ausweise und die Abmeldebescheinigung (ggf. deine Kfz-Papiere) mit. (Auf der Website www. meldeaemter.de findest du die Meldestellen größerer deutscher Städte mit ihrem Service.)
HelferInnen engagieren	Schätze den Arbeitsaufwand beim Umzug so realistisch wie möglich ein, damit die Freiwilligen wissen, was auf sie zukommt.

Post	Einen Nachsendeauftrag stellen, damit kein Liebesbrief verloren geht.
Radio- und Fernsehen anmelden	Du willst doch nicht schwarzsehen, oder? Wenn du Bafög erhältst, kannst du dich von den GEZ-Gebühren freistellen lassen.
Strom, Gas	Anmelden, falls es nicht schon der Vermieter gemacht hat.
Telefon-Internet-Anschluss	Kommunikationstechnisch sollte in einem Junggesellenhaushalt alles frühzeitig geregelt sein, aber daran hast du bestimmt schon gedacht.
Umzugsauto leihen oder mieten	Ein Transport mit einem geliehenen Umzugsauto in der passenden Größe kann günstiger und erheblich bequemer sein als zehn Fahrten mit sämtlichen Kleinwagen deiner Freunde.
Verpacken und Beschriften von Umzugsgut	Wer mit System packt, hat hinterher weniger Chaos beim Auspacken. Gegenstände, die in ein Zimmer gehören, kommen in eine gemeinsame mit dem Inhalt beschriftete Kiste (z. B. Gläser/Küche).

Am Tag vor dem Umzug	
Zimmer in der neuen Wohnung analog zu den Kisten beschriften	Je größer die Wohnung, desto arbeitssparender ist es, wenn die Helfer die Kartons gleich dahin stellen können, wo sie später ausgepackt werden sollen.
Verpflegung organisieren	Frag Mutti. Die macht sicher ein paar Brötchen.
Parkplatz für Umzugsauto sperren	Vor allem in Städten erspart das unnötige Laufarbeit und Ärger mit den Nachbarn.
Wenn der Umzug getan ist …	
Namensschilder anbringen	Damit jeder weiß, wer die Frau/der Herr im Haus ist.
Nachbarn begrüßen	Jetzt ist es leicht, einen guten Eindruck zu machen. Das Wohlwollen deiner Nachbarn brauchst du für die nächste Party.

Abends

Der Umzug lief glatt. Innerhalb weniger Stunden hatten wir alles ausgeladen, und die Möbel waren schnell aufgebaut. Gegen halb sechs war es dann so weit, mein Vater klopfte mir gönnerhaft auf die Schultern: »Junge, jetzt wirds ernst«, und fuhr mit Norbert zurück nach Hause. Die Umzugskartons sind auch schon alle ausgeräumt. Nur noch zwei Bücherregale an die Wand. Fertig ist das Paradies.

Lockere Dübel befestigen ★★★☆☆

Wer kennt das nicht: Du willst ein Regal anbringen, und dafür brauchst du Bohrlöcher, Dübel und Schrauben. Aber beim Bohren merkst du, dass das Loch viel zu groß wird, weil die Wand porös ist oder du dich bei der Größe des Bohrers verschätzt hast. Alles kein Problem: Besorge dir eine Heißklebepistole, und mit der klebst du die Dübel in das Loch. Einfach in das Bohrloch zwei bis drei »Spritzer« drücken und den Dübel hinterher. Hält bombensicher. Wenn du zu viel Kleber in das Bohrloch gepumpt hast, ist das auch kein Beinbruch. Einfach den überstehenden Dübel mit einem Teppichmesser abschneiden. Deine Schraube hält immer noch.

Was meint die Jury?

: Wer keine Heißklebepistole besitzt, kann ersatzweise auch gekochten Reis ins Bohrloch stopfen und anschließend den Dübel reindrücken. Sollte man aber nur machen, wenn eine Ersatzbohrung nicht möglich ist, weil der Reis ca. zwei Stunden zum Trocknen braucht.

: Danke für den Tipp, hält tatsächlich bombenfest.

: Es gibt da so Nummern auf den Bohrschrauben, den Dübeln und den Schrauben – ob da ein Zusammenhang besteht? ;-)

: Heißklebepistole hab ich nicht – dafür wohne ich in einem Altbau und kenne das Problem nur zu gut. Richtige Bohrergröße nutzt auch nicht immer was. Leider eiert der Bohrer da oft durch ein Gemisch von Stein, Holz und weiß der Himmel was … Da gibts nicht nur große, sondern auch noch schiefe Löcher.

: Stimmt genau! Wenn das Bohrloch allerdings ein Fass ohne Boden ist, braucht man evtl. doch Hohlraumdübel.

: Falls der Dübel ins Loch passt, aber irgendwie die Schraube zu klein ist (ja, ja, auch das kann vorkommen), dann einfach ein Streichholz in der Mitte durchbrechen und in den Dübel rein, anschließend Schraube rein, und es hält auch.

: Meine Lösung: Spachtelmasse reindrücken, Dübel hinterher, Schraube rein, trocknen lassen, fertig.

: Der Tipp mit der Heißklebepistole ist nicht schlecht, wenn aber die Wand sandig ist, hält auch kein Kleber. Zweckmäßig wäre es dann, das Bohrloch entweder etwas kleiner zu bohren oder anzunässen, anschließend mit transparentem Silikon ausspritzen. Wenn nichts mehr klebt, Silikon hält alles, Dübel rein und fertig.

: Altbaubewohner, für was braucht ihr Dübel im Altbau? Schraube in die Wand gedreht (ohne Bohren und Dübeln), und es hält.

: Wieso dübeln? Kleb das Regal doch sofort an!

Um Mitternacht

Ich sitze in der Küche und esse die letzten Brote, die meine Mutter heute früh geschmiert hat. Ich fühle mich allein und gleichzeitig so frei wie nie zuvor in meinem Leben. Von draußen dringt der Lärm der Stadt in meine Wohnung.

Gute Nacht, Ingo!

LEVEL 1

SPARSCHWEIN

Geh in den Supermarkt und kauf eine Packung Nudeln!

Dienstag, 14:00 Uhr
Hunger!

Lieber Ingo,
du machst wahrscheinlich jetzt zwei für dein weiteres Singleleben elementare Erfahrungen: Erstens, es ist schlecht, wenn man Hunger hat und niemand hat eingekauft, und zweitens, es gibt niemand außer dir, der für dich einkauft.
Du musst also von nun an das Nahrungsmittelmanagement selbst in die Hand nehmen. Allerdings ist Hunger ein schlechter Einkaufsbegleiter. Du wirst deinen Einkaufswagen mit Dingen füllen, die du nicht brauchst, die zu teuer, ungesund oder kompliziert in der Zubereitung sind. Und auf jeden Fall wirst du von all diesen Dingen viel zu viel kaufen. Also, bezähme deinen Kohldampf und erinnere dich daran, was dir deine Mutti früher immer zum Einkaufen mitgegeben hat. Richtig: einen Einkaufszettel, Geld und eine Tasche oder einen Korb. Jetzt fragst du dich sicher: Warum? Weil es Sinn macht. Wir erklären es dir.
Der Einkaufszettel hilft dir, nichts zu vergessen und auch nur das zu kaufen, was du wirklich brauchst. Für die Zukunft solltest du etwas Beschreibbares an einen zentralen Ort in die Küche hängen (Stift nicht vergessen, am besten anbinden). Immer, wenn dir auffällt, dass etwas zur Neige geht oder unbedingt angeschafft werden muss, kannst du es auf deiner Einkaufsliste ergänzen.
Mit einer Tasche oder einem Korb bringst du deine Einkäufe sicher nach Hause. Oder findest du es schick, mit Lidl-, Norma- oder Alditüten durch die Gegend zu rennen, die Geld kosten

und irgendwann im Dutzend deine Küche bevölkern. Und: vergiss die Knete nicht!

1 Stunde später, Abteilung »Teigwaren«

Hungrig, allein und völlig überfordert stehe ich zwischen den Regalen eines Supermarktes. Er ist bestimmt halb so groß wie Ulm. Natürlich war ich schon oft in ähnlichen Läden einkaufen, doch da war immer ein ausgestreckter Finger, der klar den Kurs vorgab: »Hol zwei von der blauen Butter da unten rechts!«, oder ich habe mich gleich in den Gang verdrückt, wo es diese vielen nutzlosen Sonderangebote von der Heckenschere bis zum Bastelkoffer gab. Angst überkam mich als kleiner Junge nur, wenn mich meine Mutter mit »Stell dich schon mal an« an die Kasse schickte. Die Kassiererin vor mir rückte immer näher, und die Schlange hinter mir wurde immer länger und drängender. Nur von meiner Mutter mit dem Geld war weit und breit nichts zu sehen. Jetzt erfüllt mich eine ähnliche Verzweiflung. Oben an der Decke hängt ein Schild: Nudeln & Co. Aber in den drei Meter hohen Regalen befinden sich nicht nur einfach Nudeln, sondern Spaghetti, Farfalle, Orecchiette, Fettucine, Penne, Lasagne, Cannelloni, Tortellini, Ravioli, Maccaroni, Rigatoni, Tagliatelle. Und die alle in Verpackungsgrößen, von verschiedenen Herstellern und mit unterschiedlichen Preisen. Nach dem & Co. frage ich erst gar nicht.

Hallo, Ingo,
aller Anfang ist schwer. Wenn man dir gerade vom Fahrrad die Stützräder abgeschraubt hat, fährst du auch nicht gleich bei der Tour de France mit. Vielleicht gehst du das nächste Mal doch lieber zuerst in einen kleineren Laden. Und trotzdem machst du etwas instinktiv richtig: Du greifst nicht gleich nach den erstbesten Nudeln. Das sind nämlich meist die teuersten. Es lohnt sich, die Preise zu vergleichen und auch oben und unten in den

Regalen zu schauen. Aber wie vergleicht man vernünftig Preise, wenn die Packungsgrößen unterschiedlich sind? Schau mal genau hin: Auf vielen Preisschildern sind die Kilogrammpreise angegeben, die einen genauen Vergleich ermöglichen.

An der Kasse

Einige Kilometer Laufstrecke, etliche Preisvergleiche und eine Genickstarre später schaue ich stolz auf meine Eroberungen. So muss ein Einkauf aussehen! Besonders angetan bin ich von dem vielen Grün. Meine Mutter wäre begeistert, könnte sie all die frischen Lebensmittel sehen!

Vorsicht, Ingo! Man(n) muss beim Einkaufen nicht nur auf Preise, Mengen und Nutzwert achten, sondern auch darauf, wie lange das Gekaufte eigentlich haltbar ist. Ein guter Tipp hierzu: Vorher oder spätestens beim Einkaufen überlegen, wann koche/esse ich was?

Cheat – Einkaufen
Einkaufsliste führen und/oder Einkaufszettel schreiben.
Nie mit leerem Magen einkaufen gehen.
Preise und Mengen vergleichen und sich auch mal bücken.
Gilt vor allem für Frischprodukte: Speiseplan für die nächsten Tage im Kopf haben.
Die Einkaufsmöglichkeit mit Bedacht wählen. Für den kleinen Einkauf tuts auch mal der Laden an der Ecke. Haltbare Vorratssachen kannst du einmal in der Woche/im Monat beim Discounter holen, Gemüse und Obst gibts auch frisch auf dem Wochenmarkt.

Kassenbon prüfen ★★★☆☆

Trotz ausgeklügelter Kassensysteme kommt es immer wieder vor, dass der Kassenbon fehlerhaft ist. Und auch Kassierer/innen sind nur Menschen und machen Fehler. Deshalb den Bon immer direkt nach dem Einkauf kontrollieren. Wenn zu viel drauf steht, gleich nachhaken. Wenn zu wenig draufsteht, pfeifend nach draußen gehen.

Was meint die Jury?

: Ach nee …

: … beim Kontrollieren auf der Straße nach links und rechts schauen nicht vergessen.

: Ist mir auch schon passiert. Habe mich über die hohe Rechnung gewundert und dann nachgesehen. Da stand dann Chicoree (drei Stück) 27 Euro und einige Cents. Und das zur Chicoree-Zeit. Bin dann zum Filialleiter, der mir erklären wollte, dass die Kasse spinnt.

: Bei mir standen anstelle von 5 Joghurts auf einmal 50 drauf …

: 50 Joghurts hatte ich glücklicherweise noch nicht, aber eine Bekannte hatte 40 Grapefruits auf der Rechnung. Zwei lagen in ihrem Einkaufswagen!

: Ich kann das nur bestätigen, ich gehe sehr häufig große Mengen einkaufen (Großfamilie), und im Schnitt ist jede dritte Rechnung falsch, von doppelt gescanntem Kuchen bis zu Verzehnfachung der Joghurts oder schlichtweg falsche Preise für einzelne Artikel.

: Ein gute(r) Hausfrau/Hausmann weiß schon vor der Rechnung, was der Einkauf kostet.

: Von wegen pfeifend nach draußen gehen: Denkt hier auch mal einer an die Kassiererinnen, die müssen nämlich oft die Fehlbeträge ausgleichen. Also bitte auf beiden Seiten ehrlich sein!

Meisterkoch

Besorg dir einen Topf und bekämpfe die »Mitesser« in der Küche!

Hi, Ingo! Nahrungsmittelmanagement wird in den ersten Wochen einer deiner Lernschwerpunkte sein. Es erfordert eine Menge Übung und Organisationstalent, denn es kommt immer wieder vor, dass du Dinge einkaufst, die du super lecker findest, die dann aber gemütlich im Schrank vergammeln und neue Mitbewohner hervorbringen. Eine weitere Herausforderung im frischen Junggesellendasein ist das Kochen. Einerseits lohnt es nicht, jeden Tag etwas Aufwändiges zu kochen, aber jeden Tag Ketchup mit Nudeln soll es nun auch wieder nicht sein. Damit du möglichst schnell eine schmackhafte Küche hinbekommst, musst du als Erstes zwei Dinge lernen: 1. Lebensmittel richtig aufzubewahren und 2. mit minimalem Aufwand abwechslungsreich und lecker zu kochen. Das sind Fähigkeiten, die über den reinen Sättigungswert auch noch andere Vorteile mit sich bringen. Du glaubst es nicht, wie sparsam die Dame deines Begehrens beim romantischen Candle-Light-Dinner dreinschauen wird, wenn du ihr Fertigpizza auftischst (das ist eben nicht wie beim Italiener, das ist einfach nur arm!). Aus diesem Grund lernst du in diesem Kapitel die Grundlagen, wie du in deiner kleinen, schlecht ausgestatteten Küche länger als drei Tage überlebst.

Töpfe & Co.

Im deutschen Recht ist die sog. Ausstattung des Kindes aus dem Elternvermögen anlässlich der Verheiratung oder Existenzgründung (§ 1624 BGB) geschlechtsneutral. Also Aussteuer kann es auch für Jungs geben. Nur, es existiert kein einklagbarer Anspruch darauf, und in den vielen liberalen Elternhäusern ist Aussteuer sowieso ein Relikt aus Großmutterstagen. So verfügen Erstwohnungsbesitzer zwar in der Regel über den neusten PC, aber über nur wenig Geschirr. Da eine Neuanschaffung ins Geld gehen kann und die Gefahr, teuer am Bedarf vorbeizukaufen, groß ist, sollte man mal bei Omas und Tanten nachfragen, ob nicht die eine Pfanne oder der andere Topf über ist. (Geheimtipp: Schenk deiner Mutter eines dieser Simplify-your-life-Bücher und du hast deine Küchenausstattung zusammen!) In den meisten Fällen sind die Leute froh, wenn sie ihr altes Zeug los sind, und du brauchst das Geld für lohnendere Dinge. Die nächste Frage: Wie viel brauchst du? In der Regel reichen von jedem Gegenstand wenige Exemplare. Je mehr du hast, desto seltener bist du gezwungen zu spülen. Aber: Hast du weniger, werden die Spülberge nicht so hoch und du brauchst weniger Platz, um alles zu verstauen.

Haushalts-Starter-Set

4 große Teller

4 tiefe Teller

4 kleine Teller

4–6 Gläser

4 Tee- oder Kaffeebecher

je 4 Messer, Gabeln und Löffel (klein/groß)

1 Topf mit Deckel

1 Pfanne mit Deckel

1 Schüssel (z. B. für Salat)

1 Schöpflöffel

1 Pfannenwender

1 Kaffeemaschine

Mit diesem Inventar lässt es sich fürs Erste ganz gut leben. Schnickschnack wie Kuchengabeln, Reibeeisen und Schneebesen sind am Anfang deiner Karriere als Jungkoch eher unwichtig, lassen sich aber nach und nach in der Verwandtschaft oder im Freundeskreis sehr gut zusammenschnorren. Hohen Prestigewert haben Mörser und Stößel, Wiegemesser oder Spaghettimaß. Aber bevor du Einladungen zum Essen aussprichst, müssen dir die nötigen Kochkünste antrainiert werden.

Butter & Brot

Es gibt ein paar Lebensmittel, die in jede Küche gehören. Sie bilden die Grundlage deiner Ernährung. Mit ihnen hast du immer irgendetwas im Haus, das den ersten Hunger stillt. Das sind:

Brot
Butter
Wurst
Käse
Marmelade/Honig, Nougat-Nuss-Brotaufstrich
Müsli und/oder Cornflakes
Milch
Äpfel (oder sonst ein Obst deiner Wahl)
etwas Gemüse (Gurken, Tomaten etc.)
Zucker
Salz
Pfeffer
Ketchup

Kaffee/Tee/Kakao
Kaltgetränke

Es sind alles Lebensmittel, die nicht gekocht werden müssen. Sie eignen sich also perfekt für ein energiespendendes Frühstück oder ein schnelles Abendessen oder für den Hunger zwischendurch.

• Kochkurs Level 1
Zubereitung der Grundnahrungsmittel

Nudeln, Reis und Kartoffeln lernst du hier zubereiten und wie sie in Kombination mit der richtigen Sauce richtig lecker schmecken.

Nudeln

Jeder hat schon einmal Nudeln gekocht. Aber wie kocht man sie richtig? Wie werden sie »al dente«? Das Geheimnis ist schnell gelüftet. Wasser mit Salz zum Kochen bringen. Dabei ist es egal, ob du das Salz gleich in das kalte oder erst in das kochende Wasser gibst. Kocht das Wasser, schüttest du die Nudeln hinein. Gib etwas Öl hinzu und schalte den Herd auf die niedrigste Stufe. Das Öl sorgt dafür, dass die Nudeln nachher nicht zusammenkleben. Den Deckel nicht auf den Topf setzen – ansonsten besteht die Gefahr, dass das Wasser überkocht. Fisch dir nach ca. 10 Minuten (genaue Zeitangabe steht auf der Nudelpackung) eine Nudel heraus und probiere sie. Bei Spaghetti gestaltet sich dieses Vorhaben oftmals etwas schwieriger, da die lange Nudel gerne wieder in den Topf flutscht. Ein kleiner Tipp: Nimm ein ganz normales Messer mit geriffelter Schneide. Mit der Schneide nach oben kannst du ganz bequem eine Spaghetti-Nudel herausangeln. Haben die Nudeln den richtigen Biss, schütte sie in ein Sieb oder gieße das Wasser ab, indem du den Deckel auf dem Topf lässt und durch einen kleinen Spalt das Wasser ablaufen lässt. Wenn du möchtest, kannst du die Nudeln danach im Sieb aufschütteln. Und voilà – jetzt hast du phantastische Nudeln.

Reis

Eine wunderbare Alternative zu Nudeln ist Reis. Er ist genauso schnell gekocht wie die Nudeln und bietet eine Abwechslung zum italienischen Exportschlager. Vergiss den Beutelreis. Nimm losen Reis, schütte pro Tasse Reis anderthalb bis zwei Tassen Wasser zusammen in den Topf. Wenn das Wasser kocht, schalte die Temperatur herunter und lass den Reis leicht köcheln, bis das gesamte Wasser vom Reis aufgesaugt worden ist. Für eine Person reicht eine Tasse Reis. Es bietet sich aber an – wie auch bei den Nudeln –, etwas mehr zu kochen. So hat man für den nächsten Tag auch gleich eine ordentliche Portion. Energiesparer können das Wasser mit dem Reis aufkochen lassen, den Topf vom Herd nehmen und unter die Bettdecke stellen. Dort gart er fertig und wird nie anbrennen.

Kartoffeln

Kartoffeln sind in Single-Haushalten nicht allzu oft anzutreffen. Dennoch sind sie das wohl wandlungsfähigste unserer drei vorgestellten Grundnahrungsmittel. Man kann sie in vielen Varianten zubereiten, und der Aufwand dabei hält sich in Grenzen. Für Salzkartoffeln nimmst du dir – wer hätts gedacht – ein paar Kartoffeln, schälst und viertelst sie (oder auch nicht), gibst sie mit etwas Salz in einen Topf, der mit ca. 4–5 cm Wasser gefüllt ist. Nach ca. 25 Minuten Kochzeit sind die Kartoffeln fertig. Prüfen kannst du das, indem du mit einer Gabel in eine Kartoffel stichst. Ist sie weich, sind die Kartoffeln gar. Kartoffeln mit grünen Flecken solltest du nicht essen. Sie enthalten viel Solanin, einen toxischen Pflanzenstoff. Grüne Kartoffeln also immer aussortieren. Solanin ist hitzestabil, sodass auch Kochen und Braten nichts hilft.

Nicht immer nur Ketchup – leckere Soßen

Aus Nudeln, Reis und Kartoffeln wird mit einer Sauce schnell ein richtiges Essen. Hier einige Rezepte, die für den Koch-Newbie schnell zu kapieren sind. Die Gerichte schmecken auch aufgewärmt am nächsten Tag noch gut.

Tomatensoße

Fangen wir mit dem Klassiker an. Mit wenigen Tricks und Kniffen kann man eine leckere Tomatensoße zaubern.

Variation 1:

Für die wohl schnellste Tomatensoße der Welt brauchst du lediglich

1 kleine Packung H-Sahne
1 Dose geschälte (Pizza-)Tomaten
Salz, Pfeffer und ein paar Kräuter (zum Beispiel Basilikum)

Die Tomaten haust du in eine Pfanne und zermanschst sie. Dann streust du ordentlich Salz, Pfeffer und Kräuter drüber. Danach gibst du noch ungefähr die halbe Packung Sahne hinein und kochst das Ganze ungefähr 5 Minuten. Wer Lust hat, kann die Soße natürlich noch etwas verfeinern, zum Beispiel mit Erbsen. Eine Prise Zucker macht die Tomaten noch schmackhafter.

Variation 2:

Die zweite Variante kommt ohne Sahne aus. Wenn du also auf deine Linie achten willst, ist das hier genau das Richtige für dich: Du benötigst

einen halben Liter passierte Tomaten
etwas Tomatenmark
1 Zwiebel
Kräuter, Salz, Pfeffer
Honig
und Olivenöl

Die Zwiebel in Würfel schneiden und mit etwas Öl anbraten. Die passierten Tomaten hinzu, die Flamme kleiner stellen (Spritzgefahr), Tomatenmark unterrühren, mit Honig, Salz und Pfeffer sowie einem Schuss Olivenöl und Kräutern abschmecken, fertig.

Allround-Soße (passt am besten zu Pasta)

Es ist manchmal erschreckend, wie wenig Zutaten man für eine leckere Soße braucht. Schau dir das mal an:

1 Becher Sahne
1 Brühwürfel
Salz, Pfeffer und eine Prise Parmesan
Mehl oder Soßenbinder

Die Sahne schüttest du in einen Topf. Als Nächstes gibst du den Brühwürfel zusammen mit Salz, Pfeffer und einer Prise Parmesan hinzu. Das Ganze kochst du kurz auf. Etwas Mondamin-Fix-Soßenbinder oder etwas Mehl binden das Ganze. Falls du Feinschmecker werden willst, gibst du noch Lachs oder Krabben mit in die Soße, mit der du jede Nudelvariante beglücken kannst.

Knoblauch-Spaghetti

Wenn dir naserümpfende Menschen am nächsten Tag nichts ausmachen, kannst du auch gerne mal Knoblauch-Spaghetti ausprobieren.

Spaghetti, wie gelernt kochen
1 Zwiebel
4 Knoblauchzehen
ca. 50 g Tomatenmark
Oregano, Basilikum, Salz, Pfeffer

Die klein gehackte Zwiebel und die zerkleinerten Knoblauchzehen mit etwas Olivenöl anbraten. Tomatenmark rein und mit den Gewürzen abschmecken. Die gekochten Spaghetti schmeißt du mit in den Topf und rührst alles um. Falls du es scharf magst, gibst du noch Chili oder Tabasco mit dazu.

Carbonara

Eine leckere Schinken-Sahne-Soße ist ebenfalls schnell gemacht und sorgt für Abwechslung. Du brauchst für zwei Personen:

1 Becher Sahne (ca. 200 g)
50 g Crème fraîche oder Schmand

50–100 g Speck
2 Zehen Knoblauch
40 g Parmesan
Salz und Pfeffer

Den Speck (gibts schon gewürfelt zu kaufen) und die klein gehackten Knoblauchzehen im Topf anbraten. Mit der Sahne und dem Schmand ablöschen und den Parmesan reinschütten. Alles einköcheln lassen. Gourmets bestreuen den Teller noch mit gehackter Petersilie.

Spinat

Um Nudeln, Reis oder Kartoffeln aufzupeppen, solltest du dir mal eine Packung Spinat aus der Tiefkühltruhe zulegen. Den Spinat nach den Angaben auf der Packung zubereiten und mit Salz, Pfeffer und Muskat abschmecken. Dann über die Nudeln, den Reis oder die Kartoffeln geben und zum Schluss Feta-Käse darüber zerbröseln. Einfach genial.

Fertigprodukte aufmotzen

Nicht immer hat man Zeit und Lust, etwas zu kochen. Für solche Fälle gibt es eine offiziell unter Junggesellinnen und Junggesellen anerkannte Methode, die schnell zu guten Ergebnissen führt: Man nimmt ein Fertigprodukt aus dem Supermarkt und »tuned« das Ganze mit ein paar Zutaten.

Fertigpizza

Damit die Pizza nicht wie Pappkarton schmeckt, pinsele den Rand vor dem Backen mit etwas Speiseöl ein, damit er schön knusprig wird. Hast du keinen Pinsel zur Hand, tuts auch ein Küchentuch. Wenn du deine Pizza selbst belegen willst, aber zu faul oder unfähig bist, einen Pizzateig zu bereiten, gibt es den Teig auch mit Tomatensoße fertig zu kaufen. Den Teig muss du dann nur noch

auf ein Backblech auslegen, die Tomatensoße darauf verteilen und mit den Lieblingszutaten wie zum Beispiel Schinken, Salami, Ananas etc. belegen. Danach noch Käse darüber und ab in den Backofen (Einstellungen stehen auf der Packung).

Pimp my Tütensuppe

Für fortgeschrittene Köche sind Tütensuppen und Co. tabu. Trotzdem sind sie für den Single-Haushalt ziemlich gut zu gebrauchen, denn in deiner Küche sind exotische Kräuter und Gewürze, Töpfe, Pfannen, Küchenmaschinen, Zeit, Lust und ein Privatkoch Mangelware. Außerdem halten sich diese Instant-Packungen mehrere Jahre. Es kommt immer wieder vor, dass Studenten sich kurz vor dem Diplom noch eine Instant-Suppe aus dem ersten Semester kochen.

Tütensuppen schmecken gleich wesentlich besser, wenn du zum Beispiel eine Tomate würfelst und kurz mitkochst oder Petersilie mit in die Suppe gibst. Deiner Phantasie sind dabei keine Grenzen gesetzt. Lauch, Basilikum und ein geschlagenes Ei eignen sich ebenfalls hervorragend als »Tuner«.

Fertigsoßen lassen sich ebenfalls aufpeppen, indem du zum Beispiel eine Rahm- oder Bratensoße mit einer Prise Salz und Pfeffer, einem Schuss trockenem Rotwein (oder Zitronensaft) und einem Esslöffel Schlagsahne verfeinerst.

Tolle Soße für die Nudeln ★★★★☆

In den Küchenschränken von Junggesellen sieht es meist folgendermaßen aus: viele Nudeln, aber ansonsten gähnende Leere. Mein Tipp: Einfach mal eine Tütensuppe zu den Nudeln kochen. Vor allem, wenn mehr als nur eine Person Hunger hat. So eine Waldpilz-Instant-Suppe macht aus normalen Spaghetti ein richtiges Geschmackserlebnis.

PS: Funktioniert auch mit Reis ganz ausgezeichnet.

Was meint die Jury?

: Nicht viel anders mach ich es seit einer Ewigkeit, man kann viel experimentieren. Also ausprobieren, kann ich nur sagen!

: Klar, mit den ganzen Geschmacksverstärkern in den Tütensuppen und Fertigsoßen kann man das Zeug weghauen wie Kartoffel-Chips ;-)

: Probiert mal Folgendes, ihr Banausen: Zwiebeln und Knoblauch anschwitzen, fünf klein geschnittene Tomaten drauf. Eine halbe Stunde köcheln lassen und mit Salz, Pfeffer und einem Schuss Sherry abschmecken. DAS ist eine Nudelsoße!

: Selber Banause. Es geht doch offensichtlich um eine Nudelsoße aus »Studenten-Zutaten«. Und da jeder weiß, dass Tomaten bei Studenten meist mit einer weißen Schimmelschicht überzogen sind, haut dein Vorschlag schon mal nicht hin …

: Da kann man dann natürlich nichts machen. Also guten Appetit bei der vollsynthetischen Nudelsoße.

: Mein Topfavorit: Einfach ein rohes Ei drüberhauen, dafür lass ich sogar meine Kräutertomatensoße stehen.

: Pfui Teufel, kann ich da nur sagen! Ich schlage vor: Olivenöl erwärmen, zerquetschten Knoblauch und fein geschnittenen Chili dazu, salzen, pfeffern (frisch gemahlener Pfeffer)! Kostet sicher keinen Euro mehr und ist sehr lecker.

: Die Zeiten, in denen »gähnende Leere im Kühlschrank« bedeutete, dass da wirklich nur noch eine angebrochene Packung H-Milch drin ist, sind bei dir wohl schon länger vorbei, oder? Bei mir nicht, deshalb danke für den Tipp :-)

Noch mehr Rezepte!

Damit Abwechslung in deinen kulinarischen Alltag einzieht, gibts jetzt noch ein paar Rezepte, die selbst der größte Kochidiot hinbekommt.

Hawaii-Toast

Der Schlager aus den 70-er Jahren, ist wieder absolut modern und mischt jede DVD-Session auf. Der Toast ist schnell zubereitet, man benötigt wenige Zutaten und man kann ihn mit den Fingern essen.

So läufts:

Toastbrot (für 3–4 Personen reicht eine Packung)
Käse (z. B. Gouda)
gekochter Schinken
Ananas (auch möglich: Tomaten, Spargel oder Pilze)

Du bestreichst die Toasts mit etwas Butter, legst eine Scheibe gekochten Schinken, eine Scheibe Ananas und Käse drauf. Die Toasts auf ein Backblech legen und ab in den Backofen. Nach ein paar Minuten, wenn der Käse goldbraun wird, die Toasts herausnehmen. Schmeckt auch kalt noch urgut.

Kartoffelbrei mit Wasabi

Im Asia-Laden kaufst du Wasabi, diese grüne japanische Meerrettichpaste, und mischst sie einfach unter den Kartoffelbrei. Aber Vorsicht – Wasabi ist höllisch scharf. Ruckzuck speit man Feuer. Deshalb solltest du unbedingt mit einer Messerspitze anfangen und dich langsam zur Schmerzgrenze steigern. Dazu passt eigentlich jede Art von Fleisch. Übrigens: Wasabi macht sich in einer Menge von Gerichten ziemlich gut. Die Tube nimmt nicht viel Platz im Kühlschrank weg – also öfter mal experimentieren.

Leberkäse

Leberkäse gibts beim Metzger oder im Supermarkt. Einfach ein paar Scheiben in die Pfanne legen und anbraten. Wenns schnell gehen soll, bieten sich als Beilage eine Pellkartoffel an oder für ganz Eilige fertiger Krautsalat. Dann schmeckt es fast wie in einem bayerischen Haxenkeller.

Maultaschen

Die schwäbische Spezialität gibt es inzwischen fest verschweißt im Kühlregal. Auch sie eignet sich hervorragend als schnelle Mahlzeit für eine Person. Meistens sind sechs Maultaschen in einer Packung. Das reicht normalerweise für einen guten Esser aus. Du kannst sie zum Beispiel in einer einfachen Gemüsebrühe warm machen. Wenn du Lust und Zeit hast, kannst du noch Gemüse wie Karotten und Lauch hineinschneiden. Eine andere Möglichkeit ist, die Maultaschen zu »schmelzen«. Einfach eine gewürfelte Zwiebel anbraten, die Maultaschen klein geschnitten hinzugeben und anbraten. Kurz bevor alles fertig ist, haust du noch zwei Eier drüber.

Nudelpfanne

Dieses Essen lässt sich schnell kochen und kann am nächsten Tag nochmals aufgewärmt werden.

Zutaten für 2 Personen oder für 1 Person für 2 Tage:

500 g Nudeln (beliebiger Wahl)
1 Zwiebel
100 g Kräuterbutter
250 g Tiefkühl-Gemüse

Während die Nudeln kochen, schälst und würfelst du die Zwiebel und dünstest sie in einer Pfanne an. Als Nächstes kommt das Gemüse hinzu. Nach drei Minuten haust du die Kräuterbutter und die Nudeln in die Pfanne. Das Ganze nochmals drei Minuten dünsten. Wer es würzig liebt, gibt noch etwas Speck hinzu.

Nudelquickie

Wenn du mal auf einer Grillparty ohne großen Aufwand Eindruck schinden willst, ist hier das Rezept für den schnellsten Nudelsalat der Welt. Du benötigst:

500 g Nudeln
1 Glas Mayonnaise
2 Gläser Puszta-Salat (gibts in fast jedem Supermarkt.)

Wie du die Nudeln perfekt kochst, weißt du jetzt ja. Die abgekühlten Nudeln gibst du in eine Schüssel und kippst die Mayonnaise und den Puszta-Salat dazu. Einmal kräftig herumrühren und fertig ist der Nudelsalat. Du musst ja keinem erzählen, dass du das Zeug nicht geschnibbelt hast …

Pizza-Baguette

Genauso schnell gehen Pizza-Baguettes. Beim nächsten Einkauf nimmst du dir ein paar Brötchen zum Aufbacken mit. Zu Hause halbierst du die Brötchen und schmierst Ketchup oder Tomatensoße (es geht auch Pesto) auf die Hälften. Diese kannst du dann mit Salami, Schinken, Pilzen und was dir sonst noch so einfällt belegen. Zum Schluss mit Käse bestreuen, ein paar Gewürze wie Pfeffer, Salz und Oregano (gibt den unverwechselbaren Pizza-Geruch) darauf streuen und ab in den Backofen. Ist der Käse goldbraun, holst du alles wieder raus und genießt.

Rührei de luxe

Für eine gemütliche Portion brauchst du:

4 Eier
1 EL Butter
50 g Frischkäse
1 Zwiebel
1 geräuchertes Lachs- oder Forellenfilet (oder aber auch Krabben oder Schinken)
Salz, Pfeffer
wenn möglich Dill

Die Eier in eine Schüssel schlagen und verrühren. Den Fisch ggf. in Streifen schneiden und ebenfalls hinzugeben. Als Nächstes bahnst du dem Frischkäse und der gewürfelten Zwiebel den Weg in die Schüssel. Mit Salz, Pfeffer und eventuell mit Dill würzen und alles durchmengen. Herd ein, Pfanne drauf, Butter rein, Rührei dazu und so lange rühren, bis alles zwar fest, aber dennoch flockig ist.

Sandwichmaker

Falls du Sandwiches magst, kauf dir einen Sandwichmaker. So ein Gerät ist öfter mal im Angebot und kostet zwischen zehn und zwanzig Euro. Du glaubst gar nicht, welch leckere Sandwiches du damit zaubern kannst. Käse und Toast bekommst du in jedem Lebensmittelmarkt. Danach sind deiner Phantasie keine Grenzen gesetzt. Schinken, Salami, Pilze, Salat, Bananen, Paprika, Zwiebeln. Einfach aufs Sandwich, für ein paar Minuten in den Sandwichmaker, vorsichtig herausholen und genießen. Perfekt für ein schnelles leckeres Abendessen vor dem Fernseher. Aber Vorsicht: Die Füllung ist sehr heiß. Verbrennungsgefahr!

Zwiebel-Champignon-Toast

Wenn wir schon bei der deftigen Küche sind, ist auch folgendes Rezept nicht schlecht. Es geht schnell und du brauchst:

1 Dose Champignons
1 Zwiebel
3 Scheiben Toastbrot
etwas Salz und Pfeffer

Zuerst würfelst du die Zwiebeln grob. Dann erhitzt du etwas Öl in einer Pfanne und kippst die abgeschütteten Pilze hinein. Nach einer Minute folgen die Zwiebeln. Sobald alles schön braun ist, toastest du das Brot, würzt die Pilzpfanne ordentlich mit Pfeffer und Salz und bedeckst damit die Toastbrote.

Lebensmittel aufbewahren

In nicht wenigen Single-Haushalten, Studenten-WGs und ähnlichen Orten des Grauens fängt die Küche in kürzester Zeit an zu leben. Schimmel und Ungeziefer fühlen sich dort pudelwohl. Deshalb müssen auch Haushaltslegastheniker so schnell wie möglich lernen, wie Lebensmittel richtig gelagert werden.

Kühlschrank

Generell gehört alles, was du aus dem Kühlregal kaufst, in deinen Kühlschrank. Obst hält sich auch länger frisch, wenn du es in den Kühlschrank steckst.

Brot

Ein sehr williger Schimmel-Kandidat ist das Grundnahrungsmittel Nummer eins: Brot. Vor allem in Haushalten mit wenigen Bewohnern verkommt es schnell zum Nährboden für Schimmelkolonien. Doch Brot hat nichts im Kühlschrank verloren. Dort wird es nur noch schneller trocken. Brot bleibt länger frisch, wenn du es in einer Plastiktüte oder – noch besser – in einer Brotbox aufbewahrst. Eine weitere Möglichkeit, Brot aufzubewahren, ist, es einzufrieren, vorausgesetzt, man verfügt über ein Tiefkühlfach. Besonders in Single-Haushalten hat sich folgende Methode bewährt: Das Brot, das du bereits beim Bäcker schneiden lässt, legst du in einem Gefrierbeutel ins Tiefkühlfach. Wenn du Lust auf Brot hast, »brichst« du dir ein paar Scheiben heraus und steckst sie in den Toaster. Mit dieser Methode hast du ständig frisches Brot im Haus. Falls du keinen Toaster hast, kannst du das Brot auch ganz normal auftauen lassen oder in den Backofen legen.

Tiefkühlen

Außer Pizza und Pommes gibt es noch eine Menge anderer Lebensmittel, die sich in der Tiefkühltruhe eines Lebensmittelgeschäfts finden. Vielleicht nimmst du dir ja das nächste Mal tiefgefrorenes

Gemüse mit, das weitaus besser als sein Ruf ist. Es ist nahezu so vitaminreich wie frisches Gemüse und schlägt seine Kollegen aus der Konservenbüchse in Sachen Vitaminanteil um Längen. Die Zubereitung ist einfach (schon deshalb, weil es auf der Verpackung steht). Weiterhin kannst du natürlich so ziemlich alles in einem Gefrierbeutel einfrieren, was du im Kühlschank liegen hast. Doch achte darauf, dass du die Lebensmittel richtig portionierst. Sollte dir ein gefrorener Hackfleischblock dennoch einmal zu groß geraten sein, lässt sich dieser kinderleicht mit einer Axt oder einer Kettensäge in gebräuchliche Portionen teilen. Wer beides nicht zur Hand hat, muss nicht gleich kapitulieren. Die Stiftung Warentest hat darauf hingewiesen, dass du trotz gegenteiliger Angaben auf der Verpackung Angetautes wieder einfrieren kannst, solange es nicht zu lang hohen Temperaturen ausgesetzt war. Dies ist auf jeden Fall hygienisch sicherer als das weitere Aufbewahren im Kühlschrank. Die Ware ist ja durch das Auftauen nicht verdorben.

Hackfleisch geschickt einfrieren ★★★★★

Das frische Hackfleisch in einen Gefrierbeutel geben und die ganze Luft rauslassen, dann gut verschließen (z. B. mit einer Vakuumschweißmaschine, wenn du eine hast). Danach das Ganze in der Tüte platt drücken (ca. 0,5–1,0 cm) und ins Gefrierfach legen. Hat den Vorteil, dass es schneller einfriert und auch schneller wieder auftaut (ca. nach einer Stunde, der ganze Klumpen dauert wesentlich länger).

Was meint die Jury?

: Wenn man keine Vakuummaschine hat, einfach mit dem Mund die Tüte etwas Luft absaugen und schnell zudrehen.

: Noch besser funktioniert das Luftabsaugen mit einem Strohhalm.

: Praktisch ist auch, wenn man in das platt gedrückte Hackfleisch vor dem Einfrieren mit der Handkante Rinnen drückt, dann kann man es ggf. gefroren besser portionieren (durch Abbrechen).

: Wenn du Hackfleisch meist für Chili con Carne, Lauchsuppe, Lasagne oder Bolognesesoße nutzt, probiere meinen Einfriertipp: Kauf Hackfleisch im Angebot. Zwiebeln hacken – bei Bedarf auch Knoblauch. Alles anbraten und dann einfrieren. Was die Hygiene betrifft, ist man auf jeden Fall auf der sicheren Seite. Die oben genannten Gerichte sind dann immer schnell gemacht, da mehrere Arbeitsgänge wegfallen – weniger Arbeit, weniger Müll, schneller und preiswerter.

: Ich kaufe frisches Hack, bereite Frikadellen und brate sie fertig. Dann lasse ich sie abkühlen und friere sie ein. Bei Bedarf entnehme ich nun die Frikadellen, erhitze Fett in einer Bratpfanne, füge Zwiebelringe bei und lege die noch gefrorenen Frikadellen oben drauf. Unter einem Deckel lasse ich alles bei geringer Hitze langsam anbrutzeln!

: Fertig gebratene und dann eingefrorene Frikadellen schmecken nach kurzer Zeit nicht mehr. Ich friere die fix und fertig gewürzten Frikos roh ein (auch mit Zwiebeln). Gefroren in eine nicht zu heiße Pfanne, je nach Dicke 25 bis 30 Minuten braten – ein Genuss!

Putzteufel

Bezwinge den Staubsauger!

»Wissenschaftliche Studie beweist: Männer, die putzen, haben mehr Sex!«, weiß die BILD-Zeitung und beschreibt Putzen als »sensationelles Wisch-und-weg-Rezept gegen Probleme im Ehebett«. Nichts wirkt so sexy und attraktiv wie ein Mann, der Staub saugt, den Müll rausbringt oder das Klo putzt. Glaub es einfach!

Welcher Putztyp bist du?

Wie oft wischst du Staub?

Täglich.	10 Punkte
Ich warte immer, bis ich darin meinen Namen schreiben kann.	0 Punkte
Einmal in der Woche.	5 Punkte
Ich habe gehört, dass sich Staub nach einem Jahr nicht mehr vermehrt.	0 Punkte

Mit was putzt du das Klo?

Mit Handschuhen, Sagrotan und einem Einweglappen.	10 Punkte
Ich habe eine WC-Spülung!	0 Punkte
Bei Bedarf mit der Bürste und Klopapier.	5 Punkte
Wo ist eigentlich der Spüllappen?	0 Punkte

Wie oft putzt du deine Fenster?

Wenn meine Mutter kommt.	0 Punkte
Jede Woche.	10 Punkte

Wenn es im Sommer um 12 Uhr noch dunkel ist.	0 Punkte
Wenn ich die Rahmen streiche.	5 Punkte

über 25 Punkte	Mr. Proper!
über 10 Punkte	Na ja.
unter 10 Punkte	Schlamper!

Samstag, 10:00 Uhr

Wenn ich früher freitags aus der Schule nach Hause kam, stand immer das ganze Haus Kopf. Im Flur versperrten Stühle den Durchgang, die eigentlich ins Esszimmer gehörten, in der Küche stapelten sich leere Getränkekisten und Altpapier, diverse Putzeimer auf dem Boden verhinderten den direkten Zugang zum Kühlschrank. Das Wohnzimmer hatte sich bis auf wenige Möbel ins angrenzende Esszimmer verlagert. Alle Fenster standen selbst bei frostigen Temperaturen sperrangelweit offen. Und mittendrin im ganzen kalten ungemütlichen Chaos wirbelte meine Mutter, saugte Staub, rief mir zu, dass es erst heute Abend warmes Essen gibt, und telefonierte gleichzeitig mit meiner Oma oder einer Freundin. So war es Woche für Woche. Ich fischte dann irgendetwas zu essen aus dem Vorratsschrank und verflüchtigte mich schnellstmöglich in mein Zimmer.
Nun denke ich bewundernd an meine Mutter, denn sie hatte einen Plan, jedenfalls sah sie nie so verzweifelt aus, wie ich mich heute fühle. Seit drei Wochen wohne ich in meiner neuen Wohnung. Nach dem Umzugsstress und einer gemütlichen Einzugsparty benötigt sie nun eine Generalüberholung. Doch wo nur soll ich anfangen?

12:30 Uhr

Ich beschließe, mit dem Saugen anzufangen. Das macht noch am meisten Spaß. Doch, wo nur ist der Boden, den ich saugen will? Also Staubsauger wieder aus und zuerst aufräumen. Dabei finde ich einen meiner sehnlichst vermissten roten Lieblingssocken wieder.
Nachdem ich das erste Zimmer gesaugt habe, zerre ich meinen Sauger hinter mir her in Richtung Schlafgemach. Idiot, fluche ich, jetzt muss ich dieselben Sachen, die vorhin schon im Wohnzimmer den Bodenbelag bildeten, wieder wegräumen. Den Großteil der Sachen könnte ich ja gleich richtig aufräumen, denke ich und betrachte das Vielerlei. Es sind sehr verschiedene Sachen, und mir fällt wieder ein, warum ich sie noch nicht an ihren Platz geräumt habe. Ich kenne ihn nicht. Doch! Mir fällt er gerade wieder ein: neben dem Kleiderschrank, zu den vielen anderen heimatlosen Dingen. Nach einigen Auf- und Wegräum-, Weg- und wieder Hinstell-, Hoch- und Runterlass-Aktionen habe ich meine komplette Wohnung gesaugt. Endlich.

15:00 Uhr

Wie zur Hölle hält das meine Mutter aus? Putzen ist öde, anstrengend und absolut unproduktiv. Nachdem ich Schränke und Tische entmüllt habe, könnte ich gerade wieder mit Saugen anfangen.

High-Tech-Putzen ★☆☆☆☆

Wenn du das ewige Staubwischen satt hast, bau dir einen großen Kondensator in dein Zimmer. Am besten je eine große Metallplatte an jeder Seite des Zimmers, und jede Platte an einen Pol einer starken Gleichspannungsquelle anschließen. Wie groß die Spannung sein muss, hängt vor allem von

der Größe des Zimmers ab, aber sie darf nicht zu hoch sein, damit es bei hoher Luftfeuchtigkeit keinen Überschlag gibt. Bei einem 3x4-Meter-Zimmer reichen 80 bis 90 Kilovolt. Einmal pro Woche den Kondensator kurz abschalten und den aufgesammelten Staub von der Platte wischen.

Was meint die Jury?

: Super. Beseitigt nicht nur Staub, sondern auch ungebetene Gäste.

: Ungefährlicher ist dieser Tipp: Einfach den Staub liegen lassen und darauf herumtrampeln. Sobald sich eine 2,5 Zentimeter dicke Schicht gebildet hat, kann man die Staubdecke zusammenrollen und vor die Tür stellen. Variation: Grassamen drauf und hin und wieder anfeuchten. Dann lässt sich die Rolle als Zuchtrasen wunderbar ans nächste Fußballstadion verkaufen.

: Für Häuslebauer: Beim Bau der Wohnung darauf achten, dass der Estrich, der heute immer auf einer Schalldämmung liegt, mit leichtem Gefälle zu einer Zimmerecke eingebaut wird. Später wird der Estrich mit einem ausreichend starken Vibrator verbunden. Der Schmutz und Staub wird sich durch die Vibrationen in die Ecke bewegen. Dort kann er dann leicht aufgenommen werden.

Guter Ingo,
Leider ist Putzen nicht ganz so leicht, wie du es gern hättest (auch wenn uns das die Werbung immer wieder weismachen will), aber es gibt doch ein paar Dinge, die einem helfen, den Haushalt in Schuss zu halten. Vorrausetzung sind die richtigen Putzutensilien. Um deine Wohnung in einem annehmbaren Zustand zu halten, benötigst du folgende Dinge:

Putztücher und -lappen
gibt es in jedem Supermarkt. Eine Packung enthält in der Regel gleich mehrere dieser Wunderwaffen, so dass du das Klo nicht mit dem gleichen Lappen putzen musst wie deine Teller. Putztücher kannst du überall im Haushalt einsetzen. Mit ihnen spülst du dein Geschirr, wischst glatte Flächen wie zum Beispiel Tische oder Arbeitsflächen. Mit den Putzlappen oder speziellen Wischtüchern reinigst du den Boden.

Putzeimer
Frag mal Mutti, die hat hundertprozentig einen für dich. Den brauchst du unbedingt. Da kommt nämlich dein Putzwasser rein.

Reinigungsmittel
benötigst du zu Beginn deiner Putzkarriere nur wenige. Das Wichtigste ist Spülmittel, mit dem du nicht nur spülen, sondern auch nahezu alle anderen Reinigungsaufgaben im Haushalt erledigen kannst. Einfach etwas Spülmittel in den mit lauwarmem Wasser gefüllten Putzeimer geben, und du kannst sämtliche glatten Flächen in der Wohnung damit abwischen. Für hartnäckigere (Fett- und Kalk-)Flecken lohnt sich ein Allesreiniger (z. B. Citrusreiniger). Sei sparsam mit Reinigungsmitteln. Nicht, dass sie die Welt kosteten, aber dein Karma steigt, wenn du der Umwelt weniger Chemie zumutest.

Schrubber, Besen, Handfeger und Kehrschaufel
brauchst du, um glatte Bodenflächen sauber zu halten. Zuerst kehrst du den Dreck zusammen (manche setzen dafür auch den Staubsauger ein), dann wischst du mit einem Putzlappen oder Wischmopp nach.

Staubsauger
Einmal in der Woche saugen ist die halbe Miete im Kampf gegen den Schmutz in der Wohnung. Dieses Gerät (mit verschiedenen

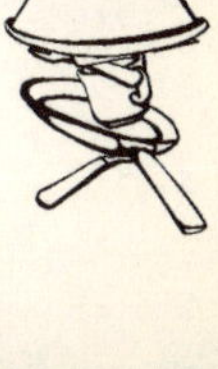

Saugaufsätzen und in verschiedenen Ausführungen vom Polo bis zum SLK) ist ein Multitalent. Nicht nur Teppichböden werden damit gereinigt, auch Sofas, Betten, Schränke, Haustiere und und und. Apropos: Hat jemand zufällig meine Handy-Chipkarte gesehen?

16:15 Uhr

Nach einem starken Kaffee mache ich mich, ausgestattet mit drei Putztüchern, einem Eimer mit Wasser und Spüli, ins Bad.

Die Toilette

Das stille Örtchen ist für viele das gemütlichste Plätzchen auf der Welt. Doch die Toilette neigt dazu, in kurzer Zeit relativ ungemütlich zu werden, wenn man ihr nicht die nötige Pflege zukommen lässt. Tipps für die Badezimmerreinigung erhältst du etwas später. Hier soll erst einmal die Prävention im Vordergrund stehen. Für Jungs gilt grundsätzlich: Setzen!

Stehpinkler vs. Sitzpinkler ★★★☆☆

Wenn du auch den letzten Stehpinkler von seinem unsozialen Verhalten überzeugen willst, schnapp dir eine Zeitung und lege damit den Boden um deine Toilette herum aus. Falls das Klo klein genug ist, kannst du auch die Wände um die Kloschüssel herum mit Zeitungspapier bekleben. Jetzt malst du zwei Füße vor die Toilette auf das Zeitungspapier und spendierst dem Stehpinkler drei Bier. Wenn er sich später die Spritzer auf dem Zeitungspapier anschaut und mittendrin die sauberen Fußabdrücke sieht, fragst du ihn: »Bist du sicher, dass du in Zukunft weiterhin stehen willst?«

Was meint die Jury?

: Hört sich gut an, aber wer räumt den ganzen Mist wieder weg?

: Im Stehen pinkeln gehört zum Grundbedürfnis eines jeden Mannes, aber das werden Frauen nie begreifen.

: An die Frauen gerichtet, die einen chronischen Stehpinkler zu Hause haben:
1) Lasst ihn einfach das Klo putzen. Wer seinen Stolz nicht verlieren will, muss dafür arbeiten.
2) Wenn ihr ihn im Stehen erwischt, tut so beleidigt und empört, wie ihr nur könnt. Das weckt die gutmütigeren Stolzies meist schon auf. (»Iih … IIIIHH … das ist ja widerlich … etc.«)
3) Wenn es ein ganz hartnäckiger Fall ist, folgendes Schild an der Klobrille anbringen:
»Frauen ekeln sich vor Stehpinklern. Würdest du mit jemandem schlafen, der eklig ist?«

: Ich kann die Frauen einfach nicht begreifen: Wer hat uns denn gelehrt, im Stehen zu pinkeln? Unsere Mütter haben damals unseren Winzling rausgeholt und gehalten, während wir pinkelten, und waren dann stolz, wenn wir es dann alleine konnten. Und heute wollt ihr uns das verbieten?

: Ich pinkle im Stehen!!!
Aber nur auf fremden Klos!!!
Bei mir wird im Sitzen gestrullt!!!
Ich muss schließlich selber putzen!

: Ich habe ein Urinal eingebaut!

: Wer nicht über die Reling pinkeln kann, kommt mir nicht an Bord.

: Wir haben einen Toilettendeckel erfunden, der es nicht ermöglicht, im Stehen zu urinieren. Der schließt sich immer wieder automatisch. Man kann ihn entweder mit dem Fuß oder mit der Hand unten halten (wobei man sich darauf pieselt) oder man(n) setzt sich.

: Wer behauptet, dass im Stehen pinkeln »männlich« sei, der hat einen an der Klatsche. Stell dir nur mal ein Gespräch zweier Außerirdischer nach ihrem Besuch auf unserem Planeten vor.
»Hast du gesehen? Die Männchen pinkeln im Stehen!«
»Wow, unglaublich! DAS hat was.«

Ein weiterer »brennender« Tipp fürs stille Örtchen ist, dass es sich nach deinem Besuch wieder in ein »duftendes« Örtchen verwandelt, wenn du ein paar Streichhölzer abbrennen lässt. Der Schwefel überdeckt bestehende Gerüche.

Sportschau-Zeit

Jetzt noch einen Berg aus Tassen, Töpfen, Tellern bewältigen ...

Spül mich!

Wer aus Überzeugung von Hand spült, besitzt eiserne Disziplin, robuste Hände und einen masochistischen Reinigungstrieb. Wer das nicht aufweisen kann und trotzdem ohne Spülmaschine dasteht, hat Probleme mit dem täglichen manuellen Spülvorgang. Den »Nicht-Spül-Rekord« hält augenblicklich eine Tübinger WG mit 96 Tagen. Allerdings gestaltet sich dort die Nahrungsaufnahme inzwischen recht schwierig, und man diskutiert einen Auszug. Grundsätzlich gilt für »Handspüler« Folgendes: regelmäßig spülen, ein Fernseher oder Radio in der Küche nimmt der Arbeit etwas die Monotonie.

Komplettlösung – Spülen

1. Beim Spülen solltest du das Spülbecken nur halb voll mit Wasser füllen. Das Wasser kommt schneller in Bewegung, als du denkst, und schwappt auf deine Hose.

2. Lauwarmes Wasser ist etwas für Warmduscher. Profis ziehen Gummihandschuhe an, damit das Wasser richtig heiß sein kann. Das ist wesentlich hygienischer als eine lauwarme Sudelbrühe.

3. Du arbeitest mit einer Spülbürste oder einem Spüllappen. Bei Töpfen und Pfannen wirkt ein Topfkratzer Wunder. Und vergiss das Spülmittel nicht.

4. Beim Spülen gilt folgende Reihenfolge: erst Gläser (eins nach dem anderen), dann Besteck, danach Tassen und Teller und zuletzt Töpfe und Pfannen.

5. Das Geschirr mit klarem Wasser nachspülen und zum Abtropfen hinstellen.

6. Wenn du fertig mit Spülen bist, drücke den Schwamm gut aus und lass ihn nicht in der Spüle liegen. Dort sammeln sich ansonsten schnell Keime und Bakterien an, die du sicher nicht später auf deinem Teller haben willst. Weiterhin solltest du den Schwamm hin und wieder wechseln oder bei 60° C in der Waschmaschine waschen.

7. Rufe jemand zum Abtrocknen.

Angebrannte Töpfe

Jedem Haushaltsanfänger ist folgendes Szenario bekannt: Egal, was du das erste Mal kochst oder brätst, Topf oder Pfanne sehen nachher aus wie Sau. Ob Milch, Reis oder Bratkartoffeln, das Zeug hängt drin und will nicht mehr raus. Dummerweise hast du keine Stahlwolle da oder willst den neuen Topf nicht zerkratzen. Doch keine Panik: Wenn die Verkrustung nicht allzu stark ist, hilft meistens die raue Seite eines Topfschwamms zusammen mit Spülmittel und heißem Wasser. Sollte sich der Schmutz immer noch nicht lösen (also wenn die Soße mal wirklich fies eingebrannt ist), dann schnappst du dir entweder etwas Spülmittel, Waschpulver oder ein Päckchen Backpulver (eins von den dreien hast du doch sicher da, oder?) und schüttest das Ganze zusammen mit etwas Wasser (der Boden sollte bedeckt sein) in den Topf. Wenn die Herdplatte noch warm ist, einfach den Topf draufstellen und ein bisschen einköcheln lassen. Ansonsten kannst du auch den Topf über Nacht stehen lassen. Am nächsten Morgen lässt sich alles leicht spülen. Wenn du keine Zeit hast oder die eingebrannten Reste zu hartnäckig sind, dann kannst du das Zeug auch schnell aufkochen. Dadurch sollte sich auch der letzte Schmutz lösen.

20:00 Uhr

Ans Fensterputzen brauche ich heute gar nicht mehr zu denken, draußen wird es nämlich schon dunkel.

Guten Abend, Ingo,

gerade bei so alltäglichen, vermeintlich einfachen Dingen wie Putzen unterschätzen fast alle Anfänger den Zeitaufwand. Und es erfordert auch etwas Vorausplanung und Struktur. Natürlich gibt es auch viele Tricks und Finessen, die das Putzen effizienter machen, doch dazu später. Hier erstmal die Putz-Basics.

Ein Putzfest

Step 1: Nimm dir Zeit. Lass Musik laufen, die dir gefällt.

Step 2: Aufräumen. Leg die Sachen gleich an den richtigen Platz, sonst nimmst du sie zwei-, dreimal in die Hand.

Jetzt kommt die Hauptregel:

Von oben nach unten putzen!

Denn wenn du erst nach dem Saugen abstaubst, fällt der ganze Staub auf den Boden und du kannst noch mal saugen.

Step 3: Abstauben. Vergiss nicht, dein Staubtuch immer wieder auszuschütteln, sonst verteilst du den Staub nur.

Step 4: Staubsaugen. Obwohl du in Step 1 schon für Ordnung gesorgt hast, musst du immer noch etliche Dinge zur Seite räumen, um überhaupt saugen zu können. Hier gibt es zwei Möglichkeiten:

1. Du sorgst ständig dafür, dass dein Lebensraum so aussieht, um mit dem Staubsauger durchzukommen (Wir wissen, du bevorzugst 2.)

2. Du planst Zeit ein, um die Tanzfläche frei zu räumen

Step 5: Wischen. Die glatten Fußböden zuerst kehren oder ebenfalls saugen, dann mit Schrubber und Putztuch o. Ä., Wasser und etwas Reiniger wischen.

Step 6: Bewundern und loben.

WASCHBÄR

Wasche weiße Hemden!

Mittwoch, 17:00 Uhr

Ich sitze im Waschsalon und schaue meiner Wäsche zu, wie sie langsam nass wird. Es ist geschmeidig warm hier und riecht nach Weichspüler-Frühling. Der Dresscode meiner Versicherung schreibt weiße Hemden vor, und mein kompletter Vorrat dreht sich gemütlich vor sich hin.

Zwei Stunden später

Habe die zweite rote Socke entdeckt. Alle Hemden zartrosa!

Lieber Ingo,
Rosa ist schwer angesagt. Achte mal beim Tennis auf die Socken deiner Mitspieler. Das Erste Frag Mutti-Waschgesetz lautet also:
Weiße Wäsche wird zartrosa, wenn man sie mit roten Socken wäscht.
Bevor wir dein Malheur beheben, einige grundsätzliche Gedanken zum Thema Waschen, die zukünftige ungewollte Farbspiele vermeiden helfen.

Waschen – Was mit was?

Die wichtigste Präventivmaßnahme gegen ungewollte Verfärbungen ist das richtige Sortieren: Weiße Wäsche wäscht man nicht mit bunter Wäsche! Und auch farbige Kleidung sortierst du am besten von Hell nach Dunkel. Neue farbintensive Klamotten solltest du beim ersten Mal grundsätzlich separat waschen, sie färben gerne und leicht ab.

Welches Programm?

Mit 30° C/40° C wäschst du deine T-Shirts, Pullover, Hemden und Hosen.

Unterwäsche, Socken, Handtücher, Geschirrtücher und Bettwäsche kommen bei 60° C in die Waschmaschine. In sehr verschmutzten Fällen kann hier auch der Kochgang 95° C angewendet werden.

Welches Waschmittel?

Es gibt Waschpulver und Flüssigwaschmittel, das wirst du sicher wissen, aber welches ist das bessere? Grundsätzlich ist es so, dass die Waschwirkung von Tensiden abhängt. Diese Tenside verlieren in hartem, kalkhaltigem Wasser an Waschkraft, also ist es sinnvoll, wenn Wasserenthärter verwendet werden. Da es Wasserenthärter nur in fester Form gibt, sind diese nur im Waschpulver vorhanden. Folglich ist Waschpulver in der Waschkraft effizienter und umweltfreundlicher als Flüssigwaschmittel. Deshalb immer zuerst schauen, ob das benötigte Waschmittel auch in Pulverform oder als Tabs angeboten wird. Wenn du vor dem Waschmittelregal stehst, findest du in der Regel folgende Produkte:

Cheat – Waschmittel

1. Vollwaschmittel: Enthält optische Aufheller. Es ist deshalb für weiße Wäsche bis maximal 95° C geeignet. Nicht für bunte Wäsche benutzen, da diese sonst an Farbkraft verliert und ausbleicht. Gewaschen werden damit zum Beispiel weiße Unterwäsche, weiße Baumwollkleidung und weiße Handtücher.
2. Colorwaschmittel: Enthält keine optischen Aufheller und wird somit für Buntwäsche verwendet. Colorwaschmittel sorgt dafür, dass die Farben möglichst kräftig bleiben und

nicht ausbleichen. In der Regel hast du bunte Baumwollkleidung, bunte Handtücher oder Ähnliches. Das alles wird mit Colorwaschmittel bis maximal 60° C gewaschen.

3. Feinwaschmittel: Manche Kleidung, vor allem solche aus synthetischen Fasern, sollte nur mit Feinwaschmittel gewaschen werden, damit sie länger hält und die Farben kräftig bleiben. Es gibt keine Faustregel, nach der du deine Wäsche in normale Wäsche und Feinwäsche unterteilen kannst. Hier hilft nur ein Blick auf das Pflege-Etikett. Dort findest du das Waschsymbol, das du in unserer Tabelle Seite 67 nachschlagen kannst.

4. Spezialwaschmittel, z. B. für Wolle, schwarze Kleidung etc.: Falls du viele Wollklamotten hast, solltest du dir ein spezielles Waschmittel für Wolle zulegen. Spezielles Waschmittel für schwarze Kleidung ist hingegen eher Geldverschwendung.

5. Weichspüler helfen die sog. Trockenstarre bei der Wäsche zu vermeiden, sind aber teuer und belasten die Umwelt. Die schonende Alternative dazu ist Essig. Einfach ¼–½ Tasse davon pro Waschgang in die Waschmittelschublade geben. Keine Sorge: Der Geruch verflüchtigt sich beim Waschen und deine Wäsche wird kuschelig weich.

Bei starker Verschmutzung kann eventuell eine Vorbehandlung der Wäsche mit Fleckenspray oder Gallseife nötig sein. Wie das funktioniert, erfährst du im nächsten Level.

Komplettlösung – Waschen
Bevor du nun voller Vorfreude mit deinen neu gewonnenen Kenntnissen mit deiner Wäsche zur Waschmaschine stürmst, solltest du diese Checkliste durchgehen:

1. Ist die Wäsche richtig sortiert? Manchmal versteckt sich ein helles T-Shirt unter einem dunkelblauem Sweat-Shirt oder eine rote Socke unter weißen Hemden.
2. Hält jedes Wäschestück der von dir gewählten Temperatur stand? Achte auf die Pflegeetiketten. Jeans sollten generell nicht heißer als 40° C gewaschen werden, es sei denn, sie sind dir zu weit.
3. Sind alle Hosentaschen oder Taschen an anderen Kleidungsstücken von nicht waschbaren Dingen befreit? Papiertaschentücher verteilen sich beim Waschen gleichmäßig über die ganze Wäsche, und es erfordert später Stunden und unendlich viel Geduld, bis du alle Papierfusseln wieder von deiner Kleidung bekommst. Auch Münzen gehören herausgefischt.
4. Farbempfindliche Wäsche wie Jeans solltest du auf links drehen, dann färbt sie beim Waschen nicht so schnell aus.
5. Schließe sämtliche Reißverschlüsse, da sie sonst schnell ausleiern.

Jetzt gehts los

Sei nett zu deiner Waschmaschine. Ansonsten hast du schneller Wegwerf-Unterwäsche im Schrank, als dir lieb ist. Und jedes Wochenende zu Mutti heimfahren willst du auch nicht. An deiner Waschmaschine befinden sich diverse Schalter und/oder Drehknöpfe. In der Regel stellst du dort die Temperatur und das Waschprogramm ein. Mehr ist erst mal nicht nötig. Falls dir die Bedienung zu kryptisch ist, konsultiere deine Bedienungsanleitung oder eine Person deines Vertrauens, deine Mutter, wenns sein muss. Ist das Waschprogramm eingestellt, kannst du die Wäsche in die Waschmaschine füllen. Nachdem du die Waschmaschine geschlossen hast, musst du nur noch überprüfen, ob der Wasserzufluss aufgedreht und die Waschmaschine ans Stromnetz angeschlossen ist. Drücke nun den Start-Knopf. Hast du alles richtig gemacht, dann beginnt der Waschvollautomat eigenständig mit dem Waschvorgang.

Wie trocknen?

Ist die Wäsche gewaschen, ist sie in der Regel nass. Eventuell passen noch weitere Attribute wie »eingegangen« oder »verfärbt«. Dies passiert dann, wenn du unsere Empfehlungen nicht beachtet hast. Eingegangene Wäsche lässt sich oft nicht mehr in den ursprünglichen Zustand zurückversetzen – Pech gehabt, du hättest besser lesen sollen. Nichtsdestotrotz solltest du die Wäsche nun trocken bekommen. Für Haushalte, die keinen Wäschetrockner besitzen, gibt es folgende Möglichkeiten der Trocknung: Besorge dir einen Wäscheständer oder eine Wäscheleine und hänge die Wäsche an einem geeigneten Ort auf. Manche Wohnhäuser verfügen über spezielle Wäschetrockenräume. Wichtig ist, dass der Raum die Möglichkeit zum Luftaustausch hat, da die Wäsche die Feuchtigkeit an ihre Umgebung abgibt. Schlaf- und Wohnräume eignen sich deshalb nur bedingt, willst du nicht im Tropenhaus aufwachen. Wenn du die Möglichkeit hast, kannst du die Wäsche im Freien trocknen, dann riecht sie auch besonders gut. Wenn es allerdings zu kalt wird, trocknet die Wäsche draußen nicht mehr

gut. (Warme Luft nimmt Feuchtigkeit besser auf, kalte hingegen so gut wie gar nicht.)
Ist die Wäsche trocken, so kommt es manchmal vor, dass sich weiße Pulverreste an der Kleidung absetzen. In diesem Fall hast du zu viel Waschpulver genommen. Das ist aber kein Beinbruch. Einfach die betroffenen Kleider ausklopfen und beim nächsten Mal weniger Waschpulver nehmen.

Grauschleier entfernen ★★★★★

Um den Grauschleier aus der Wäsche zu bekommen, nimmst du einen Esslöffel Backpulver zum Waschmittel dazu.

Was meint die Jury?

: Super, hilft.

: Bei Grauschleier hilft es auch, zwei Corega Tabs in die Waschmaschine zu legen. Bei Extremfällen: Wäsche über Nacht in Corega Tabs einweichen. Weiße Wäsche wird wieder wie neu.

: Es gibt auch spezielle Entfärber für weiße Sachen. Vor der Wäsche ein Bad in einer Dan-Klorix-Lösung hilft auch häufig. Aber aufgepasst: killt fast jede Farbe. Also nur für Weißes und Robustes nehmen.

: Neue weiße Wäsche, besonders Dessous, lieber ohne Weichspüler waschen. Denn der ist für den fiesen Grauschleier verantwortlich! Und der Haut tut's auch gut.

: ... kann ich gar nicht bestätigen, denn ich wasche seit Jahrzehnten schon nicht mehr mit Weichspüler und habe trotzdem nach relativ kurzer Zeit graue Unterwäsche!

: Es kann gut sein, dass die grauen Schleier daher rühren, dass du zu wenig Waschpulver genommen hast. Du solltest dich stets an die Dosierempfehlung entsprechend der Härte deines Wassers halten. Die grauen Schleier sind Verbindungen aus Kalk und den Tensiden im Waschpulver (so genannte Kalkseife). Diese Verbindungen sind nicht in Wasser löslich und lagern sich in der Wäsche ab. Wenn du richtig dosierst, dann wird dies von den anderen Inhaltsstoffen im Waschmittel verhindert.

: Wie ermittele ich eigentlich den Härtegrad meines Wassers? Ich haue das Zeug immer mit aller Kraft mal an die Wand, aber egal wo ich bin, das Ergebnis ist das gleiche.

: Den Härtegrad kannst du beim Wasserwerk erfragen.

21:00 Uhr

Akuter Hemdennotstand!

Lieber Ingo,
das hätten wir ja fast vergessen. Deine Hemden bekommst du mit so genanntem Entfärber wieder weiß. Entfärber sind Bleichmittel, die Sauerstoff freisetzen. Sie lösen Farbflecken aus versehentlich verfärbten Wäschestücken. Die verfärbte Wäsche muss nochmals in der Waschmaschine oder mit der Hand mit Entfärber gewaschen werden. Entfärber gibt es als Pulver und in flüssiger Form in Supermärkten, Drogerien und natürlich bei eBay. Entfärber solltest du vorsichtig anwenden, am besten nur bei weißer Wäsche.

Die Pflegeetiketten

Waschen

- waschen
- 30 — 30° Feinwaschgang
- 40 — 40° Schonwaschgang
- 60 — 60° Normalwaschgang
- Handwäsche
- Nicht waschen

Bügeln

- bügeln
- nicht heiß bügeln
- mäßig heiß bügeln
- heiß bügeln
- nicht bügeln

Reinigung

- A — Alle für die chem. Reinigung geeigneten Lösungsmittel erlaubt
- F — Behandlung mit Kohlenwasserstoff
- P — Perclorethylen oder Kohlenwasserstoff-Lösemittel dürfen verwendet werden
- Chem. Reinigung nicht erlaubt

Trocknen

- Trockner erlaubt
- Trockner nicht erlaubt

Bleiche

- Bleiche möglich
- Bleiche nicht möglich

BÜGELFALTER

Hänge deine Wäsche auf!

Sonntag nach dem Blockbuster

Alarm, kein Bügeleisen! Morgen sitze ich zum ersten Mal meinem Chef gegenüber.

Lieber Ingo,
wer kein Bügeleisen hat, der muss nicht wie eine vertrocknete Pflaume durch die Gegend laufen. Gerade in den ersten Wochen nach dem Auszug ist man mit genug anderen Dingen beschäftigt, als stundenlang am Bügelbrett zu stehen. Wer es sich leisten kann, der hat ein paar bügelfreie Hemden im Schrank hängen oder lässt bügeln. Aber was ist mit den anderen Hemden, Hosen und Pullovern und den vielen armen Schluckern, die über keinen Bügelservice verfügen?

Wie du dir das Bügeln ersparst:

- Kauf dir bügel- oder knitterfreie Kleidungsstücke.
- Häng die Wäsche direkt nach dem Waschen richtig auf. Hier gilt: Oberbekleidung (Blusen/Hemden) am unteren Ende aufhängen, Hosen, Röcke am oberen Ende (zum Beispiel am Hosenbund). Vor dem Aufhängen kannst du die Wäsche schon etwas glatt ziehen.
- Wenn du einen Wäschetrockner besitzt: Nicht überfüllen und die Wäsche immer direkt nach dem Trockengang herausnehmen und zusammenlegen.

- Streich deine Wäsche nach dem Trocknen beim Zusammenlegen mit der Hand glatt, das funktioniert besonders bei Jeans und Sweat-Shirts gut.

Bügeln ohne Eisen ★☆☆☆☆

Wozu ein Bügeleisen? Folgender Tipp spart Geld und Zeit. Alles, was du benötigst, ist ein Bett und zwei stabile ca. 90 x 170 cm große Pappstücke. Die Pappen sollten deshalb so groß sein, damit auch alle deine Klamotten dazwischenpassen. Gute Chancen, an die Pappe zu kommen, hast du z. B. im Baumarkt. Wenn du alles dahast, kann es losgehen: Matratze hoch, die erste Pappe auf den Lattenrost legen, dann das zu bügelnde Kleidungsstück drauflegen, die zweite Pappe darüber, die Matratze wieder runter und eine Nacht drüber schlafen. Wie von Geisterhand bist du am nächsten Tag stolzer Besitzer eines gebügelten Hemds. Aufgrund des geringen Aufwands ist diese Methode bestens für Workaholics und faule Säcke geeignet, die entweder keine Zeit oder keinen Bock haben. Achtung: Die Kleidung muss trocken sein, wenn du sie unter deine Matratze legst. Ansonsten fängt die Matratze irgendwann an zu schimmeln.

Was meint die Jury?

: Super! Ich habe messerscharfe Bügelfalten, um die mich selbst meine Mutter beneidet. Obendrein ist das Ganze unschlagbar Energie sparend, da du ja keinen Strom für ein Bügeleisen benötigst. Weiterhin benötigst du keinen zusätzlichen Stauraum für ein Bügelbrett.

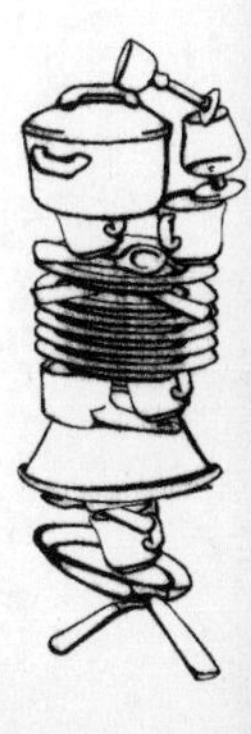

: Als stolzer Wasserbett-Besitzer habe ich dann zwar super gebügelte Klamotten, aber ziehe mir beim Versuch, das Bett anzuheben, relativ leicht einen Bandscheibenvorfall oder Leistenbruch zu.

: Die lange »Bügeldauer« pro Kleidungsstück verweist diesen Tipp wohl eher in die Abteilung »Kurioses«.

: Wer bügelt schon … Knitterhemden sind doch immer noch in, oder?

Trotz aller Versuche, diese Tatsache zu negieren, das Bügeleisen ist ein nützlicher Bestandteil eines jeden Haushaltes. Wie du es zähmst und zu deinem Vorteil einsetzt, erfährst du später. Viel wichtiger ist zu wissen, WAS überhaupt gebügelt werden sollte und bei welcher Wäsche bügeln unnötig ist.

Unbedingt bügeln	**Kann, muss aber nicht**	**Braucht man nicht bügeln**
Blusen/Hemden	Pullover/Sweat-Shirts	Bettwäsche
Röcke	T-Shirts, Handtücher	Geschirrtücher
Kleider	Schlafanzug/Nachthemd	bügelfreie Hemden
(Stoff-)Hosen	Jeans	Socken
		Unterwäsche

LEVEL II

SPARSCHWEIN

Begib dich auf die Jagd!

Sonntag, 22 Uhr

Wallende rote Haare, strahlend helle blaue Augen, Röcke, für die jede Beschreibung zu lang ist, darunter die schönsten Beine der Stadt. Angelina. Ein Name wie Sahne. Seit letztem Monat Neuzugang in unsere Presseabteilung und ebenso lange meine ständige Begleitung. In Gedanken. Noch. Doch das wird sich ändern. Ich möchte SIE einladen. Zu MIR. Zum Essen.

Vorsicht, Ingo!
Bist du schon so weit?

Mit eurer Hilfe schaff ich das! Ganz einfach, ganz romantisch: ein Tisch, zwei Stühle, auf meinem Balkon, Angelina bei Sonnenuntergang und ich am Herd, wer von diesen Möchte-gern-Robbie-Williams-Verschnitten aus dem Büro hat so was im Angebot? Das Menü habe ich mir aus dem Internet zusammengesucht. Was haltet ihr von:

Sushi-Auswahl mit Sailbliy und Thunfisch
Rote-Beete-Kartoffel-Carpaccio mit Waller
Rehrücken im Brotmantel auf Petersiliewurzelpürree
und zum Dessert für ihren Erdbeermund
Erdbeerrosette mit Rhabarberschaum

Gut, Ingo, das mit dem Mädel und der Romantik überlassen wir dir. Bei der Menüplanung müssen wir dich aber bremsen. Das, was du dir ausgesucht hast, übersteigt bei weitem deine Kochkünste und wird in einem Desaster enden. Außerdem ist es November, und da gibt es nun mal keine Erdbeeren, wenigstens keine, die nach Erdbeeren schmecken.

Was hältst du von folgendem »Romantik-Menü«:

Nudeln mit Lachs (Seite 95)
Rucolasalat mit Birnen und Parmesan (Seite 100)
Entenbrust mit Estragonsoße (Seite 103)
Calvados-Äpfel mit Vanilleeis (Seite 113)

Du kannst die einzelnen Menüpunkte verbal noch etwas ausschmücken oder das *mit* durch ein *an* ersetzen, schon hört es sich noch exklusiver an. Auf jeden Fall ist alles für dich kochbar und schmeckt super lecker.

Was schmeckt wann?

Obst und Gemüse, das nicht Tausende von Kilometern auf dem Buckel hat, bevor es auf deinem Teller liegt, ist oft gehaltvoller und schmackhafter als die importierte Massenware.
Was also wann essen?

	Jan.	Febr.	März	April	Mai	Juni	Juli	Aug.	Sep.	Okt.	Nov.	Dez.
Blumenkohl						■	■	■	■	■	■	■
Brokkoli						■	■	■	■	■		
Brombeeren							■	■	■	■		
Frühäpfel							■	■				
Frühbirnen							■	■				
Gurken						■	■	■	■			
Karotten/ Möhren	▒	▒	▒	▒	▒	■	■	■	■	▒	▒	▒
Kartoffeln	▒	▒	▒	▒	▒	■	■	■	■	■	▒	▒
Kirschen						■	■					
Kohl	▒	▒	▒						■	■	■	■
Melonen								■	■			
Nektarinen							■	■	■			
Paprika						■	■	■	■	■		
Porree	▒	▒	▒	▒	▒		■	■	■	■	■	■

■ = Frischgemüse und -obst, ▒ = Lagerobst, Lagergemüse, □ = keine Saison

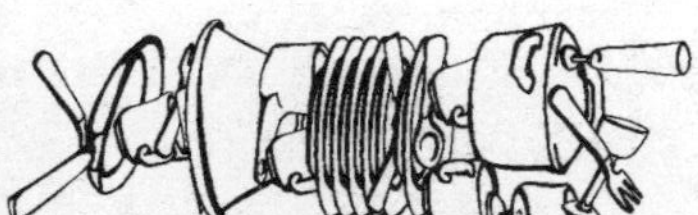

	Jan.	Febr.	März	Apr.	Mai	Juni	Juli	Aug.	Sep.	Okt.	Nov.	Dez.
Rhabarber				■	■	■						
Salat – Eichblatt					■	■	■	■	■	■	■	
Salat – Eissalat					■	■	■	■	■	■	■	
Salat – Endivie									■	■	░	░
Salat – Rucola		■	■	■	■	■	■	■	■	■	■	
Spargel						■	■					
Spätäpfel	░	░	░	░					■	■	░	░
Spätbirnen	░	░							■	■	░	░
Spinat			■	■	■					■	■	
Tomate							■	■	■	■		
Walnüsse	░	░	░	░	░	░	░	░	░	■	■	░
Weintrauben									■	■		
Zwetschgen								■	■			
Zwiebeln	░	░	░	■	■	■	■	■	■	░	░	░

■ = Frischgemüse und -obst, ░ = Lagerobst, Lagergemüse, □ = keine Saison

Donnerstag, 18 Uhr

Sie kommt! Heute in der Mittagspause bin ich zu ihr an den Tisch und habe sie eingeladen. Sie hat so süß gelacht und alle ihre Kolleginnen mit ihr. »Bis morgen 8 Uhr«, habe ich mich verabschiedet. Sie hat nicht widersprochen!
Den restlichen Tag im Büro habe ich mit der Planung zugebracht und To-do-Listen erstellt: heute einkaufen, morgen putzen und kochen. Jetzt stehe ich vor einem riesigen Kühlfach und habe schon die zigste Entenbrust in der Hand. Nur, woran erkenne ich, welche die beste ist?

Cheat – Lebensmittelcheck

So erkennst du beim Einkauf, ob die Lebensmittel frisch sind:

- *Frischobst/Gemüse* solltest du auf Druckstellen, Farbe, Geruch etc. untersuchen. Avocados dürfen keine braunen Stellen haben und auch nicht zu weich sein. Wurzelgemüse sollte sich ebenfalls fest anfühlen, Brokkoli muss eine schöne dunkelgrüne Farbe haben, wenn die Farbe ins Gelbliche übergeht, ist er alt. Bundgemüse (so nennt man Gemüse, das im Bund gekauft werden kann) wie z. B. Kohlrabi, Karotten, Rettich oder Radieschen sollte immer schöne grüne Blätter haben. Eine Ananas ist dann zum Verzehr geeignet, wenn sich die inneren Blätter leicht herauslösen lassen.
- *Fleisch/Wurst* darf nicht glänzen oder schmierig sein, sonst ist es alt.
- *Brot* schimmelt gerne – auf weiße oder grüne Flecken achten.
- Beim Kauf von *Eiern* solltest du etwas genauer hinschauen. Dazu öffnest du die Schachtel und schaust dir jedes Ei kurz

einzeln an. Sobald du einen Riss oder Sprung im Ei entdeckst, solltest du das Ei auswechseln oder gleich einen anderen Eierkarton nehmen.
Auf dem Ei befindet sich ein aufgedruckter Code. Dieser kann zum Beispiel so aussehen: 1-DE-12345-2. Die erste Ziffer gibt das Haltungssystem an: 0: Ökologische Erzeugung 1: Freilandhaltung 2: Bodenhaltung 3: Käfighaltung. Danach folgt das Erzeugerland (zum Beispiel DE für Deutschland oder NL für Niederlande). Die letzten beiden Zahlen geben die Kennung des Betriebs und die Stallnummer an. So kann jedes Ei zurückverfolgt werden. Im Internet kannst du sogar live sehen, woher dein Ei kommt: www.was-steht-auf-dem-ei.de

- Bei *verpackten Lebensmitteln* immer das Mindesthaltbarkeitsdatum überprüfen. Daran lässt sich sofort erkennen, ob und wie lange etwas noch haltbar ist.

- Bei in *Folie verpackten Lebensmitteln* solltest du unbedingt darauf achten, dass sich kein Kondenswasser im Verpackungsinneren befindet, da dies ein sicheres Zeichen dafür ist, dass die Lagertemperatur der Ware nicht konstant war (was sie aber sein sollte). Dadurch kann es zu einer schnellen Schimmelbildung kommen, obwohl die Ware vom Datum her noch genießbar sein sollte. Das gilt auch für abgepacktes Obst und Gemüse.

- *Gefrierware* solltest du immer auf Verpackungsbeschädigungen untersuchen, die zu Gefrierbrand (weiße, ausgetrocknete Stellen auf dem Gefriergut. ACHTUNG: Nicht mit dem Eis verwechseln) führen können.

Kein Montags-Hackfleisch ★★★★☆

Abgepacktes Hackfleisch möglichst nicht montags einkaufen, da dieses (entgegen manchen Beteuerungen) noch das Fleisch von vor dem Wochenende sein könnte, also nicht unbedingt sehr frisch ist.

Was meint die Jury?

: Hackfleisch sowieso nie abgepackt kaufen! Immer frisch beim Metzger. Ich will wissen, was da drin ist.

: Vollkommener Quatsch. In Deutschland gibt es eine Hackfleischverordnung. Sie schreibt vor, dass Hackfleisch an dem Tag, an dem es hergestellt worden ist, auch verkauft werden muss. Ebenso der rohe Hackspieß im Imbiss. Erfolgt dies nicht, muss das Gehackte »gewandelt« werden. Das heißt, dass es entweder weggeworfen oder gegart wird.

: Das stimmt. Hackfleisch ist hochverderblich und für Salmonellen sehr anfällig. Deswegen gilt in Deutschland diese strenge Verordnung. Aber für das häufig schutzgasverpackte Hackfleisch gilt diese Regelung nicht, sofern es aus EU-Betrieben stammt. Stattdessen gilt hier die Fleischhygieneverordnung, eine Umsetzung von EU-Recht. Danach darf schutzgasverpacktes Hackfleisch sogar bis zu einer Woche angeboten werden. Allerdings muss das Fleisch bei einer Temperatur von zwei Grad gelagert werden. Stichproben ergaben, dass diese Temperatur vor allem während der Sommermonate immer wieder überschritten wird.

: Deshalb kaufe ich nur noch in einer bestimmten Metzgerei, die immer gut besucht ist. Hier wird die Ware schnell verkauft und immer wieder frisch nachgelegt.

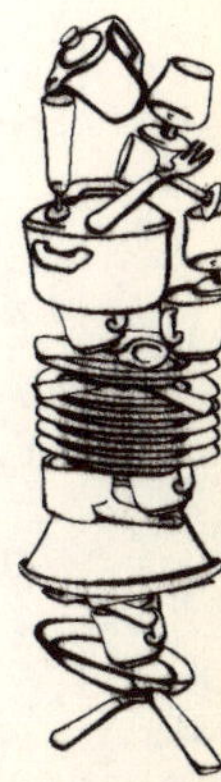

: In vielen Metzgereien liegt das Hackfleisch aber schon durchgedreht in der Theke. Verlangt man, dass es frisch gemacht wird, wird man blöd angeschaut und auf das bereits fertige hingewiesen. Das wäre »frisch«.

: Kaufe mein Fleisch am Stück und dreh es mir zu Hause durch den Fleischwolf, hört sich nach viel Arbeit an, ist es aber wirklich nicht!

: Ich kaufe das Hackfleisch aus der Tiefkühltruhe. Ich gehe davon aus, dass es am Tag der Herstellung eingefroren wurde. Frischer gehts doch nicht, oder?

: Kein Metzger, Supermarkt oder Discounter kann es sich leisten, verdorbene Ware zu verkaufen. Das macht sehr schnell die Runde und bedeutet in der Regel herbe Verluste. Also werden sie immer bemüht sein, nur genießbare Ware auf den Markt zu bringen.

19:30 Uhr in der Warteschlange

Jetzt macht gerade eine neue Kasse auf, doch bevor ich mein Einkaufsgeschoss in Richtung bringen kann, stehen alle, die eben noch hinter mir waren, schon dort an. Schon beim Käsestand ist mir klar geworden: Da, wo ich bin, ist hinten. Dabei bin ich schon eine halbe Stunde über der Zeit. Ich müsste jetzt schon zu Hause alles in die Regale räumen …

Lieber Ingo,
nutze die Zeit, und überlege dir, wo und wie du deine Jagdbeute zu Hause verstaust.

Cheat – Frisch- und Vorratshaltung

Halte ein bisschen Ordnung in deiner Küche und deinen Vorratsschränken.

1. Konserven nach dem Haltbarkeitsdatum ordnen. Die ältesten stellst du ganz nach vorne. Rostige oder gewölbte Konserven unbedingt wegschmeißen.
2. Hin und wieder mal einen Blick auf das Mindesthaltbarkeitsdatum werfen und Abgelaufenes aussortieren.
3. Wurzelgemüse (z. B. Kartoffeln) in dunklen Ecken aufbewahren.
4. Angebrochene Packungen wie Mehl, Reis, Cornflakes etc. fachgerecht, z. B. mit Tütenclips oder auch Wäscheklammern, verschließen oder (besser noch) in ein verschließbares Behältnis aus Glas oder Plastik füllen.
5. Angebrochene Flaschen und Gläser: ab in den Kühlschrank!
6. Gekochte Speisen, die du für den nächsten Tag aufheben willst, in Plastikdosen im Kühlschrank deponieren.
7. Frische Nahrungsmittel aus dem Kühlfach (Joghurts, Wurst, Käse) immer in den Kühlschrank stecken.
8. Für Käse ist das Gemüsefach der ideale Ort der Lagerung. Am besten, du lässt ihn in der Originalverpackung oder wickelst ihn in Alufolie. Stich mit der Gabel kleine Löcher in die Folie, denn Käse muss atmen. Deshalb auch keine luftdichten Plastikboxen benutzen, dann lieber eine Käseglocke aus Glas. Am besten schmeckt der Käse übrigens, wenn du ihn eine halbe Stunde vor dem Essen aus dem Kühlschrank nimmst. Aber nicht naschen!

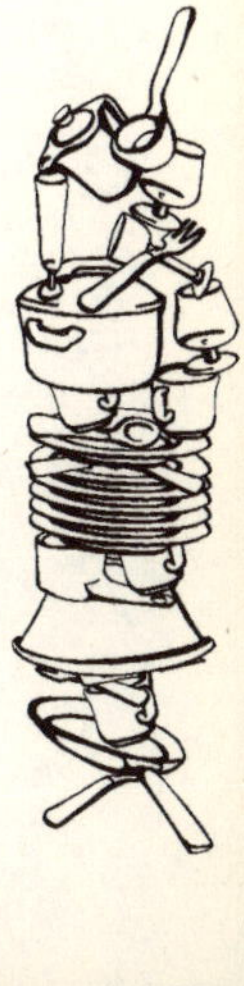

9. Auch Eier gehören in den Kühlschrank, da so die Keimbildung und der Fäulnisprozess verlangsamt werden. Am besten lässt du sie im Eierkarton, dann kullern sie nicht im Kühlschrank herum und können nicht kaputtgehen.

10. Mit diesem Grundvorrat ist der Junggeselle gut gewappnet für den nächsten Schneesturm, zwei Wochen Grippe oder den Überraschungsbesuch von ehemaligen Klassenkameraden:

    Reis
    Nudeln
    Zucker
    Marmelade
    Salz
    Kräuter und Gewürze (siehe Seite 175)
    Öl, Pflanzenfett
    Essig

    in Konserven:
    Fisch (Heringsfilet in verschiedenen Soßen, Thunfisch etc.)
    Fleisch (z. B. Gulasch, Rinderbraten, Rouladen)
    Wurst
    Obst (Ananas, Pfirsiche, Kirschen, Mandarinen)
    Suppen (Gulaschsuppe, Ochsenschwanzsuppe, Erbseneintopf)
    Nudelgerichte (Ravioli)

    in Tüten:
    Suppen (die Klassiker: Zwiebelsuppe, Tomatensuppe)
    Soßen (helle und dunkle Soßen)

als Pulver:
- Pudding (Vanille und Schokolade)
- Götterspeise
- Kartoffelpüree
- Kartoffelklöße
- Speisestärke
- Gemüsebrühe

Getränke:
- H-Milch
- Kaffee
- Tee
- Kakao

Der Eiertest ★★★★★

Wer nicht weiß, ob das Ei noch gut ist, kann es einfach in ein Glas Wasser legen. Bleibt es am Grund liegen, dann ist das Ei frisch. Schwimmt es jedoch an der Wasseroberfläche, solltest du es schleunigst entsorgen – dann ist es nämlich schlecht. Woran liegts? Je älter das Ei ist, desto mehr Wasser verdunstet in dem Ei und umso mehr Luft ist im Ei. Also steigt das Ei an die Wasseroberfläche. Ist das Ei noch älter, gesellt sich noch Schwefelwasserstoff hinzu, der auch den fauligen Geruch verursacht.

Was meint die Jury?

: ge-ni-al!

: Und wer trägt mir das Wasser beim Einkaufen?

: Der Tipp ist gut, nur steht neuerdings zumindest auf denen,

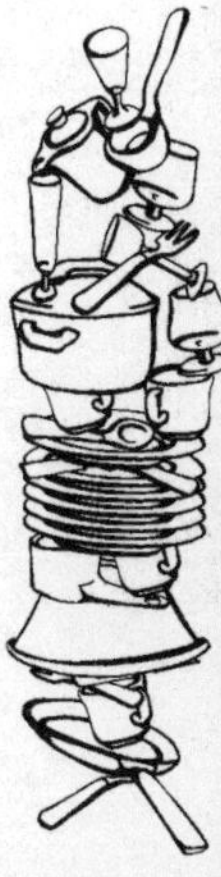

die ich kaufe, ein Datum drauf. Dann nur noch mit dem Kalender vergleichen … fertig.

: Das Datum allein ist auch nicht immer zuverlässig, der Test jedoch immer!

: Perfekt, auf meinen Eiern steht kein Datum, aber jetzt weiß ich Bescheid! Volltreffer! :)

: Eine weitere Eigenart von Eiern ist, dass man ihnen nicht ansieht, ob sie bereits gekocht oder ob sie noch roh sind. Weitaus effizienter, als das Ei an die Wand zu feuern, ist, das Testobjekt auf dem Tisch um die eigene Achse zu drehen. Dreht es sich langsam, so ist es roh, da die Flüssigkeit im Innern hin und her schwappt. Dreht sich das Ei schnell, so ist das Ei innen hart, also gekocht.

: Die Eier beim sachten Drehen durch kurzes Antippen stoppen und gleich wieder loslassen. Bleibt es liegen, ist es gekocht, dreht es weiter, ist es roh. Die Trägheit der Flüssigkeit (Achtung, Physikunterricht!) führt dazu, dass sich die Flüssigkeit weiter dreht und mit ihr das Ei.

: Ich male immer mit dem Edding ein dickes »G« wie »Gekocht« aufs Ei, dann muss ich in der Früh nicht immer irgendwelche stressigen Versuche machen!

Lebensmittel leben länger

Obst, das frisch aussieht

Obst, das an- oder aufgeschnitten wurde, wird mit der Zeit an der Luft braun. Das hast du sicher schon mal bei Bananen oder Äpfeln beobachtet. Um das von vornherein zu verhindern, kann man das frische Obst kurz in Zitronensaft tauchen, bevor man es in die Schale legt. Nur in einem durchschnittlich chaotischen Junggesellenhaushalt wirst du nicht immer Zitronensaft finden. Salz hingegen schon, und das bewirkt Ähnliches. Wenn du also mal aus irgendeinem Grund knackig und frisch aussehendes Obst benötigst (zum Beispiel wenn du einen fruchtigen Nachtisch für deine kalorienbewusste Mutter zauberst, du aber nicht genau weißt, wann sie kommt, und das Obst in zwei Stunden immer noch lecker aussehen soll), nimmst du eine kleine Schale oder einen tiefen Teller, gibst etwas Wasser hinein und streust zwei bis drei Prisen Salz hinzu. Umrühren, bis sich das Salz vollständig im Wasser gelöst hat, und dann tunkst du die Banane oder was auch immer für ein paar Sekunden hinein. Die Banane wird nun an der Luft nicht braun (oder zumindest nicht so schnell), und überraschenderweise schmeckt sie später auch nicht nach Salz! Leider bekommt »braunes« Obst nicht wieder seine ursprüngliche Farbe zurück.

Überreifes Obst vermeiden ★★★★★

Nie Äpfel zusammen mit anderen Obstsorten (z. B. Bananen) in einem Fach aufbewahren. Äpfel sondern ein Reifegas ab, welches andere Obstsorten aufnehmen und so selbst schneller reifen und dann braun werden. Also Äpfel vom Rest trennen, und dann bleiben die Bananen & Co. selbst länger knackig.

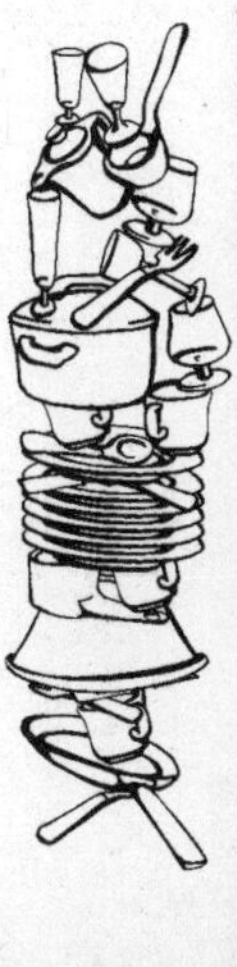

Was meint die Jury?

: Jetzt weiß ich, warum selbst meine grünen Bananen in null Komma nix auch schwarz werden. Sie liegen immer schön hübsch drapiert auf den leckeren Äpfeln.

: Dieser Effekt kann aber auch nützlich sein. Wenn du unreifes Obst schneller gereift haben möchtest, pack einen Apfel mit dem unreifen Obst in einen Gefrierbeutel oder eine Plastiktüte, gut verschließen und dann einige Tage liegen lassen. Das Gas des Apfels reift selbst steinharte Kiwis weich.

: Funktioniert auch bei Avocados, die beim Kauf meist noch hart sind. Damit du sie bald verzehren kannst, wickelst du sie zusammen mit einem Apfel in eine dicke Lage Zeitungspapier und lässt sie bei Zimmertemperatur ruhen. Der Apfel dünstet ja das Gas aus, das die Avocadoreifung beschleunigen hilft.

: Dieses »Reifegas« nennt sich Ethylen. Es lässt Obst oder Gemüse schneller reifen. Äpfel und Tomaten sondern dieses Gas nach und nach ab. Besonders »Ethylen-empfindlich« sind auch Brokkoli und Gurken.

Erdbeeren, die schmecken

Da Erdbeeren schnell an Geschmack verlieren, solltest du sie, nachdem du sie gekauft oder gepflückt hast, sofort verdrücken oder verarbeiten. Aufbewahren lassen sie sich eigentlich nur von einem Tag auf den nächsten, auf einem Teller oder Blech ausgebreitet, da sie sehr druckempfindlich sind, an einem kühlen Ort, zur Not auch im Kühlschrank.

Karotten länger frisch halten ★★★★★

Karotten mit Grünzeug dran sehen gesund aus, wenn du aber deine Möhren dann in den Kühlschrank legst, werden sie innerhalb weniger Tage alt, trocken und schrumpelig. Damit das nicht passiert, solltest du das Grünzeug einfach komplett entfernen, bevor du die Karotten in den Kühlschrank beförderst. Das Grün entzieht nämlich dem Gemüse das Wasser.

Was meint die Jury?

: Das Gleiche gilt für jedes andere Gemüse auch: Radieschen, Kohlrabi etc. Blätter abmachen, sonst ziehen diese den Saft aus dem knackigen Gemüse.

: Sollten doch einmal ein paar Möhren alt geworden sein, dann ist das hier mein Tipp: Schrumpelige Karotten legst du einfach für eine Weile ins Wasser. Die Möhre, die ja eine Wurzel ist, saugt sich mit Wasser voll und wird wieder knackig. Funktioniert also leider nicht mit Äpfeln oder Gurken. (Und jetzt kommt mir bitte keiner mit dem Kommentar »Nicht alt werden lassen, nur wenig und dafür häufiger kaufen, dann sind sie immer frisch.« Mag ja sein, dass ihr so organisiert seid, ICH bin es nicht!)

: Das funktioniert auch mit Tomaten, die schon leicht matschig geworden sind. Einfach fünf Minuten in eiskaltes Wasser legen, und schon sind sie wieder schön knackig.

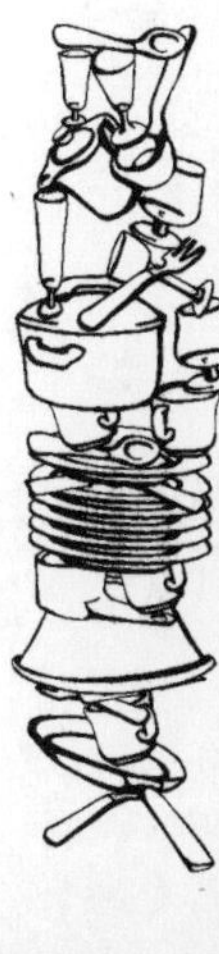

Salz, das nicht klumpt

In jeden aufgeräumten Junggesellenhaushalt gehört ein Salzstreuer. Den braucht man immer wieder – mal für die Nudeln, mal für das Obst-Tuning (siehe oben). Dummerweise zieht das Salz Feuchtigkeit an und klumpt im Salzstreuer zusammen. Hier hilft Reis. Einfach ein paar Körner in den Salzstreuer geben, und schon rieselt das Salz. Das funktioniert auch mit einer rohen Nudel. Der Reis oder die Nudel nehmen die Feuchtigkeit auf, und dein Salz klebt nicht zusammen.

Wiener Würstchen, die wieder knackig werden

Du hast dir 20 Wiener Würstchen warm gemacht. Dummerweise waren die Augen mal wieder größer als der Magen, und du hast nur 18 verputzt. Wohin mit den restlichen zwei? Wegwerfen willst du sie nicht, aber auf verschrumpelte Würstchen hast du am nächsten Tag auch keine Lust mehr. Kein Problem. Einfach das restliche Wasser aus dem Topf gießen, die Würstchen drinlassen und frisches kaltes Wasser in den Topf füllen. Deckel drauf und ab in den Kühlschrank. Am nächsten Tag wirst du feststellen, dass die Würstchen keineswegs verschrumpelt sind. Die Würstchen im Topf wieder aufwärmen (nicht zu heiß, sonst platzen sie) – schmeckt wie am Tag zuvor.

MEISTERKOCH

Bereite ein Romantik-Menü!

Freitag, 7 Uhr

Habe mir einen Tag Urlaub genommen, damit ich alles perfekt vorbereiten kann. Das Feuer ist entfacht, die Messer sind geschärft, wo ist das Federvieh?

Guten Morgen, Ingo,
halt, halt, bevor es ans Kochen geht, hier noch einige Fertigkeiten, deren Beherrschung für das weitere Gelingen deines Romantikdinners von entscheidender Bedeutung sind.

Schälen, schneiden, auspressen

Selbst der härteste Junggeselle muss weinen, wenn er Zwiebeln schneidet. Es gibt aber ein paar nützliche Tricks, mit denen Tränen der Vergangenheit angehören.

Cheat – Zwiebelschälen

1. Du trägst Kontaktlinsen? Glückwunsch! Die Kontaktlinsen sind ein guter Schutz gegen Tränen beim Zwiebelnschneiden.
2. Zwiebeln vorher in den Kühlschrank legen. Kalte Zwiebeln »dünsten« weniger aus.
3. Einfach das Messer (bitte scharf!), das Brett und die Zwiebel vorher mit kaltem Wasser abwaschen.

4. Schneide die Zwiebel in der Nähe eines geöffneten Fensters. Den Kopf etwas zur Seite in Richtung Fenster strecken.
5. Beim Schneiden einen Schluck Wasser in den Mund nehmen, damit du gezwungen wirst, durch die Nase zu atmen. Dadurch macht sich der Tränenreiz weniger bemerkbar.
6. Falls du eine Dunstabzugshaube über dem Herd hast: Abzug einschalten und darunter Zwiebeln schneiden. Den Kopf so weit wie möglich wegstrecken.
7. Sieht bescheuert aus, hilft aber garantiert: Taucherbrille aufsetzen.

Knoblauch schmeckt nicht nur umwerfend, hinterher riechst du auch umwerfend. Trotzdem: Wer einen Single-Haushalt führt und am nächsten Tag alleine zu Hause bleiben will, der sollte sich öfters mal an Knoblauch wagen. Er gibt vielen Gerichten den »letzten Schliff«. Damit du den Knoblauch besser schälen kannst, empfiehlt es sich, die Schale der einzelnen Zehen vorher zu »knacken«. Also einfach eine Knoblauchzehe nehmen mit der flachen Seite eines großen Messers (es gehen natürlich auch andere flache Gegenstände aus der Küche oder – sieht cool aus – die flache Hand) auf die Zehe drücken (evtl. etwas hin und her reiben), bis es knackt. Danach lässt sich die Schale wesentlich leichter entfernen.

Ein paar *Gurken*-Scheiben auf dem Wurstbrot sind eine feine Sache. Dumm nur, wenn du keinen Hobel hast, um sie zu schneiden. Denn dann muss man die kleinen grünen Dinger mit dem Messer schneiden, und das ist manchmal gar nicht so einfach. Doch auch hier gibt es einen Trick: Einfach mit einer Gabel quer in die kleine Gurke stechen und mit dem Messer der Länge nach zwischen den Zinken schneiden.

Tomaten lassen sich am besten schälen, wenn man etwas Wasser zum Kochen bringt und sie für ungefähr 10 bis 20 Sekunden in das Wasserbad legt. Danach lässt sich die Haut ganz einfach abziehen.

Paprikas enthalten viele Vitamine. Es ist also gesund, sich hin und wieder mal eine »Ampelpackung« aus dem Supermarkt mitzunehmen. Nur was dann? Wie jedes Gemüse wäschst du die Paprika zunächst mit Wasser. Danach halbierst du sie mit einem Messer. Im Inneren hängen am grünen Stielansatz die Kerne, den du nun mitsamt den Kernen mit dem Daumen herausbrichst. Sollten noch ein paar Kerne in der Paprika hängen bleiben, drehst du die Paprika einfach um (so dass die aufgeschnittene Seite nach unten zeigt) und klopfst mit der stumpfen Seite deines Messers ein paar Mal auf die Paprika. Die Kerne lösen sich und fliegen heraus. Sollte sich noch weißes weiches Fruchtfleisch im Inneren der Paprika befinden, so schneidest du dies einfach heraus.

Zitrusfrüchte ausdrücken ★★★☆☆

Wenn du den Saft aus einer Zitrone oder Orange (oder einer anderen Zitrusfrucht) pressen willst, so solltest du zuerst die Frucht vor dem Aufschneiden mit leichtem Druck hin und her rollen. Dadurch löst sich der Saft beim Auspressen wesentlich besser vom Fruchtfleisch und du hast mehr davon.

Was meint die Jury?

: So lassen sich die Früchte auch besser schälen!

: Alter Tipp, aber good 2 know!

Braten und kochen

Bevor du das Fleisch *zum Braten* in die Pfanne legst, sollte das Fett richtig heiß sein. Dies hat den Vorteil, dass sich die Poren deines Schnitzels sofort schließen – es kann kein leckerer Fleischsaft austreten, und es wird auch nicht so viel Fett vom Fleisch aufgenommen. Wenn du einen Bratenwender oder einen Kochlöffel aus Holz ins Fett hältst, kannst du ganz leicht prüfen, ob das Fett die richtige Temperatur besitzt. Bilden sich Bläschen um das Holz, ist das Fett heiß genug. Jetzt kannst du das Fleisch in die Pfanne legen.

Liegt dein Steak erst mal in der Pfanne, solltest du es nicht mit einer Gabel wenden. Durch das Einstechen kann der Bratensaft entweichen, und dein Fleisch ist nicht mehr so saftig. Deshalb immer einen Bratenwender und evtl. die Finger benutzen (Vorsicht, heiß!).

Cheat – Fettspritzer vermeiden

Nerviges »Gespritze« beim Braten kannst du reduzieren, wenn du Folgendes beachtest:

1. Nur wenig Fett benutzen, ist sowieso gesünder.
2. Nicht bei voller Temperatur braten, die mittlere Hitze tut es allemal.
3. Etwas Salz in das Fett geben, es entzieht dem Fett Wasser.
4. Ein Deckel oder – noch besser – ein Pfannensieb wirkt Wunder.
5. Eine trockene Scheibe Brot mitbraten.

Hin und wieder solltest du dir auch mal etwas frisches *Gemüse kochen*. Wie wärs mit Brokkoli? Brokkoli kocht man ähnlich wie Nudeln – es ist also ziemlich leicht. Vor dem Kochen solltest du den Brokkoli in kleine Röschen teilen. Wasser aufsetzen, Salz rein, wenn das Wasser kocht, das gute Gemüse für maximal fünf Minuten kochen. So bleibt es schön knackig, und nicht allzu viele Vitamine gehen verloren. Danach den Brokkoli in ein Nudelsieb schütten. Auf diese Art kannst du auch Blumenkohl (10–15 min), Kohlrabi (in Würfel oder Scheiben geschnitten, 10–15 min), gelbe Rüben (10–15 min) oder frische Erbsen (10 min) zubereiten.

Milch macht nichts lieber als *Überkochen*. Doch es gibt ein paar Tricks, die das verhindern können. Zum Beispiel kannst du den Kochtopf vorher mit kaltem Wasser ausspülen. Eine weitere Möglichkeit ist, eine Glaskugel (Murmel) mit in den Kochtopf zu geben. Sobald die Milch warm wird, beginnt sich die Kugel auf dem Topfboden zu bewegen und rührt so selbstständig die Milch um.

Du kannst das Überkochen auch hinauszögern, indem du den Topfrand mit etwas Butter einreibst. Doch die dickste Butterkruste hilft nichts, wenn du die Mich auf dem Herd vergisst. Deshalb gibt es nur eine effektive Methode, die wirklich vor angebrannter oder übergekochter Milch schützt: Die Milch bei kleinster Stufe langsam und unter Rühren erhitzen und sie die wenigen Minuten, bis sie kocht, nicht aus den Augen lassen. Einen kleinen Trick gibt es allerdings noch: Versenke eine kleine Keramikscheibe in der Milch. Kurz bevor die Milch anfängt zu kochen, beginnt die Scheibe zu klappern und holt dich aus deinen Träumen. Herd aus und Topf vom Herd – fertig.

Suppe zu salzig?

Wem der Salzstreuer in den Topf gefallen ist, der muss nicht gleich verzweifeln. Am wirksamsten erweist sich bei versalzenen Speisen eine rohe Kartoffel. Diese in kleine Stücke schneiden und eine Weile mitkochen. Die Kartoffel nimmt einen Teil des Salzes auf. Sollte eine Kartoffel geschmacklich nicht zur Suppe passen, kannst du sie auch in ein Teeei oder ein Geschirrtuch packen und später wieder hinausnehmen. Das ist aber natürlich nicht so effektiv wie frei herumschwimmende Kartoffelstückchen. Es gibt auch die Möglichkeit, Reis, Nudeln oder ein Ei in die Suppe zu schmeißen, mit der Kartoffel erzielt man jedoch mit dem geringsten Aufwand das beste Ergebnis.

Auch möglich: Du schüttest mehr Wasser (bzw. Sahne, je nachdem was für eine Suppe du gerade kochst) hinzu. Allerdings besteht dann die Gefahr, dass die Suppe wieder zu dünn wird. Alternativ kannst du auch einfach einen oder mehrere Löffel Honig (oder Zucker) in die Suppe geben. Der Honig neutralisiert das Salz ebenfalls, allerdings wird dadurch die Salzkonzentration nicht geringer, was ein »ungesünderes« Essen zur Folge hat. Honig wirkt auch bei zu scharfem Essen.

Suppe zu dünn?

Wenn deine Suppe oder Soße zu »dünn« geworden ist, also die Viskosität zu wünschen übrig lässt, so hilft folgender Trick: Einfach etwas Kartoffelbrei aus der Tüte in die Suppe rühren, kurz nachdem diese aufgehört hat zu kochen.

Suppe/Soße klumpt?

Das ist dir sicher schon einmal passiert: Beim Zubereiten einer köstlichen Tütensuppe bildeten sich lauter Klümpchen. Damit dir in Zukunft nichts mehr verklumpt, nimmst du von nun an ein ausgedientes Gemüseglas mit Schraubverschluss und füllst das

Pulver zusammen mit der auf der Packung angegebenen Menge an Flüssigkeit (Wasser, Milch oder Sahne, je nachdem, was eben drauf steht) in das Glas. Deckel zudrehen und so lange kräftig durchschütteln, bis keine Klümpchen mehr zu sehen sind. Danach das Ganze einfach in den Topf schütten und kochen.

Auch Salatdressings lassen sich auf diese Weise zubereiten und ganz leicht im Kühlschrank aufbewahren.

Innen kalt und außen schwarz?

Vor allem bei Tiefkühlfleisch kommt es immer wieder vor, dass das ersehnte Stück Fleisch außen schwarz und innen noch tiefgefroren ist. In Zukunft solltest du dich bei der Zubereitung in mehr Geduld üben. Stell nach kurzem Anbraten den Herd auf niedrige Hitze und benutze einen Deckel. So wird das Fleisch in deiner Pfanne langsam und gleichmäßig erhitzt.

Ein bereits verkohltes Essen lässt sich leider nur bedingt retten: Du kannst versuchen, die angebrannten Stellen vorsichtig mit einem scharfen Messer abzuschneiden. Das Fleisch wird dann in einer anderen Pfanne noch einmal angebraten. (Eignet sich vor allem bei Kurzgebratenem.) Bei einem großen Braten kann man das Malheur kaschieren, wenn man die verbrannte Schicht wegschneidet und den Braten anschließend in Scheiben zerlegt, anrichtet und mit Soße begossen serviert.

Essen übergekocht?

Schnell den Topf vom Herd nehmen, um das Schlimmste zu verhindern. Dann vorsichtig (Herdplatten können heiß sein) mit einem nassen Lappen das Gröbste wegwischen und darauf achten, dass nichts einbrennt. Der Topfinhalt ist meistens noch genießbar. Also die Temperatur am Herd zurückschalten, etwas warten und dann weiterkochen. Wie du Milch am Überkochen hinderst, steht auf Seite 91.

Essen schmeckt angebrannt?
Angebranntes Essen bleibt leider angebrannt. In manchen Fällen kann man die ungenießbaren Stellen abkratzen oder -schneiden (siehe oben). Meistens, z. B. beim Reis, der gerne durchzieht, bleibt leider doch nur der Weg zum Mülleimer. Deshalb: Vorsichtig erhitzen, immer umrühren/wenden und das Essen nicht aus den Augen lassen.

Freitag, 16 Uhr

Gut, gut, alles kann schief gehen. Ich möchte aber jetzt endlich anfangen, sonst schaff ich es nicht mehr.

Lieber Ingo,
hier kommen die Rezepte.

Kochkurs Level 2

Menüs kochen

Vorspeisen

Nudeln mit Lachs

Das Entree für einen romantischen Abend. Superschnell, supergünstig und superlecker. Für die Lachs-Sahne-Soße brauchst du für zwei Personen:

eine Zwiebel
zwei Lachsfilets (gibts in der Tiefkühltruhe im Supermarkt, geht aber natürlich auch frisch)
Basilikum (am besten frischen)
zwei Becher Sahne
etwas Mehl und Butter
Olivenöl
ein Suppenwürfel oder zwei Teelöffel Instantbrühe
etwas Weißwein

Die Zwiebel würfeln und in etwas Öl anbraten. Basilikum hinzugeben und mit dem gewürfelten Lachs garen. Mit etwas Salz und Pfeffer würzen. Danach die Sahne, einen Schuss Weißwein und den Brühwürfel (bzw. die Instantbrühe) in den Topf geben. Falls dir die Soße zu dünn ist, kannst du aus Mehl und Butter eine Mehlschwitze (siehe unten) zubereiten und hinzugeben. Das Ganze lässt du etwas köcheln. Nudelnkochen läuft nebenbei. Falls vorhanden und wenn der Anlass es erfordert, die Teller mit frischen Basilikumblättern garnieren.

Wenn du auf deine Linie achtest, lässt du die Sahne und die Mehlschwitze weg und brätst stattdessen etwas Gemüse, z.B. Zucchini und Paprika, mit an. Dazu noch eine Packung passierte Tomaten rein, aufkochen, und fertig ist die Light-Variante.

Komplettlösung – Mehlschwitze

Eine Mehlschwitze, auch Einbrenne, Einbrenn oder Schwitzmehl (französisch: Roux) genannt, dient zum Andicken von Soßen und Suppen. Der Trick: Die Mehlschwitze bindet die Flüssigkeit.

Die Zubereitung ist relativ leicht: Du erhitzt etwas Butter (oder ein anderes Fett, je nach Rezept) in einem Topf oder einer Pfanne. Dann schüttest du helles Mehl dazu und rührst ständig um (das nennt man dann »anschwitzen«). Du solltest die Mehlschwitze, wenn sie fertig ist, mit einer geeigneten Flüssigkeit ablöschen und glatt rühren, bevor du sie dann in das Gericht deiner Wahl kippst. Ansonsten gibts Klumpen. Hast du die Mehlschwitze abgelöscht, musst du sie noch mindestens 15 Minuten knapp unter dem Siedepunkt garen, damit die Stärke aufgeschlossen wird und binden kann.

Neben der hier vorgestellten weißen Mehlschwitze gibt es noch die braune und die blonde. Braune und blonde Mehlschwitzen werden wie die weiße Mehlschwitze zubereitet, wobei »weiß, braun und blond« den jeweils gewünschten Bräunungsgrad des Mehls vorgeben. Aber auch bei der braunen Mehlschwitze darauf achten, dass das Mehl ständig umgerührt wird, sonst wird es eine schwarze Mehlschwitze, und die gibt es nicht. Braune Mehlschwitzen werden für dunkle Soßen wie Zwiebelsoße oder Bratensoßen und auch für Linsengerichte verwendet. Die blonde Variante benötigt man für Buttersoßen.

Außer zur Bindung von Soßen und Suppen werden aus Mehlschwitzen auch eigenständige Soßen abgeleitet, z. B. »Sauce Bechamel« oder »Sauce Mornay«.

Spargeltorte

Für dieses Rezept benötigst du eine runde Kuchenspringform.

250 g Toastbrot
500 g weißer Spargel
500 g grüner Spargel
100 g zerlassene Butter
200 g feine Schinkenwürfel
4 Eier
250 g süße Sahne
3 EL geriebener Käse
gehackter Schnittlauch, Pfeffer, Salz, Muskat

Die Toastbrotscheiben entrindest du und verteilst sie gleichmäßig in eine gefettete 26er-Springform. Den Spargel (weiß und geschält) 20 Minuten, den grünen 10 Minuten mit einer Prise Salz und Zucker und etwas Wasser garen, kurz abkühlen lassen und dann sternförmig auf dem Toast verteilen. Die Schinkenwürfel in wenig Butter anrösten und mit der restlichen zerlassenen Butter auf die Spargel geben. Dann vermengst du Eier, Sahne, geriebenen Käse, gehackten Schnittlauch und die Gewürze miteinander. Diese Masse kippst du auf die Spargeltorte und stellst sie bei 200° C (vorgeheizt) für ca. 15 Minuten in den Backofen. Vor dem Servieren haust du noch gehackten Schnittlauch darüber.

Krabbencocktail

Sehr fein und macht echt Eindruck! Du brauchst für 1–2 Personen:

1 Döschen Krabben in Lake
1 kleines Glas Miracle Whip
Ketchup
½ Eisbergsalat
1 Schlückchen Gin oder Wodka

Den Eissalat waschen und in feine Streifen schneiden. In einer Schüssel mischst du Miracle Whip und Ketchup, bis ein intensives Rosa entsteht. Einen Schuss Lake dazu und einen Schluck Schnaps (dann schmeckt es weniger fett). Gut rühren. Die Krabben hinein und kühlen. Auf dem geschnittenen Salat anrichten und heißen Toast dazu reichen.

Alternativ kannst du auch gleich fertige Cocktailsoße nehmen und evtl. die Krabben noch mit Mandarinen oder einem geschnittenen Ei dekorieren.

Salat

Um dich wenigstens ein bisschen gesund zu ernähren, solltest du hin und wieder mal einen Salat essen. Das Dumme am Salat ist nur, dass du oft vor zwei für dich schier unlösbaren Problemen stehst. Erstens: »Wie mache ich ein Salatdressing?« und zweitens: »Ich hab keinen Bock auf Salatputzen!« Deshalb haben wir hier ein paar hilfreiche Tipps für dich, die dir die Angst vor dem Salatmachen nehmen.

Komplettlösung – Salat putzen

1. Die Zubereitung eines Blattsalats beginnt bereits beim Kauf. Du solltest dir im Supermarkt oder beim Gemüsehändler einen Salat heraussuchen, der nur wenige braune Stellen hat und appetitlich aussieht. Du hast mehr vom Salat und du sparst dir Arbeit beim Salatputzen.

2. Wenn du dir einen Salat gekauft hast, musst du ihn erst einmal waschen. Fülle dein Spülbecken mit Wasser. Dann entferne vom Salatkopf die äußeren Blätter und entsorge sie. Das gilt auch für alle braunen Stellen. Danach rupfst du mit den Fingern die Blätter ab und reißt sie in mundgerechte Stücke. Mundgerecht bedeutet, dass man die Blätter in den Mund stecken können soll, ohne dass man sich den Kiefer

dabei ausrenkt. Niemals ein Messer verwenden. Wenn du den Salat schneidest, werden die Schnittflächen innerhalb kurzer Zeit braun. Je mehr Mühe du dir gibst und je kleiner die Stücke werden, desto besser kannst du den Salat nachher anrühren und essen.

3. Die mundgerechten Salatblätter wirfst du ins Wasser. Hast du alle Blätter klein gerupft, wäschst du sie im Waschbecken (ein paar Mal mit den Händen herumrühren).
4. Danach holst du den Salat wieder heraus und legst ihn in dein Nudelsieb.
5. Ist das Wasser gut abgetropft, kannst du ihn mit deinem sagenhaften Salatdressing zubereiten. Dazu einfach den Salat in eine Schüssel geben und mit dem Dressing vorsichtig vermengen.
6. Für ganz Faule: Es gibt gewaschenen und gerupften Salat auch abgepackt zu kaufen.

Und wie sieht so ein Dressing aus?

Ein Salatdressing aus Essig und Öl schmeckt lecker, eignet sich für nahezu jeden Salat und ist mit ein bisschen Übung schnell gemacht. Für maximalen Geschmack bei minimalem Aufwand brauchst du:

Essig (für Feinschmecker: Balsamico)
Öl (am besten Olivenöl, extra nativ)
Salz
Pfeffer
Senf
getrocknete Salatkräuter (gibts inzwischen in jedem Supermarkt in Schraubgläsern)

Zum Süßen: Zucker oder Apfelsaft
evtl. 1 kleine Zwiebel

Da sämtliche Zutaten sich lange halten, ist es überhaupt kein Problem, sie immer parat zu haben. Die Zubereitung: Zuerst würfelst du die Zwiebel in eine Salatschüssel. Dann schüttest du etwas Öl und etwas Essig im Verhältnis 2:1 dazu. Das Verhältnis kann variieren, je nach Geschmack. Hier ist deine Kreativität gefragt. Danach streust du eine gute Prise Salz und Pfeffer dazu. Zum Schluss gibst du etwas Salatkräuter, einen Löffel Senf und etwas Zucker oder einen Schuss Apfelsaft hinzu. Die Salatkräuter geben deinem Dressing ohne großen Aufwand die nötige Würze, und der Senf wirkt als Emulgator. Das ist nichts Unanständiges, der Senf verbindet lediglich Essig und Öl. Fertig ist dein Salatdressing, das du nun für alle möglichen Salate verwenden kannst: Eissalat, Kopfsalat, Endiviensalat, Tomatensalat und so weiter.

Falls dein erstes Salatdressing nicht ganz so gelungen sein sollte, lass dich nicht entmutigen. Es dauert seine Zeit, bis du ein Gespür für die richtigen Mengen hast. Beim nächsten Mal klappts schon besser.

Rucolasalat mit Birnen und Parmesan

Ein leckerer und einfach zuzubereitender Sommer- oder Herbstsalat. Du brauchst:

1 Rucolasalat
1–2 reife saftige Birnen (mit harten unreifen schmeckts nicht)
100 g frischen Parmesan
1–2 Zitronen
Zucker, Salz, Pfeffer

Den Rucolasalat lesen, waschen und gut abtropfen lassen. Dann raspelst du den Parmesan in feine Scheiben. Zitrone(n) auspressen. Den Zitronensaft schmeckst du mit einer Prise Zucker, Salz und etwas Pfeffer ab. Danach halbierst du die Birne(n), entkernst sie und schneidest die Hälften in möglichst dünne Scheiben (wer die Schale nicht mag, vorher schälen). Das solltest du zuletzt machen, damit die Birnen nicht an der Luft braun werden, während du noch mit der Zubereitung beschäftigt ist. Pro Portion häufst du auf einem Teller ein Häufchen Rucola an, dann gibst du die Birnenscheiben und Parmesanraspel darüber, zum Schluss gut mit Zitronensaft überträufeln. Fertig. Oder einfach alles in einer Schüssel mischen.

Paprika-Mais-Salat

Hier kannst du dich mal ordentlich verausgaben. Es ist viel Schnippelarbeit, zumindest wenn du eine partytaugliche Portion für 12–14 Personen zubereitest.

Zutaten für vier Personen:

3 Stück Paprikaschoten (je 1 rot, grün, gelb)
4 Stück mittelgroße Tomaten
1 Stück mittelgroße Zwiebel
1 Dose Maiskörner
125 ml Mayonnaise
1–2 EL Essig (so ziemlich 2)
mindestens ½ EL Zucker
2–3 Prisen Salz, viel Pfeffer
Maggi-Würze flüssig (mindestens 4 lange »Spritzer«)

Zuerst wäschst du die Paprikaschoten, halbierst sie längs, befreist sie vom Kerngehäuse und schneidest sie in Querstreifen. Dann halbierst du die Tomaten und würfelst sie. Das Gleiche machst du mit den Zwiebeln. Aus der Maisdose lässt du die Flüssigkeit ablaufen.

Aus Mayonnaise, Essig, Zucker, Salz und Pfeffer stellst du eine Marinade her, evtl. musst du mit etwas Wasser verdünnen. Dann mischst du Paprika, Tomaten, Zwiebeln und Mais mit der Marinade, evtl. nachwürzen.

Vor dem Servieren etwa eine Stunde (oder länger) im Kühlschrank durchziehen lassen und dann abschmecken.

Der Salat verliert bei kühler Lagerung nicht an Qualität und schmeckt auch am Tag darauf noch richtig gut.

Fruchtiger Porreesalat

Zutaten für vier Personen:

2 Stangen Porree/auch Lauch genannt
1 Stück Fleischwurst (oder Geflügelwurst)
1 kleine Dose Ananas
2 Äpfel mit Schale
1 Glas Remoulade mit Kräutern
etwas Pfeffer und Salz

Porree in feine Ringe, die Fleischwurst in kleine Würfel schneiden. Ananas und Äpfel ebenfalls würfeln. Du vermengst die klein geschnittenen Zutaten gut. Dann mischst du die Remoulade mit etwas Ananassaft und schüttest sie über den Salat. Abschmecken und einige Stunden durchziehen lassen. Fertig.

Tomatensalat

Tomaten gibt es nicht nur als Ketchup, wieso also nicht mal einen Salat daraus machen? Du benötigst für vier Personen:

500 g Tomaten
½ Schafskäse oder 1 Mozarella
1 Zwiebel
Öl (am besten Olivenöl)
Essig
Salz, Pfeffer
Salatkräuter
etwas Zucker oder Apfelsaft
Senf

Tomaten waschen und klein würfeln. Dabei nicht vergessen, den grünen Stielansatz herauszuschneiden. Den Käse würfeln. Die Zwiebel nicht würfeln, sondern in Halbringe schneiden. Geht schneller und macht sich im Tomatensalat einfach besser. Danach bereitest du dein famoses Essig-und-Öl-Dressing zu – fertig.

Hauptspeisen

Entenbrust mit Estragonsoße

Mit dem Rezept kannst du die Dame deines Herzens schwer beeindrucken. Entenbrust gibts frisch vom Markt oder Geflügelhändler, unter Klarsichtfolie in der Kühltheke oder gefroren in der Tiefkühltheke im Supermarkt. Du hast dich noch nicht rangetraut? Hier ein Rezept, das dir einen Ruf als Meisterkoch bescheren wird:

Mit einem höllisch scharfen, spitzen Messer auf der Fleischseite der Entenbrust die so genannte Silberhaut entfernen. Lässt du sie dran, zieht sich beim Braten das Fleischstück zusammen und kann zäh werden.

Die dicke Schwarte auf der anderen Seite lässt du dran, schneidest sie aber im Schachbrettmuster ein, wobei die einzelnen Felder etwa Daumennagelgröße haben sollen.

Jetzt das Anbraten. Am besten nimmst du einen recht kleinen, beschichteten Topf, 16 cm Innendurchmesser. Wenn er richtig heiß geworden ist, legst du die Entenbrust zuerst mit der fetten Seite rein. Sofort füllt sich der Topfboden mit flüssigem Fett. Jetzt ist es an der Zeit, die Hitze zu reduzieren – das Fett soll nicht beginnen zu rauchen. Nach 2–3 Minuten drehst du das Brüstchen auf die Fleischseite und lässt es 8–10 Minuten brutzeln. Dann wird die zwischenzeitlich gewürzte (Salz, grober Pfeffer) Schwartenseite nochmal 5–7 Minuten gebraten. Jetzt auch die Fleischseite würzen. Die Dauer der Bratzeit ist von deiner persönlichen Vorliebe für rosa Fleisch abhängig. Bei der relativ langen Garung (18–20 Minuten) ist das Fleisch noch saftig und leicht rosa – optimal.

Jetzt packst du die gebratene Entenbrust dick in Alufolie ein. Während des Bratens hat sich die Flüssigkeit in den Kern zurückgezogen. Lass den Vogel nun 8–10 Minuten ruhen, bis das Fleisch durch und durch saftig ist.

Da die Entenbrust dich nicht zum Ausruhen braucht, kannst du dich jetzt an die Estragonsoße machen. Dazu erhitzt du etwas Bratensaft und einen Becher Sahne (Achtung, schäumt gerne auf und macht Sauerei!). Das würzt du mit Gemüsebrühe in Pulverform und einem guten Teelöffel Estragon. Sobald die Soße heiß ist, bindest du die Soße nun mit »Klassischer Mehlschwitze« von Mondamin.

Jetzt wird das Entenbrüstchen wieder ausgepackt, in etwa 5 mm dicke Scheibchen aufgeschnitten und auf zwei Teller verteilt. Soße drüber (nicht alles auf einmal) und zum Beispiel Spätzle dazu. Natürlich schmecken auch »normale« Nudeln sehr gut dazu.

Alles in allem benötigst du 30 Minuten für die Zubereitung dieses Gerichts.
Hier die Zutaten auf einen Blick:

1 Entenbrust
1 Becher Schlagsahne 200 ml
Estragon, getrocknet
Würze (z. B. klare Gemüsebrühe)
Klassische Mehlschwitze
Pfeffer, Salz
Spätzle, breite Nudeln oder was das Herz begehrt

Lachs aus der Spülmaschine ★★★☆☆

Du kannst mit deiner Spülmaschine kochen. Im Innern herrscht während des Spülgangs eine konstante Temperatur von ca. 80° C. Ideal um z. B. Fisch zu garen. Den Fisch würzen und die einzelnen Filets gut in Alufolie einwickeln. Am besten zweimal und zusätzlich noch in einen Backbeutel legen. Dann einschalten, und später gibts nicht nur sauberes Geschirr, sondern auch gleich noch einen perfekt gegarten Fisch. Dazu Kartoffeln.

Was meint die Jury?

: Iiiihhhh

: Ich habe das schon im Fernsehen gesehen. Hat funktioniert, sogar wenn Geschirr mitgewaschen wurde.

: Hey, toller Tipp – ich mach mir ja immer einen superzarten Schmorbraten, wenn ich von München nach Hamburg fahre – Motorhaube auf; in Alu gepackter Schmorbraten rein, Motorhaube zu und Abfahrt. Nach sieben Stunden hat man ein butterweiches Stück Fleisch …

: Ich spüle nur bei 55 Grad, funktioniert es da auch?

: Kein Witz, meine Schwiegermutter in Kanada hat so gekocht, weil der ganze Lachs zu groß für alle vorhandenen Töpfe war! Sie hat die Spülmaschine erst mal ohne Spülmittel laufen lassen, dann den Lachs gewürzt und gut verpackt in die Maschine gelegt. Später hat sie den Fisch mit leicht gerösteten Mandelscheibchen belegt, und allen hats geschmeckt, und keiner wollts glauben.

Seeteufel in Senf-Sahne-Soße

Wo wir gerade beim Fisch sind, hier noch ein Rezept. Du brauchst für vier Personen:

800 g bis 1 kg Seeteufel (geht während des Bratens ziemlich zusammen, deswegen die große Menge)
ein paar Limonen, alternativ Limonensaft
Salz, Pfeffer, Cayennepfeffer
2 bis 3 EL Butter
3 Schalotten
125 ml Weißwein
125 ml Fischbrühe ist ideal, normale klare Brühe tuts auch

200 ml Sahne
2 EL Senf (am besten grober Dijonsenf)
Speisestärke

Das Ganze geht relativ schnell – eine halbe Stunde in der Küche sollte reichen. Zuerst wäscht du den Seeteufel und tupfst ihn gut ab. Dann streust du ein wenig Limonensaft über die Filets, mit Salz, Pfeffer und Cayennepfeffer würzen und das Ganze 10 Minuten im Kühlschrank ziehen lassen.

Derweil kannst du die Butter erhitzen, vielleicht noch einen Spritzer Öl dazugeben, damit sie nicht braun wird. Dann brätst du die Seeteufel ca. 10–15 Minuten und nimmst sie danach raus aus der Pfanne und stellst sie warm.

Die (inzwischen fein gehackten) Zwiebeln schwitzt du ein wenig in der Pfanne an. Dann mit Weißwein und der Fischbrühe ablöschen, Sahne reinrühren und reduzieren lassen.

Jetzt kannst du der Soße mit Salz, Pfeffer, Cayennepfeffer, Limonensaft und ca. 2 EL Senf den nötigen Pepp geben. Wenn die Soße zu flüssig ist, kannst du sie mit Speisestärke ein wenig binden.

Dazu schmecken (grüne) Bandnudeln, Seeteufel drauf und Soße drüber, und dazu einen frischen Salat, zum Beispiel einen Tomatensalat mit frischen Kirschtomaten – fertig!

Nudeln mit Thunfischsoße

Und weil Fisch so gesund ist, gleich noch ein weiteres kleines, aber feines Fischrezept.

Zutaten für zwei Personen:

1 Dose Thunfisch
2 bis 3 Tomaten oder eine Dose geschälte Tomaten
evtl. Zwiebeln
150 g Sahne
1 EL Thymian
Nudeln (je nach Anzahl der Mitessenden bemessen)
ggf. Petersilie und Kapern

Die Zubereitung beginnt damit, dass du die Nudeln nach Packungsanweisung kochst. Danach erhitzt du in einer Pfanne etwas Öl, und, wer mag, dünstet darin eine klein geschnittene Zwiebel an. Die Tomaten (aus der Dose werden sie natürlich zuvor abgegossen) würfeln und in die Pfanne geben. Sahne dazu und alles etwas einkochen lassen (umrühren nicht vergessen!). Nun den Thunfisch gut unterrühren und den Thymian hinzugeben. Mit Salz und Pfeffer abschmecken. Anschließend mischst du die Nudeln kräftig unter. Wer Lust hat, kann nun noch gewogene Petersilie dazugeben und klein geschnittene Kapern. Das Besondere dieses Gerichts ist, dass du es sehr gut warm und auch kalt essen kannst, quasi als Salat.

Spaghetti de luxe

Im Level I hast du die Starter-Version kennen gelernt. Hier nun das Rezept für echte Profis.

Zutaten für vier Personen:

1 Bund Suppengrün (findest du beim Gemüseregal, besteht meistens aus einem Stück Sellerie, etwas Lauch, Karotten etc.)
1 große Zwiebel
1 große Dose geschälte Tomaten
Tomatenmark
3–4 Nelken
1 guter Teelöffel Meersalz
3–4 Knoblauchzehen
Majoran
Thymian
getrockneter Chili
ein guter Schluck Rotwein

Das klein gehackte Gemüse und die feinen Zwiebelstückchen in Olivenöl andünsten. Dann die übrigen Zutaten dazugeben, wobei du keinesfalls auf die Nelken verzichten solltest. Das Ganze aufkochen und zugedeckt bei geringster Hitze – solange es dein Hunger erlaubt – auf dem Herd lassen (der Fachmann nennt das

»simmern«). Ab und zu hebst du den Deckel und verdünnst die Soße mit Rotwein. Zum Schluss, also vor dem Servieren, nimmst du die Nelken wieder raus. So gut sie die Soße auch machen, wenn man draufbeißt, ist das nicht so schmackhaft.

Eine gute italienische Mama nimmt sich zur Zubereitung übrigens sehr viel Zeit – mehrere Stunden. Auch hier gilt: Je länger, je besser!

Natürlich kannst du auch eine Bolognese mit diesen Zutaten zaubern. Dann gibst du eben noch etwas Hackfleisch und fein gewürfelten Speck hinzu.

Die Pasta, die du dazu machst, bitte al dente! Die Sorte ist nebensächlich (nur keine Lasagne-Platten).

Eine Kerze auf den Tisch, ein gutes Fläschchen Rotwein entkorkt, Paolo Conte aufgelegt und los gehts. Wer immer auch mitessen darf, die Begeisterung kennt keine Grenzen. Was als Nachtisch vernascht wird, wird sich zeigen.

Tortellini in Salbei-Butter – raffiniert und simpel

Wenns italienisch sein, aber nicht so lange dauern soll:

fertige Tortellini mit Fleisch oder Käsefüllung
ein Stück Butter
pro Person ca. 4–5 Salbeiblätter und je 3 zur Dekoration
(gibts im Supermarkt oder auf dem Balkon, Blätter lassen sich auch einfrieren)

Die Tortellini kochst du nach Packungsanweisung. Derweil schnappst du dir eine große Pfanne und haust die Butter rein. Dann brätst du die Salbeiblätter (bis auf die Dekorationsblätter) unter Rühren leicht an (Achtung, nicht hart werden lassen und Butter nicht zu stark bräunen!). Die Tortellini unterziehen und mit den restlichen Blättern dekoriert servieren.

Lasagne Bolognese

Es muss nicht immer Fertiglasagne sein. Nimm dir einfach mal eine Stunde fürs Kochen Zeit, und schon hast du deine erste eigene Lasagne, die wirklich schmeckt. Das folgende Rezept ist für vier Personen gedacht. Die Lasagne besteht insgesamt aus zwei Hauptkomponenten, einer Fleischsoße und einer Käsesoße.

Die Fleischsoße:

2 EL Speiseöl erhitzen
500 g Hackfleisch (halb/halb) anbraten
200 g Zwiebeln würfeln *und 2 Knoblauchzehen* schneiden und mitdünsten
70 g Tomatenmark aus der Dose
⅛ l Rotwein (kann ruhig ein guter sein)
⅛ l Wasser
Salz, Pfeffer, Paprika edelsüß
½ Bund Basilikum (vorsichtig abspülen, abtupfen und Stiel abzupfen, nur die Blätter werden benötigt)
Alles 15 Minuten schmoren lassen und evtl. nachwürzen.

Die Käsesoße:

40 g Butter zerlassen
40 g Mehl anschwitzen
mit 625 ml Milch (⅝ l) ablöschen
aufkochen lassen
125 g mittelalten Gouda unterrühren
kochen und mit Salz, Pfeffer und Muskat abschmecken

Nun wird die Lasagne zusammengestellt: Du benötigst noch 750 g Tomaten aus der Dose, Lasagnenudeln und 2 Bund Basilikum (diesmal hacken). Eine Auflaufform ausfetten und dann abwechselnd Lasagnenudeln, Hackfleisch, Tomaten und Käsesoße einfüllen. Mit der Käsesoße abschließen und zuletzt den Käse (auch mittelalten Gouda) darüberstreuen. Bei 200–225° C 40 Minuten im Backofen backen.

Die asiatische Küche haben wir bisher nicht bedacht. Asiatisch angelehnt kochen ist aber gar nicht so schwer. Hier zwei einfache Rezepte.

Curry-Sahne-Hühnchen

Für zwei Personen braucht man:

zwei Hähnchenbrustfilets
eine Banane (kann schon etwas älter bzw. brauner sein)
zwei Scheiben Ananas (in Stücken geht natürlich auch)
eine Flasche Currysoße
einen Becher Sahne (200–250 g)
Reis und/oder Nudeln (am besten Penne Rigate)

Die Banane und die Ananas mit dem Pürierstab fein pürieren und mit der Currysauce und der Sahne gut verrühren. Die Hähnchenbrustfilets in eine feuerfeste Form legen (ggf. vorher anbraten, ist aber nicht nötig), mit der Soße übergießen und im Backofen bei ca. 180° C ca. 30 Minuten backen. Dazu gibts entweder Reis oder Nudeln – oder auch beides.

Putenfleisch in Kokosmilch

Zutaten für vier Personen:

1 Dose Kokosmilch (bekommst du in vielen Supermärkten oder im Asienshop)
Putenfleisch (am besten ein Kilopaket)
Naturreis
Gelbe Paprika und Zucchini
Cocktailtomaten
Curry, Knoblauch, Salz, Pfeffer und Zucker

Fleisch mundgerecht schneiden und in Curry, Knoblauch und Öl einlegen. Den Reis gleich aufkochen, da Naturreis ca. 25 Minuten braucht. Wie das geht, weißt du ja. Das Fleisch anbraten und in eine backfeste Form geben. Mit der Kokosmilch aufgießen und mit reichlich Curry würzen. Salz und Pfeffer drüberstreuen und etwas Zucker hinzugeben. Die Cocktailtomaten auch gleich mit rein. Ab damit in den Backofen und ca. 20 Minuten bei etwa 180° C backen. Die Paprika und Zucchini würfeln, kurz andünsten und dann zu dem Reis geben.

Manche mögens scharf: Richtig feurig wirds, wenn du noch ein bis zwei Chilischoten in die Kokossoße gibst und das Fleisch zusätzlich mit Cayennepfeffer würzt.

Auch lecker machen sich Zitronengras oder Limettenschalen im Essen. Aber nicht zu viel, sonst geht der süßliche Kokosgeschmack mehr in bittere Regionen.

Klingt schon lecker, was? Nun aber zurück in heimische Gefilde:

Frikadellen

Selbst gemachte Hamburger sind eine feine Angelegenheit. Das Aufwändigste dabei sind die Frikadellen.

Zutaten für 3–4 Personen:

500 g Gehacktes (halb/halb)
1 Zwiebel
Weißbrot (2 Scheiben Toast oder 1 Tafelbrötchen)
1–2 Eier
Salz, Pfeffer, Majoran, evtl. Knoblauch

Du würfelst die Zwiebel und mischst sie mit dem Gehackten und den Eiern in einer Schüssel. Das Weißbrot weichst du in Wasser ein, drückst es danach gut aus und gibst es ebenfalls in die Schüssel. Alles nach Belieben würzen und gut vermengen. Dann formst du aus dieser Masse die Frikadellen und brätst sie in der Pfanne an, bis sie schön knusprig sind.

Maultaschen-Auflauf

Hier ein Rezept, in dem die schwäbischen Fleischtaschen für einen Auflauf verwendet werden. Da es sich gut vorbereiten lässt, ist es ein ideales Essen, wenn Freunde kommen oder du selbst eingeladen bist und etwas zum Essen mitbringen sollst.

1 Packung Maultaschen (in der Regel 6 Stück)
1 Becher Sahne
1 Ecke Sahneschmelzkäse
wer mag: eine halbe gewürfelte Zwiebel
geriebener Emmentaler

Zuerst schneidest du die Maultaschen in Scheiben. Mit ein paar gekonnten Handgriffen beförderst du diese fächerartig in eine Auflaufform. Die Zwiebel glasig dünsten. Dann die Sahne und den Schmelzkäse hinzufügen und über die Maultaschen gießen. Den geriebenen Käse darüberstreuen und alles bei ca. 200° C 20 bis 30 Minuten überbacken. Wenn dir das zu viel Käse ist, lässt du den Schmelzkäse weg, nimmst etwas weniger Sahne und gibst zu der Soße einfach noch passierte Tomaten hinzu.

Vegetarische Pilzpfanne

Ein einfaches vegetarisches Rezept für eine Person. Du brauchst:

200 g Pilze (zum Beispiel 100 g Austernpilze und
100 g Champignons)
1 Frühlingszwiebel
Schnittlauch
Kräuterbutter
50 g Crème fraîche (figurbewusste Mitbürger nehmen
Schmand oder saure Sahne)
Salz, Pfeffer
wer mag: 1 Knoblauchzehe

Zuerst wäschst du die frischen Pilze und tupfst sie trocken. Harte Stiele, z. B. bei Austernpilzen, schneidest du ab. Je nach Geschmack halbierst du die Pilze oder schneidest sie in Scheiben. Die Frühlingszwiebel befreist du bis auf 10–15 cm vom Grün, wäschst sie und schneidest sie in Ringe. Danach säuberst du den Schnittlauch und schneidest ihn klein. In einer Pfanne zerlässt du die Kräuterbutter und dünstest die Frühlingszwiebel mit den Pilzen bei mittlerer Hitze zehn Minuten. Jetzt rührst du die Crème fraîche unter und schmeckst das Ganze mit Salz und Pfeffer ab.

Die Krönung bildet der Schnittlauch, mit dem du alles bestreust. Dazu schnappst du dir ein frisches Baguette oder geröstetes Toastbrot.

Leberkäse »Hawaii«

Hier gibt sich die bayerische Spezialität multikulti. Einfach eine Scheibe Leberkäse in der Pfanne anbraten. Sobald der Fleischkäse braun ist, legst du eine Scheibe Ananas und eine Scheibe Käse darüber. Das Ganze dann bei geschlossenem Deckel noch in der Pfanne lassen, bis der Käse geschmolzen ist. Alternativ kannst du den Leberkäse auch vorher aus der Pfanne nehmen und ihn dann mit Ananas und Käse in die Mikrowelle stecken, bis sich im Käse Bläschen bilden.

Dessert

Wir möchten dich ja weiter in Richtung »perfekter Gastgeber« bringen. Aus diesem Grund solltest du dich auch mit der Wissenschaft der Nachtischzubereitung vertraut machen. Denn: So gut das Essen auch ist und so viel alle gegessen haben – ein Nachtisch geht IMMER rein.

Hier soll jetzt eine kleine Auswahl genügen.

Calvados-Äpfel mit Vanilleeis

Bei diesem Nachtisch wirst du nicht nur den Calvados entflammen.

Pro Person brauchst du:

einen kleinen Apfel
1–2 Kugeln Vanilleeis
vielleicht noch etwas geschlagene Sahne
und natürlich Calvados
eventuell Pinienkerne

Die Äpfel schälst du und entfernst das Kerngehäuse. Dann schneidest du sie in 7–8 mm dicke Kringel und dünstest sie in wenig

Wasser kurz an. Wenn du ein ganz Süßer bist, kannst du noch etwas Zucker dazugeben. Jetzt den Calvados nicht zu sparsam in die Pfanne geben – und anzünden! Damit nicht der ganze gute Alkohol flöten geht, löschst du es nach ein paar Sekunden wieder. Jetzt allerdings nicht mit Calvados, sondern mach den Deckel drauf.

Die Vanilleeiskugeln hast du vorher schon auf die Teller gelegt, jetzt drapierst du die Apfelscheibchen und gießt den heißen Schnaps (etwa 2–3 Esslöffel) darüber. Den Teller kannst du noch mit etwas Sahne und gerösteten Pinienkernen verzieren, muss aber nicht sein.

Ananaspudding

Für diesen Nachtisch brauchst du für vier Personen:

1 Dose Ananas
1 Päckchen Vanille-Puddigpulver
1 Becher Sahne
Zucker

Die Ananas lässt du abtropfen und schneidest sie in mundgerechte Stücke. Den Saft schön auffangen und einen halben Liter abmessen (wenn es zu wenig sein sollte, kannst du den Rest mit Wasser oder Apfelsaft auffüllen). Mit dem Saft kochst du nach Packungsanleitung den Pudding und gibst die Ananasstückchen dazu. Die Sahne schlägst du ohne Zucker steif und mischst sie unter den abgekühlten Pudding.

Sahnequark

Unaufwändig ist auch diese Quarkspeise. Für das Grundrezept brauchst du:

250 g Magerquark
2 EL Milch
70 g Zucker
⅛ l Sahne

Du verrührst 250 g Magerquark, 2 EL Milch und 70 g Zucker. Die Sahne schlägst du steif und hebst sie unter die Quarkmasse.

Nun kannst du nach Lust und Laune grob geriebene Schokolade, Früchte oder was auch immer hinzugeben.

Mousse au Chocolat

Schindet immer Eindruck, obwohl die Zubereitung echt einfach ist. Für vier bis sechs Portionen gehst du wie folgt vor:

zwei Becher Schlagsahne im Wasserbad erwärmen (einen kleinen Topf mit der Sahne in einen großen Topf mit heißem Wasser stellen)

zwei Tafeln Schokolade zerbröseln (je nach Geschmack, weiße Schokolade erzielt den größten Aha-Effekt) und in der warmen Sahne schmelzen lassen. Dabei solltest du immer vorsichtig umrühren. Abkühlen lassen und dann für ein bis zwei Stunden ab damit in den Kühlschrank.

Kurz vor dem Servieren schlägst du alles mit dem Schneebesen (Handmixer) auf (wie normale Schlagsahne). Aufpassen: Nicht zu lange schlagen, sonst hast du Schokobutter!

Dann füllst du die Mousse in Schalen und dekorierst sie nach Belieben mit z. B. Erdbeeren oder Kiwischeiben.

Niemals den Gästen das Rezept verraten! Du willst doch Eindruck schinden, oder?!

Übrigens: Schon mal dran gedacht, statt normaler Schokolade Toblerone zu verwenden? Der Honig, die Mandeln und das Nougat geben eine besondere Note.

Pikante Erdbeeren

Geht fix und zeugt von Weltgewandtheit: Frische Freiland-Erdbeeren halbieren und mit je 2–3 frischen grünen Pfefferkörnern belegen. Hervorragend nach deftigen Gerichten bzw. nach dem Grillen.

Lieber Ingo,

und wenn die Lady bis zum Morgen bleibt, stellen sich dir neue Herausforderungen.

Frühstück!

Ein deutsches Frühstück zuzubereiten ist keine große Sache. Brötchen gibts beim Bäcker und in einem gut ausgestatteten Junggesellenhaushalt zum Aufbacken im Eisfach. Wohnt ein Toaster in deiner Küche, hast du noch die fabelhafte Option auf knusprige Toasts. Darauf gibts Süßes oder Pikantes, je nach Geschmack. Oder alternativ: Müsli und Cornflakes. Milch, Kakao, Kaffee, Tee, Säfte und – wenn die Situation es verlangt – ein Gläschen Sekt bilden die flüssige morgendliche Energiezufuhr.

Krone eines jeden Frühstücks allerdings ist das Ei!

Komplettlösung – Weich gekochte Frühstückseier

Ein weich gekochtes Frühstücksei wie früher bei Mutti, wer wünscht sich das nicht? Nur zu dumm, dass du keinen blassen Schimmer hast, wie Eier so schön weich werden. Das Dämliche an Eiern ist ja, dass du ihnen von außen nicht ansiehst, ob sie innen schon hart oder noch glibberig sind.
Deshalb hier eine Anleitung für das perfekte Frühstücksei:

1. Bring das Wasser zum Kochen.
2. Piekse mit einer Nadel ein kleines Loch in die Eierschale (an der »runderen« Seite, denn dort befindet sich die Luftblase im Ei). Das verhindert das Aufplatzen der Eier, da die sich ausdehnende Luft entweichen kann.
3. Lege die Eier vorsichtig! ins Wasser und warte vier bis sechs Minuten, bis du sie wieder herausholst. Die Kochzeit hängt von mehreren Faktoren ab. Zum einen von der Größe der Eier. Je größer ein Ei ist (zum Beispiel »L«), desto länger dauert es. Ein weiterer Faktor ist dein Wohnort. Je höher du

dich über dem Meeresspiegel befindest, desto länger braucht dein Ei, da in luftigen Höhen Wasser schneller anfängt zu kochen, weil die Siedetemperatur sinkt. Faustregel: Eine Minute länger kochen pro 1000 Höhenmeter. Falls du lieber hart gekochte Eier magst, verlängerst du die Kochzeit einfach um zwei bis drei Minuten.

4. Schrecke die Eier, nachdem du sie mit einem Löffel aus dem Topf geholt hast, mit kaltem Wasser ab. Das verhindert ein Nachhärten der Eier.

5. Suche die Eierbecher und Eierlöffel. Es können auch normale Teelöffel sein, nur keine Silberlöffel, da Silber sich mit Eiweiß nicht verträgt und daher der Löffel anläuft, anfängt zu stinken und das Ei bitter schmeckt.

Tipp: Solltest du einmal mehrere Eier gleichzeitig kochen wollen, dann wickle die Eier zuvor in ein Geschirrtuch ein. Der Trick: Du kannst die Eier zeitgleich ins Wasser legen und wieder herausholen! So ist gewährleistet, dass alle Eier gleich lang im kochenden Wasser waren.

Rührei

Auch eine feine Sache in den Morgenstunden: Rührei. Dazu benötigst du lediglich pro Person drei Eier und einen Schuss Milch. Du brätst das Rührei in einer Pfanne langsam, indem du die Eier-Milch-Masse mit einem Kochlöffel oder Pfannenwender hin und her schiebst. Durch das ständige Rühren bilden sich kleine Klumpen, und du bekommst ein lockeres Rührei. Andernfalls klebt dir alles zusammen. Wenn du möchtest, kannst du, bevor du das Rührei in die Pfanne gibst, ein paar Speckwürfel anbraten oder Krabben oder …

Alte Brötchen werden wieder frisch und knackig ★★★★☆

Brötchen vom Vortag sind in der Regel hart und unlustig. Wenn du die nötigen elektrischen Geräte hast, kannst du aus den trockenen Staubbeuteln aber noch etwas machen. Heize den Backofen auf ca. 100° C vor und bestreiche oder beträufle deine Brötchen mit Milch. Dann steckst du die Brötchen hinein und lässt sie so lange drin, bis sie die gewünschte Bräunung haben. Das Ergebnis sind knackige Brötchen fast wie vom Bäcker.

Was meint die Jury?

: Funktioniert das auch mit Mädels?

: Das geht auch mit Wasser! Einfach die Hände nass machen und die Brötchen abreiben mit den nassen Händen, und ab in den Ofen! Sind auch wieder knackig frisch.

: Brötchen 10 bis 20 Sekunden in die Mikrowelle und dann auf den Toaster. Geht schneller.

: Mein Brötchen in der Mikrowelle sah so aus: außen wunderbar knusprig, innen: kohlrabenschwarz. Total verbrannt. Wohl doch zu viel Watt?

Armer Ritter oder French Toast

Wenn es ein warmes Frühstück ohne großen Aufwand sein soll, probiere doch mal folgendes Rezept. Du brauchst:

2 Scheiben Toast
2 Eier
1 Tasse Milch

Die Eier und die Milch verrührst du in einer kleinen Schüssel und legst anschließend die Toastscheiben hinein. Wenn sie sich voll gesogen haben, brätst du sie mit Butter oder Ähnlichem in einer Pfanne an. Danach die Toasts einfach mit (Puder-)Zucker bestreuen und genießen. Feinschmecker nehmen noch Zimt oder Ahornsirup.

PUTZTEUFEL

Mach den Abfluss frei!

Freitag, 18 Uhr

Jetzt hab ich alle Essensabfälle glücklich in die Spüle gedrückt und dann kommt alles wieder hoch. Abfluss verstopft und nur noch zwei Stunden, dann steht Angelina in dieser total zugesifften Küche. Nix romantisch.

Abflussfrei ★★★★★

Wenn beim Abfluss nichts mehr fließt: drei Esslöffel Backpulver in den verstopften Abfluss geben und sofort ½ Tasse Essig hinterherschütten. Dann den Abfluss verschließen. Es entsteht Kohlensäure, und im Rohr beginnt es zu sprudeln. Wenn das Sprudeln aufhört, mit kochend heißem Wasser nachspülen.

Was meint die Jury?

: Hab alles probiert: Chemiekeulen, Cola, Essig – der Tipp mit dem Backpulver hat es dann gebracht.

: Backpulver mit Essigreiniger ging sogar noch etwas besser.

: Unglaublich. Hat super genial funktioniert! Wo vorher das Ablaufen von Duschwasser mehrere Minuten gebraucht hat, geht es jetzt nach einem Päckchen Backpulver und einer halben Tasse Essig durch wie nix.

: Mein Favorit: Gebissreiniger. Die Salze, die im Abflussreiniger enthalten sind, lagern sich am Rohr ab und greifen es an. Gebissreiniger hingegen ist billig, schonender und zersetzt besonders Haare sehr gut.

: Möchte mal wissen, wie viele Frag-Mutti-Leser zu Hause Gebissreiniger haben!

: Gebissreiniger sind auch sonst ein probates Kampfmittel gegen jeglichen Schmutz. Ich nehme den Gebissreiniger, bzw. Zahnspangenreiniger, schon seit Jahren zum Reinigen der Thermoskannen und des WC. Man sollte sie immer im Haus haben – mit oder ohne Zähne.

18.45 Uhr

Geschafft, es läuft wieder!

Hallo Ingo,
wow, du bist ja richtig fleißig. Als »Belohnung« hier – allerdings keinesfalls zur Nachahmung empfohlen – ein Trick, wie du deine Toilette sauber bekommst.

Toilettenreinigung für Katzenliebhaber ☆☆☆☆☆

1. Öffne den Toilettendeckel und fülle eine 3/8 Tasse Tiershampoo ein.
2. Nimm deine Katze auf den Arm und kraule sie, während du dich vorsichtig in Richtung Badezimmer bewegst.
3. In einem geeigneten Moment steckst du die Katze in die Toilettenschüssel und schließt den Toilettendeckel gut, am besten du stellst dich drauf.

4. Die Katze wird nun selbstständig mit dem Reinigungsvorgang beginnen und ausreichend Schaum produzieren. Lass dich von lauten Geräuschen aus der Toilette nicht irritieren, deine Katze genießt es!
5. Betätige nun mehrmals die Toilettenspülung, um den Power-Wash-Gang und die anschließende Nachspülung einzuleiten.
6. Sofern du auf dem Toilettendeckel stehst, bitte jemanden, die Haustür zu öffnen. Stell sicher, dass sich keine Personen zwischen Toilette und Haustür befinden.
7. Öffne dann aus gebührendem Abstand möglichst schnell den Toilettendeckel. Aufgrund der hohen Geschwindigkeit deiner Katze wird ihr Fell durch die Zugluft trocken gefönt.
8. Toilette und Katze sind sauber.

Was meint die Jury?

: Unsere Katze war leider kleiner als das Abflussrohr. Hat irgend jemand eine schwarze Katze in der Nähe der Kläranlage gesehen?

: Diese Methode wird auch von der Russenmafia verwendet. So wird aus der gewöhnlichen Hauskatze eine teure Nacktkatze – die bringt dann richtig Devisen.

: Sehr lustige Anekdote am Mittag, aber irgendwie ist meine Katze sauer auf mich.

: Super Idee. Probier ich mal aus, nachdem ich meine Katze aus der Mikrowelle rausgeholt hab.

: Hey, das geht noch besser, wenn du einen kleinen Hund UND eine Katze einsetzt. Anwendungsdauer am besten so ca. 120 Minuten. Dann aber mit Öko-Shampoo, das ohne Tierversuche entwickelt wurde. Wir sind schließlich politisch korrekt.

: Dieser Vorschlag ist nicht gut! Erfahrungsgemäß reinigt die Katze zwar die Schüssel, beschädigt dabei aber sowohl Brille als auch Deckel von unten. Leider werden beim Abgang auch Teile der Wohnung und Einrichtung lädiert. Der Wohnungsinhaber benötigt aufwändige Schutzkleidung. Verletzungsgefahr!

19 Uhr

Wie ungeheuer witzig! Die Spüle hat leider keinen Deckel und ich sowieso keine Katze, aber nach dem Abflussreinigen sieht sie aus wie … Ich weiß auch nicht, wie meine Mutter das hinkriegt, bei ihr glänzt die Spüle immer wie neu gekauft. Ich müh mich ab, erst sieht alles ganz passabel aus, dann wirds wieder matt und streifig.

Glänzende Spüle dank Klarspüler ★★★★★

Matte Spülen glänzen wieder, wenn sie mit Klarspüler für die Spülmaschine eingerieben werden. Funktioniert auch beim Fensterputz!

Was meint die Jury?

: Ihr könnt die Spüle auch mit Zahnpasta einreiben, etwas einwirken lassen, abspülen fertig. Glänzt wie neu!

: Mein Tipp: Zum Trockenreiben ein Mikrofasertuch verwenden (auch zwischendurch, damit keine Wasserflecken entstehen). Für gründliche Reinigung Kalkstein verwenden.

: Super Tipp, so putze ich auch immer meine Armaturen im Bad.

: Ist nicht schlecht mit dem Klarspüler, aber umweltfreundlicher geht es mit einer Zitronenscheibe, riecht auch noch frisch!

: Bei bräunlichen Verfärbungen am Abfluss des Spülbeckens (Sieb) z. B. durch Kaffee o. Ä. den Boden des Spülbeckens mit heißem Wasser füllen und ½ Tabs bzw. 1 TL Spülmaschinenreiniger einige Zeit einweichen. Glänzt wieder ohne viel Arbeit!

: Habe ich gerade bei der Spüle ausprobiert. Funktioniert wirklich klasse.

: Wenn ich meine Becken mit Zitronensäure (gegen Kalk) wasche und dann trocken reibe, glänzen sie auch prima.

: Oder einfach mit etwas Scheuermilch einreiben und abspülen.

: Wenn ich mal gerade keine Scheuermilch habe, reinige ich die Spüle mit Backpulver.

: Nach dem Kochen kannst du auch einfach Kartoffelschalen zum Säubern des Spülbeckens benutzen. Mit der Innenseite das Becken einreiben, und es ist wieder sauber. Wegen der Stärke der Kartoffeln ist es wohl so. Und es belastet die Umwelt nicht.

: Auch Orangenschale ist gut, um Spülen zum Glänzen zu bringen, einfach damit abreiben – so entsteht nicht nur Glanz, sondern auch ein guter Geruch. Das sagt euch eine Oma!

19:15 Uhr

Alles im glänzenden Bereich. Essen kocht lecker duftend vor sich hin. Jetzt habe ich sogar noch die Energie, um die Fenster wieder durchsichtig zu machen. Aber ich kann keinen Glasreiniger finden. Was mach ich jetzt?

Hallo, Ingo,

Fensterreinigen ist wie die Frage nach der besten Suchmaschine im Netz. Jeder hat da seine eigenen Vorlieben. Die einen sagen, man dürfe nur mit warmem Wasser putzen, die anderen nehmen ausschließlich kaltes Wasser, mit oder ohne Reinigungsmittel, bei geschlossenen oder geöffneten Fenstern. Manche nehmen Gummiabzieher, manche nur Microfasertücher, andere verwenden beides. Wieder andere reiben die Fenster mit Zeitungspapier trocken, um sie streifen-fusselfrei zu bekommen. Viele sagen, man dürfe nicht bei Sonnenschein putzen. Wenn du nicht sowieso zu denen gehörst, die glauben, Fenster seien selbstreinigend, hier ein nicht ganz alltäglicher Tipp:

Fenster strahlend sauber ohne Streifen ★★★★☆

Ich hab schon alles Erdenkliche ausprobiert, ohne Erfolg. Bis ich aus Versehen mein eigenes Haarshampoo benutzt habe. Einfach in den Wischeimer einen kleinen Schwung von eurem Shampoo und mit einem Fensterputzer die Fenster abziehen. Dann auf die Sonne warten und staunen. Was Besseres gibt es nicht!

Was meint die Jury?

: Welches Shampoo war das denn?

: Bestimmt eines gegen Glas-Schuppen und Molekül-Spliss! :o)

: Habe diesen Tipp mal ausprobiert und ihn gleich meiner Freundin weiterempfohlen. Ich kenne nichts, was besser wirkt und keine Streifen macht. DANKE.

: Ich habs ausprobiert und bin total erstaunt! Selbst bei Sonnenschein ist ein Putzen möglich, super!

: Hab das heute gleich mal ausprobiert und bin total begeistert! Hat super geklappt und sogar hartnäckige Flecken sind total easy weggegangen. Die Fenster hab ich dann mit Zeitungspapier trocken gerieben, so sauber waren sie wohl noch nie :-)

: Schäumen deine Fenster nicht im Regen?

Komplettlösung – Fenster putzen
1. Zuerst den groben Schmutz mit viel Wasser entfernen. 2. Dann die Scheiben mit einem Lappen, Schwamm oder Microfasertuch, Wasser und Reiniger deiner Wahl sauber putzen. 3. Fensterrahmen ebenfalls reinigen. 4. Fenster entweder mit Gummiabzieher, fusselfreiem Tuch oder Zeitungspapier trocken reiben, da bei Selbsttrocknung der Scheiben Streifen entstehen. 5. Fensterrahmen trocken reiben.

19:35 Uhr

Fenster glänzen (habe mir dabei gleich meine Haare gewaschen). Aber verdammt, ich hab die große Kehrwoche vergessen!!!!

Lieber Ingo,
ja, ja diese schwäbische Spezialität. Du kannst das Schild an deiner Wohnungstür ja einfach an eine andere hängen.
Also, große Kehrwoche ist ja schon übel – oder? Treppe wischen, einen unendlich langen Kellergang schrubben und dann noch ums Haus rum kehren! Ätzend! Und das immer im Fokus der übrigen, meist im Rentenalter befindlichen, dahinlauernden Mitbewohner! Lange haben wir nach einem Ausweg gesucht. Eine ganz passable Lösung ist der »Kehrwochenmeister *trotz* Handicap«-Tipp:
Wichtigstes Element ist der frühe Zeitpunkt der Durchführung: Samstagmorgen, möglichst 6 Uhr, eventuell auch früher. Die wenigsten deiner Zielgruppe werden zu dieser Uhrzeit bereits ihre Posten hinterm Vorhang und an den Gucklöchern bezogen haben.
Zuerst geh also auf die Gass und fege die größeren Laub- und Kippenansammlungen zusammen. Ein Langstielfeger und ein ebenfalls verlängertes Schäufele helfen dir rückenschonend.
Dann, nach etwa 5 Minuten, der zweite Akt: Kellergang und Treppe.
Aus den Ecken entfernst du den gröberen Schmutz (Langstielequipment) und benetzt die Wege reichlich mit Wasser.
Der dritte und wichtigste Akt bedarf einiger Vorbereitung. Es wird benötigt: 1 Eimer Wasser, Schrubber, 3–4 Q-Tips oder Ohrabuzzerle, 1 sauberes Tuch (sidolingetränkt). Durchführung: Mit den Ohrabuzzerle stellst du dich an die Klingelanlage (sollte doch jemand so früh schon unterwegs sein, kannst du ihm mit dem Ohrabuzzerle zuwinken). Nun drückst du die Klingel deiner ganz speziellen Mitbewohner. Auf die verschlafene Frage: »Ja? Wer da?«, antwortest du: »Ach, entschuldigen Sie bitte, Frau Hämmerle, ich bin's, ihr Nachbar *dein Name*. Ich mach grad die große Kehrwoche, und beim Putzen der Klingelanlage hat sich das Ohrabuzzerle wohl in Ihrer Klingel verklemmt gehabt, hoffentlich habe ich Sie nicht geweckt?« Das wiederholst

du jetzt beliebig oft, aber nicht nochmal bei Frau Hämmerle (nicht übertreiben), außer sie vergisst immer so schnell …
Wenn also deine Lieblingsmitbewohner von dir geweckt wurden, reibe einmal mit dem Sidolinlümple über die Klingelanlage. Mehr ist nicht notwendig, die anderen machen das ja wöchentlich bis zum Exzess.
Dann der letzte Akt. Die Treppe. Hier solltest du schon etwas Sorgfalt aufwenden. Vor allem an der Tür von Frau Hämmerle und Co. Die sind ja nun eh schon wach. Also immer schön mit dem Schrubber dagegen, wobei das Hörvermögen der jeweiligen Mitbewohner hinter der Tür über die Intensität entscheidet. Bestimmt kannst du so dem ein oder anderen Nachbarn auch noch persönlich ein fröhliches »Guten Morgen« ins verschlafene Antlitz rufen. Der Imagegewinn ist jetzt schon enorm.
So weit, so gut. Jetzt fragst du dich, was soll das »*trotz* Handicap«? Geduld, kommt ja schon. Am Vorabend deiner Kehrwochenshow, so etwa gegen 23:00 Uhr, trägst du noch ein paar leere Getränkekisten runter. Wohnst du parterre, statte einfach jemandem ganz oben einen kurzen Besuch ab (»Hen sie mir vielleicht a Tässle Zucker?«), und beim Runtergehen lässt du die leeren Kisten fallen und legst dich daneben. Wenn nicht gleich alle Türen aufgegangen sind, kannst du ja etwas jammern und um Hilfe rufen. Bevor jetzt aber jemand den Notarzt oder den Abdecker bestellt, rappelst du dich auf: »Schon gut, höchstens ein paar Prellungen und eine verstauchte Hand«, sagst du nun und wünschst allen ein »Gut's Nächtle, hoffentlich kann ich mit den Schmerzen schlafen«.
Du wirst sehen, künftig sind die Gesichter um dich herum viel freundlicher, niemand wird mehr an deiner Gewissenhaftigkeit bei der korrekten Durchführung der Kehrwoche zweifeln. Und du kannst sicher sein, hintenherum wird erzählt, was du für ein netter junger Mann bist und überhaupt nicht wehleidig: »Der wär ebbes für mei Mädle.«

19:35 Uhr

Perfekt! Probier ich mal aus. Aber morgen um 6 Uhr liege ich in den Armen von Angelina, und die findet eine Putzorgie bestimmt nicht sexy, was auch immer die Zeitungen behaupten. Jetzt werde ich einfach einen Lappen in Putzmittel tränken und unter die Fußmatten der Nachbarn legen. Das ganze Treppenhaus riecht dann aprilfrisch und wie gerade gewischt!

WASCHBÄR

Bändige deine Waschmaschine!

19:37 Uhr

Was ist das für ein Krach? Hat einer meiner Nachbarn den Trick mit dem Putzlappen entdeckt und randaliert jetzt? Das Klopfen wird immer lauter. Gleich platzt mein Schädel. Aber der Lärm kommt nicht von draußen, sondern aus dem Bad … Die neue Waschmaschine, die ich mir übers Internet bestellt habe und die gestern geliefert wurde! Warum musste ich sie unbedingt noch ausprobieren, gerade heute, gerade jetzt? Statt mich zu stylen, versuche ich nun im Bad meiner Waschmaschine auszuweichen, die wild durch die Gegend hüpft und dabei einen mordsmäßigen Lärm veranstaltet. Schon fast einen Meter hat sie sich von ihrer ursprünglichen Position fortbewegt. Jetzt reißt sie gerade den Wasserschlauch aus dem Wasserhahn an der Wand. Das auslaufende Wasser vermischt sich mit dem Waschmittel, das sie bereits erfolgreich abgeschüttelt hat. Ich schnappe mir ein Handtuch, doch unaufhaltsam fließt die ganze Soße gen Flur, wo sie mein nagelneuer Sisal-Teppich dankbar aufsaugt. Die Maschine springt derweil weiter lustig von einer Seite auf die andere. Ich gebe das hirnlose Aufwischen auf. Wagemutig weiche ich der verrückt gewordenen Waschmaschine aus, ziehe den Netzstecker und drehe das Wasser ab. Die einzige Möglichkeit, dieses Monster aufzuhalten, meine schöne Wohnung weiter zu zerstören. Die Waschmaschine sinkt in sich zusammen. Die Trommel wird langsamer – besiegt! Was zur Hölle hab ich falsch gemacht? Verzweifelt blättere ich in der durchnässten Bedienungsanleitung. Und zwar von der ersten Seite an. Das kann ja wohl nicht sein, dass die Maschine ein Eigenleben entwickelt. Gleich nach den Sicherheitshinweisen unter dem Punkt »Transportsicherung« lese ich, dass irgendwelche Schrauben, die die Waschtrommel fixieren, an der Rückseite entfernt werden sollen. Ich schaue mir die Maschine an. Und tatsächlich, da sind zwei Schrauben. Mit meinem Schweizer Taschenmesser fummle ich die zwei Übeltäter raus, die die Trommel wohl am Schleudern gehindert haben. Nachdem ich die beiden mit einem bösen Blick abgestraft habe, mache ich mich wieder ans Aufwischen.

Hallo, Ingo,
ein weiser Mann hat mal gesagt: »Sobald man die erste eigene Waschmaschine besitzt, ist man ein richtiger Mann!« Oder so ähnlich. Jedenfalls solltest du dir den Tag in deinem Kalender rot anstreichen, wo du waschtechnisch autark geworden bist. Lass dich von dem kleinen Malheur nicht entmutigen. Eine Waschmaschine ist eine feine Sache. Jetzt, da du immer waschen kannst, wann du willst, solltest du einige Tipps und Tricks beachten, die das Waschen und den Umgang mit der Waschmaschine leichter machen.

Fleck weg

Moderne Waschmittel sind wahre Alleskönner. Sie bekommen mit einem normalen Waschgang in der Regel so ziemlich alle Flecken aus deinen Klamotten wieder raus. Es gibt aber ein paar Spezialfälle, bei denen auch die Waschmaschine versagt. Zum Beispiel, wenn du einen Fleck auf einem Kleidungsstück hast, das nur von Hand gewaschen werden darf oder in die Reinigung muss. Du brauchst den Fummel aber unbedingt morgen früh. In solchen Fällen gibt es ein paar Tricks, die den gröbsten Schaden verhindern können und den Fleck – mal mehr, mal weniger effektiv – manchmal sogar ohne Waschen entfernen.

Erste Hilfe bei Flecken

Frische Flecken solltest du *niemals reiben*, sondern immer nur *tupfen*. Ansonsten entsteht durch das Reiben Wärme, und der Fleck »verschmilzt« regelrecht mit dem Material. Vor allem bei Textilien musst du deshalb aufpassen. Ist ein Fleck erst mal »reingerieben«, bekommst du ihn fast nicht mehr raus.

Deshalb wie folgt vorgehen:
Bei nichtflüssigen Flecken (z. B. ein Stück von einer Torte) entfernst du mit einem Messer im spitzen Winkel die Substanz. Danach gehst du so vor wie weiter unten beschrieben (je nachdem, um was für einen Fleck es sich handelt).

Bei flüssigen Flecken legst du das betroffene Kleidungsstück wenn möglich auf eine saubere Unterlage, nimmst etwas Küchenpapier (Klopapier geht auch), drückst es fest auf den Fleck, so dass der Stoff ausgesaugt wird. Danach gehst du je nach Fleckart vor.

Noch zwei Hinweise:

Misslungene Reinigungsversuche vermindern die Chancen auf ein »Der-Fleck-ist-weg«-Erlebnis.

Flecken »altern«. Deshalb sollte der Fleck so schnell wie möglich entfernt werden. Auch ein ein bis zwei Tage alter Fleck lässt sich besser herausbekommen als einer, der schon einen Monat in deinem Teppich gammelt.

Blut

Wenn möglich, den Fleck so schnell wie möglich mit kaltem (!) Wasser auswaschen. Bloß kein heißes Wasser verwenden, da Blut eiweißhaltig ist. Heißes Wasser würde das Blut fixieren, kaltes hingegen löst das Blut (und allgemein eiweißhaltige Substanzen) besser heraus. Allerdings sind Blutflecken eine Ausnahme. In der Regel hat heißes Wasser die bessere Waschwirkung und ist deshalb besser zur Fleckentfernung geeignet.

Gras

Beim Beach-Volleyball übers Spielfeld hinausgesegelt und voll auf dem Rasen gelandet? Es gibt vielfältige Möglichkeiten, sich unschöne Grasflecken zuzulegen. Ärgerlich nur, dass die Flecken beim Waschen nur schlecht rausgehen. Deshalb den Fleck vor dem Waschen gut mit Gallseife einreiben. Bei besonders hartnäckigen Flecken kannst du noch zusätzlich Fleckenspray auf den Fleck sprühen. Grasflecken lassen sich so schon recht gut dezimieren. Falls du dir unsicher bist, ob das Kleidungsstück die Behandlung verträgt, probiere die Gallseife oder das Fleckenspray erst an an einer Stelle aus, die man nicht sieht.

Fett

Bei Fettflecken gibt es gleich mehrere Möglichkeiten. Zum einen hilft wieder Gallseife. Ansonsten: Mit Waschbenzin betupfen oder mit Spülmittel einreiben und danach, falls möglich, waschen. Wie bei den Grasflecken solltest du bei empfindlichen Textilien vorab die Behandlung aber an einer wenig sichtbaren Stelle oder einem anderen Stück Stoff testen, damit du keine unangenehmen Überraschungen erlebst.

Filzstift- und Kugelschreiber

Hast du den offenen Filzstift auf dem Sofa vergessen und dich reingesetzt, oder ist dir ein Kugelschreiber in der Hemdtasche ausgelaufen? Kein Problem. Der moderne Junggeselle holt sein

Haarspray aus dem Bad und sprüht den Fleck dick ein. 15 Minuten einwirken lassen und mit lauwarmem Wasser ausspülen. Sollte der Fleck dann immer noch nicht verschwunden sein, ganz normal – wenn möglich – in der Waschmaschine waschen. Selbst hartnäckige Edding-Flecken verschwinden, wenn sie zuvor mit Haarspray besprüht worden sind.

Harz

Wenn du Harz auf deinen Kleidungsstücken hast, dann kann man dieses sehr leicht mit einer handelsüblichen Haut- oder Handcreme entfernen. Einfach auf das Harz reiben und ein bisschen verteilen. Das Harz geht dann nach kurzer Zeit weg. Danach wie gewohnt waschen.

Kaugummi

Auch hartnäckig und gar nicht so selten sind Kaugummis in Klamotten. Im Gefrierfach kannst du das Kleidungsstück so lange einfrieren, bis der Kaugummi hart ist. Danach lässt sich das ehedem klebrige Ding leicht herausbrechen. Sportler ohne Gefrierfach nehmen ihr Eisspray dafür. Ist beides nicht in deinem Haushalt anzutreffen, kannst du auch ein starkes Klebeband zu Hilfe nehmen. In mehreren Schritten klebst du immer eine unbenutzte Stelle des Klebebands auf den Kaugummi und löst ihn so nach und nach ab. Je stärker das Klebeband ist, desto besser funktioniert es.

Kragenspeck

Das gute Oberhemd darf nur mit 30° C gewaschen werden, und am Kragen sitzt er auch nach der Wäsche immer noch: der Speckrand! Aua! Geschirrspülmittel – vor dem Waschen gut mit den Fingern in den Kragenrand eingerieben – löst den Speck. Das Hemd danach ganz normal mitwaschen. Hinterher strahlen Kragen und Hemdenbesitzer!

Eine andere Möglichkeit: Bei hartnäckigem Kragenschmutz

verteilst du etwas Haarshampoo auf dem Hemdkragen und reibst das Ganze kurz ein, dann ab in die Waschmaschine. Der Kragen ist nach der Wäsche super sauber, denn das Shampoo löst Körperfett (natürlich nur auf Textilien) ruck, zuck auf.

Öl

Wenn Wagenschmiere, Kettenöl oder Ähnliches auf deinen Kleidern sitzt, einfach mit Bremsreiniger vor dem Waschen besprühen. Bremsreiniger gibt es in jedem Autoteilemarkt und kostet nur ein paar Euro. Wichtig ist, diesen VOR dem Waschen auf den betroffenen Fleck zu sprühen, da der Fleck sonst hineingewaschen wird und nie mehr herausgeht. Evtl. kurz abbürsten und ausdampfen lassen, bevor du das Kleidungsstück in die Waschmaschine steckst, da sonst die ganze Wäsche danach riecht (was aber nach dem Trocknen wieder verflogen ist).

Wenn du nicht gleich die beschmutzten Klamotten waschen kannst, machst du einfach einen Knoten in das entsprechende Kleidungsstück, bevor du es in den Wäschekorb wirfst. So vergisst du das Einsprühen vor dem Waschen nicht, da ja sonst, wie gesagt, der Fleck nie mehr herausgeht.

Den Bremsreiniger nach Möglichkeit nicht auf die Haut bringen, da dieser nicht zwischen Wagenschmiere und dem Fettfilm auf eurer Haut unterscheiden kann. Die Haut wird entfettet und färbt sich weiß. Wenn es trotzdem passiert: eincremen!

Schokolade

Eis auf den Pullover gekleckert, ins Schokobonbon gesetzt? Kein Problem für dich. Wenn der Fleck noch frisch ist, einfach kräftig mit Mineralwasser (mit Kohlensäure!) benässen und so den Fleck »rausschwemmen«, ggf. danach waschen.

Rotwein

Was tun, wenn dir eine Saftflasche oder ein Rotwein auf den Pullover, den Teppich oder die Couch gekippt ist? Wenn der Fleck noch frisch ist, hol dir eine Flasche Mineralwasser und einen feuchten Lappen oder Küchenkrepp. Den Fleck großzügig mit Wasser tränken und dann mit dem Lappen von außen nach innen auftupfen. Und wieder: Nie den Fleck einreiben! In den meisten Fällen lässt sich so das Schlimmste verhindern. Kleidungsstücke am besten sofort in die Waschmaschine packen und waschen.

Cheat – Rotweinfleck

Dieses klassischen Fleckenproblems kann man mit folgenden Methoden Herr werden:

1. Fleck großzügig mit Salz bestreuen, einwirken lassen und dann gründlich ausbürsten.
2. Weißwein auf den Rotweinfleck kippen, einwirken lassen und mit lauwarmem Wasser auswaschen.
3. Fleck mit Sprudel und Küchenrollenpapier behandeln.
4. Bei Hotline der Teppichboden-Firma anrufen.

Tierhaare

»Haarige« Kleidung trocken in den Trockner legen und Kurzprogramm einstellen. Die Tierhaare fangen sich dann im Flusensieb. Etwas umständlicher wird es, wenn man keinen Trockner oder trocknerungeeignete Klamotten besitzt: Die Haare mit einem breiten Klebeband entfernen.

Wachs

Ein Stück Küchenrolle oder ein Löschpapier auf den Wachsfleck legen und mit dem Bügeleisen drüberbügeln. Das Papier saugt dann das Wachs auf. Ist Bügeln nicht möglich, kannst du den Fleck aber auch vorsichtig mit Waschbenzin bearbeiten.

Wenn das nicht zur Hand ist, hast du vielleicht Nylonstrümpfe in deinem Haushalt? Wenn ja, schnapp dir einen und zieh ein paar normale Arbeitshandschuhe an. Den Nylonstrumpf darüberziehen und fest über die betroffene Stelle rubbeln. Vorsicht: Das Wachs wird heiß, wenn der Strumpf es aufnimmt!

Kerzenreste aus Kerzenständern entfernen ★★★★☆

Kerzenreste aus dem Kerzenständer entfernst du am einfachsten, indem du den Kerzenständer für ca. 1–2 Stunden in ein Gefrierfach legst. Anschließend lässt sich auch der letzte Rest der abgebrannten Kerze entfernen.

Was meint die Jury?

: Mache ich auch immer so. Früher habe ich immer mit warmem Wasser rumgemacht. Wenn es gefroren ist, geht es ruck, zuck.

: Und was mach ich mit einem sechsarmigen Leuchter, der 1,50 m hoch und im Durchmesser 1,00 m ist? Weiß jemand Rat?

: Wie wäre es, wenn du ihn in eine Schüssel mit Eiswürfeln stellst? Oder im Winter draußen in den Schnee steckst (vorausgesetzt, es ist Winter)?

: Frag mal im Supermarkt oder im Schlachthaus nach, die haben so große Kühlräume. :-)

: Bei »großen Problemen« hilft Vereisungsspray. Gibt's entweder in der Apotheke (als Kühlspray) oder im Baumarkt.

: Alternative: Mit einem Fön das Wachs erwärmen und mit einem Küchentuch abwischen. Dann klappts auch mit dem Monsterkerzenständer.

Rost

Rostflecken kannst du mit Zitronensäure behandeln. Danach aber kräftig ab- bzw. ausspülen.

Obst

Obstflecken behandelst du vor dem Waschen am besten mit Essig oder Zitronensaft. Die Säure knackt die natürlichen Farbstoffe im Obst, und der Fleck geht beim Waschen besser raus.

Rote und dunkle Obstflecken, z.B. von Kirschen oder Holunderbeeren, vor der Säurebehandlung eine Zeit lang in kaltes Wasser legen – je frischer der Fleck ist, desto wirkungsvoller. Bei schönem Wetter kannst du das Kleidungsstück auch feucht in die Sonne legen. Die Flecken bleichen von alleine aus.

Schuhe in der Waschmaschine waschen ★☆☆☆☆

Als Kind musste ich immer meine Schuhe händisch putzen, seit kurzem kenne ich eine viel bequemere Methode: Einfach die Schuhe (besonders Sportschuhe, aber auch Wildlederschuhe) in die Waschmaschine stecken, etwas Waschmittel dazugeben und bei 30 Grad waschen. Kommen sauber heraus, trocknen lassen und bürsten (bei Wildlederschuhen).

Was meint die Jury?

: Wenn man das ein paar Mal gemacht hat, wird das Leder brüchig, und man kann die Schuhe wegwerfen. Ich reinige meine Lederschuhe nur mit Bürste und Wasser. Und wenns ganz dick kommt, mit etwas milder Seife (aber dann nach dem Trocknen sofort wieder mit Schuhwachs o. Ä. pflegen).

: Ich würde danach aber auf jeden Fall ein Pflegeöl, bei Wildleder am besten eins zum Sprühen, benutzen.

: Sportschuhe nie in der Waschmaschine waschen, außer man legt keinen Wert auf eine Dämpfung.

: Meine teuren Sportschuhe sind dabei eingelaufen, und die Farbe wurde herausgewaschen (bei 40 Grad Celsius), so dass aus dem eleganten Hellgrau ein bestechendes Rosa wurde. Das mag ja Geschmackssache sein, aber wenn die Zehen eingequetscht werden …

: Ich wasche meine Sportschuhe (wohlgemerkt nur Sportschuhe) schon seit Jahren in der Waschmaschine. Ich nehme Einlegesohlen und Schnürsenkel raus und wasche sie separat eingewickelt. Die Schuhe umwickle ich beim Waschen einfach mit einem alten Handtuch oder Kissenbezug.

Über den Umgang mit einer Waschmaschine

Es gibt einige Kleidungsstücke, die können der Waschmaschine wehtun, z. B. Büstenhalter, in die zwei Metallbügel zur Unterstützung eingenäht sind. Diese auf gar keinen Fall einfach in die Waschmaschine stecken. Es kann sonst passieren, dass sich die Bügel lösen und die Waschtrommel beschädigen. Hast du erst einmal Kratzer oder Macken in der Waschtrommel, so besteht die Gefahr, dass sie dort rostet – und du musst wieder in den Waschsalon zum Waschen. Deshalb: Bügel-BHs und ähnliches immer in einen Stoffbeutel stecken. Es gibt im Handel spezielle Beutel mit Reißverschluss, ein kleiner Kissenbezug tut es aber auch. Den Beutel dann ganz normal mitwaschen. So kann nichts kaputtgehen.

Auch wenn du vielleicht nicht allzu viel Platz in deiner Wohnung hast: Auf keinen Fall solltest du getragene Wäsche in der Waschmaschine aufbewahren. In der Waschmaschine ist es feucht, und dein Lieblings-Pullover schimmelt schneller, als du gucken kannst. Das passiert natürlich auch, wenn man zu faul ist, die gewaschene Wäsche aufzuhängen.

Auch wenn dir ein solches Vorgehen fremd ist, kann es vorkommen, dass deine Wäsche muffig riecht. Das kann an der Waschmaschine liegen. Bakterien, die erst ab einer Temperatur von 60° C sterben, nisten sich ein, wenn du nur mit 30° C oder 40° C wäschst, und verursachen solche Gerüche. Einfach hin und wieder mal ein paar weiße Handtücher und Unterwäsche sammeln und ordentlich bei 90° C durch die Waschmaschine jagen. Da gibt die dickste Bakterie klein bei. Wer eine moderne Waschmaschine hat, braucht sich auch nicht allzu viel Gedanken um die Umwelt machen. Sie benötigt dank fortgeschrittener Technik und guter Wärmedämmung wesentlich weniger Strom als alte Waschmaschinen, um das Wasser auf 90° C zu erwärmen.

Komplettlösung – Waschmaschinenpflege

Die Türdichtung deiner Waschmaschine

An deiner Waschmaschine befindet sich – wenn du keinen Toplader hast – ein dicker Gummiring an der Tür, die Türdichtung. Dort sammelt sich mit der Zeit einiges an: Wäscheklammern und Vergessenes aus Hosentaschen, wie zum Beispiel Münzen oder Büroklammern. Wenn du die Dinge nicht regelmäßig entfernst, fangen sie an zu rosten (sofern sie aus Metall sind). Das schadet der Wäsche und mit der Zeit auch dem Gummiring.

Flusensieb

Von Zeit zu Zeit solltest du das Flusensieb deiner Waschmaschine säubern. Dieses Sieb befindet sich am unteren Ende deiner Waschmaschine. Wie du es herausbekommst und wie es genau gereinigt wird, steht in der Bedienungsanleitung deiner Waschmaschine.

Waschmittelschublade

Die Waschmittelschublade, fachmännisch »Waschmitteleinspülmulde« genannt, solltest du auch hin und wieder mal reinigen. Sie ist meistens herausnehmbar und lässt sich gemütlich unter den Wasserhahn halten. Näheres findest du ebenfalls in der Bedienungsanleitung deiner Waschmaschine.

Waschmaschine reinigen

Das Gehäuse deines Waschvollautomaten kannst du einfach mit einem feuchten Tuch reinigen. Keine Scheuermilch und keine Lösungsmittel verwenden!

Kalkablagerung oder das Märchen vom »Lochfraß« in der Waschmaschine

Offenbar sollen magnetische Kugeln, die man mit in die Waschmaschine legt, Kalkablagerungen in der Waschmaschine vorbeugen. Mag ja alles funktionieren, ist aber überhaupt nicht nötig. Erstens ist Kalk nur halb so schlimm, wie von dem netten Waschmaschinenmann in der Werbung dargestellt, und zweitens können die schweren Magnetkugeln die Waschmaschine beschädigen, da sich durch ihr Gewicht die Trommel unregelmäßig dreht.

Servicetechniker haben uns bestätigt, dass sie noch nie so verkalkte Schläuche und Heizstäbe gesehen haben, wie uns die Werbung weismachen will. Höchstens ein feiner Kalkbelag tritt auf. Und gegen dieses bisschen Kalk bist du bereits bestens gewappnet. Wenn du unseren Tipp mit dem Waschpulver beherzigt hast (Seite 61), dann weißt du bereits, dass das Pulver schon Wasserenthärter enthält, der ab 60° C wirksam wird. Wenn du also regelmäßig mit 60° C wäschst, bist du auf der sicheren Seite. Lebst du in einem Gebiet mit hartem Wasser, kann der Zusatz von extra Wasserenthärtern Sinn machen. In diesem Fall benötigst du etwas weniger Waschmittel, so dass sich die Kosten wieder ausgleichen.

Wir müssen hier auch mal mit dem Irrglauben aufräumen, dass Kalk »Lochfraß« verursacht. Lochfraß ist eine besondere Form der Korrosion, die Edelstahl angreifen kann. Aber Kalk hat rein gar nichts damit zu tun. Kalk lagert sich ab – und das wars auch schon. Er greift nichts an. Im Gegenteil. Ein von Kalk komplett umschlossener Heizstab ist vor Korrosion sogar geschützt. Wobei dies auch nicht unbedingt perfekt für deine Waschmaschine ist, da die Heizleistung durch die auftretende Isolation beeinträchtigt wird.

Sonstiges

Spezielle Tipps wie zum Beispiel eine »Notentleerung« (nein, nicht das was du denkst) oder das Aufstellen der Maschine in frostgefährdeten Räumen kannst du ebenfalls deiner Bedienungsanleitung entnehmen.

BÜGELFALTER

Bügele dein erstes Herrenhemd!

19:45 Uhr

Nackt, bei offenem Fenster, damit der Waschpulvergestank verschwindet, steh ich hier in meiner Wohnung und versuche ein Hemd zu bügeln. Wenn Angelina jetzt kommt, bin ich verloren.

Lieber Ingo!
Herzlichen Glückwunsch zum neuen Bügeleisen.

10 Minuten später

Nach einem halb gebügelten Ärmel tut mir das Kreuz höllisch weh. Alter Schwede, denke ich. Geht das nicht einfacher? Ich zünde mir eine Zigarette an – bei so viel Anstrengung und Schmerzen hab ich mir eine Pause verdient. Ich schaue gedankenverloren den Rauchringen hinterher, die ich andächtig durch mein Zimmer blase. Plötzlich wird der Rauch immer mehr, und es fängt an zu riechen. »Scheiße«, schreie ich und schmeiß das Bügeleisen vom Bügelbrett. Nochmal »Scheiße«, hebe es wieder auf und stelle es auf den Bügeleisenhalter. Mein weißes Hemd hat ein ordentliches Brandloch in Form eines Bügeleisens. »Das darf doch alles nicht wahr sein«, fluche ich, halte das Hemd unter den Wasserhahn und werfe es, weil es keinen Sinn mehr macht, direkt in den Mülleimer. Nach einer Schimpfkanonade beschließe ich, ein anderes Hemd zu bügeln. Bügeln ist die reinste Folter. Plötzlich rauscht es kurz im Fernseher, und ein neues Bild erscheint. Zwei Typen, die mich komisch angrinsen, stehen mitten in einem Raum und winken mir zu. Moment mal, die kenn ich doch …

Servus, Ingo,
das war ja wohl nicht das Gelbe vom Ei, was du da eben abgeliefert hast. Klar ist Bügeln eine mühsame Angelegenheit. Es dauert nun mal seine Zeit, bis ein Herrenhemd glatt ist. Aber oftmals führt kein Weg am Bügelbrett vorbei. Deshalb ist beim Bügeln »optimieren« das oberste Gebot. Wer die Tricks kennt, der spart beim Bügeln wertvolle Sekunden und Minuten.

Bügeln beginnt bereits beim Waschen

Wer sich im Vorfeld etwas Mühe gibt, der hat hinterher weniger Arbeit. Also: Alle Klamotten beim Aufhängen vorher gut ausschlagen und straff aufhängen. Die Falten, die sich beim Trocknen bereits »aushängen«, musst du nachher nicht mehr bügeln. Wenn es bei dir immer viel Wäsche zu bügeln gibt, lass den Wäscheberg nicht in den Himmel wachsen. Es ist unglaublich ätzend, wenn man den ganzen Sonntagnachmittag dasteht und nichts anderes tut außer bügeln. Lieber immer wieder mal eine »kleine Runde« bügeln. Dauert maximal eine halbe Stunde, und du sparst dir den »Dauerbügel-Stress«.

Bügeln ohne Bügelbrett

Wenn du dir kein neues Bügelbrett kaufen willst (zum Beispiel aus Platz- oder Geldmangel) und auch keins in der Verwandtschaft abstauben kannst, musst du nicht verzweifeln. Besorge dir in diesem Fall eine Wolldecke und ein weißes Leintuch. Die Wolldecke auf dem Tisch ausbreiten und das Leintuch glatt darüber legen. Auf dieser Unterlage kannst du perfekt bügeln.

Bügeln auf Reisen

Stell dir vor, du bist auf einer Weiterbildung, und auf der Hinfahrt zum Seminarhotel haben sich deine Hemden im Koffer die eine oder andere unansehnliche Knitterfalte zugelegt. Kein Problem. Ab ins Bad und schön heiß duschen (darf diesmal auch ein bisschen länger sein). Die Hemden und/oder Hosen hängst du dabei auf einen Bügel ins Bad (neben die Dusche!). Der heiße Wasserdampf glättet die Falten, und du bist wieder »businesslike«.

Die richtige Temperatur

Dein Bügeleisen hat vermutlich einen Drehschalter oder etwas Ähnliches. In der Regel ist dieser Schalter beschriftet. Wenn du hinschaust, sollte dort etwas von »Baumwolle«, »Wolle« oder »Seide« stehen. Mit dem Schalter kannst du die Temperatur deines Bügeleisens regeln. Für empfindliche Stoffe wie Seide solltest du eine geringere Temperatureinstellung verwenden als zum Beispiel für Baumwolle. Ansonsten kann dein Bügeleisen hässliche Spuren auf deiner Kleidung hinterlassen.

Feucht bügeln ★★★★☆

Wer seine Kleider nicht zu lang trocknen lässt und dann noch leicht feucht bügelt, tut sich wesentlich leichter. Also: Nicht so faul sein und ein paar Stunden, nachdem man die Kleider zum Trocknen aufgehängt hat, bügeln. Man ist schneller fertig mit Bügeln, und außerdem werden die Kleider, vor allem Hemden, wesentlich glatter.

Was meint die Jury?

: Meine Wäschezeit liegt so gegen 20 Uhr, da ich berufstätig bin. Wenn ich die Hemden oder Blusen ein paar Stunden nach dem Aufhängen bügeln müsste, hieße das, entweder um 3 aus den Federn oder gar nicht erst schlafen gehen.

: Alternativ kann man auch einen Zerstäuber benutzen. Den gibts in jedem Haushaltswarengeschäft.

: Sagt mal, habt ihr kein Bügeleisen mit Sprühtaste? Man muss dann zwar öfter nachfüllen, aber es funktioniert sehr gut.

: Übrigens: Mit warmem Wasser statt mit kaltem bügelt es sich noch leichter, da warmes Wasser besser in die Fasern einzieht.

Wer trocknen kann, ist klar im Vorteil

Falls du in der beneidenswerten Lage bist, einen Trockner benutzen zu können, dann trockne die Wäsche, die du bügeln willst, leicht an. Danach die Wäsche wieder aus dem Trockner holen und wie gewohnt bügeln. Auf diese Weise lässt sich der Zeitaufwand beim Bügeln für T-Shirts, Hemden und Pullover beachtlich reduzieren. Allerdings sollte die Trocknertrommel nicht ganz voll sein. Ansonsten sind die Klamotten zwar trockener, aber noch verknitterter als zuvor.

Hemden

Hemden bügeln ist sozusagen die »Königsdisziplin« am Bügelbrett. Also solltest du Bügelprofi in dieser Disziplin werden. Hemden sind für den Mann unverzichtbar. Sei es bei einem Vorstellungsgespräch, einem Meeting, der Hochzeit deines besten Freundes oder der silbernen Hochzeit deiner Eltern. Es macht immer einen guten Eindruck, wenn man(n) ein schönes und gebügeltes Herrenhemd trägt. Für manche Menschen ist Herrenhemdenbügeln zu einer Leidenschaft geworden, und es existieren wissenschaftliche Abhandlungen über die perfekte Bügelfalte. Aber keine Angst. Innerhalb von zehn Minuten lernst du dein erstes Herrenhemd bügeln, und mit etwas Übung sehen deine Hemden genauso gut aus wie jene, die deine Mutti bügelt.

Komplettlösung – Herrenhemden bügeln

Ein Herrenhemd gliedert sich normalerweise in sechs Teile: Kragen, zwei Schulterpassen, Knopfleiste, zwei Ärmel samt Manschetten, Rückenteil und zwei Vorderseiten. Alle Teile werden getrennt voneinander gebügelt. In welcher Reihenfolge du vorgehst, ist dabei relativ egal. Wir möchten hier nur einen Vorschlag geben, der sich unserer Meinung nach bewährt hat. Wichtig ist, dass du immer eine gewisse Spannung hältst. Also immer das Hemd glatt ziehen und dann bügeln.

1. Knöpfe das Hemd auf. Herrenhemden bügelt man nicht »geschlossen«. Das Ergebnis sieht sonst hinterher ziemlich dilettantisch aus.
2. Zuerst nimmst du dir die Ärmelaufschläge vor. Öffne die Manschettenknöpfe und bügle die Manschetten aus.

3. Jetzt den Kragen flach auf dem Brett glatt ziehen und von beiden Seiten bügeln.

4. Als Nächstes sind die Schulterpassen dran. Ziehe sie auf die Spitze des Bügelbretts. So kannst du beide Schulterpassen sehr bequem bügeln.

5. Jetzt nimmst du dir die Ärmel vor. Jeweils einen Ärmel der Naht entlang auf dem Brett ausstrecken. An den Manschetten gut festhalten, so dass der Ärmel straff ist. Nun von der Manschette in Richtung Schulter bügeln. Den Ärmel umdrehen und genauso von der anderen Seite bügeln.

6. Jetzt fehlt nur noch die Knopfleiste, Vorder- und Rückseite. Lege das Hemd so auf das Bügelbrett, dass sich die Knopfleiste parallel zum Bügelbrett am Rand befindet. Bügle nun vorsichtig mit der Spitze deines Bügeleisens die Knopfleiste. Danach kommt die eine Seite der Vorderseite dran, die bereits richtig auf dem Brett liegt. Ziehe nun einfach nach und nach das Hemd um das Bügelbrett herum und bügle. Als Nächstes hast du also die Rückseite auf dem Brett liegen und danach die andere Vorderseite.

Nun hast du ein schönes gebügeltes Herrenhemd. Wer nicht auf rasiermesserscharfe Bügelfalten steht, der braucht jetzt nicht weiterlesen. Alle anderen können ihrem Hemd den letzten Feinschliff verpassen.

7. Ärmel auf dem Bügelbrett so ausbreiten, dass die Manschette ganz rechts am Brettrand liegt.

8. Die Naht des Ärmels suchen und genau an ihr die Falte legen.

9. Von der so entstandenen Nahtfalte des Ärmels den Stoff nach oben glatt streichen. Dies vom Körperteil bis kurz vor die Manschette durchführen.

10. Bügeleisen am Oberarm ansetzen (sodass die Spitze Richtung Manschette zeigt) und langsame Links-rechts-Bewegungen nach vorne machen, dabei besonders die eigentliche Bügelfalte mit viel Dampf bügeln.

11. Hemd anheben und den Ärmel um 90 Grad drehen.

12. Die Manschette so formen, dass die Knöpfe auf dem Brett aufliegen und die zu bügelnde Falte der Manschette kurz hinter dem Knopfloch entsteht.

13. Evtl. (wer es mag) nochmals die bei vielen Hemden gerafften Falten an der Manschette bügeln. Wenn die Bügelfalte des Ärmels richtig gebügelt worden ist, geht eine der beiden Falten der Raffung in die Bügelfalte des Ärmels über.

Hört sich alles extrem pedantisch an. Ist aber echt super, wenn du in einem Meeting sitzt und alle anderen in ihren bügelfreien Hemden mit dem »Fastkeinefaltenstoff« wie durch den Wolf gedreht aussehen und du dir in den Finger schneidest, wenn du über deine selbst gebügelte messerscharfe Bügelfalte fährst.

Der schnelle Hemdentrick ★★★★☆

Wenig bekannt beim Hemdenbügeln ist das gesonderte Bügeln des Sattels. Das ist der obere Teil des Rückenteils. Dies ist aber extrem profimäßig und spart Zeit und Ärger, speziell wenn das Hemd um den Hals nicht so richtig glatt werden will.
Zuerst das Hemd aufknöpfen und den Kragen von innen bügeln. Jetzt gut aufpassen, denn es wird komplizierter. Das Rückenteil eines Oberhemdes besteht aus zwei Teilen: Der obere heißt Sattel oder Passe, den unteren Teil nenne ich im Folgenden »unteres Rückenteil«. Verbunden ist beides mit einer Naht. Das Hemd mit beiden Händen vor sich halten, Vorderteil vorn, Rückenteil hinten, rechts und links die Ärmel, dann rechts und links an die Naht zwischen Sattel und Rückenteil fassen und den Sattel nach vorn knicken, indem man mit dem Daumen den Sattel und mit den übrigen Fingern das untere Rückenteil umfasst. Der Knick liegt in der Naht.
Nun das Hemd vor sich halten. Der Sattel hängt jetzt nach vorne, genau wie das Vorderteil, das untere Rückenteil weiterhin nach hinten. Jetzt auf das Bügelbrett legen. Der Sattel kommt so ganz glatt auf dem Bügelbrett zu liegen, und auch das obere Vorderteil kann um die Halsgegend gut gebügelt werden.
Jetzt kannst du wie gewohnt weiterbügeln.

Was meint die Jury?

: Die Methode klappt prima. Praktiziere ich schon seit einigen Jahren so.

: Das Ganze ist etwas kompliziert beschrieben, geht aber auch einfacher: Das aufgeknöpfte Hemd über die spitze Seite des Bügelbrettes ziehen, und zwar so, dass eine »Schulter« des Hemds auf dem Brett glatt aufliegt. Das Ganze mit der anderen Schulter wiederholen, und schon ist ein großer Teil des Hemden-Rückens abgebügelt.

: Mit dieser Methode kann Mann seine Jacke auch mal ausziehen, ohne gleich als Single enttarnt zu werden. Die beste Methode, die ich kenne, und auch für Männer erlernbar. Falten haben so keine Chance!

: Mich würde ja mal der »soziale, psychologische, menschliche« Faktor interessieren! WARUM überhaupt bügeln?

: Ganz einfach: Gute Bügelkenntnisse verbessern die Heiratschancen!

Zum Hemd gehört die Hose!

Komplettlösung – Hose bügeln

1. Knöpfe und Reißverschluss an Hose schließen.
2. Beide Hosenbeine sauber übereinander legen, so dass die Nähte übereinander liegen.
3. Das obere Hosenbein über den Bund schlagen und vom unteren Bein die Innenseite bügeln.
4. Dann die Falten vom Bund bis zur Schlitzmitte bügeln.
5. Schritte 3 und 4 nach Umdrehen der Hose beim anderen Bein wiederholen.
6. Nun die Innenseiten und den Schritt mit Dampfstößen befeuchten und dabei ganz leicht mit der Bügeleisensohle am Stoff entlangfahren.

7. Den Bund der Hose über die Schmalseite des Bügeltisches bis über die Hosentasche ziehen und in die Bundfalten hineinbügeln. Hose drehen, bis sie rundum gebügelt ist.
8. Hose sauber zusammenlegen und auf einem Bügel auskühlen lassen.

20:15 Uhr

Jetzt kann Angelina kommen!

LEVEL III

SPARSCHWEIN

Überlebe!

Samstag 17 Uhr

Sie kam nicht. Meldete sich nicht mal. Nichts. Vor lauter Frust und unter Einfluss mehrerer Flaschen Rotwein habe ich gegen Mitternacht die ganze Romantik samt Menü in den Müll gekippt. Heute Morgen bin ich von einem Dauerklingeln geweckt worden. Muss wohl irgendwann unter dem dröhnenden Lärm von *Ramstein* eingeschlafen sein. Frau Hämmerle stand vor der Tür: »Des isch d größde Unverschämtheid, d ganze Nachd d laude Musik und noh no dr schdinkend Müll vor dr Tür. Außerdem hend Sie Kehrwoche. Des isch des ledzde, hajo, so isch des!« Und so schleppte ich mich dann mit dickem Kopf, weichen Knien und kaputtem Herzen unter den argwöhnischen Blicken meiner lieben Nachbarn kehrend die Treppe hoch und wieder runter. Nun liege ich total ausgepowert und kaputt im Bett. Ich glaube, ich habe mich gestern beim Bügeln erkältet. Jungs, mir geht's so schlecht. Ich sterbe!

Die kleine Junggesellen-Hausapotheke

Um für den Notfall gerüstet zu sein, solltest du an einem sicheren, nicht feuchten Platz aufbewahren:

1. Pflaster und Verbandsmaterial, falls du dich beim Gemüseschnippeln verletzen solltest.
2. Schmerzmittel (Aspirin, Thomapyrin oder Paracetamol), gegen Kater, Kopfschmerz, Fieber und sonstige Schmerzen.

3. Kohletabletten, falls dein gekochtes Menü zu Durchfall führen sollte.

4. Fenistil oder eine andere Anti-Allergikum-Salbe für Verbrennungen, Stiche und andere Hautreizungen.

5. Tabletten gegen Sodbrennen und andere Magenverstimmungen.

6. ACC-Tabletten oder andere Husten- oder Schleimlöser.

7. Schmerzlindernde Salbe bei Verstauchungen, Prellungen und Ähnlichem.

Billige Medikamente aus Holland ★★★★☆

Wer im grenznahen Bereich von Holland wohnt, kann sich dort Medikamente günstiger besorgen. Den Besuch in Holland kann man gut mit einem Einkauf verbinden, Kaffee ist nämlich auch billiger.

Was meint die Jury

: Ich bestelle meine Medikamente über eine holländische Internet-Apotheke. Die Medikamente sind dort viel günstiger. Bei Rezepten zahlt man nur die halbe Gebühr. Außerdem ist ab zwei Rezepten alles portofrei. Man braucht bei Medikamenten, die frei verkäuflich sind, nur die PZN (PharmaZentralNummer) anzugeben, dann kann man sicher sein, das gleiche Medikament wie in Deutschland zu bekommen.

: Ich wohne in München und bestelle meine Medikamente nur übers Internet (z. B. www.versandapo.com oder www.docmorris.com). Kann ich wärmstens empfehlen. Die Versandapotheke ist supergünstig, es entstehen keine Portogebühren, und innerhalb von zwei Tagen wird alles geliefert.

: Ich kaufe oft im Ausland meine Medikamente preiswerter ein. Allerdings bleibt es meistens bei Aspirin oder Fenistil-Salbe. Mit Beipackzettel und damit der Möglichkeit, die Inhaltsstoffe zu vergleichen, gar kein Problem.

: Ich will jetzt kein Spielverderber sein, aber meiner Meinung nach ist es »gesünder«, die Arznei in der Apotheke ums Eck zu holen, da hier kompetent beraten werden kann, z. B. über Wechselwirkungen mit anderen Medikamenten oder sonstige Eigenschaften der Arznei.

Sonntag, 12 Uhr

Habe 16 Stunden geschlafen. Fühle mich etwas besser, aber zu schlapp zum Aufstehen, kein Schwein da. Und ich habe Hunger!

Lieber Ingo!
»Du könntest auf der Stelle erfrieren, und keinen würds interessieren« – krank und Single ist eine ungesunde Kombination. Doch in Selbstmitleid ertrinken hilft dir auch nicht weiter. Auch wenn es nur ein schwacher Trost ist: Es geht anderen Singles genauso. (Du siehst die anderen ja immer nur, wenn es ihnen gut geht!) Frag ruhig Freunde oder liebe Nachbarn, ob sie dir etwas mitbringen oder einfach mal vorbeischauen können. Gönn dir viel Ruhe und Schlaf, auch ein Erkältungsbad wirkt manchmal Wunder. Für deinen Hunger empfehlen wir den nächsten Pizzadienst, oder klemm dich vor den Computer:

Einkaufen via Internet ★★★★☆

Keine Zeit zum Einkaufen oder null Bock auf Tütenschleppen? Bestelle übers Internet deinen Einkauf und/oder abonniere die wichtigen Dinge des Lebens wie Bier, Pizza, Klopapier, Kondome etc. Es gibt in den meisten Städten Einkaufservices, die zum vereinbarten Termin nach Hause liefern. In Dresden und Umgebung macht das z. B. www.bring-fix.de, ein ähnliches Angebot gibt es sicher auch in deiner Stadt.

Was meint die Jury?

: Wenn man kein Auto hat, eine ideale Lösung. Am besten nicht so oft, dafür auf Vorrat bestellen, das spart Gebühren.

: Für Drogerieartikel: www.schlecker.de liefert ab 15 Euro frei Haus.

: Absoluter Blödsinn, macht nur dick und faul. Ich habe auch kein Auto und kriege den Einkauf trotzdem nach Hause. Außerdem ist das Online-Einkaufen um einiges teurer.

: … dir kann ich nur wünschen, dass du nie länger krank wirst. Irgendwann hat man es nämlich satt, dauernd seine Freunde anzubetteln, etwas mitzubringen, und bestellt einfach übers Internet.

: Dass Online-Einkauf teurer ist, halte ich für eine echte Fehlinformation. Überlegt doch mal, allein die Ladenmiete kostet mindestens dreimal so viel wie ein Internetshop. Also: Einfach mal ausprobieren!

: Ein Tipp vom Öko: Es gibt immer mehr Bauern und landwirtschaftliche Betriebe, die frisches Gemüse und Obst für eine Wo-

che nach Hause liefern. Bei www.bioland.de könnt ihr Erzeuger in eurem Umkreis finden, manche bieten sogar Obst- und Gemüsekisten für Singles an!

: Ich habe gelesen, irgendwo gibt es auch wieder Milchmänner.

MEISTERKOCH

Bediene einen Spätzleschwoab!

Dienstag, 17 Uhr

No milk today … Bin drei Tage krank geschrieben und muss – Gott sei Dank – Angelina nicht sehen. Nach zwei Tagen Pizza habe ich unbändige Lust auf Spätzle, aber auf die meiner Mutter.

Käsespätzle – das Rezept

für 2 Personen:

250 g Mehl
2 Eier
1 TL Salz
ca. 1/8 l Wasser
Käse
Zwiebeln

Du verrührst Mehl, Eier, Salz und Wasser mit einem Kochlöffel in einer Schüssel. Der Teig sollte nicht zu flüssig sein. Dann kochst du Wasser in einem Topf, stellst den Spätzlesdrücker darauf und quetschst die Teigmasse durch. Sobald die Spätzle im kochenden Wasser oben schwimmen, schöpfst du sie ab und gibst sie in eine große Pfanne. Auf eine Spätzleschicht streust du immer etwas Käse (z. B. Emmentaler mit etwas Limburger) und etwas Salz und Pfeffer. Das wiederholst du, bis der ganze Teig verbraucht ist.

Danach stellst du die Pfanne mit geschlossenem Deckel auf den Herd und lässt den Käse bei niedriger Stufe schmelzen. Möglich ist auch, die Spätzle in eine ofenfeste Form zu geben und dann im vorgeheizten Backofen (ca. 150° C) den Käse schmelzen zu lassen. Da müssen natürlich geröstete Zwiebeln drüber.

Spätzle selber machen ★★★★★

Unverzichtbar für jeden (schwäbischen) Junggesellenhaushalt ist ein Spätzlesdrücker, ein *Spätzleschwoab*. Er sollte aus rostfreiem Metall und auseinander nehmbar sein, damit man ihn leichter in die Spülmaschine stellen kann. Unmittelbar nach Gebrauch sollte man ihn – noch bevor der Teig angetrocknet ist – auf alle Fälle in Wasser legen, dann kann man ihn problemlos reinigen.

Das meint die Jury:

: Es gibt im bayrischen und österreichischen Ausland *Spätzlesreiben* zu kaufen, mit deren Hilfe – genial einfach – der Spätzlesteig »durchgerieben« wird. Dabei entstehen keine langen Spaghetti-Spätzle, sondern Knöpfles-Spätzle, wie es sie auf der Schwäbischen Alb gibt.

: Noch einfacher geht es meiner Erfahrung nach mit dem Spätzlehobel. Auch ihn kann man in jedem gut sortierten Haushaltsgeschäft ab rund 20 € kaufen oder übers Internet bestellen.

: Die Schwabenvariante ist kostengünstiger: Man nimmt ein großlöchriges Salatsieb und drückt den Teig mit Hilfe eines Silikon-Schabers oder Kochlöffels durch. Die Spätzle sind vielleicht nicht ganz so schön, aber man hat sich das Geld für Spätzledrücker und Co. gespart.

: Das alles ist doch nur was für Möchtegern-Schwaben. Echte schwäbische Spätzle werden mit Spätzlesbrett und Messer handgeschabt!

Kochkurs Level 3
Wie bei Muttern

Wiener Schnitzel

Das *Schweinchen Dick* von der Kinderkarte steht auch noch bei ausgewachsenen Mägen ganz hoch im Kurs und lässt sich selbst in der kleinsten Küche zaubern. Lass dir beim Metzger oder Fleischer das Kalbsschnitzel (natürlich geht auch Schweinefleisch, dann ist es eben *Wiener Art*) gleich »steaken«. So ersparst du dir das schweißtreibende Flachklopfen, denn das Fleisch sollte 5–8 Millimeter dünn sein, nicht dicker. Mit etwas Salz, Pfeffer und Paprika würzen, anschließend panieren und braten.

Komplettlösung – Schnitzel panieren

Schnitzel sind lecker – aber wie bekommt man diese gold-gelbe Kruste dran?

1. Kauf dir ein Schnitzel.
2. Jetzt brauchst du ein Ei, Paniermehl und normales Mehl.
3. Das Ei schlägst du in einen tiefen Teller und verrührst es. Das Paniermehl und das normale Mehl gibst du auch in jeweils einen tiefen Teller.
4. Als Erstes ziehst du das Schnitzel durch das Mehl und schüttelst es danach etwas ab.
5. Dann tunkst du das Schnitzel in das Ei.
6. Zuletzt ziehst du das Schnitzel durch das Paniermehl und sorgst dafür, dass das Schnitzel komplett von der Panierung umhüllt ist.

7. Nun brätst du das Schnitzel in der Pfanne in sehr heißem Öl von jeder Seite ca. 2–3 Minuten an, bis die gewünschte Bräune erreicht ist, oder frittierst es in der Fritteuse.

Rinderbraten

für vier Personen:

1 kg Rinderbraten
Rindfleischknochen
Salz, Pfeffer und Paprika
2–3 große Zwiebeln
Tomaten und Suppengrün

Das Fleisch und die Knochen würzt du mit Salz, Pfeffer und Paprika. Dann brätst du zuerst den Braten von jeder Seite in einem großen Topf in sehr heißem Öl an – damit sich die Poren schließen und der Braten saftig bleibt. Danach nimmst du den Braten wieder heraus, brätst die Knochen an und nimmst auch diese wieder aus dem Topf. Nun werden 2–3 große Zwiebeln, in Würfeln oder Scheiben, angebraten. Dann legst du den Braten und die Knochen dazu und füllst den Topf mit Wasser auf, bis der Braten gerade so bedeckt ist. Das Ganze lässt du jetzt mit ein paar Tomaten und etwas Suppengrün 2 Stunden leicht köcheln. Danach nimmst du den Braten und die Knochen wieder heraus und gießt die Soße durch ein Sieb ab. Du kannst das mitgekochte Gemüse ebenfalls herausnehmen oder mit durch das Sieb drücken. Danach bindest du die Soße und schmeckst sie ab. Mit Rotwein und Sahne kannst du den Geschmack weiter verfeinern. Bratenreste lassen sich übrigens prima mit der Soße einfrieren.

Kasseler Braten zu salzig? ★★★★☆

Wenn dein Kasseler Braten zu salzig schmeckt: Nach dem Anbraten einfach mit Ananassaft angießen – anstatt mit Wasser (ganz normaler Ananas-Fruchtsaft zum Trinken).

Was meint die Jury?

: Es funktioniert wunderbar!

: Was ist Kasseler?

: Kasseler ist gepökeltes mageres Schweinefleisch. Wird mancherorts auch »Kaiserbraten« genannt. Kann man auch prima zum Fondue nehmen. :-)

: Ananas im Kasseler kannte ich noch nicht, dafür habe ich einen Tipp, wie eine Fleischbrühe zu einem optischen und kulinarischen Leckerbissen wird: Um der Brühe eine kräftige Farbe zu verpassen, kochst du einfach eine ungeschälte, aber gewaschene, Zwiebel mit. Die nimmst du natürlich nach dem Kochen wieder raus.

Rouladen

Rinderrouladen (pro Person eine)

Räucherspeck
Zwiebeln
Petersilie
Essiggurken
Mehl
Salz, Pfeffer
Senf
Zahnstocher

Die Rouladen bestreichst du dünn mit Senf, pfefferst und salzt sie. Dann belegst du sie mit sehr dünnem Räucherspeck, fein geschnittenen Zwiebeln, Petersilie und in dünne Streifen geschnittenen Gewürzgurken. Nun rollst du die Rouladen zusammen und fixierst sie mit Zahnstochern, drehst sie einmal in Mehl und brätst sie dann in heißem Fett gut an. Danach gibst du die Zwiebelscheiben und etwas Mehl in die Pfanne und lässt beides anbräunen. Das Ganze wird mit Wasser abgelöscht und nachgewürzt. Lass die Rouladen nun zugedeckt etwa 1 ½ bis 2 Stunden schmoren, und schmecke danach die Soße mit Wein ab.

Öl und Fett – Was nehme ich wann?

Fett ist beim Braten und Kochen unentbehrlich und beeinflusst den Geschmack der Gerichte entscheidend. Je nachdem, was du kochen möchtest, wählst du das passende Fett aus.

Butter

Butter hat einen feinen Eigengeschmack, der nicht so stark ist wie beim Olivenöl. Sie wird aus dem pasteurisierten Rahm der Milch hergestellt. Im Handel wird sie hauptsächlich als Sauerrahmbutter angeboten. Bei Sauerrahmbutter wird zu Beginn der Reifung eine Mischkultur von Milchsäurebakterien zugefügt. Süßrahmbutter aus ungesäuertem Rahm hat dagegen ein weniger ausgeprägtes Aroma. Butter eignet sich *zum Dünsten von Gemüse* wie Tomaten, Karotten und Lauch (Dünsten heißt: Garen bei kleiner Hitze in einem Topf mit Fett und im eigenen Saft). Was zum Beispiel super ankommt, sind in Butter gedünstete Tomaten: Tomaten oben kreuzweise einschneiden, Butterflöckchen reinstecken, Salz, Pfeffer, Knoblauch dazu und in einen Topf legen, wo schon Butter zerlassen wurde. Dazu passen in Olivenöl gewälzte Spaghetti mit Bärlauchpesto oder auch gegrilltes Fleisch.

So manches Gemüse schmeckt besser, wenn du es *glasierst.* Dabei erhält das Gemüse einen glänzenden Überzug, indem beim Dünsten außer der Butter noch Zucker hinzugefügt wird. Wichtig dabei ist, dass das Gemüse während des Garvorgangs in der Pfanne oder im Topf ständig leicht geschüttelt oder geschwenkt wird, damit sich die Glasur gleichmäßig auf dem Gemüse verteilt. Eine leckere Beilage zu Fleischgerichten sind zum Beispiel in Butter gedünstete Karotten oder Lauchzwiebeln, über die man etwas Honig oder Zucker gibt.

Bei der Butter ist allerdings zu beachten, dass du sie nicht zu stark erhitzt, da sie schnell verbrennt, schwarz und dann ungenießbar wird.

Butterschmalz

Butterschmalz kann stärker erhitzt werden als Butter und eignet sich somit besser zum *Anbraten von Fleisch,* hat aber dennoch diesen leckeren Buttergeschmack.

Schweineschmalz

Schweineschmalz wird aus Speck oder Bauchfett gewonnen. Dieses Fett gibt Bratkartoffeln, Fleisch und Bratwürsten einen würzigen Geschmack, kann hoch erhitzt werden und eignet sich auch *zum Fritieren.*

Zum Braten in der Pfanne ein Stück Schweineschmalz kurz anschmelzen lassen und dann mit einem Küchentuch die Pfanne einreiben. Den Rest Fett im Tuch entfernen, denn Saumagen und Fleischkäse sollen nicht im Fett schwimmen.

Originales Schweinefett ist wohl dosiert gesund, da es wichtige Stoffe wie Linolsäure für den Fettstoffwechsel und Vitamin E enthält und der Cholesteringehalt gering ist.

Olivenöl

Olivenöl ist ein Speiseöl aus dem Fruchtfleisch der Olive. Es ist wegen seines edlen, ausgeprägten fruchtigen Geschmacks weltweit bekannt und beliebt. Olivenöl passt ausgezeichnet zu Gerichten der mediterranen Küche und ist ein *begehrtes Salatöl.* Man kann fast immer herausschmecken, ob ein Gericht mit Olivenöl zubereitet wurde. (Vorsicht also, wenn du süße Pfannkuchen damit zubereiten möchtest!)

Olivenöl gibt es in verschiedenen Qualitätsstufen. Wir empfehlen dir Olivenöl mit der Aufschrift »nativ extra« zu kaufen. Die Stiftung Warentest hat jedoch festgestellt, dass hier teilweise Etikettenschwindel betrieben wird. Von 26 getesteten Olivenölen »nativ extra« hätten sieben Stück diese Aufschrift gar nicht tragen dürfen, sechs wurden mit ausreichend und neun Sorten sogar mit mangelhaft bewertet.

Olivenöl schmeckt je nach Herkunft und Verarbeitung unterschiedlich. Es gibt milde Olivenöle für Salate, kräftige zum Braten oder für Hackfleischsauce. Hier ist Ausprobieren angesagt! Du kannst Olivenöl bei Zimmertemperatur lagern. Gourmets stellen ihr Öl jedoch in den Kühlschrank. Du solltest es dann aber einige Zeit vor der Verwendung aus dem Kühlschrank nehmen oder die Flasche unter warmes Wasser halten, da es durch die Kälte dickflüssig und flockig wird.

Margarine

Margarine ist im Gegensatz zur Butter aus pflanzlichem Fett. Sie besteht zum größten Teil aus gehärteten und ungehärteten Pflanzenfetten und Wasser. Die gelbliche Farbe wird durch Färbung mit Karotin erreicht. Der Kaloriengehalt liegt wie bei Butter bei rund 750 Kilokalorien pro 100 Gramm. Aufgrund der gehärteten Fette ist der gesundheitliche Wert von Margarine umstritten. Es wird vermutet, dass das Infarktrisiko dadurch steigt.

Gulasch nach Szegediner Art

für vier Personen

800 g Rindergulasch
1 Dose Sauerkraut
1 Becher Crème fraîche oder saure Sahne
4 Zwiebeln
¼ l Brühe
Salz und Pfeffer
Gewürz für Ungarisches Gulasch (gibts zu kaufen)

Das Rindfleisch brätst du mit den geschälten und geschnittenen Zwiebeln an, würzt es mit Salz, Pfeffer und dem Gulaschgewürz. Dann gibst du die Brühe hinzu und lässt das Ganze 30 Minuten köcheln. Nach dieser Zeit lässt du das Sauerkraut gut abtropfen und gibst es locker mit den Händen gezupft zu dem Rindergulasch. Alles lässt du weiter 40 Minuten köcheln. Zum Schluss kippst du den Becher Crème fraîche oder die saure Sahne hinein und lässt den Gulasch nochmals 15 Minuten köcheln.

Als Beilage eignet sich hervorragend Kartoffelpüree.

Gemüse

Fünf Portionen Obst und Gemüse empfehlen Ernährungsberater. Also ran an den Kohl. Hier kommen die grünen Favoriten in deutschen Haushalten.

Komplettlösung – Gemüsezubereitung
Damit beim Gemüsekochen nicht wertvolle Vitamine und Mineralstoffe flöten gehen, achte bei der Zubereitung auf Folgendes: 1. Gemüse nur kurz waschen.

2. Geschnittenes Gemüse schnell weiterverarbeiten.
3. Mit wenig Wasser garen.
4. Bei großer Hitze kurz aufkochen lassen und bei milder Hitze weiter garen.
5. Gemüse nicht zu lange kochen. Am besten nur dämpfen oder dünsten, nie zerkochen.
6. Gemüse nicht warm halten, sondern abkühlen lassen und bei Bedarf nochmals kurz erhitzen.

Blumenkohl

Wenn du den Blumenkohl, ähnlich dem Brokkoli, in Röschen teilst und ihn in leicht gesalzenem Wasser vorsichtig weich kochst, kannst du ihn entweder mit einer Buttersoße servieren oder mit Semmelbröseln garnieren.

Für die Buttersoße:

40 g Mehl

in 40 g zerlassener Butter

so lange dünsten, bis sich reichlich Bläschen bilden. Bevor es anfängt gelblich zu werden, löschst du das Mehl mit etwas Blumenkohlbrühe ab. Höchstens 10 Minuten kochen lassen, da die Buttersoße sonst an Geschmack verliert. Vor dem Anrichten schmeckst du die Soße mit Salz und einigen Tropfen Zitronensaft ab.

Semmelbrösel

gibt es fertig zu kaufen, du musst sie nur noch in einer Pfanne in etwas Butter unter ständigem Wenden anbräunen, und schon kannst du sie über den gekochten Blumenkohl streuen.

Blumenkohlauflauf

1 Blumenkohl
2 Becher Sahne oder Vollmilchjoghurt
Mehl
2 Eier
100 g Emmentaler
Butter

Den Blumenkohl kochst du nur halb weich in Wasser und gibst ihn in eine gefettete Auflaufform. Sahne oder Vollmilchjoghurt mit ein wenig Mehl und den Eiern verrühren, mit Salz, Pfeffer und Muskat würzen, geriebenen Käse unterrühren und alles in die Auflaufform über den Blumenkohl gießen. Zum Schluss legst du noch ein paar kleine Butterstücke obendrauf und lässt den Auflauf 20 Minuten im Backofen bei ca. 225° C überbacken. Wenn du es fleischig liebst, kannst du unter den Käse noch zwei Scheiben gekochten Schinken legen.

Apropos Blumenkohl: Das Tolle am Blumenkohl ist ja nicht nur sein Geschmack. Das Auge isst schließlich mit, und deshalb sollte der Blumenkohl auch schön weiß bleiben. Das erreichst du, indem du einfach etwas Zucker, Milch oder Zitronensaft mit ins Kochwasser gibst.

***Apfelrotkohl,* selbst gemacht**

750 g Rotkohl
100 ml Rotweinessig
50 g Butter
1 Zwiebel
3 Äpfel
25 g Zucker
125 ml Instant-Gemüsebrühe
200 ml Rotwein
½ Stange Zimt
½ Lorbeerblatt
3 Wacholderbeeren

2 Pfefferkörner
1–2 Gewürznelken
Pfeffer
Salz

Als Erstes putzt du den Rotkohl und schneidest ihn in feine Streifen. Dann fügst du Essig und Salz hinzu und lässt das Ganze 2 Stunden lang ziehen. Danach gibst du die Butter in einen Topf und dünstest die gewürfelten Zwiebeln und die ebenfalls geschälten, entkernten und gewürfelten Äpfel mit etwas Zucker glasig. Dann gibst du den Rotkohl mit der Flüssigkeit dazu und schmorst ihn an. Jetzt kommen die restlichen Zutaten dazu, alles wird vermengt und 30 Minuten im geschlossenen Topf gegart. Zuletzt entfernst du die Zimtstange, Nelke und das Lorbeerblatt und schmeckst den Rotkohl mit Salz und Pfeffer ab.

***Apfelrotkohl,* die Turbo-Variante**

Wenn du nun aus Zeit- oder Lustmangel zum Fertigrotkohl greifst, hier eine Zubereitungsform, wie er fast wie selbst gemacht schmeckt.

1 Zwiebel würfeln und in
etwas *Schmalz* anbraten
einen *säuerlichen Apfel* klein schneiden und dazugeben
den *Rotkohl* (entweder Glas oder Tiefkühl)
mit *2 Lorbeerblättern*
3 Pimentkörnern (Nelkenpfeffer)
2 Nelken
1 ½ Teelöffel Zucker
und einer Prise *Salz* aufkochen

einen Schuss *Apfelmus* dazugeben und alles zusammen dann bei kleiner Flamme eine Stunde köcheln lassen, bis der Apfel zerfallen ist. Ab und zu umrühren nicht vergessen.

Spinat

Beim Spinat kannst du ruhigen Gewissens in die Tiefkühltruhe greifen. Die Variante mit den Nudeln und dem Feta-Käse kennst du bereits. Ganz klassisch geht es aber auch mit Kartoffeln und Spiegelei. Kartoffeln (oder Kartoffelbrei) kochen, ein (oder mehrere Eier) in eine heiße Pfanne hauen und Spiegeleier braten. Den Spinat wie auf der Verpackung beschrieben zubereiten. Ist piepeinfach und schmeckt herrlich.

Du kannst den Spinat natürlich vorher noch mit Sahne oder Milch und etwas Gewürzen wie Salz, Knoblauch, Zwiebeln würzen.

Rosenkohl

Rosenkohl kannst du auf verschiedene Arten zubereiten. Zuerst musst du ihn immer putzen – von den unschönen und gelben Blättchen befreien – und waschen, dann kannst du ihn entweder in viel Salzwasser weich kochen oder in Butter andünsten, ablöschen und zugedeckt so lange dünsten, bis das Wasser fast eingekocht ist und die Röschen weich sind.

Wenn Freunde kommen: *Gemüsefondue*

für vier Personen

400 g Brokkoli putzen, waschen und in kleine Röschen zerteilen

2 Möhren putzen, schälen und in dünne Scheiben schneiden

500 g Pilze nach Wahl eventuell kurz waschen, trocken tupfen und putzen. Aus den Champignons die Stiele herausdrehen. Die Austernpilze in mundgerechte Stücke schneiden. Die Pilze mit Zitronensaft beträufeln und zusammen mit dem restlichen Gemüse auf einer großen Platte anrichten.

Für die Soße

7 EL Tomatenketchup

1 EL Worcestersoße

4 EL Öl, 2 EL Essig und *1 TL Zucker* miteinander verrühren. Die Soße in vier Portionsschälchen füllen und dies neben die Fondueteller stellen.

Für den Teig

1 Ei trennen. Das Eigelb mit
150 g Mehl und
3 EL Weißwein verrühren und
mit *Salz, Pfeffer* sowie *Paprikapulver* würzen. Das Eiweiß sehr steif schlagen und unter den Teig heben. Diesen ebenfalls auf 4 kleine Portionsschälchen verteilen und neben die Fondueteller stellen.
2 Flaschen Sojaöl in dem Fonduetopf auf dem Herd auf etwa 175° C erhitzen. Den Fonduetopf dann auf das heiße Rechaud stellen.
Die Gemüsestücke und die Pilze einzeln auf Fonduegabeln stecken, in den Teig tauchen und dann im Fett 2 bis 3 Minuten garen. Die Häppchen anschließend gut abtropfen lassen und in die Würzsoße dippen.

Wer nicht auf Fleisch verzichten möchte, kann auch Putenfleisch würfeln oder Schweine- oder Rindfleisch dünn geschnitten dazustellen. Auch bei den Soßen sind der Phantasie keine Grenzen gesetzt, und Fertigsoßen gehen natürlich auch.

Wenn Freunde kommen und wenig Lust auf viel Aufwand vorhanden ist: *das Wokessen*

Woks sind diese runden chinesischen Gemüsepfannen, die manche Menschen auch als Rennobjekte verwenden. Sie werden aus Edelstahl, Eisenblech, Gusseisen oder feuerfestem Porzellan hergestellt. Beschichtete Woks, Woks mit abgeflachtem Boden für Elektroherde sowie elektrisch beheizte Woks sind die modernen Verwandten dieses traditionellen Küchengeräts. Der Vorteil ist, dass du im Wok unheimlich hohe Temperaturen erreichst. Fleisch, Shrimps und Gemüse musst du im Wok wirklich nur ganz kurz erhitzen. Dadurch behält das Gemüse seine Farbe, bleibt schön knackig und vitaminreich. Fleisch wird schön knusprig, bleibt aber saftig. Das Kochen im Wok macht viel Spaß, und man kann den Wok anschließend auf den Tisch stellen und direkt daraus servieren.

Um ein sehr kommunikatives und vitaminreiches Wokessen wie z. B. Hühnchen süß-sauer zu zaubern, benötigst du:
für vier Personen

4 Hähnchenbrustfilets
1 Bund Lauchzwiebeln
2 Knoblauchzehen
1 Dose Ananas in Stücken – 260 g Ananasfleisch
1 Glas Bambusschösslinge
4 EL helle Sojasoße
2 EL Honig
2 EL Speisestärke
3 EL Öl
4 EL trockenen Sherry
3 EL Essig (im Idealfall Reisessig – oder Weißweinessig)

Du verrührst 1 EL Honig mit je 2 EL Sherry, Sojasoße und Stärkepulver. Die Hähnchenfilets wäschst du kalt ab (wg. evtl. Knochensplitter), tupfst sie trocken und entfernst Fett und Sehnen. Dann schneidest du das Fleisch in mundgerechte Häppchen und mischt sie mit der Honigsoße. Die Lauchzwiebeln putzt du und schneidest sie in Ringe, den Knoblauch ziehst du ab und würfelst ihn fein. Die Ananas gibst du zum Abtropfen in ein Sieb und fängst dabei aber ca. 3 Esslöffel vom Saft für die Soße auf. Die Bambusschösslinge lässt du abtropfen und schneidest sie in feine Streifen.

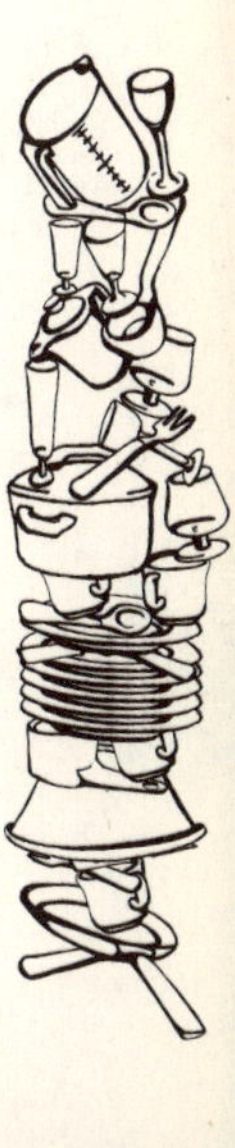

Den restlichen Honig mischst du mit dem Ananassaft und dem restlichem Sherry sowie der Sojasoße.

Nun kannst du im Wok das Öl erhitzen und das Hühnerfleisch portionsweise anbraten und beiseite stellen. Wenn du alles Fleisch angebraten hast, brätst du die Lauchzwiebeln, die Ananas und den Knoblauch an. Dann schüttest du die Bambusschösslinge noch dazu, gießt die Ananas-Honig-Soße darüber und zuletzt hebst du das Fleisch wieder unter. Dazu passt am besten Basmati-Reis.

Gewürze

Pfeffersäcke – so wurden im Mittelalter die Gewürzhändler verspottet, die mit Pfeffer aus Übersee reich geworden waren. Gewürze spielten damals eine ebenso bedeutende wirtschaftliche und politische Rolle wie heute das Erdöl. Sie wurden nicht nur zum Würzen benötigt, sondern auch als Konservierungsstoffe und als Grundlage für Arzneimittel. In unseren Zeiten stehen diese Kostbarkeiten gut verpackt und zu erschwinglichen Preisen im Supermarkt. Die Kenntnis von Pfeffer und Salz, das früher als »weißes Gold« bezeichnet wurde und im eigentlichen Sinne nicht zu den Gewürzen zählt, setzen wir jetzt einmal voraus. Des Weiteren gehört Paprikapulver und Muskatnuss in jede Junggesellen-Küche. Muskatnuss eignet sich hervorragend für Käsesoßen – wie z. B. in unserem Lasagnerezept Seite 109 – und zu Kohlgerichten. Bei den Gewürzen kommt es vor allem auf die richtige Dosierung an. So können zum Beispiel schon vier Gramm Muskat bei Erwachsenen zu Vergiftungserscheinungen wie Kopfschmerzen, Übelkeit, Gleichgewichtsstörungen und Rauschzuständen mit Halluzinationen führen. Deshalb: Immer schön die Rezeptmenge beachten oder sich langsam an die richtige Dosierung heranschmecken.

Leider können wir dir keinen kompletten Überblick über alle Gewürze geben. Wenn du Gewürze ausprobieren willst, dann solltest du dir öfters mal ein Rezept heraussuchen, in dem eines oder mehrere neue Gewürze benötigt werden.

Der Junggesellengewürzschrank

Diese Gewürze sollten – zumindest in getrockneter Form – in deinem Schrank zu finden sein:

Salz (jodiert)

Pfeffer (die Farbe ist egal – je nach Geschmack)

Paprika (edelsüß oder scharf)

Muskat

Basilikum

Oregano

Majoran

Zimt

Chinesisches Gewürz (gibts im Asia-Laden)

Grillwürze (zum Grillen)

Frische Gewürze

Petersilie wird in erster Linie frisch verwendet. Was also tun, wenn du die grünen Pflänzchen etwas länger aufheben willst? Ganz einfach: Die Petersilie waschen, die Röschen vom Stiel trennen, Gefrierbeutel auf, Petersilie rein. Gefrierschrank auf, Tüte rein. Die Petersilie zerkleinert sich durch den Frost von alleine. Das Kleinschneiden kannst du dir also sparen.

Willst du die Petersilie in den nächsten ein bis drei Tagen verbrauchen, so kannst du die Petersilie auch im Kühlschrank lagern: Die Petersilie anfeuchten und in Küchenpapier wickeln. Das Ganze dann in eine Plastiktüte stecken. Die Petersilie bleibt so bis zu einer Woche frisch und muss nicht eingefroren werden. (Wenn du Überraschungseier sammelst, brauchst du ab sofort die gelben Döschen nicht mehr wegschmeißen. Die benutzt du einfach als Behälter, um gehackte und frische Kräuter einzufrieren.)

Auch eine Möglichkeit: Die Petersilie in einem zu einem Drittel mit Wasser gefüllten Glas im Kühlschrank unterbringen (Stiel natürlich ins Wasser).

Schnittlauch stellst du ebenfalls in ein Wasserglas. Du musst ihn nur, da er sich fast ganz mit Wasser füllt, vor dem Verwenden sorgfältig ausschütteln oder wälzen.

Frisches Basilikum selbst ziehen ★★★★★

Basilikum an frischen Tomaten, zu Nudelgerichten oder einfach nur so zur Dekoration leckerer Speisen ist eine herrliche Sache. Was fast keiner weiß, ist, dass Basilikum ganz leicht selbst »gezogen« werden kann. Wenn also beim Kaufmann um die Ecke mal wieder ein Töpfchen für 99 Cent zu haben ist, greif zu! Such einen schönen hellen Platz, und gieße es täglich etwas. Schon bald kannst du das Gewächs etwas ausdünnen, indem du 4–6 Stängel möglichst weit unten abschneidest. Ins Wasser gestellt, bilden sich schon nach 5–7 Tagen Wurzeln aus, die es erlauben, die kleinen Ableger einzutopfen. Wichtig ist, einen Topf zu nehmen, der groß genug ist. 12–14 cm Durchmesser. Beim Einpflanzen sei vorsichtig, dass die filigranen Wurzeln nicht kaputtgehen.

Was meint die Jury?

: Übrigens blüht Basilikum auch schön. Die obersten Triebe mit den Blüten kannst du auch abschneiden und in einer kleinen Schale im Bad oder Kleiderschrank aufbewahren – soll gut gegen Ungeziefer sein und riecht auch gut.

: Zu Zeiten des Überangebots kann man auch die Blätter entweder ganz oder fein gehackt einfrieren. Dazu vorher NICHT waschen – sonst hast du nichts als einen grünen Klumpen!

: Frisches Basilikum braucht vor allem täglich Wasser, wenn es auf der Heizung bzw. in der Nähe steht. Aber nicht übertreiben! Ich hab schon zwei kaputtgegossen. :-(Finger in die Erde: Klebt sie noch leicht an den Fingern, ist es feucht genug.

: Basilikum sollte man übrigens immer mit einer Schere abschneiden (nicht Blätter abzupfen!), am besten über einer Blattgabelung. Dort kommt dann auf jeder Seite ein neuer Trieb heraus, so dass nach einiger Zeit das Basilikum richtig buschig wird und man viel mehr davon hat, als man braucht!

Knoblauch auf Vorrat

Wenn du alleine wohnst, dann ist ein Netz Knoblauch (oder sogar eine Knolle) meist viel zu viel. Probiere es doch mal mit folgender Methode: Schäle gleich mehrere Knoblauchknollen, drücke die Zehen durch die Knoblauchpresse direkt in ein leeres ausgespültes Marmeladenglas. Etwas Salz dazu und mit Olivenöl (neutrales Öl geht auch) auffüllen, Deckel drauf und gut schütteln. So hast du immer Knoblauch zum Würzen zur Hand. Hält sich prima im Kühlschrank und das Öl (ist ja dann »Knoblauchöl«) kannst du auch weiterverwenden.

Kardamom

Wir möchten dir noch ein bei uns bislang wenig bekanntes Gewürz vorstellen: Kardamom! Es kommt ursprünglich aus dem Süden Indiens und ist mittlerweile in der Stuttgarter Markthalle angekommen. Die Samen dieser zu den Ingwergewürzen gehörenden Pflanze besitzen ein süßlich-scharfes Aroma. Bei uns werden die ganzen Fruchtkapseln getrocknet angeboten. Bei Bedarf werden diese zwischen Daumen und Zeigefinger zerdrückt, dabei fallen die Samen heraus, die du dann mit einem Mörser zermahlen kannst.

Wozu kannst du Kardamom verwenden? Wir raten unbedingt zum fröhlichen Testen. Zum Beispiel mit grobem Zucker zerrieben in den Kaffee, Espresso oder Cappuccino – du wirst von den Kniestrümpfen sein – oder ins Müsli und zum Fruchtsalat. Auch als würzige Variante, zu Lamm oder Wild, ganz neue Geschmäcker kommen auf dich zu.

Jetzt noch ein Tipp für die Liebhaber des Schwäbischen: »Kardamom uffs Göschle von daim Mädle gschmiert, omkehrt gild nadürlich au, ond no em Schmadzer druff druckt, des isch ebbes vom Fainschda. Brobiers no glei mol aus, die Begaischderung kennt koine Grenza. Liebe goht durch da Maga (Ranza).«

Für Nicht-Schwaben: Wenn Sie Ihrer Flamme zerbröselten Kardamom auf die Lippen stäuben und sich ihr in küssender Weise nähern, werden anschließend ihre Geschmacksknospen voll des Erstaunens sein.

PUTZTEUFEL

Erstelle einen Putzplan!

Der Putzplan – Objekt hitziger WG-Diskussionen, Dokument guter Vorsätze oder Ausdruck deutscher Spießigkeit – wie auch immer. Wir haben hier einen Plan zusammengestellt, der dir helfen wird, dein Heim in einen Hort der Sauberkeit und Gemütlichkeit zu verwandeln. Unser Arbeitsplan kann natürlich nur ein Vorschlag sein, um deine Hausarbeit effizienter zu verrichten, und hängt von der Größe deiner Wohnung, dem Grad der Verschmutzung, deinem persönlichen Sauberkeitsempfinden, deinem Bewegungsdrang, von Lust und Laune ab.

Wir empfehlen, ihn auf deine Bedürfnisse zurechtzuschneidern, und hast du ihn einmal in dein wöchentliches Workout-Programm integriert, bietet er dir unschätzbare Vorteile: Du fängst nicht immer wieder von neuem an zu überlegen, mit was wo anfangen, und du erwachst auch nicht irgendwann auf einer Müllhalde, wo dir nur noch bleibt, entweder deine Mutter anzurufen oder auszuziehen.

So reinige ich meine Wohnung am einfachsten ★★★★★ ☆☆☆☆☆

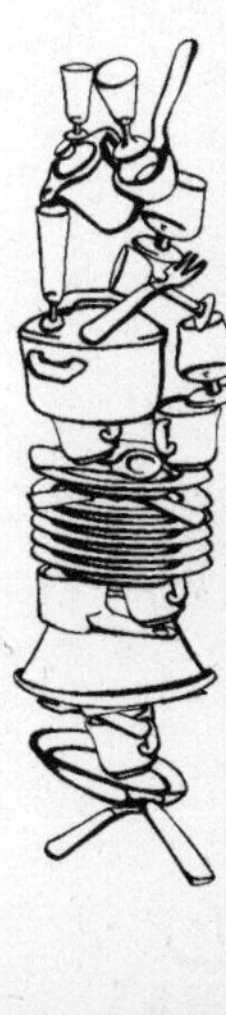

Am besten übers Wochenende verreisen, und Mutti den Wohnungsschlüssel zum Blumengießen geben – funktioniert meistens.

Was meint die Jury?

: Aber ich kenn deine Mutti doch gar nicht!

: Klappt vor allem – zumindest bei meiner Mutter – wenn man vorher ausdrückliches Putzverbot ausspricht.

: Ihr habt die Schwiegermütter vergessen – die putzen noch gründlicher, und sei es nur, um der Schwiegertochter zu zeigen, wie es »richtig geht«.

: Eine putzsüchtige Nachbarin für die Katzenfütterung tut *es* auch.

: Auch wenn es schulmeisternd klingt: Selbst ist der Mann/die Frau! Ich habe als Mann alleine 100 qm zu warten. Geht hervorragend. Ein Tipp: Weniger Teppich verlegen, dann kann man mit Staubsauger oder Feudel schön agieren, und die Milben bleiben draußen.

: Hallo, bin selber Mutti und Schwiegermutti, aber es fiele mir im Traum nicht ein, die Wohnung meiner Kinder zu putzen. Bei mir kommt auch keiner zum Putzen.

: Mein Sohn macht das seit 5 Jahren so, und ich falle immer wieder darauf rein.

: Ich glaube, Mütter sind mit einem »Schmutzorgan« ausgestattet, sie finden geringste Dreckmengen schon auf große Entfernungen. Kein Wunder, dass sie sich so gut für diesen Tipp eignen.

: Guter Tipp, aber nur, wenn Sohn oder Tochter auch etwas für mich tut, etwas, was ich nicht so gern mache, z. B. Rüschenhemden bügeln oder Marmelade einkochen!

Arbeits-Schritt	Was	Wann	Wo	Wie	Vorsicht	Wie lange
1	Durchlüften	1–2-mal täglich	in der ganzen Wohnung	Fenster 10 Minuten auflassen	Fliegende Blätter, knallende Türen	5–10 Minuten
2	Bett machen	1-mal morgens	im Schlafzimmer	Kissen und Decke ausschütteln, lüften und wieder schön aufs Bett drapieren	Vor dem Ausschütteln aus dem Fenster Decken nach Büchern, Schmusetieren und sonstigen Bettgenossen untersuchen	5 Minuten
3	Aufräumen	täglich	in der ganzen Wohnung	Hier gilt das Prinzip: Tue es gleich richtig, alles an seinen Ort bringen, keine Zwischenlager bilden	Beim Aufräumen der alten Zeitschriften nicht anfangen zu lesen	20 Minuten
4	Staub wischen	1-mal wöchentlich und nach Bedarf	vor allem in Schlaf- und Wohnräumen	Lappen, Wasser, wenig Spülmittel	Vorsichtig auf Stühle/Leitern steigen, wenn hohe Schränke oder Regale abgewischt werden sollen	10–30 Minuten

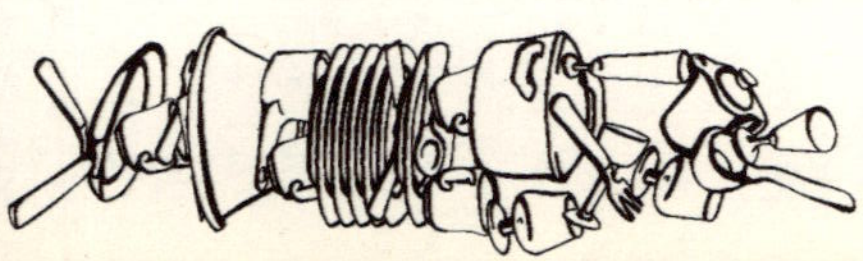

Arbeits-Schritt	Was	Wann	Wo	Wie	Vorsicht	Wie lange
5	Staubsaugen bzw. Fegen	1-mal wöchentlich und nach Bedarf	in der ganzen Wohnung	Mit dem Staubsauber bzw. dem Besen	Auch Kleinteile können von Bedeutung sein, also immer schön gucken, was verschlungen wird	15 Minuten
6	Spülen	am besten täglich	in der Küche	Die üblichen Verdächtigen: Wasser, Spülmittel und Lappen	Nicht am heißen Wasser verbrennen und Vorsicht bei scharfen Messern, spitzen Gabeln und brüchigem Porzellan	In 15 Minuten sollte das erledigt sein
7	Müll rausbringen	1–3-mal wöchentlich und nach Bedarf	Küche/Bad	Ist der Müll sortiert? Dann Müllbeutel zuknoten und in die Mülltonne stecken	Vor der Nachbarin, wenn du die Sektflasche in die Papiertonne schmeißt	5 Minuten
8	Blumen gießen	1-mal wöchentlich	Da, wo Pflanzen stehen	Mit einer Gießkanne	Rutschgefahr	5 Minuten

Unsere große Internetgemeinde – euch sei an dieser Stelle nochmals tausendfach gedankt – hat uns mit reichlich Tipps für den Wohnungsputz versorgt. Hier die besten:

Wohn- und Arbeitsbereich

Fernbedienung und Tastatur säubern ★★★★☆

Zum Reinigen von allem, was Tasten, Knöpfe, Räder mit Mini-Zwischenräumen hat, nehme ich einen ganz normalen Rasierpinsel. Er hat einen ausreichend großen Durchmesser, die Borsten sind fest genug, aber nicht zu hart, um die Oberflächen zu zerkratzen. Ein paar Mal kreuz und quer über die Fernbedienung oder das Keyboard gepinselt, und ruck, zuck ist der Staub auch in den kleinsten Zwischenräumen weg! Nachteil: Es wirbelt natürlich etwas Staub auf. Aber du kannst ja die Fernbedienung (oder auch je nach körperlicher Konstitution die Stereoanlage) beim Putzen zum Fenster raushalten.

Was meint die Jury?

: Eignet sich auch fürs Cockpit im Auto.

: Ich nehme zum Staubwedeln bei Kleinteilen einen günstig vom Krabbeltisch erstandenen Kosmetikpinsel. Zwischenräume bei Fernbedienungen bekommt man auch gut mit einem feuchten Wattestäbchen sauber.

: Benutze immer einen Lasur-Pinsel: breit und schmal mit längeren Haaren. Eignet sich auch für tiefere Zwischenräumchen (z. B. Tastatur).

: Tastaturen bau ich auseinander und wasche die Tasten in einem Eimer Seifenwasser. Aber immer merken/aufschreiben/fotografieren, welche Taste wohin gehört. Die Platine grob säubern (ausschütteln) oder z. B. mit dem Staubsauger oder einem kleinen Besen reinigen.

: Alternative zur Pinseltechnik: Einfach den Staubsauger nehmen, den kleinen Bürstenaufsatz aus dem beiliegenden Zubehör finden, drauf stecken und die staubigen Kleingeräte kreuz und quer absaugen. Das funktioniert super und wirbelt auch keinen Staub auf.

: Für Perfektionisten: In Fotogeschäften gibts eine Putzpumpe zum Reinigen von Objektiven – funzt wunderbar bei Tastaturen und z. B. beim Reinigen von den Fuzzi-Ritzen beim Handy.

: Mein Tipp: 24 Stunden Fernseh gucken und immer schön zappen, da kann Staub nicht Platz nehmen.

: Deine Fernbedienung möchte ich nicht sehen, da kleben bestimmt schon die Finger fest.

: Nehme auch einen Schminkpinsel, funzt prima. Sollte mal eine Flüssigkeit über ne Fernbedienung gelaufen sein, wird sie demontiert und komplett bis auf die Platine ins Ultraschallbad gelegt (geniale Erfindung). Die Platine selbst reinige ich mit Spiritus (Ethanol), hat schon so manchen hoffnungslosen Fall wiederbelebt.

: Statt alle paar Wochen mühselig die Tastatur zu reinigen (manche sind wirklich ekelig schmutzig!), einfach eine Lage Klarsichtfolie von der Rolle um die Tastatur wickeln. Die verrutscht nicht, ist einfach auszuwechseln, und die Tastatur sieht immer wie neu aus. Trotz Folie ist sie sehr gut zu benutzen.

: Habt Ihr eigentlich nichts Wichtigeres zu tun? Manche eurer Putzaktionen haben schon was Neurotisches, oder?

: Nein, nichts Neurotisches, eigentlich nur alles, was mit minimalem Aufwand das maximale Ergebnis bringt. Kannst du auch was dazu beitragen? Danke!

Reinigung von Orientteppichen ★★★★☆

Wenn dein Orientteppich unansehnlich geworden ist, kannst du ihn mit der Oberseite in den Schnee legen und mit dem Teppichklopfer ausklopfen. In schneelosen Zeiten besorge dir je nach Größe des Teppichs 1–2 Pfund Sauerkraut. Mit einem Schrubber tüchtig einmassieren, abtrocknen lassen und kräftig absaugen. Der Teppich sieht aus wie neu, denn die Säure bringt die Farben wieder schön frisch hervor.

Was meint die Jury?

: Mit Sauerkraut? Und dann müffelt die Bude noch jahrelang nach Krautfaß oder?

: Kenne beide Methoden aus Kindheitstagen. Meine Großmutter und meine Mutter haben so ihre Läufer gereinigt. Funktioniert wirklich.

: Ich habe bis vor kurzem meinen Perser immer mit Essigwasser gereinigt. Hat auch gut geklappt. Aber kaum zu glauben: Sauerkraut stinkt weniger, als wenn du Essigwasser nimmst, wenn du es richtig einmassierst, frischst du nicht nur die oberen Spitzen auf, sondern die Reinigung erfolgt auch in der Tiefe.

: Perser, Läufer?? Wo bin ich hier?!

Wohl riechender Staubsauger ★★★★☆

Stinkts aus dem Staubsauger, gibt es verschiedene Möglichkeiten der Abhilfe. Eine ist das Einsaugen von Waschmittel. Allerdings nur wenig Waschpulver verwenden, da das Mittel bei zu hoher Konzentration einen beißenden Geruch verbreiten kann. Auch sollte es kein Flüssigwaschmittel sein, da dieses den Staubsaugerbeutel beschädigen kann, sondern eines in Pulverform.

Was meint die Jury?

: Wie wäre es mal mit Staubsaugerbeutelwechsel. Den Luftfilter kannst du ebenfalls austauschen oder ihn absaugen, sauber abstauben, ausklopfen, lüften oder mit Druckluft richtig durchblasen. Wenn du deinen Staubsauger gründlich gereinigt und einen neuen Beutel eingesetzt hast, dürfte er eigentlich nicht mehr »stinken«.

: Waschmittelgeruch ist ja nicht jedermanns Sache. Ich empfehle Früchte- oder Pfefferminztee – hat ebenfalls eine wohlriechende Wirkung.

: Wenn du Düftöle oder Duftstäbchen zu Hause hast, kannst du auch ein paar Tropfen deines Lieblingsgeruches auf den Beutel träufeln oder ein bis zwei Duftstäbchen neben den Beutel in den Staubsauger legen.

Wände wie neu ★★★★★

Die meisten Wände lassen sich gut mit Wasser und einem milden Allzweckreiniger abwaschen. Spart den Tapezierer.

Was meint die Jury?

: Guter Tipp. Aber wenn sich irgend so ein bewegungsfauler Volltrottel beim Schuheanziehen mal wieder an der Wand abgestützt hat und danach seine Grabscher deutlich zu erkennen sind, kann man das auch mit einem einfachen Radiergummi in Windeseile wegrubbeln.

: Fettflecken an der Wand lassen sich auch entfernen, wenn du ein Löschpapier nimmst und über die Stelle an der Wand bügelst. Das Löschpapier saugt das Fett auf!

: Fettflecken werden mit Kartoffelmehl bestreut, nach dem Einwirken kann man es ausbürsten. Das funktioniert auch bei Flecken im Teppich.

: Hab noch einen Tipp zu diesem Thema, funzt aber höchstwahrscheinlich nur bei weißer Tapete (zumindest nur dort an Flecken getestet, die sich über Jahre gebildet hatten): Chlorfix verdünnen und mit einem Lappen den Fettfleck von der Wand reiben. Klappt bestens, so hab ich meine Wohnung für den Nachmieter etwas freundlicher erscheinen lassen.

: Die neuen Meister-Proper-Schwämmchen sind der Hammer. Damit kriegst du alles von den Wänden ab.

: Fettflecken werden wie neu, wenn man sie täglich mit Butter einschmiert.

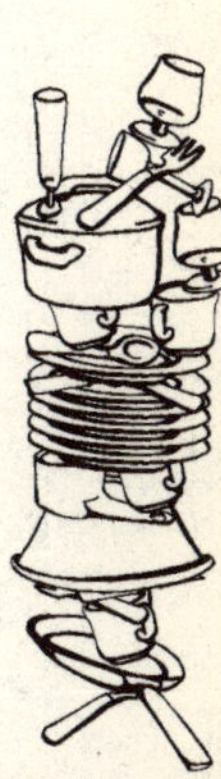

Cheat – Holzmöbelpflege

- Echtholzmöbel pflegst du am besten mit einem Öl (erhältlich im Handel)
- Furnierte Möbel (das sind die häufigsten) behandelst du mit Möbelpolitur oder mit Möbelspray
- Falls du lackierte Möbel hast, kannst du diese einfach mit normalem Spülwasser (frisches) oder mit Glasreiniger säubern
- Nie »scharfe« Reiniger verwenden, da sonst die Oberfläche zerkratzt

Küche

Schränke abwischen ★★★★★

Am besten und einfachsten lässt sich diese Fettschmiere oben auf den Küchenschränken und der Dunstabzugshaube mit einem in Öl getränkten Lappen entfernen. Dann die Schrankoberfläche mit einfachem Spülmittelwasser nochmals abwischen und fertig.

Was meint die Jury?

: Hab ich sofort ausprobiert. Funktioniert bestens.

: … wenn es dann immer noch nicht klappt, kann man das Öl kurz erhitzen und mit einem Schwämmchen auf die völlig verdreckten Stellen auftragen. Als ich umzog, habe ich damit meine lange vernachlässigten Oberschränke wieder knallsauber gekriegt.

: Mit Öl hab ich es noch nicht probiert, ich nehme Autoscheibenreiniger. Damit geht jedes Fett ab.

: Also das Einfachste ist, alte Zeitungen auf die Schränke zu legen und diese hin und wieder mal auszuwechseln … kein Putzen, kein Schmieren und überhaupt nicht zeitaufwendig!

: Auf meinen Küchenschränken habe ich Frischhaltefolie liegen. Ich klebe sie an einigen Stellen mit Tesafilm fest. So kann sie bei einem Windstoß (Durchzug in der Küche) nicht verrutschen. Wenn man Zeitungspapier nimmt und es nicht oft genug wechselt, kann es durchfetten. Dann hat man das Problem, dass man das Zeitungspapier auch noch schwer abbekommt.

: Also ich habe immer Geschirrhandtücher auf den Schränken liegen. Sie sind billiger als Folie, denn sie können wiederverwendet werden, und weggeflogen ist mir noch kein einziges. ;o)

: Wer guckt schon auf die Schränke? Wäre froh, wenn mir das einer erklärt. Erkenne den Sinn einer solchen Aktion nicht ganz …

: Ich glaube, das Problem ist, dass die hartnäckige Fett-Staub-Schicht auf den Schränken sehr schwer zu reinigen ist. Hab allerdings auch eine Weile gebraucht, um zu kapieren, wohin das Papier gelegt wird. Ich dachte anfangs auf die Arbeitsfläche …

Edelstahlglanz ohne Streifen ★★★★★

Nach dem Reinigen von z. B. Dunstabzugshauben oder Kühlschranktüren aus Edelstahl einfach etwas Baby-Penatenöl auf einen Lappen geben und die Edelstahloberflächen leicht damit einreiben. So haben Fingerabdrücke keine Chance mehr.

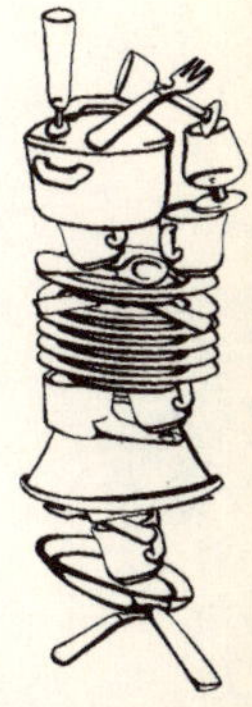

Was meint die Jury?

: Funktioniert wirklich und riecht auch noch gut.

: Die Edelstahlteile in meiner Küche glänzen wieder. Perfekt!

: Heute ausprobiert, und ich flippe aus! So leicht anzuwenden und so strahlend das Ergebnis. DANKE für den tollen Tipp.

: Ich verzweifle an meiner Dunstabzugshaube! Auch der Trick mit dem Öl funktioniert nicht. Egal, mit welchem Stahlreiniger ich sie putze, immer bleiben Streifen, und der nächste Lappen wird wieder schwarz. Mit dem Öl (zugegeben, ich habe Nivea-Hautöl benutzt) wieder das Gleiche: Fingerabdrücke und Streifen sieht man trotzdem noch. Wer kann mir helfen, dieses Rätsel zu lösen? Rettet meine Dunstabzugshaube, sonst schmeiß ich sie eines Tages raus!

: Mein Tipp: ein wenig Vaseline auf einem Küchentuch einreiben und dann mit einem sauberen Küchentuch nachreiben.

: Habe eine neue Haube bekommen und dabei lag eine Flasche Lampenöl – funktioniert einwandfrei. ;-)

Backofen reinigen ★★★★★

Ich hatte kürzlich noch Ceranfeldreiniger auf meinem Putzlappen und habe damit kurz über die verspritzten Backofen-Ausschübe gewischt. Sie wurden ohne großes Reiben und Schrubben blitzblank. Danach habe ich damit auch den Backofen innen geputzt und selbst der eingebrannte Schmutz ließ sich damit problemlos entfernen.

Was meint die Jury?

: Was ist das und wo kaufe ich es?

: Das ist ein Reiniger für Cerankochplatten, flüssig in der Flasche zu kaufen in Drogerie- und in einigen Supermärkten.

: Ich habe gestern damit meinen Backofen gereinigt, und es ging super. Ich war total baff. Wenn es richtig eingebrannt ist, sollte man allerdings noch einen Metallschwamm zu Hilfe nehmen.

: Um Verschmutzung zu vermeiden, kommt aber bitte nie auf die Idee, Alufolie direkt auf den Backofenboden zu legen. Die Oberflächenbeschichtung reagiert mit der Alufolie. Das steht auch in der Anleitung zu deinem Backofen.

: Richtig. Bei mir hat sich die Alufolie in den Herdboden richtig fies eingebrannt.

: Sollte der Gitterrost von eurem Backofen verkrustet sein, könnt ihr ihn am besten, schnellsten und billigsten mit Soda und einem Schwamm (blaue Seite) reinigen. Soda gibt es in der Drogerie.

: Ich finde, mit verseifter Stahlwolle (Abrazo oder Ako-Pads) hat jeder Grillrost seinen Schrecken verloren.

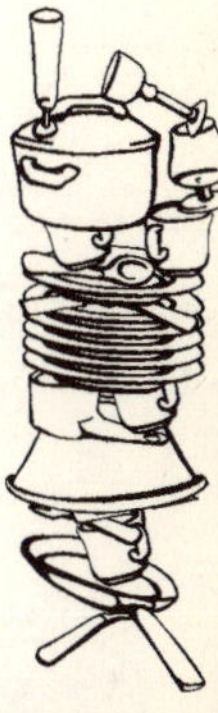

Cheat – saubere Küche	
Art der Verschmutzung	**Gegenmittel**
Eingebranntes	Wasser mit Spülmittel, Backpulver, Essig oder Essigessenz, Waschmittel, Speisenatron, Soda oder sogar Abflussreiniger, je nach Verschmutzungsgrad einweichen oder aufkochen lassen und spülen.
Kalkrückstände	Wasser mit Essig oder Essigessenz, Zitronensäure, Früchtetee, Glühwein oder Backpulver und das Ganze einwirken lassen und nachspülen oder evtl. aufkochen.
Tee- und Kaffeerückstände	Wasser mit Spülmaschinenpulver, Backpulver, Salz oder Gebissreiniger einwirken lassen und ausspülen.
Verschmutzte Spüle	mit Klarspüler, Zahnpasta, Zitronenscheiben, Orangenscheiben, Kartoffelschalen oder Scheuermilch einreiben und sauber abspülen.

Unangenehme Gerüche aus dem Kühlschrank vertreiben ★★★★☆

Du nimmst ein Stück Holzkohle, legst sie in den Kühlschrank, und schon verschwinden die lästigen Gerüche von Käse, Fisch etc. Das ist billig, schimmelt nicht und kann auch nicht verschüttet werden.

Was meint die Jury?

: Wenn der Kühlschrank unangenehm riecht, gibt es einen kleinen, aber feinen Trick: Einfach eine Schale mit Zitronenwasser hineinstellen – das hilft!

: Man kann auch Natron auf einen kleinen Teller schütten und in den Kühlschrank stellen.

: Alternativ zum Zitronensaft kann auch etwas Milch helfen, die Milch bindet die Gerüche. Muss aber spätestens jeden zweiten Tag gewechselt werden!

: Na prima! Du knallst einmal den Kühlschrank zu, und schon ist die ganze Soße im Gemüsefach. Besser: einen Würfel Hefe offen in den Kühlschrank legen. Er saugt Gerüche auf. Wenn er anfängt zu schimmeln, tauschst du ihn einfach aus.

: Gerüche im Kühlschrank entstehen in der Regel durch vergammeltes Essen; fauliges Gemüse, Eier, verdorbenes Fleisch und Fisch stinken am schlimmsten. Wie wärs also einfach mal mit leer räumen und ordentlich sauber putzen! Abgelaufene Lebensmittel aus dem Kühlschrank entfernen, Flüssigkeiten, Ränder von Milchflaschen etc. wegwischen.

Wasserkocher entkalken ★★★★☆

Supertipp für essiggurkenessende Teetrinker: Sobald du alle Gurken aufgefuttert hast, einfach die übrige Brühe aus dem Gurkenglas in den Wasserkocher kippen. Nach Bedarf mit Wasser so weit auffüllen, bis die Kalkgrenze erreicht ist. Über Nacht stehen lassen, morgens ist der Wasserkocher wieder blitzeblank!

Was meint die Jury?

: Oder eben einfach gleich Essig nehmen!

: Das funktioniert mit jeder Art von Säure (nur sollte sie nicht so stark sein, dass sie den Wasserkocher auflöst. :-) Der Reinigungsprozess lässt sich auf ca. 10 Minuten verkürzen, wenn man das Essiggurkenwasser im Wasserkocher zum Kochen bringt.

: Mein Wasserkocher aus Metall ist stets sauber und kalkfrei, weil ich statt Zitronensäure oder Essig einfach Früchtetee verwende. Koche einfach Früchtetee (keinen aromatisierten schwarzen Tee) im Wasserkocher und schütte ihn nach dem Erkalten wieder aus.

: Und warum sollte ich jetzt Tee statt Essig oder Zitronensäure nehmen?

: Ey, ich hab praktisch nie Zitronensäure, und schon gar nicht Essig im Haus, aber nen Beutel Früchtetee find ich immer. Also, toller Tipp.

: Hatte gestern ein überraschendes Erlebnis mit Glühwein. Habe diesen in meinem Wasserkocher heiß gemacht, und als die Tassen voll waren, bemerkte ich, dass jeglicher Kalk verschwunden war und mein Wasserkocher aussah wie frisch aus dem Laden. So sauber habe ich ihn noch nicht mal mit »Antikalk« bekommen. Das nenne ich mal eine günstige Alternative. Fragt mich aber nicht nach den Gründen. Vielleicht die Weinsäure?

Thermoskannenreinigung ★★★★★

Tee und Kaffeereste in Thermoskannen bekommt man weg, indem man eine halbe Portion Spülmaschinenpulver oder -Tabs mit heißem Wasser übergießt. Einfach über Nacht einwirken lassen, und die Thermoskanne ist wie neu.

Was meint die Jury?

: Guter Tipp. Aber sehr viel preiswerter und schonender funktioniert es mit einem Tütchen Backpulver.

: Leute, ich schraube die Thermoskannen auf und stelle alle Einzelteile in die Spülmaschine! So kann ich noch sehr viel mehr mit abwaschen mit einer halben Tablette. Wird garantiert wie neu!

: Man kann auch ein bisschen Kochsalz in die Thermoskanne streuen und dann mit einer Spülbürste ausreiben.

: Ich habe immer Gebissreiniger ohne Minzgeschmack zum Reinigen zu Hause. Wasser in die Vasen (besonders die engen, wo keiner mit der Hand hineinkommt) oder Thermoskannen, je nach Bedarf ½ oder 1 Tablette dazu und stehen lassen. Anschließend klar nachspülen. Glänzen wie neu. Auch für Toiletten ist das super, am besten über Nacht zwei Tabletten wirken lassen.

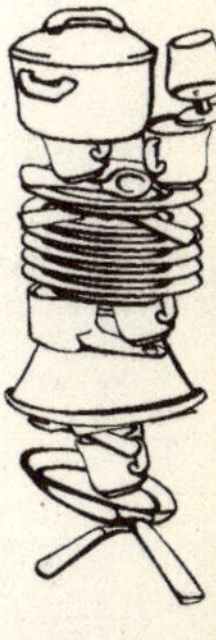

: Habe mit Gebissreinigern meine Thermoskanne zum Blinken gebracht, aber hatte dann ein weitaus größeres Problem am Hals.

Als meine Freundin (noch ganz frisch) nach dem ersten gemeinsamen Wochenende bei mir anrief, fragte sie mich völlig konsterniert, warum ich denn bitte in aller Welt Corega-Tabs in meinem Badschrank aufbewahre. Ich – nicht auf den Mund gefallen – habe sie gefragt, ob sie denn meine Zähne im Glas auf dem Nachttisch nicht gesehen hätte. Also, viel fehlte da nicht mehr, und ich wäre wieder solo gewesen. Ich konnte sie nur noch mit Mühe davon überzeugen, dass bei mir noch nichts zum Rausnehmen ist! (Bin 30.) Überlegt euch bitte gut, wo ihr das Zeug aufhebt, wenn ihr eure Lady das erste Mal alleine ins Bad lasst.

PS: Was sucht frau eigentlich in meinen Schränken?

: Also, Jungs, wenn ihr wüsstet, was wir Frauen so alles durchsuchen, dann würdet ihr die Tür vom Badezimmerschrank freiwillig aushängen.

: Badezimmerschränke angucken ist doch noch harmlos. Außerdem muss frau doch auch sichergehen, dass sie sich keinen Psychopathen mit Arsen im Schrank geangelt hat! :-)

: Hey, ich hab im Badschrank immer eine Murmel. Dann hört man auch von außen, wenn jemand den Schrank durchstöbert.

: Wieso hebst du das Entkalkungsmittel im Badschrank auf? Das gehört unter die Spüle.

: Die würde ich auch nie durchsuchen. Im Gegensatz zum Badschrank. Das ist Pflicht.

: Was machen Frauen, wenn Mann keinen Badschrank hat?

: Eine männliche Single-Wohnung so zu sterilisieren, dass ein weiblicher Besuch nichts findet, ist wohl kaum möglich.

: Stell dir vor, sie hätte zwei Zahnbürsten im Becher entdeckt. Das wäre ein echter Erklärungsnotstand.

: Eure Probleme möchte ich haben! Ich wäre froh, wenn eine Frau meinen Badezimmerschrank genauer unter die Lupe nehmen würde. Aber es kommt ja noch nicht einmal eine Frau in die Nähe meiner Wohnung, geschweige denn meines Bades!

Bad und WC

Badreinigung mit Apfelsinenschale ★★★★★

Um das Waschbecken sauber zu bekommen, kannst du es mit der Innenseite einer Apfelsinenschale einreiben. Danach mit einem Mikrofasertuch polieren. Durch die Apfelsine bekommt das Bad auch noch einen frischen Duft.

Was meint die Jury?

: Es gibt auch Putzmittel zu kaufen, die vorwiegend Orangenöl enthalten. Man braucht nur wenig davon.

: Ich finde die Idee auch gut, da man ja häufig Orangen isst und die Schale sonst sowieso wegwirft!

: Ich habe wenig Zeit, um stundenlang das Bad mit Apfelsinenschalen zu reinigen, wofür gibt es Kalksprays?

: Mit Zitronenschalen (hat man immer da) nach dem Auspressen die Armaturen (Wasserhähne etc.) einreiben, einwirken lassen, nachspülen – spart jedes Putz- und Entkalkungsmittel.

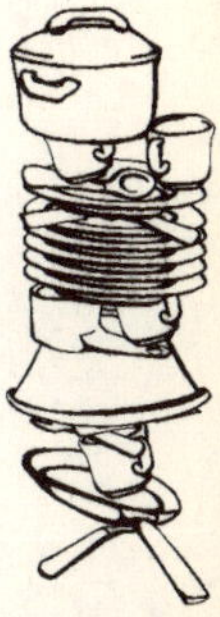

: Habs grad ausprobiert, klappt echt super! Allerdings hab ich das Waschbecken mit Wasser und einem Tuch vorgereinigt, die Kiddies verkleckern immer Zahnpasta.

: Und danach zur Heizungszeit die Orangenschale noch auf die Heizung, das riecht lecker!

Schimmel im Bad ★★☆☆☆

Neue Wohnung, alter Schimmel/neuer Schimmel? Domestos oder ein ähnliches Produkt in eine kleine Sprühflasche/Zerstäuber füllen und großzügig auf den Schimmelbefall (Silikonfugen, auch vergilbte und Fliesenfugen) sprühen, eine Nacht einwirken lassen und danach nur mit reichlich Wasser spülen. Nicht kratzen, sonst wird lediglich die Fuge aufgeraut und Schimmel bildet sich schneller. Der unangenehme Geruch verschwindet nach dem Abspülen recht schnell.

Was *meint die Jury?*

: Das nutzt doch nichts, wenn einmal Schimmelbefall ist, gibt es kein Heilmittel. Das ist alles nur temporär! Am besten ist: Fugen raus und Neuversiegeln. In Zukunft immer nach dem Duschen Fliesen kurz trocken reiben!

: Und was macht man, wenn der Schimmel nicht in den Fugen, sondern in der angeblich mit wasserabweisender Farbe gestrichenen Tapete sitzt?

: Bei Schimmelbefall in Zimmerecken und an Wänden sollte man seine Lüftungsgewohnheiten ändern. Bei jedem Maler bekommt man außerdem Mittel, die vorhandenen Schimmel abtöten und ausschwemmen.

: Nur weil man die Schimmelflecken erfolgreich überstrichen hat, mit welcher Chemie auch immer, heißt das noch lange nicht, dass da kein Schimmel mehr ist.
Fakt ist: Schimmelsporen sind stark gesundheitsgefährdend und krebserregend. Schimmel niemals im trockenen Zustand abbürsten! Wenn man Schimmel in Schlafräumen hat, raus aus dem Zimmer, woanders schlafen, bis der Schimmel richtig entfernt ist!

: Die Schimmelbekämpfung sollte stets schnell und gründlich erfolgen. Chemische Mittel helfen nicht mehr wie Essig-Essenz oder Salmiak – sie schaden nur eurer Gesundheit. Entfernt am besten die befallenen Oberflächen in weiterem Umkreis. Ist der Schimmel älter, solltet ihr unbedingt prüfen lassen, ob er bereits in tiefer gelegene Schichten abgewandert ist. Wenn das der Fall ist, müsst ihr möglicherweise den Putz großflächig entfernen. In der Regel gehen vom Schimmelpilz keine gesundheitlichen Gefahren aus. Einige selten vorkommende Arten können jedoch tödlich wirken.

: Schön, und welche?

: Vielleicht sollte man einfach der Ursache vom Schimmel auf den Grund gehen. Denn meistens ist nicht das falsche Lüften am Schimmel schuld, sondern schlechte Isolierungen. Wärmedämmverbundsystem in Überdicke, da kann die Wand, nicht mehr atmen, die Feuchtigkeit kondensiert in der Wand, und nach einem ½ Jahr winkt einem der Schimmel aus allen Ecken entgegen.

: Ich bearbeite die Dusche immer vorm Duschen mit Zitronenspüli. Hat drei Vorteile: Schimmel kann erst gar nicht entstehen, zweitens ist die Dusche schon geputzt, und drittens riechen die Füße so herrlich.

: Na wenigstens schimmeln deine Füße nicht.

Cheat – Schimmelvermeidung

Schimmel in der Wohnung kann durchaus gewünscht sein. Aber nur z. B. bei Rocquefort-Käse. An Wänden, Fliesen, Kacheln, Silikonfugen, Möbeln und sonstigen festen und beweglichen Teilen deiner Wohnung hat Schimmel jedoch nichts verloren. Denn Schimmel sieht nicht nur schlecht aus, er ist auch gesundheitsgefährdend.

Schimmel gedeiht besonders

- bei Feuchtigkeit mit geringer Luftbewegung, z. B. in Bädern, Duschen, Küchen etc.
- bei Wärme
- bei vorliegender Nahrung in Form organischer Ablagerungen, z. B. Rückstände von Seife, Shampoo, Duschgel, Badezusatz, Kochdunst etc.

Schimmel lässt sich meist durch Stoßlüften vermeiden, das heißt: je nach Feuchtigkeitsaufkommen (baden, duschen, Wäsche trocknen, kochen) alle 2 bis 4 Stunden die Fenster für 5 bis 10 Minuten ganz öffnen. Die Wohnung soll nicht langsam abgekühlt werden (gekipptes Fenster), sondern Luft soll komplett ausgetauscht werden (Stoßlüftung).

Wer ein Hygrometer besitzt, sollte darauf achten, dass die Luftfeuchte 50 Prozent nicht überschreitet. Die Außenwände sollten nicht voll gestellt oder gehängt werden, da sie immer genügend belüftet sein sollten. Bei schwerem Schimmelproblem sollte der Fachmann zu Rate gezogen werden. Das Umweltbundesamt hat eine Broschüre zu diesem Thema herausgegeben: www.umweltbundesamt.de.

Keine beschlagenen Spiegel mehr nach dem Duschen oder Baden ★★★☆☆

Reibe den Spiegel mit ganz normaler Seife trocken ein. Die Seifenschlieren polierst du dann mit einem trockenen Tuch, bis keine Streifen mehr sichtbar sind. Somit verteilst du die Seife auf dem ganzen Spiegel. Es kann nun noch so sehr im Bad dampfen, der Spiegel bleibt klar!

Was meint die Jury?

: Es gibt auch beheizte Spiegel.

: Die Methode eignet sich auch gut zum Brilleputzen.

: Beheizte Brille?

WASCHBÄR

Richte deine Schlafstätte!

Mittwoch, 22 Uhr

Morgen muss ich wieder arbeiten und möchte Angelina und ihren dämlichen Kolleginnen selbstsicher und gelassen gegenübertreten. Nur habe ich meine haushaltlichen Pflichten in den letzten Tagen doch stark vernachlässigt. Sauber liegt im Schrank nur noch mein Mickey-Mouse-Sweatshirt und eine grellrote Fahrradleggins. Zum Waschen muss ich Spüli nehmen, einkaufen war ich nämlich auch nicht.

22:45 Uhr

Alarm! Überall Schaum in meiner Wohnung! Waschmaschine hört nicht auf mit Blubbern!

Lieber Ingo!
Lade doch ein paar Freunde zu einer Schaumparty ein. Mitzubringen sind Badebekleidung und etwas zu trinken. Funktioniert natürlich nur, wenn es dir egal ist, dass du dir bald eine neue Wohnung suchen kannst.
Die weitaus unspaßigere, dafür wohnungserhaltende Methode: Pumpe das Wasser ab (ein Blick in die Bedienungsanleitung deiner Waschmaschine sagt dir, wie) und hole die Klamotten raus. Danach lässt du die Waschmaschine ohne Inhalt laufen – und zwar so lange und oft, bis kein Schaum mehr da ist. Die nassen Kleidungsstücke solltest du erst morgen waschen, wenn du Waschpulver gekauft hast. Also freunde dich mit Mickey Mouse an oder überzeuge deinen Arzt, dich noch drei Tage krankzuschreiben. Dann kannst du auch deine Wohnung

wieder etwas auf Vordermann bringen und die muffelige Bettwäsche waschen.

Bettgeflüster

»Das Bett, das früher eine in den Boden eingelassene Lagerstätte darstellte, ist im Gegensatz zum Streu-, Fell- oder Mattenlager eine erhöht angeordnete Liegestatt und gilt als das erste Möbel.« In vielen Junggesellenhaushalten bildet es zudem den Mittelpunkt des Wohnens und wird entsprechend frequentiert. Damit es nicht zum Freudenlager von Krümeln, Haus- und Staubmilben und Schlimmerem wird, ist eine regelmäßige Reinigung vonnöten, die sich nicht darin beschränkt, mit spitzen Fingern die Bettdecke zurechtzuzuppeln.

Cheat – Bettpflege

1. Täglich Betten lüften, ausschütteln und wieder sauber hinlegen und glatt streichen, da sich Milben und ähnliche kleine Tiere in warmen Ecken und Falten wohl fühlen.
2. Alle zwei Wochen Bettwäsche wechseln und waschen. Bei dieser Gelegenheit auch die Matratze gründlich absaugen, den Matratzenschoner (solltest du einen haben) ausschütteln und absaugen und den Lattenrost abstauben und abwischen.
3. Wenn du deine Bettwäsche wäschst, dann solltest du sie einmal abwechselnd von links und dann wieder von rechts waschen. So verhinderst du, dass sich in den Ecken Dreck- oder Staubreste bilden. Bevor du deine Bettwäsche in die Waschmaschine stopfst, solltest du alle Kissen- und Deckenbezüge zuknöpfen. Ansonsten verirren sich gerne mal eine Socke oder andere Klamotten darin.

Daunendecken in der Maschine waschen ★★★★★

Trotz gegenläufiger Meinungen ist es kein Problem, Daunendecken und -kissen in der Waschmaschine zu waschen. Als Waschmittel solltest du allerdings ausschließlich Daunenwaschmittel – ersatzweise eventuell ein neutrales Haarshampoo, aber bloß kein Vollwaschmittel – verwenden und den Fein- oder Wollwaschgang wählen.
Nach dem Waschen das Kissen oder die Decke bei niedriger Temperatur in einen Trockner stecken. Danach ist alles wieder schön locker. Falls es trotzdem verklumpt, einfach mal einen Tennisball mit in den Trockner legen.

Was meint die Jury?

: Funktioniert super. Habe statt des Tennisballs einen Turnschuh genommen, der »tritt« auch die hartnäckigsten Klumpen heraus. Für irgendwas muss er ja gut sein.

: Wichtig ist, dass Waschmaschine und Trockner eine große Trommel besitzen. Wenn das nicht der Fall ist, kann man auch mal in einen Waschsalon gehen.

: Vorsicht! Mir ist mal ein Daunenkissen in der Waschmaschine regelrecht geplatzt. Die Daunen haben die Waschmaschine verstopft. Totalschaden. Am besten das Kissen vor dem Waschen in einen Wäschesack oder in einen Kissenbezug mit Reißverschluss stecken.

: Na super, habe gestern für einen Haufen Kohle die Daunendecken in die Reinigung gegeben! Hatte eigentlich schon überlegt, ob ich mir neue kaufe.

: Wer keinen Trockner hat, kann das Federkissen nach dem Waschen in der Waschmaschine antrocknen lassen, dann einfach eine Naht lösen, so dass die Düse eines Föns hindurchpasst, und losfönen. So wird alles nach dem Waschen wieder luftig und ohne Klumpen. Danach nur nicht vergessen, die Naht wieder zuzunähen! :)

: Ihr könnt die Decke auch auf einen Wäscheständer legen und ab und zu wenden. Bei schönem Wetter nix wie raus, dann habt ihr die Aprilfrische gratis.

Gardinen und Vorhänge

Am Ende unseres Waschkurses möchten wir noch ein für jüngere Menschen eher exotischeres Thema ansprechen: Es geht um Gardinen. Diese werden nämlich mit der Zeit immer unansehnlicher und – vor allem in Raucherwohnungen – gerne grau oder gelblich. Auch wenn Gardinenwaschen vielleicht nicht zu den aktuellen Problemen in deinem Haushalt gehört: Glaub uns, irgendwann willst du diese hässlichen grauen Dinger wieder schön weiß bekommen!

Das Problem bei ehemals weißen Gardinen ist, dass oftmals das Vollwaschmittel die vergilbten Gardinen auch nicht mehr richtig »aufweißen« kann. Deshalb hier ein paar Tricks:

Weiße Gardinen mit Gebissreiniger waschen ★★★★★

Zu den Gardinen und dem normalen Waschpulver einfach 5–6 Gebissreiniger mit in die Maschine geben und wie gewohnt waschen. Die Gardinen werden wieder richtig weiß, besonders gut für Raucherwohnungen.

Was meint die Jury?

: Große Klasse, vielen Dank für den Tipp!

: Wenn du in das Fach für den Hauptwaschgang ein halbes Glas Cola (kann ruhig abgestanden sein) schüttest, bekommst du auch angegilbte Gardinen wieder super sauber und hell. Die Phosphorsäure, die in Cola ist, reinigt sogar Urinstein und Rost.

: Wo um alles in der Welt hängen deine Gardinen?

: Um deine Gardinen wieder weiß zu bekommen, kannst du auch einfach eine Tüte Backpulver (je nach Verschmutzung auch mehr) dem Waschmittel hinzuschütten und mit 40° C waschen. Danach sollten die Gardinen in fast neuem weißen Glanz erstrahlen.

: Ab mit den Gardinen in die Badewanne oder ins Duschbecken, Wasser drauf und pro Gardine ca. eine Tintenpatrone öffnen und auf die Gardinen geben. Keine Panik, sie werden nicht blau. Das Wasser verdünnt die Tinte. 30 Minuten einweichen lassen. Danach die Gardinen wie gewohnt waschen. Du wirst sehen, so weiß waren sie noch nie. Der Effekt kommt von der stark verdünnten blauen Farbe. Ein (fast nicht sichtbarer) Blaustich lässt für das Auge eine weiße Fläche weißer erscheinen. Einfach genial!

Cheat – Gardinenreinigung

1. Gardinen abhängen.
2. Die Röllchen von den Gardinen mit einer Schnur zusammenbinden und/oder in eine alte Tennissocke stecken, damit sie sich nicht in dem Gardinenstoff verfangen.

3. Gardinen nicht über 40 Grad waschen und nichts anderes mitwaschen, Verfärbungsgefahr! Außerdem zerknittern zu heiß gewaschene Gardinen auch schneller.
4. Nur mit wenig Umdrehungen oder besser gar nicht schleudern.
5. Gardinen feucht oder sogar nass direkt wieder vor die Fenster hängen, dann zerknittern sie nicht.
6. Wenn du nicht willst, dass dein Fußboden nass wird, einfach ein paar Zeitungen unter den aufgehängten Gardinen auslegen.

BÜGELFALTER

Werde Weltmeister am Bügelbrett!

Sonntag, 17 Uhr

Auf meiner Stoffhose steht: »links bügeln« – bin aber Rechtshänder.

Mensch, Ingo,
Dir ist wohl kein Argument zu lau, um dich vorm Bügeln zu drücken. Deshalb hier noch mal unser gesammeltes Bügelwissen.

Cheat – Bügeltricks

1. Feucht bügeln, fast alles lässt sich feucht einfacher bügeln.
2. Zum Sprühen am besten warmes Wasser verwenden und evtl. etwas Essig ins Wasser.
3. Etikett des zu bügelnden Stückes ansehen, zu hohe Temperaturen schaden vielen Stoffen.
4. Bedruckte Sachen vorsichtshalber immer links bügeln.
5. Seide und Leinen ebenfalls immer links bügeln, Leinen beginnt sonst zu glänzen.
6. Empfindliche Stoffe immer mit einem sauberen, leicht feuchten Tuch bügeln.

Bügeleisenpflege

Auch dein altes Bügeleisen, das du vielleicht irgend wann mal von Mutti geschenkt bekommen hast, weil sie sich ein neues gekauft hat, muss mal gereinigt werden. Wenn du ein Dampfbügeleisen hast, dann kann es vorkommen, dass das Bügeleisen verkalkt. In diesem Fall solltest du, falls möglich, einen Blick in die Bedienungsanleitung werfen. Wenn dort »manuelle Entkalkung« erlaubt ist, dann nimmst du dir eine gebräuchliche Säure (Essig oder Zitronensaft), mischst sie mit Wasser im Verhältnis 1:1 bis 1:2 und füllst das Gemisch in dein Bügeleisen. Nun gibt es zwei Möglichkeiten: Entweder du lässt das Bügeleisen ein paar Stunden stehen oder du dampfst es ordentlich durch. Danach mit klarem Wasser nachdampfen, damit keine Rückstände zurückbleiben.

Verklebtes Bügeleisen reinigen ★★★★★

Ist das Bügeleisen verklebt, wickelst du einfach einen Kerzenstummel in ein Tuch. Damit einige Male über das heiße Bügeleisen streichen. Es ist danach so sauber wie kaum zuvor.

Was meint die Jury?

: Wir hatten Plastik am Bügeleisen, ging ganz wunderbar mit der Kerze.

: Diesen Tipp hätte ich früher gebraucht. Jetzt hab ich das tolle Bügeleisenreinigungsset von … ausprobiert und mir meine Bügelfläche toll zerkratzt. Lasst die Finger von solchen Dingen!

: Bin begeistert, der Trick mit der Kerze war phantastisch! Ich dachte wirklich, dass ich mein Bügeleisen wegwerfen muss. Ich hatte versehentlich ein Faschingskostüm zu heiß gebügelt und alle Kunststoffpartikel waren eingebrannt.

Party

Welcher Partytyp bist du?

Um 23 Uhr klingelt es an deiner Tür. Du willst eigentlich gerade ins Bett. Müde und in Boxershorts öffnest du. Zwei Freunde und drei Flaschen Wein ziehen an dir vorbei. Was machst du?

Du simulierst einen Hustenanfall und sagst, du hättest die Spanische Grippe.	1 Punkt
»Supi, ich hol noch die Mädels aus der WG im ersten Stock.«	3 Punkte
Zusammen mit einer großen Schale Popcorn schaut ihr euch eine DVD an.	2 Punkte

Du bist auf eine 70er-Jahre-Party eingeladen. Was ziehst du an?

Die Afro-Perücke und die super enge Schlaghose von deinem Vater liegen immer griffbereit im Schrank	3 Punkte
Du leihst dir von deinem Nachbarn seine hässliche Krawatte.	2 Punkte
»Ich hasse Mottopartys.«	1 Punkt

Um was soll sich der Partytalk drehen?

Um die neusten Bücher von Nick Hornby und Benjamin von Stuckrad-Barre	1 Punkt
Um die neuste Frisur von David Beckham	2 Punkte
Um die neueste CD von – ich versteh nichts es ist einfach viel zu laut …	3 Punkte

Der absolute Stimmungskiller ist …

Uneingeladene Gäste, die plötzlich auftauchen und besoffen zu Dieter Thomas Kuhn abtanzen	1 Punkt
Ein Stromausfall	3 Punkte
Nervende Nachbarn	2 Punkte

Die absoluten Highlights auf einer Party sind …

Uneingeladene Gäste, die plötzlich auftauchen und besoffen zu Dieter Thomas Kuhn abtanzen	3 Punkte
Ein Stromausfall	1 Punkt
Nervende Nachbarn	2 Punkte

Woran erkennst du, dass deine Einladung ein Erfolg war?

Du hast sehr interessante Gespräche geführt, deren Inhalt dich noch lange beschäftigt.	1 Punkt
Du wachst am Spätnachmittag auf, schlängelst dich zwischen noch schlafenden Partygästen (von denen du die meisten irgendwie nicht kennst) hindurch in die Küche, wo sich der angesagteste DJ der Stadt gerade seinen ersten Kaffee reinzieht.	3 Punkte
Fiona und Lukas laden dich zur Hochzeit ein. Sie haben sich auf deiner Fete kennen gelernt.	2 Punkte

6–8 Punkte

Bei dir zählt Qualität statt Quantität. Laute Partys und banaler Small Talk sind dir ein Graus. Nur leiser Jazz darf die Gespräche deiner mit Sorgfalt ausgewählten Gäste untermalen.

9–12 Punkte

Du liebst es gemütlich und überschaubar. Nette Leute, gute Stimmung, nur kein Partystress. Und wenn ihr keinen Bock zum Reden habt, knallt ihr euch zum Ablästern und Abfuttern vor die Glotze.

13–18 Punkte
Party, Party! Du lässt kein Event aus. Groß, hungrig und verrückt muss deine Party sein und vor allem die, von der die Szene in einem Jahr noch spricht.

Partybasics

Es gibt viele Möglichkeiten, sich den Abend zu versauen, deshalb sei wählerisch. Wenn du nun mal kein Partyluder bist, das ohne Schaumparty oder Miss-Wet-T-Shirt-Contest das Wochenende überlebt, und lieber einen gemütlichen Kneipenabend verlebst, dann steh dazu. Laut Internet-Umfrage des Münchner Hochschulmagazins *Mayers* tun das übrigens 44 Prozent der Studenten. Also don't worry – ist gar nicht so peinlich.

Wenn du dich aber auf das Abenteuer einlassen und selbst eine Party geben möchtest, haben wir dir hier ein paar Dinge zusammengestellt, die dir bei der Ausführung helfen können.

Die Gäste

Spontane Partys sind manchmal die besten. Du hast eine Prüfung unerwartet gut bestanden, das Wetter und die Laune sind so gut, und du schickst deinen engsten Freunden und ein paar Leuten, die dir gerade einfallen, eine SMS (»Heute feiern wir bei mir – alle sind da, nur du fehlst noch!«). Zwei Stunden später drängeln sich doppelt so viele in deiner Wohnung zwischen mitgebrachtem Kartoffelsalat und gestapelten Bierkästen. Die Stimmung ist ausgelassen, die Bude qualmt. Das ist das ideale Szenario, allerdings kann es bei denselben Voraussetzungen auch ganz anders ablaufen, und du sitzt mit ein paar Hanseln (die anderen hatten alle etwas anderes vor) nur dumm rum.

Wenn du also den Ablauf des Abends besser im Griff haben

möchtest, gehört zu einer Party etwas Zeit für die Planung. Zuerst solltest du dir überlegen, ob das, was dir an Party vorschwebt, mit deinem Potential (deinen Gästen, deiner Wohnung, deinem Geldbeutel) zu leisten ist. Eine weitere Frage ist: Wen lade ich ein? In erster Linie solltest du Leute einladen, die du auf deiner Party gerne haben willst – so einfach ist das. Darüber hinaus solltest du darauf achten, dass die »Mischung« stimmt. Welche Bedürfnisse, Vorlieben und Geschmäcker haben die Gäste? Kennen sich die Gäste bereits? Wenn nicht, was kann ich tun, damit sie sich besser kennen lernen können. All diese Fragen müssen vorher bedacht werden. Das ist bei jeder Party unterschiedlich. Es sollten zum Beispiel keine Gäste gleichzeitig eingeladen werden, die sich nicht ausstehen können. Weiterhin ist es problematisch, wenn sich die meisten kennen und nur ein paar wenige »Fremde« dabei sind – die finden dann nur schwer Anschluss und sollten besonders vom Gastgeber umsorgt werden.

Bei Partys, bei denen sich die Gäste gewissermaßen vorbereiten müssen (Geburtstag, Mottoparty), macht es Sinn, mindestens eine Woche vorher Bescheid zu geben, dann haben die Gäste noch genug Zeit, um Geschenke einzukaufen oder sonstige Vorkehrungen zu treffen. So kannst du auch den einen oder anderen Gast schon mal fragen, ob er zum Beispiel einen Salat machen kann.

Ist keine Vorbereitung seitens der Gäste notwendig, reicht es auch, zwei Tage vorher einzuladen (mündlich, telefonisch, per SMS, per E-Mail).

Die Location

Es gibt Partys, da hat der Gastgeber seine Wohnung in eine Partylounge verwandelt, und die Gäste drängeln sich in der viel zu engen Küche zwischen leeren Flaschen und Nudelsalatresten. Wenn die Stimmung stimmt, seis drum. Es gibt keinen Königsweg zum gelungenen Fest. Du kannst allein eine animierende Umgebung

schaffen, die eine ausgelassene Stimmung begünstigen kann. Ein mit Möbeln und Stapeln von Büchern voll gestopftes Zimmer, beleuchtet allein von der Halogen-Schreibtischlampe und dem knallig bunten Bildschirmschoner, stellt schon hohe Ansprüche an das Spaß- und Fantasiepotential deiner Gäste, soll aus dem Abend eine Tanzorgie werden. Also Aufräumen, Platz schaffen, unsexy Gegenstände – wie die augenblickliche Seminararbeit, dein Wäscheständer etc. – verbannen und mit Kerzen, indirekter Beleuchtung und Dekogegenständen Atmosphäre schaffen.

Sitzen?

Lädst du zum Raclette ein, braucht natürlich jeder einen Stuhl. Bei einer Tanzfete kann das gemütliche Sofa zum Auffangbecken für bewegungs- und redefaule Gäste werden, die den ganzen Abend mit dem Bier zwischen den Beinen auf die anderen Gäste extrem stimmungslähmend wirken. Hier sind Stehtische eine gute Empfehlung, die sich mit leeren Getränkekisten auf Tischen auch selbst bauen lassen. Tuch oder Tischdecke drauf, kleine Kerze dazustellen – so halten sie ein Sektglas aus, dienen aber nicht dazu, sich draufzusetzen oder anzulehnen. Die Meute bleibt in Bewegung, und das gibt der ganzen Party Schwung.

Für den entspannten Fernseh- oder Videoabend hingegen sind das gemütliche Sofa oder ausreichende bequeme Sitz- und Liegemöglichkeiten natürlich ein Muss.

Kerzen brennen länger ★★★★☆

Du planst ein romantisches Candle-Light-Dinner oder eine nur kerzenbeschienene schummrige 70er-Jahre-Party und hast keinen Bock, dauernd die Beleuchtung zu reaktivieren, dann solltest du die Kerzen vor ihrem Auftritt ins Gefrierfach legen. Warum? Ganz einfach: Kerzen brennen länger, wenn du sie vorher einfrierst. Teelichter erreichen fast die doppelte Brenndauer. Stabkerzen halten fast dreimal so lang wie üblich.

Was meint die Jury?

: Klappt super und jetzt hab ich endlich auch Licht in der Tiefkühltruhe. :)

: Es geht auch noch anders: Bei brennender Kerze eine Miniprise Salzkörnchen ins flüssige Wachs rieseln lassen ... Trick ist uralt.

: Hab ich ausprobiert. Nach zwei Monaten vergessen und die Kerzen mit Spargel verwechselt ... lecker!

: Mit Teelichtern klappt es tatsächlich, Brenndauer plus 3 Stunden. Bei den Stabkerzen (–18° C, ca. ein Monat) hat mich anfangs das leise Knistern nicht groß gestört – schließlich müssen sie ja erst die Raumtemperatur annehmen –, aber die herabfallenden Wachsstücke (Frostbruch!) haben dann doch die romantische Stimmung etwas eingeschränkt.

Der Sound

Nichts ist wichtiger für eine Party, auf der richtig abgetanzt werden soll, als der optimale Sound. Grundvoraussetzung dafür ist erst mal die richtige funktionierende Technik, die du unbedingt! am Abend zuvor schon mal austestest. Ob Chartshow, Rock, Crossover, Punk, Oldies, Back To The 70s, Hardrock, Reggae, Grunge, Hip Hop, NDW (Neue Deutsche Welle), House, Techno, Dancefloor – die Musik muss gut abgestimmt sein. Am besten engagierst du einen DJ, der direkt auf die Vibrations von der Tanzfläche reagieren kann. Aber Vorsicht: Frage niemanden, der sich hinter dem Plattenteller selbst verwirklichen will und allen anderen beweisen, welch ausgefallenen Musikgeschmack er hat. Nervig kann es auch werden, wenn mehrere Gäste die Musikauswahl übernehmen und den ganzen Abend durch die Musikgeschichte zappen.

Für eine durchtanzte Nacht brauchst du nicht gleich das gesamte Semester einladen, schon zehn Paar Füße können dein Parkett in Schwingung bringen. Der Funke muss überspringen. Das passiert oder auch nicht, hüte dich dringend davor, als Gastgeber deine Gäste ständig zum Tanzen zu animieren. Das tötet jede Stimmung, und du machst dich zum Affen.

Wie erstelle ich eine Playlist?

Vorbereitung: Wenn nicht schon geschehen, wandle die Audiodaten (z. B. CD) mit einem Rip-Program (z. B. CDEX, = Freeware) in komprimierte Audiodaten (mp3-Format) um (Urheberrechte beachten!). Hast du keinen Computer, frag einen Freund.
Je nach der Technik, die auf der Party zum Abspielen zur Verfügung steht:

1. mp3-Player (iPod o. Ä.): Lade die Titel im mp3-Format auf den mp3-Player, viele Geräte unterstützen keine Wiedergabelisten, deshalb Reihenfolge beachten.

2. CD- bzw. DVD-Player, mp3-tauglich: Brenne die Titel auf eine CD/DVD, auch hier ist meist keine Wiedergabeliste möglich, deshalb entweder die Dateien vorher sortieren oder die Shuffle-Funktion des Players benutzen. Auf eine CD passen (je nach Qualität) ca. 7–8 Stunden Musik. Auf eine normale DVD (4,7 GB) ungefähr das Siebenfache.

3. Computer: Erstelle eine Playlist (mit Windows Media Player, Winamp). Hier richtet sich die Länge natürlich nach dem vorhandenen »Musikvorrat«. In der Regel ist das die komfortabelste Lösung, da mit Hilfe der Wiedergabeliste ein schnelles Wechseln zwischen Liedern möglich ist und

schnell auf unterschiedliche Stimmungen/Wünsche reagiert werden kann. Allerdings solltest du dafür sorgen, dass nicht ständig die Gäste am PC rumfummeln.

Tarzan sucht Jane*

Spiele können die lahmste Party auf Trab bringen und neue Lieben sich finden lassen. Wenn sie aber nicht gut durchdacht und auf die Stimmung und Publikum abgestimmt werden, können sie zur größten Peinlichkeit mutieren. Spiele haben grundsätzlich immer etwas Peinliches, weil man Menschen aus der Deckung zwingt und ihnen Dinge zumutet, die sie vielleicht zuletzt vor Verlust ihrer Milchzähne gemacht haben. Um diese Peinlichkeit zu nehmen, muss der Spielleiter, der Gastgeber – also *du* – überzeugt davon sein, dass dieses Spiel jetzt der absolute Bringer ist. Einmal angefangen, musst du es durchziehen und alle dazu motivieren mitzumachen. Nichts ist schlimmer, als wenn sich ein paar Gäste vor den Augen der anderen und einem verunsicherten Gastgeber zum Deppen machen lassen. Also bevor du die Spielankündigung in die Runde schreist, checke die Stimmung der Gäste, wenn du irgendwelche Zweifel hast oder dich nicht sicher fühlst: Lass es!

* Bei Tarzan sucht Jane bekommt jeder Gast einen Zettel mit dem Namen einer bekannten Persönlichkeit auf den Rücken geklebt. Die Aufgabe ist es nun, seinen Partner zu finden (Tarzan sucht Jane, Dick sucht Doof etc.). Erschwert wird das Ganze, da niemand weiß, wer er selbst ist, und nur durch Fragen, die er den anderen Gästen stellt, seine eigene Identität herausfinden kann. Die Befragten dürfen nur mit Ja oder Nein antworten. Ist der Partner gefunden, kann gemütlich angestoßen werden, bevor dann der Tanz eröffnet wird.

Mehr Spiele z. B. unter www.feiern.net oder www.spielekiste.de

Motto

Egal für welches Motto du dich entscheidest, es muss klar transportiert und auch durchgehalten werden bei der ganzen Partyplanung. Kündigst du im Winter eine Beachparty an, dann sieh zu, dass du deine Bude schon um 20 Uhr auf 28 Grad bringst und auch sonst für südländische Atmosphäre sorgst. Überlege dir auch gut, wen du einlädst, und drohe unsicheren Kandidaten, die sich jedem Motto verweigern, mit der Ausladung. Als Gast ist es wenig ruhmreich, als einziger Gladiator unter lauter Jeansträgern den Abend zu fristen.

Wenn du das beachtest, die nötige Zeit und Fantasie investierst, können solche Partys der absolute Hit werden. Verkleidungen locken die Menschen hinter ihrer Fassade hervor und sorgen für Gesprächsstoff. Wer möchte sich nicht mal in langen blonden Haaren ausprobieren oder unerkannt schwitzend hinter einer Gorillamaske verstecken.

Futter

Wer sich bei einer Party aufs Essen freut, ist jenseits der Verfallsgrenze. Klar, wir wohlstandsverwöhnten Babyboomerkinder müssen uns nicht bei Freunden und Verwandten satt essen, und es kommt auch nicht gut an, wenn du deiner Angebeteten bei der Begrüßung mit dem Hähnchenschenkel zuwinkst. Doch irgendwie enttäuschend ist es schon: Man kommt schön spät auf die Party und bräuchte, um richtig einzusteigen, umgehend Energiezufuhr, doch das Buffet ist total abgefressen. Also auch hier wie bei der Deko, ein nettes Essensangebot kann den Gesamteindruck deiner Fete noch toppen. Für größere Feierlichkeiten eignet sich hier ein Buffet. Du kannst die Türen in deiner Wohnung aushängen und als Buffettisch verwenden. Dadurch wird auch deine ganze Wohnung etwas geräumiger und offener.

Auch ein Tapeziertisch eignet sich für diesen Zweck. Dieser muss nicht in seiner nackten Schönheit erstrahlen, sondern kann entsprechend (dem Motto) dekoriert sein. Kalte und warme Speisen, daneben etwas Geschirr und vielleicht zu später Stunde noch eine heiße Suppe, diese Partyzutaten aus Mutters Zeiten kommen auch heute noch gut an. Einige taugliche Rezepte findest du hier im Buch, weitere lernst du kennen, wenn du deine Gäste bittest, etwas mitzubringen. Doch Vorsicht: Willst du nicht zehn Nudelsalate oder zwanzig Tiramisu im Angebot haben, sprich die Mitbringsel zuvor mit deinen Gästen ab.

Cheat – Partybuffet

So könnte dein Partybuffet aussehen: (alle Rezepte in deinem Lieblingsbuch [also hier] zu finden)

Krabben-Cocktail	Seite 97
Tomatensalat	Seite 102
Paprika-Mais-Salat	Seite 101
Spargeltorte	Seite 92
Lammspieße mit Dip	Seite 231
Panierte Schnitzel	Seite 131
Frikadellen	Seite 111
dazu Baguette oder Kräuterbaguette frisch aus dem Backofen	
Mousse au Chocolat	Seite 115
Sahneqark	Seite 114
Mitternachtskuchen	Seite 220

Mitternachtskuchen ★★★★☆

Setze deinen Gästen um Mitternacht noch einen Marmor- oder Schokokuchen vor. Der kann ohne Probleme aus einer Backmischung sein. Das ist den meisten Gästen dank kontinuierlichem Alkoholgenuss sowieso egal und kommt allemal besser an als irgendwelche Chips oder Salzstangen.

Was meint die Jury?

: Hab ich letztens gemacht. Der Kuchen war nix wie weg!

: Netter Mitternachtssnack – nur ich würde wohl einen eigenen Kuchen backen.

Flüssiges

Stell dir vor, in deiner Bude tanzt der Bär, und das Bier ist aus. Um solchem Mega-GAU vorzubeugen, ist Planung gefragt. Wer trinkt was und wie viel? Doch bei aller Alkoholwonne die alkoholfreien Getränke, den Kaffee und die Milch nicht vergessen.

Melodka ★★★★★

Wenn du eine Party veranstalten willst, egal ob es kalt oder warm draußen bzw. drinnen ist, dieses Rezept erfrischt oder wärmt dich und deine Gäste gleichzeitig auf. Du brauchst:

1 Wassermelone (Größe ist egal)
1 Flasche Wodka
1 Trichter

Einige Tage vor der Party (je eher, desto besser) stopfst du den Trichter in die Wassermelone. Anschließend Tag für Tag etwas Wodka hineinfüllen. Die Wassermelone muss dabei ständig gekühlt werden. Am Tag der Party hast du deine Melodka. Durch den Trichter nimmt die Wassermelone den Wodka auf und speichert ihn im Fruchtfleisch, das dann häppchenweise genossen werden kann.

Was meint die Jury?

: Habe ich in Polen vor paar Jahren kennen gelernt. Ist echt superlecker.

: Kenn ich aus Griechenland: Einfach ein flaschenhalsgroßes Loch oben in die Melone machen (oben ist da, wo der Himmel ist, wenn die Melone »von selbst« steht) und die geöffnete Wodkaflasche in die Melone schrauben (bzw. besser die Melone auf die Flasche schrauben und dann umdrehen). Einen Tag warten, kühlen, fertig.

: Die Anleitung ist in Ordnung, aber man hat das Problem, dass der Wodka sich überwiegend nur in der Mitte der Melone konzentriert. Deswegen mein Tipp: Man nehme eine dünne Stricknadel und steche vorsichtig vom Loch des Trichters kleine Gänge in verschiedene Richtungen. So verteilt sich der Wodka besser.

: Hier noch ein kleiner Tipp, wie man die ganze Prozedur etwas beschleunigen kann. Man nehme eine möglichst große Spritze mit langer Hohlnadel (bekommt man in jeder Apotheke). Damit dann einfach den Wodka in die Melone spritzen (quasi als »Wodka-Injektion«). Hat den Vorteil, dass es nur ein paar Minuten dauert und man nicht den ganzen Kühlschrank mit der geilen Frucht blo-ckiert. Profis kühlen den Wodka vorher noch ab, dann verteilt er sich besser.

Cocktails sind auf jeder Party, die etwas auf sich hält, unabdingbar. Hier ein paar Mischungen:

Long Island Ice Tea (Originalrezept)
2 cl Cointreau
2 cl Gin
2 cl Rum
2 cl Tequila
2 cl Wodka
2 cl Zitronensaft
Coca-Cola

Alle Zutaten bis auf die Cola mit einigen Eiswürfeln in den Shaker geben und kräftig schütteln. Ein großes Longdrinkglas etwa zur Hälfte mit gestoßenem Eis füllen, die Mischung aus dem Shaker dazugeben und je nach Geschmack mit der Cola auffüllen.

Dieser Drink wird auch sehr gerne abgewandelt. Hier ein paar Variationsvorschläge:

Long Island Ice Tea 1
starker, süßer, fruchtiger Drink, der aber sicher kein typischer Long Island Ice Tea ist
4 cl Wodka
4 cl weißer Rum
4 cl Triple Sec
2 cl Gin
1,5 cl Midori
1 cl Zuckersirup
1 cl Zitronensaft
Zubereitung: im Longdrinkglas mit Eiswürfeln
und Cola auffüllen

Long Island Ice Tea 2

starker, etwas saurer und erfrischender Long Island Ice Tea. Erinnert tatsächlich etwas an Eistee (mit Tequila).

2 cl weißer Rum
2 cl weißer Tequila
2 cl Cointreau
2 cl Gin
2 cl Wodka
4 cl Zitronensaft

Zubereitung: shaken
Glas: Longdrinkglas
mit 8 cl Cola auffüllen

Long Island Ice Tea 3

süß-aromatischer, fruchtiger Long Island Ice Tea

1,5 cl Wodka
1,5 cl Triple Sec
1,5 cl weißer Rum
1,5 cl Gin
1,5 cl Tequila
1 cl Zitronensaft
1 cl Limettensaft
1 cl Zuckersirup
1 cl Orangensaft

Garnitur: Zitronenscheibe
Zubereitung: shaken
Glas: Longdrinkglas
mit 1 Schuss Cola auffüllen

Long Island Ice Tea 4

fruchtig-süßer, harmonischer Long Island Ice Tea, der trotz des hohen Alkoholgehalts relativ leicht erscheint.

1,5 cl Gin
1,5 cl Wodka
1,5 cl Tequila
1,5 cl Triple Sec
1,5 cl weißer Rum
1,5 cl Limettensaft
1,5 cl Zitronensaft
1,5 cl Zuckersirup

Garnitur: Zitronenschale
Zubereitung: shaken
Glas: Longdrinkglas
Mit 1 Schuss Cola auffüllen

Sex on the beach

Ein Cocktail für das Karibikfeeling auf dem heimischen Balkon.

ca. 3 cl Pfirsichlikör
ca. 3 cl Wodka
ca. 6 cl Ananassaft
ca. 3 cl Kirschsaft
ca. 3 cl Orangensaft

Alternativ kann man auch Maracujasaft statt Ananassaft nehmen. Außerdem verfeinern manche Barkeeper den Drink mit einem Schuss weißem Rum.

Alles (am besten gut gekühlt) in einen Shaker kippen, ein paar Eiswürfel dazu, das Ganze kräftig schütteln und in ein Longdrinkglas gießen. Wenn man das Ergebnis dann noch mit der obligatorischen Orangenscheibe und einem dicken Strohhalm versieht, hilft das schon mal über das allsommerliche Fernweh hinweg.

Weltpremiere! Dirk Dussler, der – unserer Meinung nach – die besten Cocktails Ulms mixt, hat exklusiv für dieses Buch diese beiden Cocktails kreiert. Mixen und genießen … Wenn du mal in Ulm vorbeischauen solltest, kannst du den Meister in Aktion erleben – in seiner Cocktailbar »Manhattan« (Infos und Wegbeschreibung unter www.cocktails-ulm.de)

»The Gentleman«
(fruchtig, herb)
2 cl Wodka
2 cl Red Orange (Bols) (Blutorangen-Likör)
2 cl Cointreau
1 cl Zitrone
6 cl Orangensaft
6 cl Maracujasaft

Alle Zutaten in dieser Reihenfolge zusammen mit Eis in den Shaker geben und schütteln.

»The Lady«
(cremig, süß)
3 cl Baileys
2 cl Havanna Club (3 Jahre) (oder ein anderer brauner Rum)
2 cl Malibu
2 cl Sahne
6 cl Bananensaft
6 cl Ananassaft

Alle Zutaten in dieser Reihenfolge zusammen mit Eis in den Shaker geben und schütteln.

Partyquette

Einige Dinge sollten tabu auf deiner Party sein:

- ein betrunkener oder gar eingeschlafener Gastgeber
- ein notorischer Auf- und Wegräumer oder Fensteraufreißer
- irgendwelche dummen Anweisungen, wie »Schuhe aus«. »Rauchfreie Fete« vorher ankündigen
- zu laute Musik
- zu leise Musik
- Schlägereien oder handfeste Streits (hier musst du als Gastgeber schnell reagieren)

Party-Checkliste

Motto/Grund der Feier ______________________________

Personenanzahl ______________________________

Einladungen ______________________________

____

Räumlichkeiten:

Toilette (geputzt, aufgeräumt,
frische Handtücher, genügend Klopapier) ______________

Deko/Licht ______________________________

Sitzmöglichkeiten ______________________________

Essmöglichkeiten ______________________________

Buffettisch ______________________________

Abstellmöglichkeiten ______________________________

Tanzfläche ______________________________

Plätze zum Stehen, Smalltalken ______________________________

Getränke:

Nichtalkoholische Getränke ______________________________

Alkoholische Getränke ______________________________

Empfangscocktail ______________________________

Bar ______________________________

Eiswürfel ______________________________

alles gekühlt? ______________________________

warme Getränke ______________________________

Gläser, Tassen ______________________________

genügend von allem? ______________________________

Essen:

warmes Essen ______________________________

kaltes Essen ______________________________

Süßes und Pikantes ______________________________

Mitternachtsessen ______________________________

für jeden was dabei? ______________________________

Teller, Besteck, Servietten ______________________________

genügend? ____

Stimmung:

Musik ____

Technik ____

Musikauswahl ______________________________________

Spiele ____

Übernachtungsmöglichkeiten? ___________________

Kissen ____

Decken ____

Sonstiges:

Aschenbecher _______________________________________

Kerzen ____

Aspirin ____

Reinigungsmittel für den Notfall _______________________

Taxinummer ____

Freiluftfeiern

Als Alternative zur alkohol- und nikotingetränkten Luft bietet sich die Fete im Freien an. Eine lauschige Sommernacht unter Lampions und Sternenzelt oder ein glühweingeschwängertes Silvester irgendwo im Schnee. Grillen verleiht diesen Festen dazu etwas Archaisches, was besonders Männern gefällt. Und echte Männer grillen bekanntlich über offenem Feuer, am liebsten auf Kohle. Gas-Griller werden von Kohle-Grillern schon als Weicheier angesehen. Für Elektro-Griller haben beide jedoch nur ein mitleidiges Lächeln übrig. Bei den Gerätschaften besteht große Auswahl: Vom billigen Einmalgrill bis zum massiven Standgerät für die große Gartenparty bietet der Handel eine breite Palette an.

Hier einige Grillbasics, die überall und für jede Außentemperatur gelten:

Cheat – Gut grillen

Grillgut ist wesentlich schneller gar als gekochtes oder gebratenes Fleisch, denn der Grill macht mächtig Dampf: 180° C bis 300° C Oberflächentemperatur sind kein Pappenstiel. Das garantiert leckere Steaks: außen knusprig und innen saftig. Der Fett- und Wasseranteil reduziert sich beim Grillen erheblich. Das kann bei Wurst und Fleisch zu einem Gewichtsverlust um bis zu 30 Prozent führen. Zudem wird zur Zubereitung kein Fett benötigt. Also eine gesunde Sache!

Allerdings gibt es Einschränkungen. Nitrosamine und Benzpyren sind krebserregenden Substanzen, die entstehen, wenn Fett oder Wasser auf die Glut tropft. Der entstehende Rauch setzt sich am Grillgut ab und zieht sogar bis zum Nachbarn rüber Vor allem die beliebte Kruste am Fleisch enthält pro Kilo 5,8 bis

8 Mikrogramm davon. Das ist so viel wie im Rauch von 600 Zigaretten. Wer auf das rustikale Grill-Feeling verzichten kann, dafür aber gesund grillen will, benutzt Alufolie oder Aluminium-Schalen.

Außerdem solltest du beim Grillen beachten:

- Kein Pökelfleisch. Das Nitrit im Pökelsalz verbindet sich unter Hitze mit dem Eiweiß aus dem Fleisch zu Nitrosaminen (krebserregend).
- Kalbfleisch und Wild haben auf dem Grill nichts zu suchen, es trocknet aus und schmeckt nicht mehr.
- Schweinefleisch und Geflügel gut durchgaren, damit eventuelle Krankheitserreger abgetötet werden.
- Butter, Margarine, Sonnenblumen-, Weizenkeim- und Maiskeimöl solltest du nicht verwenden, da das bei hohen Temperaturen gesundheitsschädlich sein kann (Butter und Margarine zersetzen sich schnell und die in den Ölen enthaltenen an sich gesunden ungesättigten Fettsäuren oxidieren unter Hitzeeinfluss zu gesättigten Verbindungen, die nicht mehr so gesund sind). Lieber Erdnuss-, Olivenöl oder industriell hergestellte Mischöle verwenden (die halten den Temperaturen stand). Die anderen Öle lieber beim Salatdressing nutzen.
- Auch mal Gemüse grillen!
- Spiritus, Terpentin, Benzin und andere explosive Flüssigkeiten haben nichts am Grill verloren – Explosionsgefahr. Lieber mit dem Blasebalg das Durchbrennen der Holzkohle beschleunigen. (Die Aktion »Das sichere Haus« hat allein in München 4000 Unfälle beim Grillen registriert.)

Grillrezepte

Lammspieße mit Avocado-Dip

Zutaten für 12 Spieße:

1 kg Gulaschfleisch vom Lamm
3 Äpfel
100 g Bacon
12 Schalotten
24 Salbeiblätter
Für den Dip:
1 unbehandelte Zitrone
2 reife Avocados
2 Knoblauchzehen
Salz, Pfeffer
eine Prise Zucker
100 g Crème fraîche
1 Bund glatte Petersilie
300 g Tomaten

Das Fleisch schneidest du in dünne Scheiben. Dann halbierst du die Äpfel, entfernst das Kerngehäuse und achtelst die Äpfel und umwickelst sie mit Speck. Dann schälst und halbierst du die Schalotten. Nun stopfst du abwechselnd Fleisch, Äpfel, Salbeiblätter und Schalotten auf Spieße.

Danach reibst du die Zitronenschalen ab und presst den Saft aus. Avocados halbieren, schälen und die Steine entfernen. Das Fruchtfleisch mit Zitronensaft und -schale, durchgepresstem Knoblauch, Salz, Zucker und Crème fraîche pürieren. Dann hackst du die Petersilie, entkernst die Tomaten und würfelst sie. Beides vermischst du gut mit dem Avocadopüree und schmeckst es ab.

Die Spieße grillst du dann auf dem heißen Grill rundherum ca. 12 bis 13 Minuten. Salzen, pfeffern und mit dem Dip servieren.

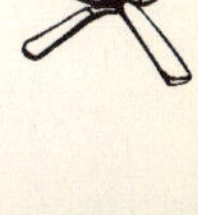

Grillmarinade mal selbst gemacht

Wenn du Zeit hast, dann mariniere dir deine Schnitzel und Steaks doch mal selbst. Im Supermarkt oder beim Metzger besorgst du dir ausnahmsweise mal kein mariniertes Fleisch, sondern nur »natur«. Für diese Marinade brauchst du folgende Zutaten:

8 EL Olivenöl
4 EL herben Weißwein (wenns sein muss auch Rotwein)
3 EL Zitronensaft
½ TL schwarzen Pfeffer
1 TL Salz
1 Lorbeerblatt

Fleisch und Fisch marinieren ★★★★★

Fleisch oder Fisch lässt sich einfach und gleichmäßig marinieren, wenn man es zusammen mit der Marinade in eine ausreichend große Plastiktüte gibt. Danach sollte möglichst die ganze Luft aus der Tüte gezogen werden. Ich mache das immer mit einem dicken Strohhalm. Danach knote ich das Ganze zu, schüttele es kräftig und lasse es einige Zeit im Kühlschrank liegen. So ist das Fleisch immer rundum mit Marinade bedeckt und man muss es nicht ständig umdrehen.

Was *meint die Jury?*

: Ich mache das immer mit verschließbaren Gefrierbeuteln. Aber das mit dem Strohhalm finde ich eine gute Idee.

Steak- und Grillsoße

Schon mal daran gedacht, eine Grillsoße selbst herzustellen? Ist gar nicht so schwer. Du brauchst:

2 Becher saure Sahne
4 Knoblauchzehen

4 EL Dill fein gehackt (ersatzweise getrockneter)
Salz, Pfeffer

Einfach den Knoblauch fein hacken, mit saurer Sahne und dem Dill mischen und mit Salz und Pfeffer abschmecken. Ein paar Stunden ziehen lassen. Fertig.

Alle Zutaten in einem Gefrierbeutel vermischen und dein Fleisch darin einige Stunden einlegen.

Gegrillter Feta

Auch vegetarische Grillgerichte sind immer wieder ein Hochgenuss. Gegrillter Feta gehört dabei zu den absoluten Klassikern. Pro Person benötigst du:

½ Feta-Käse (gibts abgepackt in jedem Supermarkt)
2 Tomaten
1 Zwiebelscheibe
Pfeffer
etwas Thymian in Olivenöl angerührt
Alufolie

Du legst den Feta-Käse in die Mitte eines quadratischen Stücks Alufolie. Den Käse bestückst du mit Tomaten- und Zwiebelscheiben. Salzen und pfeffern und einen Esslöffel von dem Olivenöl mit Thymian darübergeben. Jetzt verschließt du das Paket nach oben hin mit der Folie. Es sollte gut verpackt sein. Falls ein Riss in der Folie ist, lieber mit noch einer Schicht Alufolie umwickeln. Ansonsten läuft dir das Öl raus. 30 Minuten auf den Grill legen – macht satt und schmeckt bombastisch. Mit der gleichen Methode kannst du auch Zwiebeln oder Mais grillen.

Gegrillter Spargel

Und noch etwas für unsere vegetarischen Grillfreunde. Hier die Zutaten:

Spargel
Kräuterbutter
Alufolie

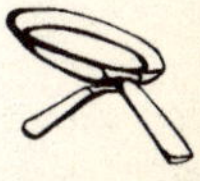

Zuerst putzt und schälst du eine Hand voll frischen (wichtig) Spargel (etwa 6–10 Stangen, je nach Dicke – also so viel, dass man das Ganze noch knapp mit einer Hand umfassen kann). Dann packst du den Spargel mit reichlich Kräuterbutter und in Alufolie zu einem dichten Päckchen und legst es auf den Grill. Nach ca. 10 Minuten ist der Spargel noch mit Biss, wer ihn weicher mag, einfach länger liegen lassen.

Versuche mit Spargel aus dem Glas oder aus der Dose haben sich als nicht wirklich lecker herausgestellt.

Honigbananen

Auf einem Grill lassen sich auch unglaubliche süße Schlemmereien zubereiten. Für diesen einfachen, aber fantastischen Nachtisch brauchst du eine geschälte Banane. Die kommt auf ein Stück Alufolie. Auf die Banane gibst du zwei Teelöffel Honig, etwas Zimt und eine Prise schwarzen Pfeffer(!). Der Honig verläuft von selbst, muss also nicht verstrichen werden. Je nach Geschmack noch einen Esslöffel Rum drüber. Das Ganze verschließen und für ungefähr 10 Minuten auf den Grill. Vorsicht, Suchtgefahr!

Kleine Abwandlung: Wer es lieber schokoladig mag, nimmt statt Honig einfach Nutella.

EIN JAHR SPÄTER

Hallo, Hans-Jörg und Bernhard,
wie geht es euch denn so? Es ist inzwischen schon eine Zeit her, seit ihr euch mit euren Tipps und Ratschlägen in mein Leben eingemischt habt. Danke dafür, inzwischen komm ich gut zurecht. Meint zumindest meine Freundin! Ja, richtig gehört! Die Süße von meiner Party im letzten Jahr, erinnert ihr euch noch? Sie heißt Kathrin. Vielleicht ziehen wir bald zusammen. Das Einzige, was mich etwas zweifeln lässt, ist, dass sie nun überhaupt nicht an haushaltlichen Dingen interessiert ist, obwohl sie noch nicht mal Milch kochen kann. Sie lächelt mich immer nur nett an und sagt: »Mach mal, Ingo!«

WO FINDE ICH WAS?

WEBSITEEMPFEHLUNGEN

Wissenswertes

www.frag-mutti.de – die Website der beiden Autoren

www.umweltbundesamt.de – Das Umweltbundesamt – umfangreiche Infos zu den Themen Umwelt und Naturschutz

www.mamas-klassiker.de – die Website für alle Mama-Fans

Wohnen

www.stadtplandienst.de – Stadtplände deutscher Städte und Orte

www.immobilienscout24.de – Großer Wohnungsmarkt

www.studenten-wg.de – Wohnungsmarkt für Studierende

www.wg-gesucht.de – WG-Wohnungssuche

www.mieterverein.de – Website des deutschen Mieterbund e. V. – bei Mietfragen

Lebensmittel

www.was-steht-auf-dem-ei.de – Verein für kontrollierte Tierhaltungsformen e. V. – Infos rund ums Ei

www.spaetzle.de – alles rund um des Schwaben Leibgericht

www.bioland.de – Lebensmittel-Erzeuger-Suche für den Umkreis

Haushalt

www.hausfrau.de – Haushaltsmanagement – nur für Profis!

www.hausfrauenseite.de – noch mehr Haushaltsmanagement – nur für Profis!

www.teamhack.de – Haushaltsgeräte reparieren

Onlineshops

www.versandapo.com – Internetapotheke

www.docmorris.com – Internetapotheke

www.bring-fix.de – Supermarkt-Onlineshop für die Umgebung Dresden

www.olympstore.de – hochwertige bügelfreie Hemden

Party

www.feiern.net – Partyspiele

www.spielekiste.de – noch mehr Spiele

www.cocktails-ulm.de – Website der Cocktailbar »Manhattan« in Ulm

FRAG VATI

Das Nachschlagewerk für alle Lebenslagen

unter Mitarbeit von Tino Heeg

INHALT

INTRO

Es ist Sonntagmorgen, die Sonne scheint, und ich bin mit meiner Süßen zum Frühstück verabredet. Genau, mit jener Kathrin, die ich vor fast genau zwei Jahren auf der Party von meinen Qualitäten überzeugen konnte. Und ich meine nicht nur meine Qualitäten als Hausmann! Jedenfalls habe ich ihr gerade ein bezauberndes Kerzenlicht-Frühstück gezaubert. Die gesamte WG pennt noch. Es war ein schlauer Schachzug, ihnen Eintrittskarten für die lange Filmnacht mit allen drei Teilen des »Herrn der Ringe« zu schenken. Normalerweise zeigen sich um diese Zeit die ersten unrasierten und von den Ausschweifungen der letzten Nacht gezeichneten Gestalten in unserer WG-Küche. Aber das kann ich gerade nicht gebrauchen – denn heute Morgen will ich ihr die frohe Botschaft von meinem neuen Job verkünden, und dazu brauche ich ungestörte Ruhe! Ah, es klingelt, das ist sie …

Hallo, Leute, also ich habe keine Ahnung, warum der Ingo mir heute Morgen so ein tolles Frühstück gemacht hat. Und außerdem ist er ziemlich nervös. Das habe ich schon bei der Begrüßung gemerkt. Irgendetwas ist da im Busch. Wir Frauen haben da ja ein Gefühl für … ich habe auch schon einen gewissen Verdacht.

So, der Prosecco ist entkorkt, ich schenke meiner Süßen und mir die prickelnde Köstlichkeit ein und will gerade ansetzen zu meiner kleinen Rede – da klingelt das Telefon! In rekordreifen 4,57 Sekunden sprinte ich in den Gang, ziehe kurzerhand den Stecker aus der Dose und bin charmant lächelnd wieder bei meiner Liebsten. Eigentlich kann ich gleich loslegen … oder vielleicht doch erst nach dem Anstoßen …?

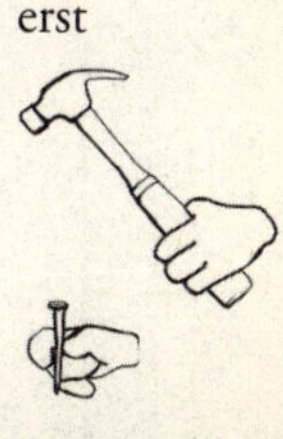

Wir ziehen zusammen, das ist ja toll! Erst hat er ewig mit dem Prosecco gekämpft, dann klingelte noch das Telefon. Als wir dann endlich angestoßen haben, hat er so nervös rumgedruckst – dass er mir etwas sagen wolle –, und da ist es mir schon rausgerutscht: »Dass wir zusammenziehen sollen …?« Erst hat er dann etwas bedröppelt geguckt, doch dann grinste er breit, und wir haben uns erst mal richtig abgerüsselt.

Also, das war wirklich knapp. Aber ich habe die Situation chefmäßig-souverän gerettet! Gerade will ich ihr von meinem Traumjob erzählen, da kommt sie mit Zusammenziehen! Sie dachte, dass ich das ganze Brimborium deshalb veranstalte! Na, da konnte ich natürlich nicht nein sagen, die Frauen nehmen sich so was dann ja gleich zu Herzen. Nach dem ersten Schock bin ich dann auch ganz entzückt von der Idee: Ein neues Kapitel wird im Buch unseres gemeinsamen Lebens aufgeschlagen! Wir werden reich, berühmt, mit Kindern gesegnet und glücklich werden – ich sehe es genau vor mir. Klaro, wir müssen jetzt 'ne Wohnung finden und vielleicht renovieren. Überhaupt könnten wir doch auch gemeinsam ein Auto anschaffen. Außerdem muss ich endlich mal meine Finanzen ordnen. Und nächste Woche beginne ich meine neue Stelle, ein echter Traumjob. Na ja, nachdem ich viel Hilfe von Mutti bekommen habe, sollte ich jetzt vielleicht mal ein längeres Gespräch mit Vati führen … oder was meint ihr???

Liebe Kathrin, lieber Ingo,
ein kleiner Schritt für die Menschheit, aber ein großer Schritt für euch! Wir freuen uns, dass euer gemeinsames Leben so rasant Fahrt aufnimmt. Gemeinsame Wohnung, Auto, Job, Karriere und noch viel mehr: Das Leben bleibt ein aufregendes Abenteuer voller kleiner und großer Herausforderungen. Und da wir euch nur zu gerne auch in diesen Situationen unter die Arme greifen wollen, haben wir unser bewährtes Team aus »Frag Mutti« sozusagen um den zweiten wichtigen Mitspieler ergänzt:

Nach Hilde hilft euch jetzt Werner. Denn wo uns Mutti nicht mehr weiterhelfen kann, da ist nun Vati an der Reihe. Und der ist einfach der absolute Fachmann an der Bohrmaschine, dem Grill, beim Vorstellungsgespräch und beim Gebrauchtwagenkauf. Wo immer krumme Dübel, blaue Daumen, qualmende Autos oder verkohlte Grillsteaks auftauchen, Werner weiß, wie man's richtig macht. »Frag Vati« ist randvoll mit Tipps, Komplettlösungen und Cheats, die sich frei zwischen genial und etwas durchgeknallt bewegen. Komplettlösungen helfen dir, ein Problem zu lösen. (»Wie streiche ich meine Wohnung?«). Cheats sind kleine raffinierte Tricks, die bei minimalem Einsatz maximale Wirkung zeigen, z. B. Autotürschlösser eisfrei halten. Alles garantiert erprobt und treffend kommentiert von unserer unbestechlichen Jury! Ein Stern heißt: »Nur was für Dünnbrettbohrer.« Fünf Sterne heißt: »Bombastischer geht's nicht!« Trotz sorgfältiger Prüfung können wir natürlich nicht für jeden Tipp die Hand ins Feuer legen und sind für Anregungen und Kritik dankbar.

Euer
Bernhard und Hans-Jörg

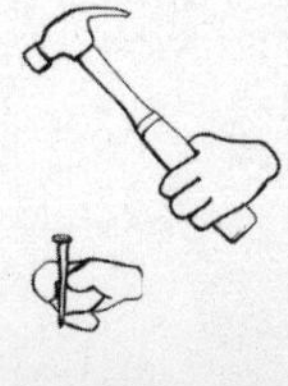

Heimwerken & Renovieren

Mensch, das war schon ein ziemlicher Akt, bis wir eine Wohnung hatten. Aber ohne die tollen Tipps aus »Frag Mutti« hätte es noch deutlich länger gedauert. Aber nun ist es so weit: Vor einer Woche haben wir den Vertrag unterschrieben und sind stolze Mieter einer 84-Quadratmeter-Wohnung mit dreieinhalb Zimmern, Balkon, Speicherabteil und Tageslichtbad! Endgeil, sage ich euch. Dafür haben wir auch einiges getan, was unter anderen Umständen den Tatbestand der Bestechung und Nötigung erfüllen würde. Na ja, für die eigenen vier Wände muss man eben auch mal besondere Mittel anwenden. Jedenfalls konnten wir alle Mitkonkurrenten durch gezielte Blumensendungen an die Vermieterin aus dem Feld schlagen. Und auch unsere Vormieter wurden von uns so lange telefonisch und persönlich belagert, dass ihnen der etwas frühere Auszugstermin schließlich »entgegenkam«, hihi. Allerdings »überlassen« sie uns dafür auch das Renovieren unserer neuen Wohnung.

Doch heute lief dann alles ein wenig suboptimal ab …

Warte mal, Ingo. Besser ich erzähle den Jungs gleich meine Version der Vorkommnisse, da müssen sie sich nicht erst mühsam die Wahrheit aus deiner Heldensaga herausfiltern! Es fing alles damit an, dass sich Ingo vorgestern eine Bohrmaschine bei ALDI geholt hat und dann unbedingt schon mal »ein paar Bilder in der Küche anbringen« wollte. Bevor ich ihm erklären konnte, dass wir eigentlich erst noch tapezieren und streichen müssen, war er schon auf dem Weg in unsere neue Wohnung. Na, und als ich das nächste Mal mit ihm telefonierte, war die Verbindung sehr schlecht, weil es im Hintergrund so rauschte. Dieser Dussel hatte nämlich treffsicher mit seinem neuen Spielzeug die Wasserleitung angebohrt! Und bis er den Hauptwasser-

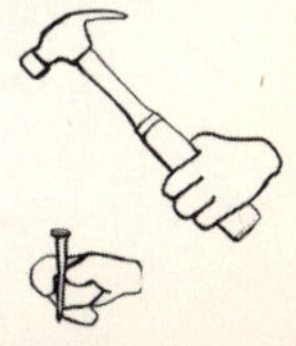

hahn gefunden hatte, konnte man schon kleine Papierboote in der Küche segeln lassen. So ein Mist!

Liebe Kathrin, lieber Ingo,
da habt ihr ja gleich mal richtig losgelegt! Auf welchen Namen wolltet ihr eure Wohnung denn taufen? Und unter uns: Eine einzelne Bohrmaschine kann zwar viel Schaden anrichten, aber um eine komplette Wohnung zu renovieren, braucht ihr schon einen richtigen Werkzeugkasten.

Komplettlösung – Werkzeugkasten

Folgende Dinge solltest du in einem Werkzeugkasten oder Koffer dein Eigen nennen:

Hammer, Puksäge, verschiedene Schraubendreher (am besten ein Set), Kombi-Zange, Wasserrohrzange, Beißzange, Winkel, ein Set Imbusschlüssel, Meterstab (Zollstock), Spitzzange, Teppichmesser, Set Ring/Gabelschlüssel, Wasserwaage

Maschinen:

Akkubohrschrauber: zum Bohren von Löchern in Holz oder Metall und zum Schrauben.
Zusatzmaterial: Set Holzbohrer, Set Metallbohrer, Set Bits (verschiedene Schraubeinsätze)

Bohrmaschine mit Schlagfunktion: Um Löcher für Dübel in Stein, Beton, Estrich und Fliesen zu bohren.
Zusatzmaterial: Set Steinbohrer in verschiedenen Längen (am besten von gebräuchlichen Größen – 6 mm, 8 mm und 10 mm)

Stichsäge: um Bretter, Laminat, Hölzer und Nerven zu sägen. Zusatzmaterial: Holzsägeblätter und Metallsägeblätter.

Muss für jeden Haushalt:
Set Schrauben verschiedener Längen und Größen
Set Dübel verschiedener Größen (die gebräuchlichsten sind 5 mm, 6 mm, 8 mm)
Stahlstifte und kleine Nägel, Haken, Schraubösen (auch oft als Set erhältlich)

Sonstiges (ist oft hilfreich, wenn du es in der Wohnung hast):
Klebeband und/oder Malerkrepp
Sprühöl
Kleines Set Feilen
Leim oder Kraftkleber

Klasse, das habe ich mir alles besorgt. Und jetzt geht's noch mal los, aber richtig! Ich fang am besten mal im Badezimmer an (die Küche muss sowieso noch etwas trocknen), da gibt es nichts zu renovieren, nur ein paar Löcher bohren, für Spiegel, Duschvorhang und für den tollen Toilettenpapierhalter mit eingebautem Radio, den ich günstig bei eBay ersteigert habe.

Bohrer auf glatten Flächen verrutscht nicht mehr mit Pflastern ★★★★☆

Damit der Bohrer auf glatten Flächen nicht wegrutscht (z. B. Fliesen), vorher etwas Pflaster auf die Stelle kleben, wo gebohrt werden soll. Der Bohrer verrutscht dann nicht mehr.

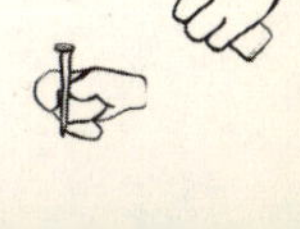

Das meint die Jury:

: Echt brauchbarer Tipp – und das sagt 'ne »Mutti«

: Ein guter Tipp. Und wenn doch was schief geht und man blutet, hat man das Pflaster griffbereit.

: Super ist auch ein anderes Klebeband, da spart man das gute Pflaster.

: Ich bohre nur in den Fugen, da geht nix kaputt und verrutscht auch nix. Und das Pflaster kann ich bei meiner besserwissenden Freundin verwenden …

Bohren in Fliesen

Zum Beispiel für 6-mm-Dübel (sind die gebräuchlichsten!): Du benötigst einen 6-mm-HSS-Eisenbohrer, einen 6-mm-Steinbohrer und wenn möglich eine elektronisch regelbare Schlagbohrmaschine.

Ans Werk: Das zu bohrende Loch mit Blei- oder Filzstift anzeichnen. Durch den angezeichneten Punkt oder Kreis mittig ein Fadenkreuz ziehen (Striche sollten drei bis vier Zentimeter lang sein). Dann einen klaren Tesa-Band-Streifen (drei bis vier Zentimeter breit, etwa vier Zentimeter lang) darüber kleben. Hat man nur schmales Band zur Hand, wird dieses nebeneinander und leicht übereinander geklebt. Es dient dazu, dass man mit dem Bohrer auf der glatten Fliesenoberfläche nicht abrutscht, passiert ganz schnell und dann läuft über die Fliese eine nicht mehr zu reparierende Frässpur !!

In die Bohrmaschine den 6-mm-Eisenbohrer (!) spannen (der Steinbohrer kommt später).

Achtung: Bohrmaschine **nicht** auf **»Schlagen«** stellen, da sonst die Fliesenlasur splittert!

Bohrer mittig auf das Fadenkreuz setzen. Bei stufenloser Regelung ganz langsam anfangen zu bohren. Ohne Regelung auf niedrigste Umdrehung stellen oder Bohrmaschine stoßweise ein- und ausschalten, damit die volle Umdrehung nicht sofort erreicht wird. Immer darauf achten, dass du die Bohrmaschine im rechten Winkel zur Wand hältst, dabei keinen zu starken Druck ausüben, da sonst der Bohrer so heiß wird, dass er ausglüht. Damit dies nicht passiert, kühlst du zwischendurch den Bohrer mit kaltem Wasser ab (Glas, Tasse oder Büchse).

Wenn die harte Lasur der Fliese ganz durchbohrt ist, kommt die weichere Schicht der Fliese (erkennbar am meist roten Bohrstaub). Nun kommt der Steinbohrer zum Einsatz und die Bohrmaschine wird auf »Schlagen« gestellt. Die Bohrmaschine stets im rechten Winkel halten, denn durch Schräghalten/Verkanten kann es leicht zum Aussplittern der Fliese kommen.

Das Loch etwa einen halben bis ganzen Zentimeter tiefer als die Dübellänge bohren. Mit dem Staubsauger (Polsterdüse) das Bohrloch aussaugen. Den Dübel fliesenbündig einschlagen. Tesaband entfernen. Bleistift mit Lappen und Spucke, Filzstift mit Lappen und/oder Spucke/Nagellackentferner abwischen.

Falls du nicht unbedingt einen HSS-Bohrer über den Jordan jagen willst: Der Steinbohrer übersteht das »Anbohren ohne Schlageinstellung« bei ausreichender Kühlung ebenfalls ohne Schaden, und der Erfolg ist der Gleiche!!!

Fast fertig, ich bin richtig gut! Nur Kathrin hat etwas böse geguckt, als ich zu ihr gesagt habe: »Frau! Hol mir den Staubsauger!«

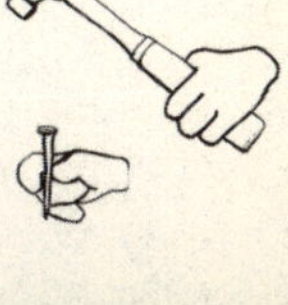

Aber war doch nur ein kleiner Scherz … Ich wollte eigentlich auch noch Haken für die Handtücher anbringen, aber die Vermieterin sagte, dass ich nur das Nötigste bohren und ansonsten doch bitte Haken mit Saugnäpfen verwenden soll.

Ich kenn die Dinger: Die fallen immer punktgenau runter, wenn man pitschnass unter der Dusche steht und seinen Arm rausstreckt, um sich das Handtuch zu schnappen. Habt ihr mir da nicht einen eurer genialen Tipps?

Saugnäpfe sicher befestigen mit Haarspray ★★★★☆

Wer kennt das nicht: Haken mit Saugnäpfen sind aus Wohnungen mit mieterseitigem Bohrverbot nicht wegzudenken, aber gerade im Bad fallen sie aufgrund der Luftfeuchtigkeit gerne runter. Dagegen hilft Haarspray: Dünn auf die Fliese sprühen, kurz (!) warten, dann den Saugnapf anbringen – fertig!

Was meint die Jury?

: Werde ich sofort ausprobieren, klingt einleuchtend ;-))

: Sooo einfach ist das???

: Was auch gut »saugt« ist Fett. Wer fettige Finger hat – die benutzen! Auch die Stirn bietet bei jedem Menschen ausreichend Fett (außer sie ist mit Make-up zugekleistert … *g*).

: Ich bestreiche die Saugnäpfe immer mit Eiweiß, wenn dieses dann getrocknet ist, gehen die Halter nicht mehr so schnell ab.

Und wenn wir schon mal dabei sind: Hier noch ein weiterer Tipp fürs Badezimmer:

Silikon-Fugen einfacher selbst herstellen oder erneuern ★★★★☆

Fugen mit Silikonmasse abdichten war früher eine elende Schmiererei. Ich musste immer wieder den Finger in Pril-Wasser tauchen und nach fünf bis zehn Zentimetern klebte trotzdem alles am Finger. Jetzt hat mir ein Freund in Italien einen super Tipp gegeben: Die Silikon-Masse erst wie gewohnt in die Fuge reinspritzen, aber dann das Ganze mit Glas-Reiniger aus einer Sprühflasche komplett einsprühen. Danach einmal mit dem Finger über die ganze Fuge ziehen – fertig.

Was meint die Jury?

: Funktioniert zwar auf den ersten Blick gut, jedoch sollte man am besten ganz wenig Spüli-Wasser nehmen, da es sonst hinter das Silikon fließt und die Haftung verhindert.

: Ich denk, das Problem bei dieser Vorgehensweise ist, dass die Ränder nicht »sauber« werden. Ich würde folgende Vorgehensweise vorschlagen: Silikon aufbringen wie bereits beschrieben, dann mit Spüli-Wasser das Silikon besprühen. Jetzt mit einem Magnum-Eis-Stiel oder einer gekauften Fugenhexe/Fugenfix Silikonfuge abziehen. Das heißt, ich muss beim Auftragen immer darauf achten, dass ich genug Material auftrage. Wichtig auch: Arbeitsgerät regelmäßig reinigen (Spüli-Wasser)! Jetzt einen Finger mit Spüli-Wasser befeuchten und leicht über die frisch abgezogene Silikonfuge streichen (zum Glätten). Fertig ist die perfekte Fuge.

: Ich mag kein Magnum-Eis.

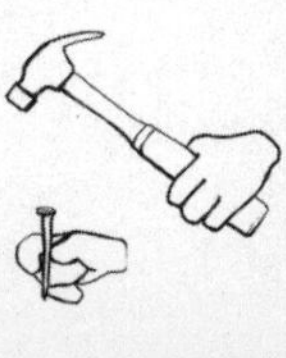

So, das Badeparadies ist fertig. Radiohören beim Sch…, das ist einmalig! Jetzt mal schauen, wie es meiner Süßen beim Streichen des Esszimmers geht.

Ich bin mir sicher, wenn jetzt Ingo kommt, dann tritt er in die Farbkleckse und verteilt sie in der ganzen Wohnung.

Schmutzverteilung reduzieren ★★☆☆☆

Beim Renovieren landet öfter mal (viel) Schmutz, Staub oder Farbe auf dem Boden. Um den Schmutz nicht überall zu verteilen, kannst du (billige) Fußballschuhe mit Gummi-Stollen (!) tragen. Durch die Stollen ergibt sich eine sehr viel geringere Kontaktfläche zum Boden. Dadurch kann sich hier nur wenig Schmutz ansetzen und in der Folge in anderen Räumen verteilt werden.

Was meint die Jury?

: Joo, und am Schluss den Trikottausch nicht vergessen …

: Klasse Idee! Aber noch besser sind Stelzen, da ist die Auflagefläche noch kleiner und gleichzeitig kann man bequem die Decke streichen.

O.k., falls ihr gerade keine Fußballschuhe zur Hand habt, hier noch ein »richtiger« Tipp:

Babyöl ins Wischwasser ★★★★★

Nach dem Renovieren kommt das leidige Säubern des Fußbodens an die Reihe. Doch meistens musst du mehrmals wischen, bevor der leicht schmierig-graue Dreckfilm – entstanden durch Farbreste beim Abwaschen der Deckenfarbe bzw. von verkleckerten Farbsegmenten beim Neustreichen – dann endlich restlos vom Fußboden verschwunden ist. Deshalb gib einfach in das warme Wischwasser mit etwas Spülmittel immer ein bis zwei Esslöffel Babyöl hinzu. Dann brauchst du nur einmal damit nachzuwischen und du hast wieder einen perfekt strahlenden Boden. Nebenbei ganz erfreulich: Selbst wenn du das Bodentuch mit den Händen auswringst, bekommen deine Hände von den Kalkpartikeln der Farbreste im Wischwasser keine raue Hautoberfläche mehr und auch die Fingernägel werden nicht mehr brüchig.

Was meint die Jury?

: Also dieser Tipp ist super!! Da wir momentan selber eine Streichbaustelle haben, sind wir dankbar für diesen Rat.

: Rutscht man denn nicht aus?

: Es ist doch auch Spülmittel mit drin im Wischwasser, also erübrigt sich deine Frage wohl!

Komplettlösung – Richtig streichen

1. Alle Böden abdecken. Dabei nicht unnötig sparen und zu dünne Folie verwenden.

2. Kanten und Ecken vorstreichen. Am besten mit kleiner Rolle. Pinsel nur dort verwenden, wo du mit der Rolle nicht hinkommst. Pinselgestrichenes sieht nämlich anders aus als das, was mit der Rolle gestrichen wurde.

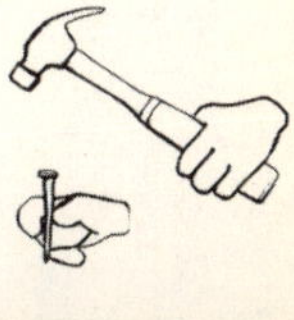

Ganz wichtig: Immer nur ein Stück vorstreichen, damit das Vorgestrichene nicht trocknet, bis die Fläche gestrichen wird. Immer nass in nass streichen, damit du keinen Ansatz bekommst, den du immer siehst.

3. Beim Streichen der Wand die Farbrolle nie ganz in den Eimer tunken, sondern immer nur stückweise eintauchen. Dann über Abstreifgitter rollen bis zum nächsten Stück. Darauf achten, dass die Rolle nie ganz leer ist, sonst nimmt sie Farbe von der Wand wieder auf. Auch hier gilt: Immer nass in nass streichen.

He, wer hat denn das Licht ausgeschaltet? Ach, es ist schon halb zehn Uhr abends? Wahnsinn, wie die Zeit vergeht, wenn man sich in einen solchen Streichrausch reinsteigert. Dafür ist jetzt fast alles weiß, Esszimmerwände, Boden, Gang, Waschbecken. Und Kathrin hat richtig graue Haare bekommen! Dazu dann noch diese schicken weißen Sommersprossen. So sieht sie wahrscheinlich in vierzig Jahren aus … Jetzt nur noch kurz die Pinsel und Farbrollen auswaschen, dann ab nach Hause ins Bett.

Noch »kurz« die Farbpinsel auswaschen? Ich bin inzwischen fast weggedöst vor Müdigkeit, aber Ingo steht seit einer geschlagenen halben Stunde im Bad und bearbeitet die Pinsel! Das dauert ja ewig, wie viel Farbe ist denn da drin?

Liebe Kathrin und lieber Ingo,
wisst ihr, warum man die Pinsel und Farbrollen auswäscht? Klaro, damit die Farbe nicht eintrocknet. Die Kandidaten haben hundert Punkte. Es gibt aber auch eine deutlich einfachere Methode, um das Eintrocknen zu verhindern. Und Wasser sparen könnt ihr obendrein:

Austrocknen von Pinseln verhindern: Frischhaltefolie ★★★★★

Um das Austrocknen von Pinseln und Farbwalzen während einer Pause, oder weil du dringend etwas erledigen musst, zu verhindern: einfach in Frischhaltefolie einwickeln. Die Walze oder der Pinsel bleiben so stundenlang feucht.

Was meint die Jury?

: Nicht nur Stunden. Wenn man außerdem die Luft unter der Frischhaltefolie herausdrückt und das Ganze etwa mit einer Klammer verschließt, bleibt der Pinsel wochenlang feucht!

Jetzt bin ich heute Morgen schon mal ohne Ingo in unsere neue Wohnung. Der ist völlig platt und horcht noch an der Matratze. Heute sind das Schlafzimmer und das Wohnzimmer an der Reihe. Das geht jetzt sicher etwas schneller, ich bin ja schon geübt. Och ne, oder? Gerade habe ich mir das Wohnzimmer mal genauer angeschaut, und das sieht ja aus, als hätten die hier eine Schießerei veranstaltet: Mindestens zwanzig Löcher mit versenkten Dübeln. Die haben ja richtige Bohr-Orgien veranstaltet, um ihr Eiche-rustikal-Sideboard »Königssee« gegen Erdbeben der Stärke acht zu sichern! Die kann ich nicht drinnen lassen, das sieht ja hinterher doof aus. Aber wie kriege ich die da raus, ohne mir meine Fingernägel total zu ruinieren?

Dübel entfernen mit dem Korkenzieher ★★★★☆

Dübel entfernst du am besten mit einem Korkenzieher. Also: Reindrehen (nicht zu tief, sonst spreizt sich der Dübel im Loch auf) und dann gemütlich herausziehen.

Was meint die Jury?

: Daran werd ich denken, wenn ich das nächste Mal in der Wand rumpule.

: Für einen handwerklichen Vollidioten wie mich der richtige Tipp.

: Hab ich probiert, hat leider nicht geklappt, obwohl es mehrere Personen (nein, nicht nur Frauen) versucht haben. Aber dafür ist seitdem mein guter Korkenzieher verschwunden, schnief!

: Korkenzieher verschwunden? Das muss ja ein Riesen-Dübel gewesen sein!!!

: Hihi … nein, er wurde nur während des Umzugs, weil er eben für die Dübel gebraucht wurde, anscheinend irgendwie zum Müll getan, und weg isser.

: Zum Herausziehen des Dübels nehme ich immer eine Schraube, drehe sie nur wenig ein, sodass sie gerade hält, und ziehe dann den Dübel an der Schraube mit einer Zange heraus.

Nicht übel! Nachdem ich heute Morgen etwas schlecht aus den Federn gekommen bin, hat Kathrin in der neuen Wohnung so richtig Dampf gemacht. Wohnzimmer und Schlafzimmer sind fertig gestrichen. Klasse! Aber mal unter uns: Eigentlich ist dieses ganze kreative Gepinsel ja sowieso Frauenarbeit. Die können das besser. Jetzt wird die Krönung der Schöpfung mal wieder zu echter Männerarbeit übergehen: Bohren und Dübeln!

Also, wie war das? Löcher anzeichnen, bohren, Dübel rein. Hoppla, da ist ja plötzlich der ganze Dübel in der Wand verschwunden.

Was ist das denn für ein Pfusch am Bau? Und das Loch, das ich gerade gebohrt habe, sieht aus wie ein mittlerer Granateneinschlag. Tolle Bausubstanz, echt!

Dübel in bröckeligem Putz ★★★☆☆

Sicher kennen das einige Altbau-Bewohner: Du bohrst ein Loch für 'nen Dübel; beim Reinschrauben bricht das Loch aus, und eine Menge Putz bröckelt extra noch mit heraus – Bohrung unbrauchbar! Nicht ganz. Du kannst die Bohrung von Staub befreien und dir ein Stückchen nicht zu hartes Holz zurechtschnitzen, im Durchmesser so groß wie das Loch, in der Länge so tief. Das steckst du ins Bohrloch (eventuell vorher das Loch noch etwas vertiefen), und darin sollte die Schraube nun halten. (Ohne Dübel nun natürlich!) Notfalls noch etwas Gips zum Glätten drauf.

Was meint die Jury?

: Hab ich schon mehrmals probiert – Sch… war's, das Holz dreht sich mit, aber die Schraube geht nicht rein.

: Das geht auch so: Mit der Heißklebepistole in das zu große oder bröckelige Loch (vorher sauber machen!) reichlich Heißkleber hineinpressen (nicht den elastischen Kleber!). Sobald genug Heißkleber im Loch verschwunden ist, sofort den Dübel hinterherschieben und abwarten, bis das Ganze abgekühlt ist. Dann halten auch Schrauben.

: Gute Idee!! Oder nach dem Bohren Loch mit Moltofill schließen, einen mit Kerzenwachs gefüllten Dübel hinterher und trocknen lassen. Dann Schraube rein, das hält auch bombig.

Noch ein Tipp zum Bohren:

Zu tief bohren verhindern ★★★★☆

Damit du dich beim Löcherbohren in Holz oder Wand nicht verschätzt und eventuell zu tief bohrst, wickelst du farbiges Klebeband an der Stelle um den Bohrer, bis wohin er eindringen soll. Das ist besonders zu empfehlen, wenn du mehrere gleich tiefe Löcher bohren willst.

Was meint die Jury?

: Das geht auch einfacher: Indem man weiß, was man will und tut. Und etwas aufpasst.

: Genau. Oder den Abstand gleich an der Schlagbohrmaschine einjustiert …

: Oder einen Korken draufstecken (machen aber auch nur Anfänger).

: Klasse Tipp für ungeübte Handwerker.

Super, jetzt klappt's auch mit den Dübeln! Nun können wir uns endlich an den Aufbau dieses Regalsystems machen. Das war nicht ganz billig, obwohl wir es bei einem großen skandinavischen Einrichtungshaus gekauft haben. Heißt »Gönnar« oder »Höltrop« oder so. Früher soll das mal »preiswert« gewesen sein, wie es immer so schön heißt. Heute ist es dort hauptsächlich voll. Vor allem samstagsmorgens um elf. Na, da freut man sich doch richtig aufs Zusammenbauen zu Hause.

Lieber Ingo,
alter Schwede, das ist ja mal eine sportliche Einstellung! Wir kennen sonst keine noch lebende oder bereits gestorbene Person, die sich jemals auf den Zusammenbau eines Ikea-Regalsystems gefreut hätte. Jedenfalls haben wir noch einen kleinen Tipp, der dir bei deiner neuen Herausforderung hilft.

Blaue Daumennägel verhindern ★★★☆☆

Wer hat sich nicht schon einmal bei dem Versuch, einen kleinen Nagel mit dem Hammer einzuschlagen, auf die Fingernägel gehauen? Besonders beim IKEA-Regal-Rückwand-Montieren passiert so etwas gern.

Einfache Abhilfe: Die Hand umdrehen! Also Handfläche zum Heimwerker, den Nagel zwischen Zeige- und Mittelfingerspitze festhalten. Vorteil: Der Nagel ist leichter senkrecht zu halten und wenn ein Schlag mal nicht genau trifft, ist der Daumennagel nicht gleich blau. Man sollte dabei natürlich nicht zu stark draufkloppen, sondern den Nagel erst mit leichten Schlägen fixieren und dann loslassen.

Noch ein Rat: Den Hammer RICHTIG halten! Also nicht den Zeigefinger oder Daumen oben auf den Hammergriff legen, sondern den Hammer am Ende des Griffs fest mit einer (!) Faust halten.

Was meint die Jury?

: Seit Neustem sind bei Ikea so Halterungen dabei für die kleinen Rückwandnägel. Unbedingt in den Werkzeugkasten wandern lassen, die kann man immer wieder brauchen …

: Am besten den Daumen zwischen Hammer und Nagel, dann hat man nicht so laute Klopfgeräusche.

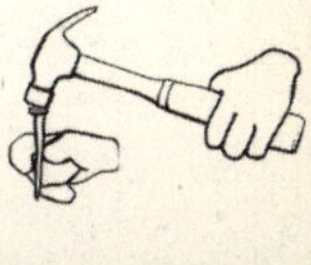

: Noch 'n Tipp: Wer sich wundert, warum er mit dem Hammer nie trifft, sollte ihn mal umdrehen. Wenn man NICHT die spitze Seite nimmt, geht's leichter und tut beim Danebenhauen auch weniger weh.

: Also, ich hab mir beim Nägeleinhauen noch NIEMALS auf die Finger gekloppt … und ich bin eine FRAU!!!!

Wir wohnen. Endlich! Wie schön! Die ersten Tage und Nächte in der neuen Bleibe für mich, meine Süße, meine zukünftigen Kinder und potenziellen Haustiere waren ein Traum – vor allem weil wir so total erschöpft waren, dass wir fast nur gepennt haben. Außerdem hat der Begriff Muskelkater für mich eine ganz neue Qualitätsstufe erreicht. Ich würde das eher »Muskeltiger« nennen oder »Muskellöwe«. Jedenfalls taten mir Muskeln weh, von deren Existenz ich niemals zuvor gehört hatte. Und alle anderen haben aus purer Solidarität auch wehgetan.

Aber als wir dann wieder zu unserem normalen Schlafpensum zurückkehren wollten, ging es eines Abends los: Der Wasserhahn im Bad tropfte. Diese Wohnung ist so schön ruhig, dass man das richtig toll hört. Ich springe auf, knall den Hahn richtig fest an … und es tropft trotzdem. Danach habe ich einen Spülschwamm ins Waschbecken gelegt, aber der war nach kurzer Zeit so vollgesogen, dass es wieder getropft hat. Hölle, Hölle, Hölle! Irgendwie hat das die ganze romantische Stimmung kaputt gemacht. Habt ihr da nicht eine Idee?

Wasserhahn tropft ★★★★☆

Wem ein tropfender Wasserhahn auf die Nerven geht, der kann sich folgendermaßen helfen, bis der Monteur gekommen ist oder man sich ein neues Eckventil gekauft hat. Weil das Auffangen zu uncool ist, kann man auch ganz einfach einen Bindfaden um den Schwenkauslauf knoten. Die Tropfen rieseln lautlos am Strick herunter, und es ist Ruhe. Kommt auch bei Besuchern gut an.

Was meint die Jury?

: Kleine Dichtungsringe gibt's in jedem Woolworth-Laden (und auch woanders). Meist ist es 'ne Schachtel mit zig verschiedenen kleinen Dichtungen; eine passende ist sicher dabei.

: Vor dem Austauschen der alten gegen die neue Dichtung aber bitte das Wasser (an einer Stelle VOR dem Hahn) zusperren.

: Ich würde den Wasserhahn ja reparieren, aber ich kann die Abstellschraube unter dem Waschbecken kein Stück bewegen.

Lösen festgerosteter Schrauben und Muttern ★★★★☆

Statt Rostlöser einfach mit Coca-Cola behandeln, wirkt Wunder.

Was meint die Jury?

: Geht auch Sinalco? :-))

: Klappt sogar mit Vita-Cola!

: Club-Cola auch?

: Wer viiiiel Zeit hat nimmt Cola, aber wenn's schneller gehen soll, hilft nur Rostlöser.

Liebe Kathrin, lieber Ingo,
wir freuen uns, dass bei euch alles so gut geklappt hat, und wünschen euch ein schönes Wohnen und Leben in euren vier Wänden! Hier noch ein kleiner Tipp, falls euer Waschmittel in der gemeinsamen Waschküche des Mehrfamilienhauses schneller abnimmt als bisher. Sagt aber niemand, dass dieser Tipp von uns kommt.

Abhilfe bei Waschmittelklau ★★★☆☆

Meine Nachbarin hat immer in der gemeinsamen Waschküche mein Waschmittel geklaut. Dann hab ich in mein eigenes Waschmittel blaue Textilfarbe getan, das fällt bei Pulver kaum auf! Als sie sich bei ihrer nächsten Wäsche wieder bei meinem Waschmittel bedient hat, hat sie im wahrsten Sinne ihr »blaues Wunder« erlebt und konnte noch nicht mal was sagen, sie hätte sonst ja selbst verraten, dass sie mein Waschpulver klaut!

Was meint die Jury?

: Gemein, aber wahrscheinlich hoch wirksam.

: Warum nimmt man das Waschmittel nicht einfach mit in die Wohnung? Alles andere wäre mir viel zu umständlich!

: Das gibt es in ähnlicher Form auch in anderen Bereichen: Bei Holzdiebstahl: Ein Scheit anbohren, Schwarzpulver rein, Loch unauffällig verschließen. Bei Haarshampoo: Enthaarungscreme untermischen.

: Enthaarungscreme erfüllt bereits den Tatbestand der Körperverletzung.

: Wieso ist Enthaarungscreme im Shampoo Körperverletzung – es braucht ja nur niemand anderes zu benutzen ... selber schuld!

: Na ja, bevor ich mir mein komplettes Waschmittel selbst unbrauchbar mache, lass ich mir lieber einen Löffel voll klauen.

: Erinnert mich irgendwie an den alten Spruch: »Heut hab ich die Bahn aber gründlich verarscht! Hab mir 'ne Karte gekauft und bin dann mit dem Auto gefahren!«

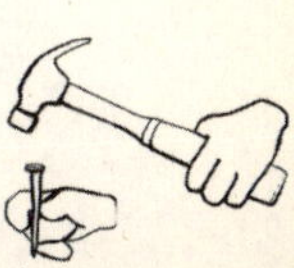

FINANZEN & VERSICHERUNGEN

Dieses Anbohren des Wasserrohrs war nicht so witzig. Ich habe das Wasser zwar schnell abgestellt bekommen, aber das Rohr musste natürlich vom Installateur ersetzt werden. Klar, das habe ich bezahlt, ist ja keine Frage. Aber ein wenig Feuchtigkeit scheint doch den Weg in die Wohnung unserer Nachbarn einen Stock tiefer gefunden zu haben. Dort ist im Wohnzimmer ein großer feuchter Fleck zu bewundern und der Ölschinken »Röhrender Hirsch« ist jetzt eher ein »Bellender Seehund«. Jedenfalls rief gerade unsere Vermieterin an und bat mich, deshalb meine Versicherung zu benachrichtigen. Ich versprach ihr natürlich alles und rief auch gleich bei meiner Lebensversicherung an. Doch da war ich anscheinend falsch, jedenfalls habe ich das wiehernde Lachen der Sachbearbeiterin am anderen Ende der Leitung in dieser Hinsicht gedeutet. Aber das ist die einzige Versicherung, die ich habe. Könntet ihr mir mal auf die Sprünge helfen, Jungs?

Lieber Ingo,
den Namen »Kaiser« hast du aber schon mal gehört, oder? Das ist der, der sogar die verrückten Fans mit Afroperücke bei der WM versichert. Schade, dass er es offensichtlich noch nicht bis zu dir geschafft hat. Versicherungen sind ziemlich wichtig, auch wenn das Prinzip seltsam ist: Warum solltest du für etwas bezahlen, von dem du dir nichts sehnlicher wünscht, als dass es nie eintrifft. Dennoch gibt es ein paar Versicherungen, die man – auch in jungen Jahren – abschließen sollte.

Komplettlösung – Versicherungen

Hausratversicherung
Eine Hausratversicherung versichert dein Hab und Gut (Möbel, Haushaltselektronik, Kleidung, Nahrungsmittel und so weiter). Also alles, was aus deiner Wohnung rausfällt, wenn du sie auf den Kopf drehst und kräftig schüttelst. Schutz besteht weiterhin bei Schäden durch Feuer, Leitungswasser, Sturm, Hagel, Einbruchdiebstahl, Raub und Vandalismus. Aufräumungskosten, Schutzkosten und Hotelkosten sind ebenfalls enthalten. Man kann auch weitere Fälle einschließen wie etwa Fahrraddiebstahl.

Es gibt allerdings einen Mindestbetrag pro Quadratmeter (meist 650 Euro), der dir hilft, grob deinen Besitz zu beziffern. Versicherst du deinen Hausrat unter dieser Summe, so kann es sein, dass deine Versicherung im Schadensfall nicht alles zum Neuwert erstattet. Versicherst du deinen Hausrat mit dieser Summe (oder mehr), so verzichtet die Versicherung auf Unterversicherung. Das heißt: Im Schadensfall bekommst du den Neuwert der zerstörten Gegenstände ohne Probleme zurück.

Unfallversicherung
Eine Unfallversicherung ist sehr sinnvoll, obwohl viele Menschen denken, sie sei nicht nötig. Sie übernimmt aber wichtige Kosten nach einem Unfall, die die normale Krankenversicherung nicht übernimmt. Vor allem bei physischen und psychischen Folgeschäden nach einem Unfall zahlt diese Versicherung. Weiterhin gibt es Entschädigungen durch Geldleistungen, Zahlung für Verstorbene oder Renten. Eine Unfallversicherung kostet nicht die Welt und ist im Ernstfall wirklich Gold wert!

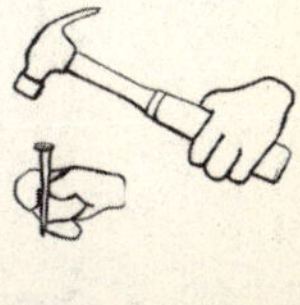

Berufsunfähigkeitsversicherung
Diese Versicherung ist ein absolutes MUSS. Der Staat hat seine Leistungen in diesem Bereich inzwischen so zurückgefahren, dass eine private Zusatzversicherung unbedingt notwendig ist, um diesen Fall hinreichend abzusichern. Die Berufsunfähigkeitsversicherung zahlt eine vereinbarte Berufsunfähigkeitsrente, falls man körperlich oder psychisch nicht mehr in der Lage sein sollte, seinen Beruf auszuüben. Oft lohnt es sich, die Berufsunfähigkeitsversicherung als Zusatz zu einer Lebensversicherung abzuschließen, was aufgrund abweichender Rückstellungsvorschriften durchaus günstiger sein kann. Es ist sehr ratsam, diese Versicherung früh abzuschließen, da oft schon mit Anfang dreißig so manches Zipperlein chronisch werden kann (jaja, das Alter!). Und dann ist es zu spät, weil keine Versicherung mehr jemanden auf Berufsunfähigkeit versichert, der bereits dauerhafte Krankheiten hat. Auch wenn diese subjektiv noch gar nicht schlimm sein sollten.

Darüber hinaus gibt es natürlich noch Unmengen von Versicherungen, die freiwillig sind. Manche Menschen lassen sich sogar ihren Allerwertesten versichern. Fakt ist, dass du ein gesundes Maß finden solltest aus »ausreichend versichert« und »ich bin der beste Freund meines Versicherungsvertreters«. Mit gesundem Menschenverstand lässt sich hier gut argumentieren.

Tipp: Wenn du den Herren Kaiser et al. nicht traust, weil die doch nur ihre Versicherungen an den Mann oder die Frau bringen wollen, dann kannst du dich bei den Verbraucherzentralen unabhängig informieren oder beraten lassen. Dort stehen keinerlei wirtschaftliche Interessen hinter etwaigen Empfehlungen, sondern nur das Wohl des Verbrauchers. Mehr Infos findest du unter: www.verbraucherzentrale.info

Na, da haben wir aber Glück, dass ich eine Hausratversicherung habe. Der Ingo ist schon ein ganz schöner Schluri in diesen Dingen, aber so sind die Männer halt mal.

Eins zu null für euch! Wenn wir gerade auf dem Spießertrip sind: Wie sieht's eigentlich mit Altersvorsorge aus? Muss ich mir da auch schon Gedanken machen? Was mache ich mit dem vielen Geld, das ich jetzt durch meinen neuen Job bekomme? Ich würde ja gerne mit Kathrin sooo viel machen.

Lieber Ingo,
Altersvorsorge wird immer wichtiger. Wir können davon ausgehen, dass das Wort »Rente« in ein paar Jahren aus dem Duden gestrichen wird. Das heißt jetzt natürlich nicht, dass du deine gesamte Kohle auf die hohe Kante legen sollst. Aber jeden Monat was wegsparen, wenn man gerade mehr verdient als man braucht, ist sicher nicht dämlich. Aber das Thema »Geldanlage« ist ein verflixt weites Feld. Grundsätzlich musst du dir darüber klar werden, wie risikobereit du bei der Anlage deiner sauer ersparten Kröten sein möchtest. Das geht von »Ich will keinen Cent Verlust machen« bis zu »Alles oder nichts«. In diesem Anlagebereich kann man sich heutzutage bewegen.

Früher war das anders. Weshalb auch heute noch besonders risikoscheue Personen und Schwaben gerne zum klassischen »Bauschbarverdrägle« greifen. Hier vereinbart man eine Bausparsumme, die zu einem vertraglich festgelegten Prozentsatz angespart wird. Hast du den Prozentsatz erreicht, so kannst du die Differenz als Bauspardarlehen aufnehmen, musst du aber nicht. Gibt es gute Zinsen und hast du nicht die Absicht, das Geld für eine »wohnwirtschaftliche Maßnahme« einzusetzen, lohnt es sich, den Bausparvertrag einfach weiterlaufen zu lassen. Das Problem: In Zeiten von geringen Sparzinsen bekommt man auch hier nur Zinssätze, die die Inflation kaum oder nicht ausgleichen. Ein Vorteil hingegen: Der Bausparvertrag ermöglicht

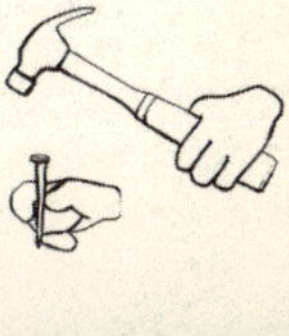

auch den Erhalt von »vermögenswirksamen Leistungen« (das heißt, dein Arbeitgeber bezuschusst deinen Bausparvertrag) und der Wohnungsbauprämie, die eine der Säulen der staatlichen Wohnungsbauförderung in Deutschland ist.

Insgesamt ist dies zur Zeit nicht mehr das Mittel der Wahl, um einfach nur Geld zur Seite zu legen und anzusparen. Es sei denn, man möchte später unbedingt Baueigentum erwerben.
Inzwischen gibt es nämlich viele weitere Spar- und Anlagemöglichkeiten, von denen unsere Eltern noch nicht mal geträumt hätten. Eine sehr beliebte Möglichkeit sind die Tagesgeldkonten, die eigentlich fast jede Bank anbietet. Hier erhält man Zinsen, die meistens knapp über der Inflationsrate oder auf gleicher Höhe liegen. Der Vorteil: Man kann täglich über das Geld verfügen und hat keinerlei offene oder verdeckte Kosten wie bei solchen Sparprodukten wie dem Bausparvertrag. Es gibt normalerweise weder Mindestlaufzeit, noch muss regelmäßig Geld eingezahlt werden. Das Risiko ist hierbei gleich Null.

Zum Thema »Risikoreiche Anlagen« wollen wir hier nur so viel sagen: In diesem Bereich gibt es keine einfachen Antworten und Empfehlungen. Gründliches Informieren bei verschiedenen Anbietern, die dir Angebote auf euer Bedürfnisprofil zuschneiden, ist sicher der richtige Weg. Und auch hier wieder der Verweis auf die unabhängigen Verbraucherzentralen, denn leider wollen die Finanzdienstleister nicht immer nur dienstleisten, sondern auch ihre Produkte verkaufen. Eine Beratung zum Thema Geldanlage durch einen freien Finanexperten vermittelt die Verbraucherzentrale für etwa 120 bis 180 Euro. Und diese Geldanlage lohnt in jedem Fall!

»Schaffe, schaffe, Häusle baue,
Butterbrot statt Schnitzel kaue,
denn wer nicht den Pfennig ehrt,
der wird nie ein Dagobert.«

So hat's schon vor zwanzig Jahren die Erste Allgemeine Verunsicherung gesungen.
Bei mir als Studentin ist das ja alles noch nicht so akut. Wirklich akut ist immer nur mein Kontostand. Wie kann ich denn mal ein bisschen Geld hier sparen in der neuen Wohnung? Da gibt's doch bestimmt eine Menge Tipps. Klar, ich lass beim Zähneputzen das Wasser nicht laufen, aber das kann's ja wohl nicht gewesen sein? Habt ihr da was auf Lager? Aber bitte kein »Geiz ist geil«-Gesülze. Denn das geht mir echt auf den Zeiger.

Na, da haben wir doch genau den richtigen Tipp für dich!

Videorecorder zu teuer? ★★★☆☆

Videorecorder zu teuer? Einfach einen Toaster längsseits unter den Fernseher legen – deine Freunde werden keinen Unterschied feststellen.

Was meint die Jury?

: Da bekommt der Ausdruck »CD brennen« doch gleich eine ganz andere Bedeutung.

: Ich hab das ausprobiert. Aber meine Freunde haben's gemerkt und mich ausgelacht.

: Und damit es besser wirkt, nehmen wir statt des Fernsehers eine handelsübliche Mikrowelle *g*.

: Waschmaschine als Fernseher wäre auch nicht schlecht, dann hat man wenigstens eine vielfältige Programmauswahl.

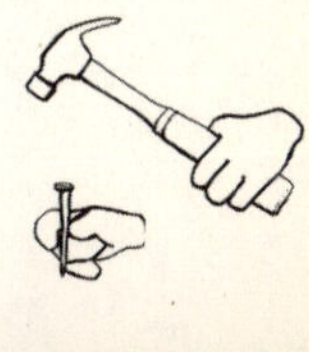

Liebe Kathrin,
okay, war nicht ganz der Hit, aber ein bisschen Spaß muss sein. Trotzdem könnt ihr mit ein paar kleinen Verhaltensänderungen bereits etliche Euro im Jahr sparen – und ihr liegt damit voll im Trend. Nicht umsonst ist das Bewegungsmanifest »Einfach die Welt verändern – 50 kleine Ideen mit großer Wirkung« ein Bestseller. Vor allem bei den Strom- und den Heizkosten ist Einsparpotenzial vorhanden. Klar, als Mieterin hast du nicht immer Einfluss auf die Ausstattung in deiner Wohnung. Es hängt immer noch vom Besitzer ab, ob er etwa moderne Brennwertheizkessel verwendet, die einen Wirkungsgrad von bis zu 95 Prozent haben. Außerdem kannst du nicht einfach so die Wände isolieren und doppelt verglaste Fenster einsetzen. Dennoch gibt es auch für dich »Stellschrauben«, die du selbst justieren kannst. So lässt sich der eine oder andere Euro ohne großen Aufwand sparen!

Richtig heizen ★★★★☆

Entgegen populärer Meinung ist es besser, eine herkömmliche Thermostat-Gasheizung auf Stufe zwei einzustellen (wenn's super kalt ist lieber auf Stufe drei) und immer anzulassen, auch wenn man mal ein oder zwei Tage weg ist. Auch nachts sollte die Heizung etwas aktiv sein. Wenn du allein lebst, dann kannst du auch tagsüber, während du weg bist, auf Nachtbetrieb stellen. Dann bekommen auch die Wände und Möbel die Temperatur, und die Wärme bleibt länger gespeichert. Die Heizung ist dann meist trotzdem eher kühl. Sonst müsste die Heizung immer wieder komplett auf Stufe vier oder fünf hochheizen.

Beim Lüften kann man sie dann auch mal kurz ausmachen, aber dann sollte man auch die Fenster richtig aufreißen und dafür nur ein paar Minuten lüften (man will ja nicht draußen heizen). Das zieht man am besten in der ganzen Wohnung durch. Stichwort: Stoßlüften!

Was meint die Jury?

: Man sollte die Heizung aber mindestens auf den Froststern einstellen, nicht niedriger. Ansonsten könnten im Winter bei Minustemperaturen die Heizungsrohre Schaden nehmen.

: Genau so ist es richtig! Die Heizung nur ausmachen, wenn man länger als eine Woche weg ist!

: Es gibt für Heizungen, egal ob Gas oder Öl, eine Zeitschaltuhr. Habe sie seit 25 Jahren und spare dadurch eine Menge Gas. Bei mir schaltet sie sich um zehn Uhr abends automatisch ab und heizt in der Nacht 15 Grad. Morgens um sechs Uhr schaltet sie wieder ein. Man kann sie so einstellen, wie man es persönlich braucht.

: Ja, man trifft hier auch auf Leute, die schon vor 25 Jahren genügend Intelligenz im Hirn hatten.

Eigentlich ist Energie und Strom sparen relativ einfach. Wenn du zum Beispiel die Raumtemperatur um ein Grad Celsius absenkst, reduzierst du deine Heizkosten um sechs Prozent! Nicht schlecht, wenn man bedenkt, dass du dafür statt im T-Shirt im Pullover in der Wohnung chillen musst. Selbst dein Wasserkocher hat Sparpotenzial. In Großbritannien hat man ausgerechnet, dass unnötig volle Wasserkocher genauso viel Energie fressen wie die gesamte Straßenbeleuchtung. Du denkst jetzt vielleicht: »Aber das sind ja immer nur winzige Beträge, die ich als Einzelner sparen kann.« Nicht ganz. Kleinvieh macht eben auch Mist, und wenn du tatsächlich ein paar Euro im Jahr sparen willst, dann musst du einfach nur mehrere Sparmöglichkeiten gleichzeitig verwirklichen.

Wieder beim Heizen lassen sich zehn bis zwanzig Prozent

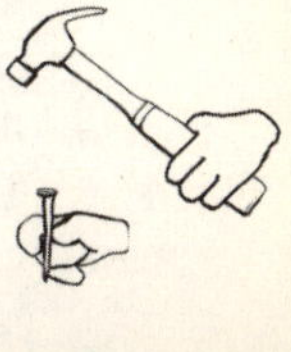

durch den so genannten hydraulischen Druckausgleich des Heizungssystems erreichen. Die Heizkörper werden optimiert, indem durch Ventile die Druckverhältnisse angeglichen werden. Das Ergebnis: Es wird weniger Wasser benötigt, um die Heizkörper zu erwärmen. Dieser Druckausgleich ist eigentlich schon seit zehn Jahren vorgeschrieben, wird aber kaum durchgeführt. Einfach mal deinen Vermieter fragen.

Alte Fenster preiswert isolieren ★★★★★

In Altbauten befinden sich häufig alte und undichte Fenster oder Türen. Diese lassen sich mit einfachen Maßnahmen kostengünstig in ihrer Wärmebilanz verbessern. Wenn du dir unsicher bist, einfach vorher deinen Vermieter um Erlaubnis fragen!

1. Fensterdichtung: Alte Fenster verfügen über keinerlei Dichtung zwischen Rahmen und Zarge. Wenn du hier ein Dichtungsband aus Gummi oder Schaumstoff anbringst, verhinderst du den Luftzug.
2. Türleisten: Bei Türen kannst du zusätzlich zu Dichtungen eine Dichtleiste gegen Durchzug unter der Tür anbringen.
3. Fensterfolie: Bei alten Fenstern mit nur einer Scheibe kann auf den Rahmen eine Fensterfolie geklebt werden. So entsteht die für die Isolierung wichtige Luftschicht zwischen Außen- und Innenscheibe, was extrem viel Heizkosten sparen hilft. Es gibt Folien, die per doppelseitigem Klebeband am Rahmen angebracht werden. Der Clou: Die Folie zieht sich beim anschließenden Föhnen so glatt, dass sie quasi als zweite Scheibe nicht mehr sichtbar ist.

Die Materialien gibt es im Baumarkt oder gelegentlich auch günstig bei eBay!

Was meint die Jury?

: Der Tipp unter erstens ist nicht so gut. Besser ist die Abdichtung mit Silikon. Eine Fensterseite wird gut gereinigt. Dann Silikon aufspritzen. Mit Küchenfolie abdecken, und Fenster 24 Stunden schließen. Der Überschuss wird herausgedrückt. Nach dem Aushärten mit einem Messer den Überschuss abschneiden.

: Nimm lieber Acryldichtungsmasse, die lässt sich später problemlos erneuern. Mit dem Silikon werden Ausbesserungen schwierig, weil frisches Silikon auf alten Silikonresten nicht haftet.

: Sanitärsilikon ist (im Gegensatz zu Acryl!) gegen Schimmelbildung geschützt. Kann wichtig sein, wenn an alten Scheiben Wasser kondensiert und sich »unten sammelt«.

: Das mit der Fensterfolie klappt super, haben dadurch auch schon viel sparen können. Wenn die Folie heil bleibt, hält sie mehrere Jahre und ist für Mieter eine super Einsparmöglichkeit.

Neben dem Heizen ist der Strom eine weitere Möglichkeit, Geld zu sparen. Dass alte Kühlschränke ausgesprochene Stromfresser sein können, hat sich sicher auch schon bis zu euch herumgesprochen. Neue Kühlschränke mit den Energiestufen A, A+ oder gar A++ verbrauchen meist halb so viel Strom wie ein alter Kühlschrank und sind auch noch doppelt so groß. Auch Spül- und Waschmaschinen sind schon sehr optimiert, was den Energieverbrauch anbelangt. Hier gibt es nicht mehr viel zu holen. Deshalb solltet ihr euer Augenmerk auf den Kühlschrank und die anderen elektrischen Geräte in eurem Haushalt richten.

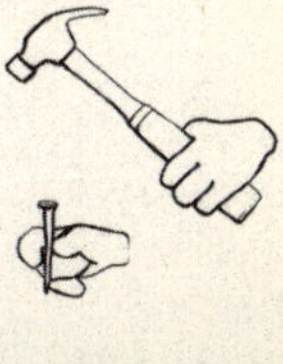

Strom sparen im Haushalt

1. Trockner sind Stromfresser. Dies lässt sich optimieren, indem man eine Waschmaschine mit hoher Drehzahl nutzt, da die Wäsche dann trockner aus der Maschine kommt. Steht ein Trocknerkauf an, am besten ein Gerät mit Wärmepumpetechnik (funktioniert wie ein »umgedrehter« Kühlschrank) oder – noch besser – mit interner Gasheizung kaufen. Ergebnis: mindestens fünfzig Prozent weniger Energieverbrauch.

2. Geräte mit Stand-by-Funktion: also Geräte, die 24 Stunden am Tag am Netz hängen (Fernseher, Telefonladestation, Handy- und Notebook-Ladegeräte, PC, DSL-Router. Kurz: Alles, was irgendwo warm wird). Falls möglich diese Geräte ausschalten, so oft es geht, vor allem beim Urlaubsantritt. Die Deutsche Energie-Agentur (Dena) beziffert den Verbrauch solcher Geräte im Durchschnitt auf 70 Euro/ Haushalt im Jahr. Es gibt auch Stand-by-Geräte, die eine automatische Stop-Funktion haben. Das heißt, die Dinger schalten sich nach einer gewissen Stand-by-Zeit von selbst aus. Auch empfehlenswert: Mehrere Geräte an eine Steckerleiste mit Abschaltfunktion anschließen, etwa im Arbeitszimmer. Dann ist alles mit einem Handgriff an oder aus.

3. Neue Wasch- oder Spülmaschine benötigt? Auf den Energieverbrauch achten. Es gibt neben der Stufe A inzwischen auch die Stufen A+ und A++!

Hört sich ja nicht schlecht an. Vor allem Ingos PC samt Kabelberg werde ich mit ihm mal genauer unter die Lupe nehmen! Gibt's außer Heiz- und Stromkosten noch ein paar gute Tipps, die wir gebrauchen könnten?

Liebe Kathrin,

Kompaktleuchtstofflampen (auf Deutsch: Energiesparlampen) sind natürlich auch ein Punkt, den du nicht vernachlässigen solltest. Der Vorteil der Energiesparlampen ist ihre hohe Energieausbeute und die lange Lebensdauer. Die Energieausbeute bei Energiesparlampen ist nämlich etwa 500 Prozent höher als bei normalen Glühbirnen! Bei gleicher Helligkeit führt das zu einer Einsparung von ungefähr achtzig Prozent Strom. Darüber hinaus leuchten die Dinger bis zu fünfzehnmal länger als normale Glühlampen. Die Lebensdauer ist auf der Verpackung angegeben und liegt in der Regel bei 5000 bis 15000 Stunden. Diese Zahlen machen die hohen Anschaffungskosten mehr als wett. Zumal es die Lampen immer öfters sehr günstig im Supermarkt deines Vertrauens gibt. Es gibt inzwischen sogar unterschiedliche (weiße) Lichtfarben, so dass die Dinger auch nicht mehr so hässlich leuchten. »Extra-warmweiß« entspricht dabei ungefähr der Farbe einer normalen Glühbirne.

Es gibt aber auch einen kleinen Nachteil: Technisch bedingt bringen Energiesparlampen erst ein bis zwei Minuten nach dem Einschalten die volle Helligkeit. Dieser Nachteil wird aber durch die hohe Schaltfestigkeit neutralisiert. Stiftung Warentest (5/2003) hat nachgewiesen, dass sich gute Modelle über 193000-mal ein- und ausschalten lassen, ohne dabei das Zeitliche zu segnen. Schaltfeste Lampen haben normalerweise auch eine längere Lebensdauer.

An dieser Stelle muss auch mit dem Vorurteil aufgeräumt werden, dass Energiesparlampen beim Start übermäßig viel Energie verbrauchen. Das ist kompletter Humbug – der Mehrverbrauch ist praktisch nicht messbar und fällt im Geldbeutel erst recht nicht auf.

Feine Sache. Aber könnt ihr mir nicht noch sagen, welche Energiesparlampe ich kaufen muss, damit sie einer normalen 60-Watt-Glühbirne entspricht?

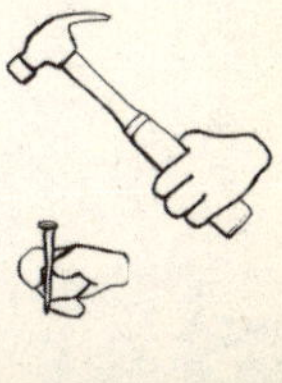

Liebe Kathrin,
wir wären nicht die »Muttis« und »Vatis«, wenn wir das nicht auch parat hätten.

Umrechnung: Glühbirne – Energiesparlampe

15 Watt	3–5 Watt
40 Watt	7–9 Watt
60 Watt	11–13 Watt
75 Watt	15–18 Watt
100 Watt	20 Watt

Übrigens, da du diese Tabelle nicht immer dabei hast, kannst du auch folgende Faustformel verwenden: Normal-Wattzahl durch vier = Energiespar-Wattzahl. Ungefähr zumindest. Kopfrechner sind klar im Vorteil!

Stromtechnisch hast du damit schon das meiste ausgereizt. Beim Wasser gibt es aber auch ein paar kleine Tricks und Kniffe.

Wasser sparen mit dem Wasserhahn ★★★★☆

Wasser sparen leicht gemacht: Einfach den Zulaufhahn unterm Waschbecken etwas zudrehen, sodass der Wasserdurchlauf so minimiert wird, dass man den Wasserhahn an sich so weit aufdrehen kann, wie man will, es kommt nur die unter dem Becken eingestellte Menge heraus!

Du wirst dich wundern, wie viel das aufs Jahr spart!

Was meint die Jury?

: Guter Tipp, da kann man dann unter der Dusche von Tropfen zu Tropfen springen, das macht voll fit.

: Ist ja auch das Waschbecken gemeint und nicht die Dusche.

: Super Idee, wer achtet schon darauf, wie doll man den Wasserhahn beim Händewaschen aufdreht?

: Bei mir nimmt der Vermieter die (Jahres-)Wasserrechnung fürs ganze Haus und verteilt den Betrag auf den Nebenkosten-Abrechnungen – je nachdem wie viele Personen in jedem Haushalt leben. (Schätze mal in den zwölf Wohnungen leben gut zwanzig Leute.) Wenn ich Wasser spare und ein paar andere verbrauchen Wasser wie blöd, muss ich also trotzdem blechen. Warum soll ich mir das also antun?

: Da war doch was: Sind Vermieter nicht inzwischen per Gesetz verpflichtet, das Wasser pro Haushalt (jeweils mit eigener Wasseruhr) abzurechnen?! Meiner hat die Uhr vor einem Jahr setzen lassen – und sicher nicht freiwillig! Würde das an deiner Stelle unbedingt nachprüfen.

: Ich finde den Hahn nicht :-(

: Dann nimm doch die Henne!

Ansonsten musst du nur ein bisschen kreativ sein. Wenn du zum Beispiel warmes Wasser zum Spülen ins Waschbecken füllst und das Wasser immer ein bisschen braucht, bis es warm ist, dann stelle so lange einfach deine Gießkanne drunter. Dann kannst du gleich deine verkümmerten Zimmerpflanzen aufpäppeln und das Wasser ist nicht sinnlos im Abfluss verschwunden. Und

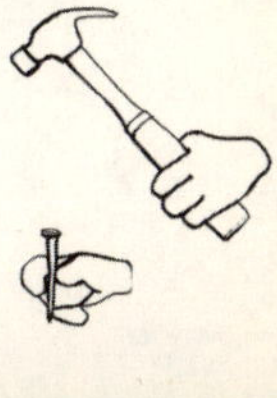

hier kommt noch ein Tipp, der jetzt nicht Unmengen an Geld spart, aber unheimlich gut fürs Karma ist!

Das falsche Buch geschenkt bekommen? ★★★★☆

Mal wieder das falsche Buch von Omi zum Geburtstag bekommen? Neben Weiterschenken gibt's noch die Möglichkeit, den Schmöker der örtlichen Bücherei zu spenden. Die freuen sich (haben eh kein Geld), und alle haben was davon. Englische und fremdsprachige Sachen gibst du einfach in der örtlichen Schule ab.

Was meint die Jury?

: Sehr soziale Einstellung. Das lob ich mir. Endlich mal einer der wenigen, die nicht aus jedem Dreck Geld machen wollen. Ich werde es in Zukunft genauso angehen.

: Man kann sie auch für teures Geld bei eBay verchecken!

: Dann versuch mal unbekannte Bücher da loszuwerden!

: Die richtige Präsentation bringt's, da muss halt eine gute Beschreibung her!

: Man kann sie aber auch bei www.tauschticket.de tauschen … Wobei, spenden ist doch edler.

: Super Idee. Habe gerade meine Charles-Bukowski-Sammlung in der örtlichen Grundschule abgegeben.

Du siehst, die Grenze zwischen Geldsparern und Weltverbesserern verläuft fließend und das Wohl unserer Erde rückt bei vielen Menschen immer mehr in den Fokus. Die Organisation »We Are What We Do« hat sich vorgenommen, die »Menschen zu inspirieren mit alltäglichen Dingen die Welt zu verbessern«. Auf ihrer Website www.wearewhatwedo.org (bzw. www.wearewhatwedo.de für Deutschland) fragen sie: »Schweine werden heute mit sechs Monaten und 110 Kilogramm geschlachtet. Vor 200 Jahren dauerte es noch fünf Jahre, bis Schweine 65 kg wogen. Sehr mysteriös. Irgendjemand Schinken zum Spargel?« Was du tun willst, ist dir natürlich freigestellt.

Schinken hin oder her. Vielen Dank für die Tipps, Jungs! Gerade kam Ingo nach Hause. Der hat vielleicht eine Geschichte erzählt – DAS nenn ich sparen!

He, ich war eben in der Stadt im Kaufhaus, wo mir folgendes passiert ist: Ich stand in der CD-Abteilung, hab mir meinen Lieblingssong ausgesucht und bin damit zur Kasse. Nach dem Bezahlen bin ich einfach rausgelatscht. Dummerweise piepste die Sicherheitsschleuse und da war schon einer von diesen unauffälligen Kaufhausdetektiven, die immer »wie b'schtellt ond net abgholt« mit Kelly-Family-CDs zwischen den Regalen rumstehen, vor mir, schaute mir tief in die Augen und bat mich in sein Büro. Keiner Schuld bewusst, bin ich dem Herrn hinterhergedappt. »Tasche leeren!«, befahl er. Ich tat wie geheißen, aber da war nichts. Natürlich darf so ein Detektiv keine Personenkontrolle durchführen. Also hat er die Polizei angerufen, die mich durchsucht hat. Auch die fanden nichts. Kunststück! Ich habe ja auch nichts geklaut, und meine CD war bezahlt! Inzwischen stand ich eine gute Stunde in dem Büro. Nachdem die Polizei verschwunden war, fragte ich den Detektiv, wer mir denn meine Zeit entschädigen würde, die mir hier verloren gegangen ist? Er zuckte mit den Ach-

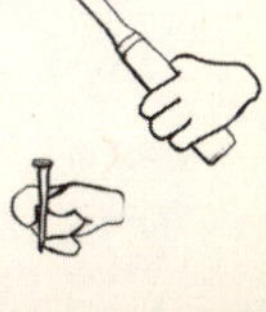

seln, ließ mich gehen, und mein nächster Weg führte direkt zum Abteilungsleiter des Marktes. Als ich ihm die Geschichte erzählt hatte, entschuldigte er sich höflichst und gab mir als Wiedergutmachung einen Einkaufsgutschein in Höhe von fünfzig Euro! Bin natürlich stolz wie Bolle nach Hause gegangen. Beim Ausziehen der Schuhe entdeckte ich dann, dass so ein dämlicher CD-Sicherheitsstreifen an meiner Schuhsohle klebte, und hab mich halb tot gelacht. Also, wenn ihr irgendwo mal so ein Ding auf dem Boden liegen seht, tretet drauf, der Versuch ist es wert!

Lieber Ingo,
so kann man natürlich auch sparen. Allerdings sind hier die Grenzen zur Illegalität schnell überschritten. Aber bei dir wundert uns gar nichts mehr …

Job & Karriere

So was von frustrierend! Gerade hatte ich mein erstes – und für dieses Jahr wahrscheinlich letztes – Vorstellungsgespräch. Und das ging total in die Hose. Oder vielleicht besser gesagt: in den Rock, denn auf Ingos Rat hin habe ich mein konseravtivstes dunkelblaues Kostüm angezogen. Ich fand das anfangs keine gute Idee, gerade weil ich mich in der »kreativen« Branche bewerbe. Aber Ingo stellte ein paar »investigative Nachforschungen« im Internet und bei Kumpels an und meinte schließlich, dass ich kleidungsmäßig besser auf Nummer sicher gehen sollte. Und so habe ich dann doch zur Business-Variante gegriffen.

Ich hatte ja keine Ahnung, aber als der Art-Director beim Bewerbungsgespräch mit ausgeleiertem T-Shirt (vornedrauf stand »Ich bin schizophren« – und hinten »Ich auch!«) und Viereinhalb-Tage-Bart antanzte, wäre ich am liebsten im Boden versunken. Super Ingo, toller Tipp! Ich habe mich total unwohl gefühlt und von da an lief es auch gründlich schief.

Liebe Kathrin,
das ist natürlich dumm gelaufen! Gerade heute, wo Jobs so zahlreich gesät sind wie zufällig vergessene 500-Euro-Scheine im Geldautomaten. Aber Kopf hoch, das war sicher nicht dein letztes Vorstellungsgespräch, und außerdem hast du ja schon eine Menge gelernt, zum Beispiel, dass dein Freund nicht immer Recht hat. Aber zunächst wollen wir dir ein paar Tipps geben zum Bewerben.

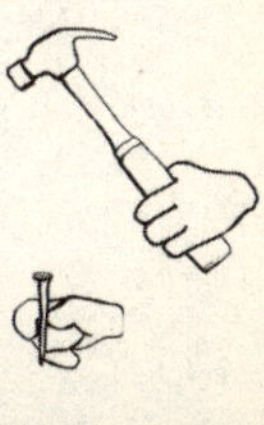

Der Lebenslauf

Am besten tabellarisch aufgliedern. Du beginnst mit den **Persönlichen Daten**: Name, Adresse, Telefon, E-Mail, Geburtsdatum und -ort sowie Familienstand und Kinderzahl. Nicht nötig ist der Hinweis auf Papa und Mama und ob die Hausfrau oder Lokomotivführer sind. Danach kommen in der Regel die Daten, meistens umgekehrt chronologisch, sprich: das aktuellste kommt zuerst, denn das ist meist auch das von Interesse. Also beginne mit **Berufserfahrung**: Hier bitte schön knapp, aber präzise. Firmennamen nicht kürzen! Und eine kurze Erläuterung der Tätigkeit (»Selbständige Abwicklung von zwei Projekten …«) kann auch hilfreich sein. Danach folgen **Schule und Studium/Ausbildung**. Hier bitte auf das Notwendige beschränken. Den Grundschulaufenthalt kann man weglassen, ebenfalls nicht nötig sind Notenangaben der Abschlüsse. Dafür liegen ja die Zeugnisse bei. Jetzt geht's zu dem Punkt **Weiterbildung und Praktika**: Wenn man schon viel in dieser Richtung gemacht hat, zählt eine schlaue Auswahl dessen, was für den angestrebten Job relevant ist. Hat man noch nicht so viel aufzuweisen, kann man diesen Punkt eventuell auch ganz weglassen – vor allem dann, wenn die bisherigen Praktika so gar keine Verbindung zur jetzigen Tätigkeit haben. Zum Abschluss kommen die **Besonderen Kenntnisse**: Hier gehören Sprachfähigkeiten, EDV-Kenntnisse und Hobbys hin. Auch hier sollte das Banale zugunsten des Aussagekräftigen weggelassen werden (schlecht: Mitglied im Fußballverein; besser: Trainer der Jugendmannschaft).

Hier wie auch insgesamt gilt natürlich: Möglichst nahe an der Wahrheit bleiben, denn es ist fatal, im Vorstellungsgespräch beim Lügen entlarvt zu werden. Das gilt für die Lücken im Lebenslauf genauso wie für die Eigenbewertung der Sprachkenntnisse!

Tipp: Versuche, nicht mehr als eine Seite dafür zu benötigen.

Das Anschreiben

Es ist das Herzstück der ganzen Bewerbung. Hier machst du Werbung für dich, auf eine ganz direkte Weise. Während der Lebenslauf von Bewerbung zu Bewerbung kaum verändert werden muss, sollte das Anschreiben grundsätzlich individuell an jedes Unternehmen und jede Stellenausschreibung angepasst werden. Wie gehst du dabei vor? Als Erstes liest du die Stellenausschreibung gründlich. Und zwar wirklich gründlich! Dabei markierst du dir mit dem Textmarker die Anforderungen, die an den Bewerber gestellt werden (Berufserfahrung, Qualifikationen, Teamgeist …). Wenn es mehr als vier sind (und das sind es in der Regel), dann greifst du im Anschreiben die wichtigsten heraus und zeigst anhand deiner bisherigen Tätigkeiten, dass du der oder die Richtige für den Job bist. Vermeide dabei unbedingt die Wiederholung der Formulierungen aus der Anzeige!

Tipp: Lasse die üblichen Floskeln (»Hiermit bewerbe ich mich …«, »Über ein Vorstellungsgespräch würde ich mich sehr freuen …«) einfach weg. Das lesen die Personaler etwa hundertmal am Tag. Außerdem wirkt dein Anschreiben dadurch viel klarer und total straight.

Zeugnisse

Hier gilt das Prinzip: Was du im Lebenslauf aufführst, sollte auch belegt sein. Ausnahme: Bei einem 35-Jährigen muss das Abi- oder Ausbildungszeugnis von vor 15 Jahren nicht mehr dabei sein. Aber mindestens alle bisherigen Arbeitstätigkeiten müssen lückenlos dokumentiert sein!

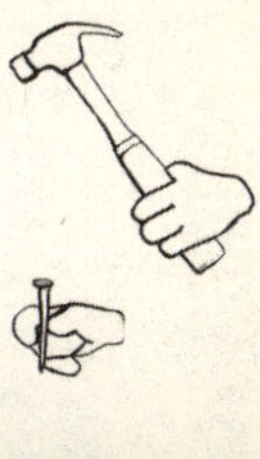

Originelle und billige Bewerbungsfotos auf dem Kopierer ★★★☆☆

Wer schnell, billig und originell Bewerbungsfotos machen möchte, dem empfehle ich den Gang in den nächsten Copyshop. Dort einfach den Kopf im Profil auf einen beliebigen Kopierer legen – und abdrücken. Das Ergebnis ist zugegebenermaßen skurril, aber dafür witzig! Hinterher aber bitte die Fettflecken vom Kopierer wischen, sonst wird die nette Bedienung im Copyshop sauer. Eignet sich am besten für Bewerbungen bei Werbeagenturen und – Copyshops!

Was sagt die Jury?

: Sicher noch wirksamer und lustiger: Sich mit heruntergezogener Hose auf den Kopierer setzen.

: Das ist sicher eine gute Methode, um KEINEN Job zu bekommen.

: Und wo bewirbst du dich mit diesen Fotos: in der Geisterbahn?

: So würden wir dich auf jeden Fall zu einem Bewerbungsgespräch einladen. Kreativ ist das nämlich, und genau so was wird in der Werbebranche gebraucht. Lass dich nicht von den anderen beeinflussen. Kreative Ideen sind ein MUSS heutzutage.

Das ist ja alles schön und gut, aber zunächst brauche ich dringend wieder mal ein Vorstellungsgespräch. Was kann ich denn da machen?

Liebe Kathrin,
probier's doch mal damit:

Persönliche Kontakte nutzen ★★★★☆

Wer nach der Schule einen Job oder Ausbildungsplatz sucht, steht häufig total auf dem Schlauch. Nicht nur weil er nicht weiß, was er machen will, sondern auch weil Arbeitsplätze bekanntlich etwas knäpplich sind.

Mein Tipp: Nicht verkrampfen, sondern erst mal systematisch eine Liste machen, auf der alle Leute draufstehen, die du kennst und die einen Job haben. Danach überlegst du dir der Reihe nach, bei welchen dieser Betriebe du dir vorstellen könntest zu arbeiten oder eine Ausbildung zu machen. Und wenn du das weißt, dann rufst du den- oder diejenige an und erzählst ihm von deinem Vorhaben.

(PS: Wenn die Liste leer ist, dann solltest du dich vielleicht direkt bei einer Kontaktbörse als Telefonist bewerben.)

Was sagt die Jury?

: Wenn's so einfach wäre!

: Bei mir hat das so funktioniert. Kann ich nur empfehlen.

: Es lebe die Vetterles-Wirtschaft, wie es bei uns im Ländle so schön heißt. Aber so läuft's halt überall. Ein wenig traurig, aber wahr. Deshalb: Schon richtig, der Tipp.

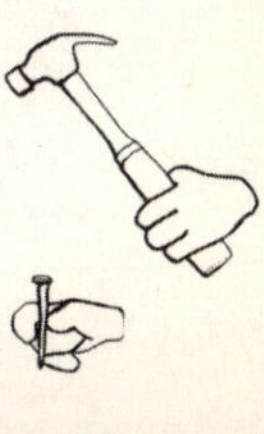

Super, vielen Dank! Der Onkel meiner Nichte dessen Schwager dritten Grades hat mir doch tatsächlich ein Vorstellungsgespräch besorgt! Die Firma ist sogar bei mir um die Ecke. Nächste Woche ist es so weit, ich bin schon tierisch aufgeregt, weil es das letzte Mal so dumm gelaufen ist …

Also, ich glaube ja nicht, dass es das Outfit gewesen ist –

Lieber Ingo,
halt! Besser, du sagst jetzt einfach nichts mehr. Wir haben hier die wichtigsten Punkte zum Thema Vorstellungsgespräch zusammengefasst.

Komplettlösung – Vorstellungsgespräch

Gratuliere! Du hast ein Vorstellungsgespräch. In der Regel braucht es dazu 23,56 Bewerbungen (eigene Erhebung). Jedenfalls ist dies eine tolle Chance, um vielleicht kurz- oder langfristig zu einem vollwertigen Lohnsteuerzahler aufzusteigen. Hier sind die wichtigsten Regeln, um beim Vorstellungsgespräch Erfolg zu haben.

Viel bewerben!
Wer sich viel bewirbt, bekommt auch mehr Vorstellungsgespräche. Klingt logisch und ist auch so. Deshalb bewirb dich ruhig auch auf weniger attraktive Stellen. Wenn du dort zum Gespräch eingeladen wirst, kannst du erstens wichtige Erfahrungen sammeln und zweitens ist der Job ja vielleicht auch ganz anders, als es in der Stellenausschreibung rüberkam. Am besten setzt man sich deshalb bei der Jobsuche konkrete Ziele: etwa wöchentlich fünf Bewerbungen zu verschicken. (Aber Vorsicht: nicht unrealistisch werden!)

Cool bleiben & gut vorbereiten

Das gehört direkt zusammen: Denn nur wer sich gut vorbereitet, der ist später im Gespräch auch cool genug, um einen souveränen Eindruck zu hinterlassen (es sei denn, man ist von Natur aus so eine coole Sau – aber warum liest du das dann?). Zur richtigen Vorbereitung gehört zunächst das Sammeln von allen möglichen Informationen über das Unternehmen und den Job, auf den du dich beworben hast. Nutze dabei alle Möglichkeiten: Internet, Bekannte, Freunde, Feinde, Gerüchte… Außerdem spiele das Vorstellungsgespräch ruhig mal mit einer Freundin oder einem Freund durch. Das ist zwar in den ersten fünf Minuten total schräg, hilft aber später ungemein.

Im Gespräch: freundlich, offen, sympathisch

Auch das mag selbstverständlich klingen. Ist es aber nicht! Denn meistens ist man in einer solchen Situation nervös, verschlossen und hektisch. Deshalb hilft es sehr, sich eine positive Aura anzutrainieren. Dazu sollte man sich klar machen, dass man gerne in dieses Gespräch geht (eigentlich ist es ja eine tolle Sache!) und dass man nichts zu verlieren hat (vorher hatte man keinen Job und schlimmstenfalls hat man auch hinterher keinen – was hat man also verloren? Genau: nichts!). Während des Gesprächs ist es gut, immer wieder auf eine offene Körperhaltung, den direkten Blickkontakt und eine langsame, aber deutliche Sprechweise zu achten. Es ist auch keine Schande, nach einer Frage ein wenig nachzudenken. Vielleicht nicht unbedingt nach der Frage: »Wann haben Sie Ihren Schulabschluss gemacht?« Aber in jedem Fall darfst du Pausen machen. Das wirkt wohldosiert und deutlich selbstbewusster als hektische Antworten, bei denen du nicht so genau weißt, was du sagen willst.

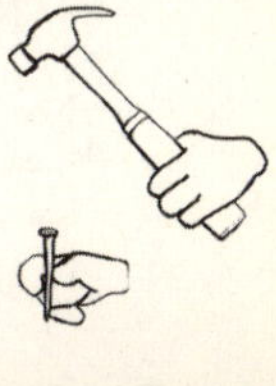

Das war jetzt vielleicht etwas abstrakt, aber es ist unmöglich, für alle Branchen und Stellen einheitliche und vor allem konkrete Handlungsanweisungen zu geben. Aber vielleicht hilft dir ja auch das:

Kleine Anleitung für ein versautes Vorstellungsgespräch ★★☆☆☆

1. Komme mindestens 20 Minuten zu spät und gib auf keinen Fall telefonisch durch, dass du Verspätung hast. Wenn du dann ankommst, jammerst du darüber, dass du dir immer vier Wecker stellst, aber trotzdem regelmäßig verschläfst.
2. Guck dir am besten im Internet an, wie die Leute in dem Laden angezogen sind. Und ziehe dann einfach das Gegenteil an. Du willst in einem alternativen Buchladen oder einer Autowerkstatt anfangen? Dann unbedingt Nadelstreifen, Gel in die Haare und Krawatte! In einer Bank am besten casual mit T-Shirt und Jeans!
3. Schau während des Gesprächs immer wieder demonstrativ aus dem Fenster und verschränke die Arme. Toll ist es natürlich auch, wenn du Kaugummi kaust. Überhaupt solltest du mindestens einmal auf eine Frage antworten: »Ähh … könnten Sie das wiederholen? Ich habe gerade nicht zugehört.«
4. Wenn man dich nach deinen beruflichen Zielen fragt, nenne genau jene Stelle, die der Fragesteller gerade innehat. Oder auch gut: »Ich will einfach nur, dass alle ›Chef‹ zu mir sagen!«
5. Zum Abschluss ist es wichtig, einen nachhaltigen Eindruck zu hinterlassen: Deshalb solltest du dich bei der Verabschiedung unbedingt nach dem Namen deiner Gesprächspartner erkundigen (»Hat mich sehr gefreut, Frau … wie war doch gleich Ihr Name?«). Außerdem solltest du an deinem Händedruck arbeiten: bei Männern schlaff und feucht (vielleicht nasses Taschentuch in die Hosentasche stecken), bei Frauen dagegen richtig Schmackes geben, Marke Schraubstock.

6. Beim Hinausgehen ist es gut, etwas Wichtiges zu vergessen: die Aktentasche oder, noch besser, die Brille oder die Armbanduhr (kann man während des Gesprächs unauffällig ausziehen und unter den Tisch fallen lassen). Da hat man einen guten Grund, in den nächsten Tagen erneut vorbeizuschneien!

Was meint die Jury?

: HA HA HA HA HA!!!!!!!! Echt gut!!! Gefällt mir.

: bissie kindisch …

: Trink ich doch besser paar Schluck Bier vorher und hab mir das ganze Getue und viel Zeit gespart.

: So hast du es auch gemacht, was? Und mysteriöserweise bist du auch noch arbeitslos … woher das wohl kommt?

Das sind ja bescheuerte Tipps, da kann ich auch gleich wieder Ingo fragen …

Aber Süße, man soll es so genau nicht machen. Das ist der Witz dabei. Das habe ja sogar ich kapiert. Aber wo wir schon dabei sind, hätte ich noch ein paar Ideen, was man alles falsch machen kann …

Lieber Ingo,
lass lieber mal stecken! Die Anleitung war ja wirklich nicht ganz ernst gemeint. Aber hier kommen noch einige konkrete Tipps.

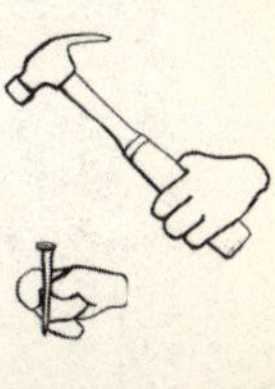

Besser keine Online-Bewerbung ★★☆☆☆

In Zeiten der allgemeinen Ver-E-Mailung schicken immer mehr Leute ihre Bewerbung auf elektronischem Weg. Das ist schön einfach und billig. Hat aber leider einige handfeste Nachteile:

1. Oft landet die Bewerbung im Spam-Filter der Unternehmen. Dann war alles für die Katz. Denn nicht jeder Personaler kämmt täglich seine 200 Spam-Mails durch.
2. Zur besseren Handhabung druckt der Personaler die Bewerbung doch aus. Dann landet dein tolles Anschreiben vielleicht auf popeligem Papier aus der hausinternen Zweitverwertung und wird mit einer rostigen Büroklammer notdürftig zusammengeschustert. Das sieht definitiv scheiße aus.
3. Die Versuchung, schnell mal per Mail einige Bewerbungen »rauszuhauen«, ist auf diesem Weg auch viel größer. Und dann schickt man solche Standard-Mappen durch die Welt, die sofort auf dem Abgelehnt-Stapel landen, weil sie zu lieblos sind.

Also mein Tipp: In jedem Fall mindestens auch per Post verschicken (vorher natürlich schön ausdrucken, ordentlich Korrektur lesen und angemessen verbriefmarken!).

Was meint die Jury?

: Falscher Titel. »E-Mail« ist nicht gleich »online«. Per E-Mail ungefragt Bewerbungen zu schicken, ist in der Tat nicht so schlau, kann aber trotzdem klappen.

: »Online Bewerben« heißt in Deutschland meistens sich per Web-Formular des Unternehmens zu bewerben. Aber auch dann kann es per Mail geschehen, falls die Firma das so wünscht.

: Dass man seinen Lebenslauf in die großen Online-Portale (Monster, Jobware, Arbeitsagentur etc.) einstellt, ist sowieso Pflicht. Aus eigener Erfahrung kann ich sagen, dass die Firmen bzw. die Headhunter dort sehr aktiv nach Bewerbern suchen.

: Zum Thema Offline- vs. Online-Bewerbung generell: Es hängt stark von der Branche ab, aber zumindest im Ingenieur-Bereich wird zu 90 Prozent eine Online-Bewerbung bevorzugt. Spart nämlich Zeit und Geld auf beiden Seiten.

: Hmm, ich bin »nur« ein Mädchen, aber meine Erfahrung ist eine ganz andere. Okay, ich bewerbe mich täglich wenn es geht, sonst krieg ich auch Ärger mit der Agentur für Unfähigkeit. Und meine E-Mail-Bewerbungen sind erwünscht, da ich meistens

a) mir den entsprechenden Ansprechpartner nennen lasse, so er nicht bereits in der Ausschreibung genannt ist;
b) schau mal bitte genau in die Ausschreibungen, da steht heute fast immer »Ihre Bewerbung senden Sie bitte per E-Mail an«.
c) jeder Personaler, der KEIN Papier kriegt, freut sich, so kann er selbst entscheiden, ob die Bewerbung für ihn interessant ist, und wenn sie es ist, dann kann er sie noch immer ausdrucken.

Kohle für Bewerbungskosten ★★★★☆

Gerade wenn du auf der Suche nach einem Ausbildungsplatz oder arbeitslos gemeldet bist, erstattet das Arbeitsamt, pardon die Arbeitsagentur, gewisse Kosten, die du hast. Wichtig dabei ist jedoch, dass du die Kosten VORHER bei der BA anmeldest (geht auch formlos per Telefon).

Man kann in einem Rahmen bis zu 500 Euro pro Jahr Kosten für Kopien, Bewerbungsfotos, Fahrten zum Gespräch u. a. erstattet bekommen. Ist allerdings nur eine Kann-Leistung und

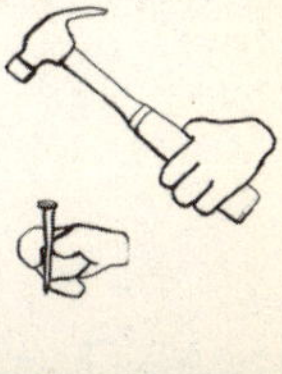

hängt entsprechend von der finanziellen Situation der örtlichen Agentur ab.

Was meint die Jury?

: Das war mal ... ich war im letzten Jahr arbeitslos, und zumindest bei uns sieht das Ganze etwas anders aus. Der Höchstsatz für die Erstattung von Bewerbungskosten liegt inzwischen bei ca. 280 Euro, den genauen Betrag hab ich nicht mehr im Kopf. Inzwischen kann man auch nicht mehr die Quittungen für Fotos, Kopien etc. einreichen, sondern bekommt für jede Bewerbung 5 Euro pauschal. Allerdings muss man mit Antwortschreiben nachweisen, dass man sich dort auch wirklich beworben hat. So ist es zumindest bei uns, mag sein, dass es hierbei noch regionale Unterschiede gibt.

: Echt – mit ANTWORTSCHREIBEN? Also mit just dem Ding, das man in aller Regel heutzutage gar nicht mehr geschickt kriegt, nicht mal mit Ablehnung, geschweige denn auch nur seine Unterlagen zurück?! Wie lebensnah! Kann man mal sehen, wie sehr die »umstrukturierte« BA ihre Hand am Puls der Zeit hat.

: Presseinfo der Bundesagentur für Arbeit:
»Die Agentur für Arbeit kann in der Regel Kosten, die durch die Erstellung und Versendung von Bewerbungen entstehen, übernehmen.«
Die Erstattung der Bewerbungskosten – gemeint sind hier in erster Linie die Aufwendungen für Bewerbungsfotos und das Porto – ist aber an bestimmte Voraussetzungen (gesetzliche Regelungen) gekoppelt:
- Eine Antragstellung – telefonisch oder persönlich – muss unbedingt vorher, das heißt bevor die Kosten entstehen, bei der Agentur für Arbeit erfolgen.
- Es werden nicht die tatsächlich entstandenen Kosten, sondern

für jede nachgewiesene Bewerbung 5,00 Euro erstattet. Als NACHWEIS gelten Antworten auf Bewerbungsschreiben, Einlieferungsbelege der Post und so weiter.

- Im Jahr können nicht mehr als 260 Euro Bewerbungskosten pro Person von der Agentur für Arbeit gezahlt werden.

Bewerbungen mit Europass ★★★★★

Wer sich bewerben will, kann seinen Lebenslauf und andere Dokumente mit Hilfe von Europass erstellen. Diese sind von der EU-Kommission veröffentlichte Formulare, die europaweit verwendet werden können und auch bei Bewerbungen im Inland gut ankommen dürften. Auf der Webseite werden auch Beispiele für Lebensläufe gezeigt.
Link: http://europass.cedefop.europa.eu

Was meint die Jury?

: Guter Tipp !!!

: yo

: Hab da noch eine viiiiieeel bessere Seite im Netz!
www.netzeitung.de/arbeitundberuf
Mit Abstand informativer!!!

Nachdem ich das Telefon abgenommen habe, wird mir klar, dass das Klingeln von woanders kommen musste. Es ist mitten in der Nacht! Also so halb sieben Uhr morgens. Unter meinem Teddy finde ich dann den Übeltäter: böser böser Wecker, wer hat dir denn gesagt, dass du mich stören sollst? Ich lege mich wieder hin und schlummere fast schon wieder – da fällt es mir plötzlich

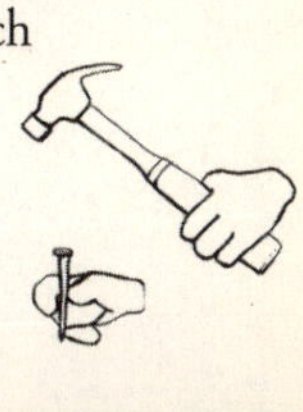

wie Schuppen aus den Haaren: Heute ist mein erster Tag im neuen Job!

Hechtsprung aus dem Bett, Sprint ins Bad und danach zwei extrastarke Dosen Koffein. Mein Körper reagiert mit Verspätung auf diesen Reiz, aber dafür umso durchschlagender: Den Rest der Zeit verbringe ich mit Durchfall auf dem Klo. Nicht so die optimale Vorbereitung für den Beginn einer steilen Karriere, aber einen aufstrebenden Highpotential wie mich kann so was doch nicht aus der Erfolgsspur bringen!

Schließlich habe ich einen endgeilen Job an Land gezogen. Na ja, eigentlich hat man mich gefragt, ob ich die Abteilungsleitung übernehmen möchte. Keine große Sache, nur drei Untergebene, aber immerhin: ab heute bin ich CHEF! Auf dem Weg zum Bus grüble ich noch darüber nach, ob ich meinen Kollegen das Du anbiete oder ob sie mich doch besser »Hochwürden« oder »Erleuchteter« nennen sollen. Da fällt mir plötzlich ein, dass ich ja an einem anderen Standort arbeite und die U-Bahn nehmen muss! Nur dass ich jetzt schon seit etwa zehn Minuten hier rumstehe, weil der Bus auch noch Verspätung hat. Mist. Ok, Erleuchteter ist vielleicht etwas hoch gegriffen, aber wie wär's mit »Gnadenreicher«? Ist doch auch nicht schlecht.

Lieber Ingo,
herzlichen Glückwunsch zu deinem Karriereschritt. Aber vielleicht solltest du dich zunächst auf Wichtigeres konzentrieren: pünktlich zu kommen am ersten Arbeitstag wäre so eine erste Maßnahme. Überhaupt gibt es jede Menge Fallen und Fettnäpfchen in den ersten Tagen im neuen Job. Die solltest du in jedem Fall weiträumig umgehen. Denn zunächst gilt es ja, die Probezeit gut zu überstehen. Oft muss man noch wichtige Dokumente beim neuen Arbeitgeber einreichen. Deshalb kommt hier eine nützliche Liste:

Dokument	Ist schon da	Fehlt noch	Brauch ich nicht
Lohnsteuerkarte			
Sozialversicherungsnachweis			
Bescheinigung deiner Krankenkasse (öffentliche oder private)			
Ärztliches Attest			
Schulzeugnisse			
Ausbildungszeugnisse			
Hochschulzeugnisse			
Arbeitszeugnisse von ehemaligen Arbeitsstellen			
Lebenslauf			
Passbilder z. B. für Job-Ticket			
Kontoverbindung			
Arbeitserlaubnis (für Ausländer oder im Ausland)			
Sonstiges			

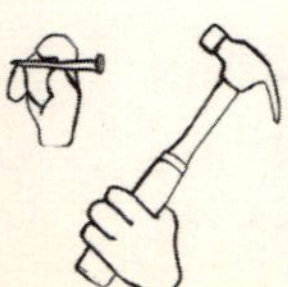

Oh, verflixt, die Lohnsteuerkarte, daran habe ich gar nicht mehr gedacht. Ich habe mich so auf die farbliche Abstimmung meiner Socken mit der Krawatte konzentriert (schließlich bin ich etwas farbenblind, aber das soll keiner merken!).

Lieber Ingo,
tja, dafür hast du ja uns. Und damit du im Dschungelcamp Probezeit nicht frühzeitig rausfliegst, kommen hier noch ein paar wertvolle Tipps.

Das Erster-Tag-im-neuen-Job-Survival-Kit

Saubere und passende Klamotten:
Zum neuen Job solltest du auch richtig gut gekleidet auflaufen. Das heißt nicht nur farblich und stilmäßig abgestimmt (hier lieber einmal zu viel zuverlässige Freunde fragen), sondern es sollte auch alles frisch gewaschen und gebügelt sein.

Frische Frisur und Rasur:
Der Gang zum Friseur sollte möglichst schon in der Vorwoche stattfinden. Und für Männer gilt natürlich auch: Nur frisch rasiert bzw. mit gepflegtem Barthaar aufkreuzen!

Dezenter Duft:
Kein Muss, aber ein Kann: Ein dezentes (!) Duftwässerchen schadet nie. Allerdings bitte unbedingt in der Geruchsrichtung sowie der Dosierung zurückhalten. Wer sich keinen Duft anziehen will, sollte in jedem Fall daran denken, ein Deodorant zu verwenden – denn der Stress der neuen Umgebung lässt einen auch im Winter ordentlich saften.

Angepasste Umgangsformen:
Jetzt bitte nicht unbedingt cool sein wollen! »Ey Alder« ist in den nächsten Wochen nicht angesagt. Bei der Begrüßung von neuen Kollegen am besten die Hände schütteln und sich laut und deutlich mit Nachnamen vorstellen. Wenn der Kollege fragend schaut, kann man noch eine Erklärung nachschieben: »Ich bin der/die neue Sachbearbeiter/in in der Abteilung …«

Easy Häppchen für den Umtrunk
Irgendwann muss man bei einer neuen Arbeitsstelle ja immer seinen Einstand feiern. Wenn man nicht viel Geld ausgeben möchte und trotzdem mit Selbstgebackenem punkten will, dann ist dieses Rezept genau das richtige:

Du brauchst (für etwa zehn Kolleginnen und Kollegen):
2 Rollen fertigen Blätterteig aus dem Supermarkt
2 Packungen Kräuterfrischkäse (à 250 g)
200 g gekochten Schinken
200 g Lachs

Und so geht's:
Den Blätterteig auf der Arbeitsfläche aufrollen. Mit dem Frischkäse komplett bestreichen. Schinken und Lachs schön gleichmäßig darauf verteilen. Den Blätterteig wieder aufrollen und in etwa daumendicke Scheiben schneiden. Danach ab in den Ofen und bei 200 Grad etwa 20 Minuten backen. Fertig!

So, Ingo, und falls es dir mal langweilig wird, haben wir hier noch etwas ganz Besonderes für dich.

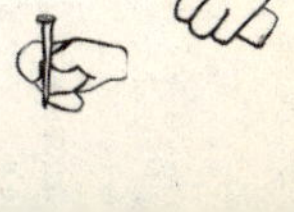

Bürospiel: Traust du dich eh nicht ★★★⯪☆

Mit dem Bürospiel »Traust du dich eh nicht« werden wir alle viel mehr Spaß bei der Arbeit haben!

Und so geht's: Nach dem »Traust du dich eh nicht«-Punktesystem gibt es für die nachstehenden Leistungen die genannten Punktzahlen. Wer am Tagesende die meisten Punkte hat, hat gewonnen:

Jeweils 1 Punkt gibt's hierfür:

- Eine Runde in voller Geschwindigkeit um alle Schreibtische laufen.
- Laut im WC stöhnen und seufzen, während sich mindestens 1 Nichtspieler in der Toilette befindet.
- Die ersten 5 Kollegen, die einen »Guten Morgen« wünschen, einfach ignorieren.
- Jemanden in der Firma, den man nicht kennt, anrufen und sagen: »Ich wollte nur sagen, dass ich momentan keine Zeit habe zu reden« – und auflegen.
- Das Ende einer Unterhaltung durch das Zuhalten beider Ohren signalisieren.
- Mindestens 1 Stunde mit offenem Hosenstall herumlaufen.
- Jeden, der einen darauf hinweist mit der Bemerkung »Ich habe es aber lieber so«, abservieren.
- Den Weg zum und vom Kopierer seitwärts gehen.

3 Punkte gibt's hierfür:

- Zum Chef sagen »Ich finde Sie cool!« und dabei mit den Fingern eine abfeuernde Pistole imitieren.
- An einem verregneten Tag mit verspiegelter Sonnenbrille erscheinen und diese den ganzen Tag nicht abnehmen.
- Unverständliches Zeug auf einen Auszubildenden einreden und dann sagen: »Hast du das alles verstanden? Ich hasse es, wenn ich mich wiederholen muss.«

- Wahllos laut Zahlen in den Raum rufen, wenn jemand etwas zählt.
- Die volle Kaffeetasse eines Kollegen von dessen Schreibtisch nehmen und kommentarlos die Büropflanze damit gießen.

5 Punkte gibt's hierfür:

- Am Ende einer Besprechung vorschlagen, dass alle zusammen händehaltend ein »Vater unser« beten. Extra Punkte gibt's, wenn man selbst damit anfängt.
- Abends zu einem Workaholic ins Büro gehen und das Licht zehnmal aus- und wieder anmachen.
- Jeden, mit dem man spricht, mindestens eine Stunde lang »Herbert« nennen.
- Bei der nächsten Besprechung laut ankündigen, dass man kurz raus muss, um »groß« zu machen.
- Jeden Satz mit dem Wort »Alder« in einem ziemlich harten Akzent beenden. »Der Bericht liegt auf dem Tisch, Alder.« Mindestens 1 Stunde durchhalten.
- Während der Abwesenheit eines Kollegen dessen Stuhl in den Lift fahren.
- In den Tagesplaner eines Kollegen eintragen: »Wie findest du mich in Strumpfhosen?«
- Folgende Unterhaltung mindestens zehnmal hintereinander mit irgendeinem Kollegen führen: »Hast du das gehört?« – »Was?« – »Egal, ist nicht so wichtig.«
- Während einer wichtigen Telefon-Konferenz mit einem Akzent sprechen (sächsisch, hessisch, platt, bayerisch).
- Klopapier aus der Hose hängen lassen und echt überrascht sein, wenn jemand darauf hinweist.
- Den Teilnehmern bei einer Besprechung Kaffee und Kekse hinstellen und dann jeden Keks mit der Hand zerbröseln.
- Playmobilfiguren bei Besprechungen gemäß der Sitzordnung anordnen und, wenn jemand sich meldet oder was sagt, die betreffende Figur dazu bewegen.

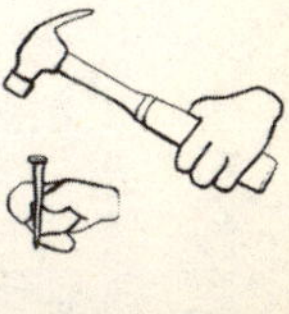

Was meint die Jury?

: *Tränen wegwisch* Brauchst bloß Beamte als Kollegen, dann geht das ab.

: Hab das Spiel mal von einem Kollegen vor etwa anderthalb Jahren zugemailt bekommen – seitdem spricht sich der harte Kern nur noch mit »Herbert« an.

: Vor etwa 15 Jahren habe ich meinen Chef mit einem langen Streifen Klopapier aus der Hose hängend »erwischt«. Als ich ihn darauf hinwies, steckte er es verlegen einfach in die Hose. Mir war die Sache superpeinlich. Heute weiß ich: Der hat ja nur gespielt! Und diese Geschichte ist tatsächlich passiert, kein Witz!

: Supergeil, danach haste eine Abmahnung.

: Ich hab auch noch 'ne schöne Variation, wenn man Vertreter anderer Berufsgruppen vielleicht ein wenig anflirten oder verarschen möchte, z. B. die Kassiererin im Supermarkt fragen: »Was machen Sie eigentlich beruflich?!«

: Variante, wenn man es sich definitiv mit jemandem verderben will: »Was macht dein Friseur beruflich?«

: Ich hab mich fast weggeschmissen beim Lesen. Schon die Vorstellung, es zu tun, ist super lustig!

Wirklich dufte! Das mache ich gleich morgen mit meinen Kollegen …

Ingo!!!!

Okay, vielleicht warte ich doch noch, bis die Probezeit rum ist.

Lieber Ingo,
etwas Spaß muss zwar schon sein, aber seinen Job sollte man deshalb lieber nicht riskieren. Denn Hartz IV ist auch nur begrenzt witzig. Deshalb hier noch ein paar gute Tipps für das (Über-)Leben in der Probezeit:

Beruf – Deutsch/Deutsch – Beruf

Chef: Hat fast jeder! Wenn die Chemie nicht stimmt, ist oft auch beim ganzen Job der Wurm drin. Hier ist das Bauchgefühl in den ersten Wochen meistens schon sehr zuverlässig. Bekommt man bereits morgens beim ersten Treffen Bauchschmerzen, sollte man sich am besten dezent nach der nächsten Arbeitsstelle umsehen. Ansonsten sich dem oder der Chefin gegenüber lieber respektvoll-distanziert als zu kumpelhaft-anbiedernd verhalten. Wenn es mal zu Spannungen zwischen dir und dem Boss kommt, kann eine gewisse Distanziertheit sehr wohltuend sein.

Kollegen: Auch die sind meistens gratis dabei. Und nicht alle sind so nett, wie sie auf den ersten Blick scheinen mögen. Das ist die schlechte Nachricht. Und jetzt die gute: Ein paar wirklich nette sind aber immer dabei! Denke daran: Im neuen Job ist man meistens sehr motiviert, hat deshalb eine mächtige rosarote Brille auf und findet alles generell genial. Für die Kol-

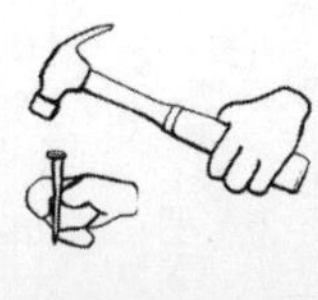

legen ist man aber in der Regel nicht so ein absoluter Segen. Manche sehen einen durchaus als Konkurrenz oder wollen einem einfach so Schlechtes. Deshalb: Am Anfang lieber etwas zurückhaltend sein, nicht gleich die privatesten Dinge preisgeben, sondern eher freundlich-reserviert bleiben und die allgemeinen Gebräuche in der Firma beobachten.

Flurfunk: Die beliebte Frequenz im Unternehmen für alle Neuigkeiten, Klatsch und Tratsch! Davon bekommt man als Neuling noch nicht viel mit. Die Kollegen müssen erst noch Vertrauen zu einem fassen, bevor die Infos fließen. Insgesamt sollte man sich nicht so aktiv daran beteiligen oder gar selbst Gerüchte in die Welt setzen, denn das kann schnell nach hinten losgehen. Wenn man allerdings nach einem halben Jahr noch immer keinen Anschluss an den Flurfunk hat, ist man entweder schwerhörig oder vielleicht im falschen Betrieb gelandet.

Kaffeeküche: Der soziale Ort im Unternehmen! Hier trifft man sich, knüpft Kontakte jenseits der Arbeit, entspannt vom täglichen Stress, macht sich locker. Aber Vorsicht: Auch hier gelten Regeln, die dummerweise selten direkt an der Wand stehen. Erkundige dich am besten bei einem Kollegen, auf was man beim Benutzen der Küche achten sollte (wer spült wann ab, wie bedient man die Spülmaschine, wer besorgt den Kaffee, gehören die Tassen gewissen Personen …).

Gehalt: Immer zu wenig! Auch wenn man noch nie so viel in Händen hatte wie jetzt. Außerdem kommt das erste Gehalt (gewöhnlich) erst am Ende des Monats. Das kann das Konto zunächst mal ordentlich in die roten Zahlen treiben. Verhandeln muss man die Höhe seines Gehaltes inzwischen zumeist selbst. Gute Gelegenheiten dazu sind das Ende der Probezeit, soweit man gute Arbeit geleistet hat und übernommen wird, Vertragsverlängerungen insgesamt oder jährliche Zielvereinbarungsgespräche. Allerdings sollte man darauf achten, keine unrealistischen Forderungen zu stellen (»Ich will 50 Prozent mehr Gehalt!«). Außerdem ist es immer gut, mit eigenen Leistungen und Erfolgen im Job beim Chef für die Gehaltserhöhung zu werben.

Lieber Ingo,
wenn du mal zum Kaffeekochen im Büro verdonnert wirst, empfehlen wir folgendes Rezept:

Rezept: Kaffee nach Art des Wilden Westens ★★★☆☆

Man nehme ein halbes Pfund Kaffee, feuchte es etwas mit Wasser an, ½ Stunde köcheln lassen, dann die Hufeisenprobe. Wenn es einsinkt, ist er zu dünn.

Und was meint die Jury?

: Muss an dem Hufeisen noch das Pferd mit dran sein?

: Hab ich ausprobiert!!!! Danach war ich einen ganzen Monat aufgedreht und bin durch die Wohnung gehüpft.

: Hab's auch probiert. Musste danach mit dem Pferd zum Tierarzt!

: Schlagt noch zwei Eier rein. Dann siebt ihr den Kaffee aus.

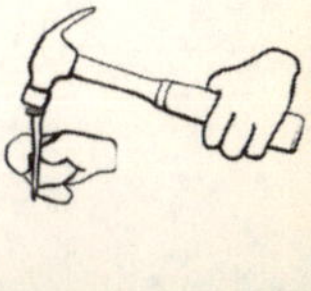

: Das ist aus 'nem Lucky Luke Heft

: Und hier die echte Hufeisenprobe für guten Kaffee: Man nehme eine Tasse von dem Kaffee und werfe ein Hufeisen hinein.
- Wenn das Hufeisen nicht reinpasst, ist die Tasse zu klein.
- Wenn das Hufeisen untergeht, ist er zu dünn.
- Wenn das Hufeisen nicht schlitzt, ist er zu kalt.

Recht auf ein angemessenes und »wohlwollendes« Arbeitszeugnis

Nach dem Ende eines Arbeitsverhältnisses hat jeder das Recht auf ein Zeugnis. Das ist mindestens ein »Einfaches Zeugnis« (mit Art und Dauer deiner Tätigkeit). Aber besser ist immer ein »Qualifiziertes Zeugnis«, denn da wird auch beurteilt, wie du gearbeitet hast.

Wenn du nun das **qualifizierte Zeugnis** in Händen hast, solltest du es in jedem Fall genau durchlesen. Es wird zwar immer wieder abgestritten, dass es da eine Geheimsprache gäbe. Aber andererseits sind viele dieser »verschlüsselten« Wendungen auch bekannt. Grob gesagt entsprechen folgende Aussagen den üblichen Schulnoten:

Er (Sie) hat die ihm (ihr) übertragenen Aufgaben stets zu unserer vollsten Zufriedenheit erledigt. = 1

Er (Sie) hat die ihm (ihr) übertragenen Aufgaben stets zu unserer vollen Zufriedenheit erledigt. = 2

Er (Sie) hat die ihm (ihr) übertragenen Aufgaben stets zu unserer Zufriedenheit erledigt. = 3

Er (Sie) hat die ihm (ihr) übertragenen Aufgaben zu unserer Zufriedenheit erledigt. = 4

Er (Sie) hat die ihm (ihr) übertragenen Aufgaben im Großen und Ganzen zu unserer Zufriedenheit erledigt. = 5

Er (Sie) bemühte sich, die ihm (ihr) übertragenen Aufgaben zufriedenstellend zu erledigen. = 6

Darüber hinaus gibt es noch eine ganze Menge anderer Tricks, wie gewiefte Personaler schlechte Botschaften über dich in deinem Zeugnis verstecken können. Mein Tipp: Entweder zur Gewerkschaft gehen und dort beraten lassen oder das Zeugnis einem professionellen Berater geben (im Internet finden sich diverse). Dann weiß man, was drin steht, und kann möglichst schnell von seinem alten Brötchengeber Korrekturen verlangen.

Denn grundsätzlich sollte ein Zeugnis »wohlwollend« sein. Unbegründet schlechte Bewertungen haben da nix zu suchen. Das kann man sich notfalls auch vor dem Arbeitsgericht erstreiten.

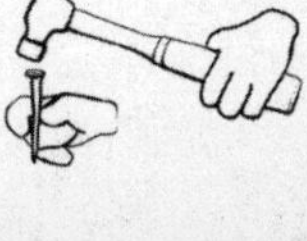

Auto & Mobil

Bin ich ein verantwortungsvoller Verkehrsteilnehmer?

Du bist mit dem Auto unterwegs. An einer Gabelung schnappt dir jemand die Vorfahrt weg. Wie reagierst du?

a) Ich drücke ordentlich auf die Hupe, betätige das Aufblendlicht und fahr dicht auf. So ein Schluri! 10 Punkte
b) An der nächsten Ampel fahre ich neben den Verkehrssünder und durchbohre ihn mit bösen Blicken. 5 Punkte
c) Was soll's? Es gibt Schlimmeres – ich fahre gemütlich weiter. 0 Punkte

Beim Autokauf achtest du auf …

a) … möglichst viele Airbags. 0 Punkte
b) … ein möglichst dickes Auspuffrohr. 10 Punkte
c) … auf möglichst viel PS. 5 Punkte

Der Stern auf der Motorhaube eines Mercedes ist …

a) … das Fadenkreuz, damit ich die Omas beim Überqueren der Straße besser erwische. 10 Punkte
b) … ein Statussymbol, das ich auch gerne auf meinem eigenen Auto hätte. 5 Punkte
c) … Mer– was? 0 Punkte

Fahrräder sind …

a) … was für Ökos. 10 Punkte
b) … schnell, umweltfreundlich und gut für die Figur. 0 Punkte
c) … was für den Urlaub. 5 Punkte

Du bist mit dem ICE unterwegs. Um dich herum hüpfen drei Kinder auf ihren Sitzen herum. Was machst du?

a) Ich denke, dass die Eltern endlich mal eingreifen sollten.
   5 Punkte
b) Ich stelle die Kopfhörer meines Notebooks lauter und schaue mir noch eine DVD »King of Queens« an.
   0 Punkte
c) Ich ziehe im nächsten Augenblick die Notbremse und die Kinder segeln durchs halbe Abteil. Dann ist endlich Ruhe.
   10 Punkte

Auswertung:
0 bis 10 Punkte: Du bist ein vorsichtiger, verantwortungs- und umweltbewusster Mensch. Im Verkehr bringt dich nichts aus der Ruhe. Du machst dir nicht allzu viel aus dem ganzen Zirkus um das »Heilige Blechle«.

10 bis 30 Punkte: Du magst dein Auto, bist gerne schnell unterwegs, aber immer noch schlau genug, um besonnen und rational im Verkehr zu agieren.

30 bis 50 Punkte: Laut, schnell und immer der Erste an der Ampel. Wer zuerst stirbt und am meisten Geld hat, hat gewonnen, stimmt's?

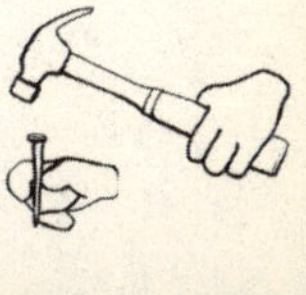

Wow, es hat funktioniert! Als ich heute beim Shoppen war, klingelte mein Handy. Die Personalchefin quakte mir ein »Guten Tag!« ins Ohr und bot mir den Job an! Ich hab natürlich sofort zugesagt! Jetzt kauf ich mir noch 'ne weitere Handtasche zur Belohnung und fahr dann wieder schnell zurück zu Ingo. Der wird Augen machen!

Liebe Kathrin,
hört sich ja phantastisch an. Du musst nur aufpassen, dass du nicht mehr als Ingo verdienst, ansonsten kannst du dich auf den nervigsten Freund der Welt einstellen.

So ein Sch... Ich wollte natürlich so schnell wie möglich nach Hause fahren und habe Ingos Blechbüchse durch die Stadt gepeitscht. Bei Tempo achtzig ist mir plötzlich der Scheibenwischer abgeflogen. Dann hat sich der Außenspiegel in einer scharfen Linkskurve verabschiedet. Krass, der flog haarscharf an dieser Omi mit ihrem Rentnerporsche vorbei! Egal, ich kontrolliere anschließend mein Make-up im Rückspiegel und da sehe ich – den Streifenwagen hinter mir. Ich gehe in die Eisen, bis die Tachonadel wieder brav bei fünfzig landet. Aber es war schon zu spät. Dabei hatte ich eine super Entschuldigung parat: Denn zeigen diese neuen weiß-roten runden Schilder mit den Zahlen in der Mitte nicht die Durchfahrtsmenge an Rollerbladern bei diesen abendlichen Veranstaltungen an? Na, der nette Herr von der Polizei hat herzlich gelacht und mir ein dickes Bußgeld aufgebrummt.

Ich brauche dringend ein eigenes Auto, damit ich das nächste Mal der Polizei davonfahren kann. Ingos Groschengrab ist nur was für Sonntagsfahrer und säuft jeden Moment ab.

Liebe Kathrin,
Begrenzung der Durchfahrtsmenge für Rollerblader? Abgefahrene Ausrede! Aber wenn du ein neues (oder zumindest ordent-

lich funktionierendes) Auto für den Job brauchst, dann ist das sicherlich keine schlechte Idee. Allerdings solltest du an deinem Fahrstil arbeiten. Bevor wir uns aber dem Thema »Autokauf« widmen, hier noch ein Tipp für Verkehrssünder wie dich:

Strafzettel von der Steuer absetzen ★★★☆☆

Als Raser oder notorischer Falschparker kommst du im wahrsten Sinne des Wortes auf deine Kosten, wenn du die Strafe in Briefmarken bei der Polizei bezahlst (Marken gelten als anerkanntes Zahlungsmittel). Diese Kosten kannst du dann als Portokosten bei der Steuererklärung angeben. Also kurz vor Weihnachten noch mal die rote Ampel vor der Wache überfahren! :-)

Was meint die Jury?

: Briefmarken kaufen nervt. In den Postfilialen geht es mittlerweile zu wie früher in der Sowjetzone, wenn es mal wieder Bananen zu kaufen gab.

: »Marken gelten als anerkanntes Zahlungsmittel«?! Soll ein Scherz sein, oder hat jemand irgendwelche (Gesetzes-)Quellen?

: *lach* Find ich lustig :)

: Endlich mal ein brauchbarer, intelligenter Tipp für mich!

: Briefmarken sind keine Zahlungsmittel, sondern so genannte »kleine Inhaberpapiere« im Sinne des §807 BGB. (BGH AZ:XI ZR 395/04)

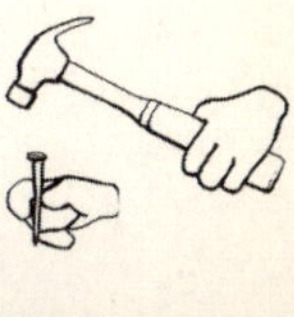

Ein Autokauf ist im Grunde wie der Kauf einer Handtasche. Bis auf ein paar unwesentliche Unterschiede. Zuerst stellt sich die Frage, wo und welches Auto du kaufen willst. Wenn das Geld keine Rolle spielt, latschst du ins nächste Autohaus und holst dir den Schlitten einfach ab. Wenn du aber nicht so viel Geld zur Verfügung hast, wirst du sicher ein gebrauchtes Auto kaufen wollen. Und hier fängt der Stress an. Am billigsten ist es, dein Auto privat zu kaufen. Dafür ist hier aber auch das Risiko am höchsten! Soll heißen: Nirgends ist es so einfach, dir eine Schrottlaube anzudrehen. Du hast keine Garantie, und du kaufst das Auto »wie besehen«.

Die nächste Stufe ist ein gebrauchtes Auto vom Autohändler. Diese haben meist noch ein Jahr Garantie, sind aber dafür auch etwas teurer als auf dem Privatmarkt.

Außerdem gibt es beim Autohändler Jahreswagen. Dabei handelt es sich um gebrauchte Autos, die nicht älter als ein Jahr alt sind. Die Gefahr, dass du irgendeinen Murks kaufst, ist hier noch geringer.

Wo suche ich mir ein Auto?

Es gibt im Großen und Ganzen drei Anlaufstationen, um nach gebrauchten Autos zu fahnden:

1. In der Zeitung: Jede Regionalzeitung besitzt einen Anzeigenteil, in dem gebrauchte Autos angeboten werden. Nach einer telefonischen Kontaktaufnahme vereinbarst du einfach einen »Besichtigungstermin«.

2. Im Internet: Online-Anzeigenmärkte nehmen den Zeitungen immer mehr Marktanteile weg, weshalb sich die Suche im Netz lohnt. Klarer Vorteil: Die Beschreibungen sind ausführlicher und fast jede Anzeige ist bebildert. Davon können Zeitungen nur träumen. Es ist sinnvoll, dort nachzuschauen, wo Angebot und Nachfrage sehr groß sind. Beispiele sind www.mobile.de oder www.autoscout24.de.

3. Beim Autohändler: Schnapp dir einen Freund oder (noch besser) jemanden, der sich mit Autos auskennt (Vati?) und klappere die bekannten Autohändler in der Umgebung ab, um zu checken, was dort für Kisten rumstehen.

Wie suche ich mir ein Auto?

Beim Autokauf kann man ordentlich auf die Schnauze fallen. Viele haben schon »den Trabi im Porsche« gekauft. Vor allem unerfahrene Menschen, die sich mit Autos kaum bis gar nicht auskennen, haben da ihre Schwierigkeiten, weil sie nur die Karosserie, nicht jedoch das Innenleben eines Wagens beurteilen können. Deshalb ist es unheimlich ratsam, eine erfahrene Person mitzunehmen, die sich auch mit Autos und Motoren ordentlich auskennt.

Wichtige Fragen beim Besichtigungstermin sind:

1. Wie viele Kilometer hat das Fahrzeug auf dem Buckel?
2. Wie alt ist es?
3. Wie viele Besitzer hatte der PKW bereits?
4. Wurde das Auto in einer Firma von mehreren Personen genutzt? Falls ja, kannst du davon ausgehen, dass sich die Fahrer keine Mühe mit dem Auto gegeben haben.
5. Hatte das Auto Unfälle? Diese MÜSSEN angegeben werden. Bei Falschangaben muss der Verkäufer das Auto wieder zurücknehmen.

Vergiss auch nicht, eine Probefahrt mit dem potenziellen neuen Flitzer zu machen!

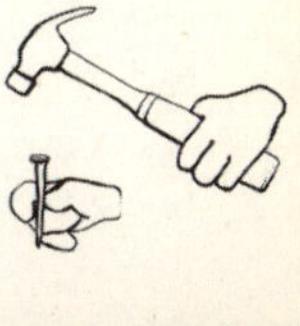

Auto-Check durch TÜV oder DAT-Schätzstelle

Wenn du ein Auto kaufen willst, dann lass dir vom Verkäufer Modell, Baureihe und Baujahr geben. Damit gehst du dann zum nächsten TÜV oder zur DAT-Schätzstelle (Deutsche Automobil Treuhand). Von denen bekommst du nämlich allgemeine Mängel mitgeteilt, die dieses Modell hat. So lässt sich noch besser einschätzen, wie viel oder wenig Ärger du mit deinem vermeintlich neuen Fahrzeug haben wirst.

Puh, der Ingo ist eine absolute Null, was Technik angeht. Neulich hat er zum Montieren der Sommerreifen geschlagene drei Stunden gebraucht! Und wenn dann nicht die Sportschau gekommen wäre, hätte es wahrscheinlich noch deutlich länger gedauert. Bei mir sieht's auch nicht besser aus. Aber ich treib schon noch einen auf, der sich damit auskennt. Wenn ich endlich so eine Wurstbüchse mein Eigen nennen kann – was kommen dann für Kosten auf mich zu?

Liebe Kathrin,
die Spritpreise kannst du dir ganz einfach mit folgender Formel ausrechnen: Wasserstand im Persischen Golf mal Wasserstand im Pool von George W. Bush plus zehn Prozent an Wochenenden und plus zwanzig Prozent in Schulferien. Für alle anderen Kosten gibt es zum Glück durchsichtigere Gründe. Kommen wir als Erstes zu den Autoversicherungen.

In Deutschland ist es die Pflicht eines jeden Autobesitzers, eine **Haftpflichtversicherung** fürs Auto abzuschließen. Diese Versicherung zahlt für Schäden an fremden Autos, die du verursacht hast. (Aber Omas Rentnerporsche gehört da nicht dazu!) Darüber hinaus brauchst du entweder eine **Teilkasko- oder eine**

Vollkaskoversicherung. Eine Teilkaskoversicherung ist günstiger, zahlt allerdings nicht, wenn du einen Unfall baust, an dem du schuld bist. Sie zahlt also nur für Dinge wie Wildschäden, Schäden durch Steinschlag oder Marderschäden.

Die Vollkaskoversicherung zahlt auch dann, wenn du schuld an einem Unfall bist. Allerdings steigt danach dein Versicherungsbeitrag an. Je länger du unfallfrei fährst, desto geringer fällt der Versicherungsbeitrag für dich aus. Für Fahranfänger liegt der Prozentsatz meist bei 160 Prozent des Beitragssatzes, was ganz schön ins Geld geht. Da kommen schon mal 1000 Euro im Jahr zusammen. Deshalb ist es sehr sinnvoll, den Wagen zunächst über Vati laufen zu lassen. Wenn du bis zu deinem 23. Geburtstag unfallfrei fährst, kannst du den Wagen und die Versicherung übernehmen, denn dann gleicht sich der Beitrag an. Dann sollte der Beitragssatz bei 70 bis 85 Prozent liegen. Wenn du weiterhin unfallfrei fährst, senkt sich der Beitrag natürlich immer weiter – bis auf 30 Prozent.

Die große Frage ist natürlich: Teil- oder Vollkasko? Oder gar keine Kaskoversicherung? Das kommt meistens auf den Wert deines Wagens an. Ingo hat für seine Schrottlaube sicher nur eine Teilkaskoversicherung (wenn überhaupt). Wenn er den zu Schrott fährt, dann wären die Eigenbeteiligung und die Beitragserhöhung einer Vollkaskoversicherung teurer, als die Karre auf eigene Kosten zu reparieren oder sich gleich ein anderes Auto zu kaufen.

Sollte dein Auto älter als zehn bis zwölf Jahre sein, lohnt sich nicht mal mehr eine Teilkaskoversicherung. Ab einem Kaufpreis von 8000 Euro kann man es sich überlegen, ob man eine Vollkaskoversicherung abschließt. Die Faustregel lautet also: Je älter und schrottreifer das Auto ist, desto weiter kannst du die Versicherungsleistung nach unten schrauben.

Der nächste Punkt: **Die Kfz-Steuer.** Diese ist bei weitem nicht so teuer wie die Autoversicherung. Sie hängt von den Faktoren Hubraum, Emissionsgruppe, Antriebsart (Diesel, Benzin ...),

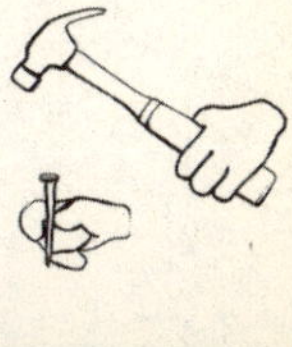

Erstzulassung und Anmeldungszeitraum ab. Bei einem kleineren Auto (Corsa, Polo …) dürfte sich die Steuer bei ungefähr siebzig Euro pro Jahr einpendeln. Einen Kfz-Steuerrechner findest du zum Beispiel unter www.kfz-steuer.de.

Mööönsch, das ist ja ganz schön teuer. Ich glaub ich kauf mir einen Diesel.

Check deinen Diesel und tank Pflanzenöl ★★★☆☆

Manche, vor allem ältere Dieselmotoren, vertragen auch ein Gemisch aus Pflanzenöl (aus dem Supermarkt) und Diesel. Du solltest aber mal vor dem Testen und Mischen im Internet recherchieren. Unter www.fmso.de (»Fahr mit Salatöl«) kannst du direkt nachfragen, ob dein Diesel da was taugt. Bei einer 50/50-Mischung (halb Diesel, halb Rapsöl) macht sich die Kostenersparnis schon bemerkbar (79 ct/l Rapsöl!).

Was meint die Jury?

: Macht mein Kumpel auch. Und der hat einen Chevy Blazer mit 6,2 Litern. Da fällt das richtig auf. Der fährt sogar nur mit Pflanzenöl.

: Ist der zu beneiden!

: Haben wir auch versucht und alles roch nach Pommesbude.

: »Roch nach Pommesbude« – ist doch besser als »roch nach Diesel«, oder?

Wenn dir das zu stressig ist oder du keinen Diesel hast, dann gibt es natürlich noch weitere Möglichkeiten zum Spritsparen. Es hilft zum Beispiel enorm, wenn deine Karre so wenig Gewicht wie möglich hat. Also nicht aus Bequemlichkeit irgendwelche Sprudel- oder Bierkisten im Auto lassen und durch die Gegend kutschieren. Auch Abnehmen soll helfen …

Sparsame Fahrweise ★★★★☆

Bei den steigenden Benzin- und Dieselpreisen hilft es vor allem, die Fahrweise auf »sparsam« umzustellen. Das bedeutet jetzt nicht, dass du ab sofort langsam durch die Lande gurken musst, aber mit ein paar Tricks lassen sich zehn bis zwanzig Prozent Spritkosten einsparen.

1. An der Ampel: Motor aus! Bereits ab einer Wartezeit von 15 Sekunden lohnt sich das. Hat der Auto Club Europa (ACE) nachgerechnet.
2. Früh hochschalten, mit niedrigen Drehzahlen fahren: Wer seinen Motor nicht ständig voll »durchdappt«, spart richtig Sprit. Gleich nach dem Anfahren in den zweiten Gang, bei 30 in den dritten, bei 40 in den vierten Gang.
3. Statt 200 auf der Autobahn mit 130 fahren. Ist sowieso gesünder. Bei 200 km/h kannst du bei den heutigen Spritpreisen auch direkt 50-Euro-Scheine verbrennen.
4. Wenn die Ampel rot ist, nicht bis kurz vor die Ampel düsen und dann abbremsen, sondern schon vorher Fuß vom Gas (KEINE Kupplung drücken) und ausrollen lassen. Der Motor verbraucht in diesen Sekunden keinen Sprit.

Was meint die Jury?

: »… Fuß vom Gas und KEINE Kupplung treten?…« Das versteht mein technischer Verstand nicht. Der Motor läuft doch.

Dann verbraucht er auch Sprit. Er läuft sogar mit höherer Drehzahl als im Leerlauf – ist es dann nicht automatisch mehr? Hilfe! Schließt bitte meine Wissenslücke!

: Beim Abbremsen mit dem Motor, Fuß vom Gas und rollen lassen, wird die Schubabschaltung aktiviert, man braucht in dem Falle tatsächlich keinen Sprit. Und die Bremsen werden dabei auch noch geschont.

: 130 auf der Autobahn??? Jetzt sag bloß noch, ich soll meinen Ferrari verkaufen und Polo fahren ...

: Kann mir jemand sagen, was günstiger ist? 100 m vor der Ampel mit Schubabschaltung rollen oder Gang raus und 200 m mit Leerlauf rollen? Übrigens: Schubabschaltung funktioniert nur über 40 km/h (zumindest bei meinem Auto).

: Ich habe seinerzeit den Test bei einer Bergab-Fahrt in den Alpen gemacht und mal die Verbrauchsanzeige im Auge behalten:
Gang raus – 4 l/100 km
Gang drin – 0,2 l/100 km
Meiner bescheidenen Meinung nach sind die 100 Meter mit Schubabschaltung sinniger als die 200 Meter ohne Gang.

: Ich hab Automatik :-)

: Meiner verbraucht auch nur 5 bis 6 Liter. Aber auf 50 km. :-) Und natürlich sieht man da zu, etwas bewusster zu fahren. Aber alle Register des Spritsparens zu ziehen, ist mir echt too much, dann kann man es ganz lassen.

Aber das ist nicht alles!

Sparsamer und sicherer mit dem richtigen Reifendruck

Es lohnt sich, den Reifendruck regelmäßig zu überprüfen. Aufgrund des Fahrkomforts empfehlen die Autohersteller eigentlich weniger Luftdruck, als möglich ist. Auf jedem Reifen ist der Maximaldruck vermerkt (meist drei bar). Ruhig die Reifen bis knapp unter diesen Wert aufpumpen (damit bei Hitze die ausgedehnte Luft im Reifen keinen Stress macht). Ein guter Wert ist ca. 0,5 bar unter dem vom Reifenhersteller auf dem Reifen angegebenen Maximalwert. Durch die ordentlich aufgepumpten Reifen hast du gleich mehrere Vorteile:

1. Weniger Spritverbrauch.
2. Besseres Verhalten in Kurven.
3. Besseres Bremsverhalten.
4. Die Reifen nutzen sich nicht so schnell ab.

Einziger Nachteil: Das Auto liegt etwas härter auf der Straße. Der verminderte Fahrkomfort kann aber nicht die Vorteile aufwiegen. Du musst allerdings aufpassen, dass die Reifen nicht zu stark aufgepumpt sind. Ansonsten wölbt sich der Reifen, und du fährst ihn nur in der Mitte ab, was gefährlich sein kann.

Da haben wir ja schon den nächsten Stichpunkt (Jungs, ihr seid einfach klasse): Was ist mit Abnutzung, Wartung und Ähnlichem? Wenn ich an Ingos Schleuder denke, der braucht ja mehr Öl als Benzin. Was der kostet und was da ständig ersetzt werden muss, da kann man sich gleich den ganzen Tag im Taxi rumkutschieren lassen oder – noch besser – einen Privatjet mieten.

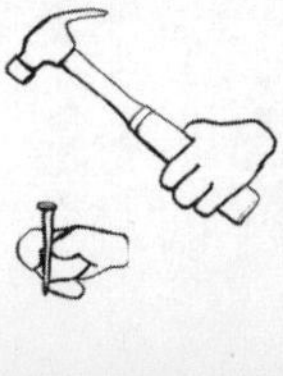

Liebe Kathrin,
stimmt, das ist natürlich auch ein wichtiger und kostenintensiver Punkt. Und es ist so ziemlich der variantenreichste. Leider ist es so, dass man heute kaum noch selbst an den mit Elektronik vollgestopften Wagen rumschrauben kann. Was Vati früher noch selbst mit Schraubenschlüssel und Hammer unterm Motor repariert hat, muss man heute vom Profi machen lassen – und der wechselt das vermeintlich defekte Teil meist einfach nur aus. Trotzdem sollte man den Motor und sonstige heiklen Teile wirklich lieber dem Fachmann überlassen. Schließlich ist das Ganze auch eine Frage der Sicherheit! Wann dein Auto mal wieder zum Check muss, steht im Serviceheft, das meist im Handschuhfach herumliegt. Vergiss auch nicht den TÜV und den Ölwechsel. Wann der nächste Besuch beim TÜV und die Abgasuntersuchung fällig ist, steht auf den Nummernschildern deines Autos. Das Jahr steht in der Mitte und die Zahl, die in dem Kreis oben steht, ist der entsprechende Monat.
Nichtsdestotrotz bleiben noch ein paar Dinge am Auto, um die sich auch der ungeschickteste Zappelphilipp selbst kümmern kann, ohne das Auto gleich zu demolieren. Fangen wir mit dem Einfachsten an: dem Reifendruck. Den hast du ja schon beim Spritsparen kennen gelernt. Damit dein Auto weiterhin funktioniert, solltest du den Luftdruck hin und wieder beim Tanken überprüfen. Dort stehen ja diese Luftpumpen rum.

Iihh, da mach ich mir doch ständig die Finger schmutzig an den blöden Ventilkappen.

Mensch, du bist aber pingelig. Aber auch dir kann geholfen werden.

Autoventilkappe öffnen, ohne schmutzige Finger zu bekommen ★★★★☆

Damit du den Reifendruck ohne Dreck und Schmutz überprüfen kannst, schnappst du dir einfach einen 12-mm-Dübel und steckst ihn auf die Ventilkappe. Abschrauben, prüfen und befüllen. Danach zuschrauben, Dübel abziehen, fertig. Kein Stress für schön gepflegte Frauenhände. Klappt auch bei Fahrrädern.

Was meint die Jury?

: Einfach, aber genial.

: Ich hab lieber schmutzige Finger als immer einen Dübel in der Hosentasche.

: Dann leg ihn halt in das Handschuhfach – dann hast du ihn immer da, wenn du ihn brauchst, aber musst ihn nicht in die Hosentasche stecken.

: An einem Fahrrad gibt es kein Handschuhfach. Außerdem zählt da jedes Gramm Gesamtgewicht.

: Geht auch ohne Dübel. An der Tanke gibt's Papiertücher, mit denen ich die Kappe anfassen kann. Die Finger bleiben sauber.

: Hab's gerade ausprobiert, funktioniert tadellos. Du könntest ein Patent daraus machen. Zum Beispiel etwas für den Schlüsselbund? Irgendetwas Pfiffiges, damit man mit dem Schmutz nicht in Berührung kommt?

: Mein Tipp: Probiert's mal mit der Zunge, das ist sehr viel Spaß, gerade wenn es voll ist an der Tanke, und die Finger bleiben auch sauber! Versprochen.

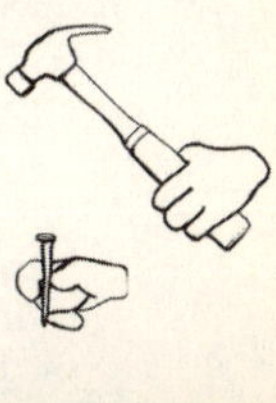

: Wenn man weiblich ist und noch ein bisschen blöd tut, dann bekommt man auch keine schmutzigen Hände. Was Männer doch alles für uns Frauen tun – unglaublich!

Als Ottonormalverbraucher kannst du aber noch mehr prüfen.

Komplettlösung – Öl, Kühl- und Bremsflüssigkeit überprüfen

Auch als Laie brauchst du die Überprüfung von Ölstand, Kühlflüssigkeits- und Bremsflüssigkeitsstand nicht der Werkstatt zu überlassen. Das ist nämlich ziemlich einfach. Zuerst öffnest du die Motorhaube.

1. Ölstand prüfen: Der Motor muss aus sein. Dann ziehst du den Stab zum Ölmessen aus dem Motor und wischst ihn mit einem Lappen ab (ist ja Öl dran). Du wirst feststellen, dass dieser Metallstab zwei Markierungen hat. Eine für den minimalen und eine für den maximalen Ölstand. Jetzt steckst du den Stab wieder in den Motor und ziehst ihn danach wieder heraus. Danach siehst du am Stab, wie dein Ölstand ist. Das Öl sollte zwischen Minimal- und Maximalmarkierung liegen. Sollte zu wenig Öl vorhanden sein, füllst du Öl in Halbliter-Schritten nach. Ist zu viel Öl drin (was eigentlich nicht passieren sollte), dann musst du das überschüssige Öl mit einer Handpumpe auspumpen – oder: Schlauch rein und mit dem Mund ansaugen.

   In der Bedienungsanleitung zu deinem PKW findest du die Angabe, welches Öl der Hersteller vorschreibt. Dieses Öl bekommst du dann im Ersatzteil- oder Zubehörhandel oder auch an der Tankstelle (da ist es aber meist teurer).

Achtung: Oftmals will man dir das teure, aber hochwertige synthetische Öl aufschwätzen. Das brauchst du nur, wenn das explizit in der Bedienungsanleitung steht oder wenn du ein Vielfahrer bist und es der Fachmann empfiehlt. Vielfahrer sind mehr als 25 000 Kilometer im Jahr unterwegs.

2. Kühlflüssigkeit prüfen: Im Motorraum findest du einen durchsichtigen Behälter, der für die Kühlflüssigkeit zuständig ist (bitte nicht mit dem Behälter für das Scheibenreinigungsmittel verwechseln!). Dort sind auch zwei Markierungen angebracht. Eine für den maximal erlaubten und eine für den minimalen Füllstand. Im kalten Zustand sollte der Minimalstand nicht unterschritten werden. Umgekehrt sollte bei warmem Motor der Maximalstand nicht überschritten werden. Solltest du Kühlflüssigkeit nachfüllen müssen, wirf wieder einen Blick in die Bedienungsanleitung deines Autos. Dort findest du die Angabe, welche Kühlflüssigkeit du benötigst. Und die bekommst du wieder im Ersatzteil- oder Zubehörhandel.

   Vorsicht beim Nachfüllen! Der Motor muss unbedingt kalt sein! Ansonsten besteht Verbrühungsgefahr!

   Ist zu viel Kühlflüssigkeit vorhanden, dann wird diese über einen Überdruckschlauch abgegeben.

3. Bremsflüssigkeit prüfen: Ebenfalls im Motorraum befindet sich ein (diesmal kleinerer) Behälter, der wiederum eine Minimal- und eine Maximalmarkierung hat. Hier kannst du als Laie nicht nachfüllen. Das muss der Profi in der Werkstatt machen. Du solltest die Bremsflüssigkeit mindestens alle zwei Jahre komplett auswechseln lassen.
   Hier dürfte auch keine Überfüllung stattfinden. Wenn doch: Ab in die Werkstatt und beschweren.

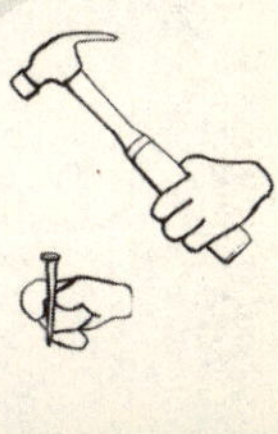

Zuletzt kannst du noch selbst die Lichter an deinem Auto überprüfen. Am schnellsten geht das, wenn du dir eine Person holst, die dir dabei hilft. Du sitzt im Auto und machst nacheinander alle Lichter an und aus, und dein Helfer sagt dir, ob das Licht angeht oder nicht. Am häufigsten gehen natürlich die am meisten gebrauchten Lampen kaputt. Das sind die Frontscheinwerfer und die Rücklichter. Diese kannst du auch selbst auswechseln. Vorne musst du die Motorhaube öffnen, hinten den Kofferraum (und die Plastikverkleidung abmontieren). Dann findest du dort meist eine Gummischutzkappe, die die Scheinwerfer vor Staub und Dreck schützt. Diese kannst du abnehmen und dann die Lampe entnehmen. Im Ersatzteilhandel organisierst du dir dafür eine neue Glühbirne. Vorsicht beim Einsetzen der neuen Lampen! Du solltest das Birnenglas nicht mit den bloßen Fingern anfassen, sondern nur mit einem fusselfreien Lappen. Ansonsten hast du Schweiß- und Fettflecken von deinen Händen auf der Glühbirne, und das kann die Birne zerstören, wenn sie heiß wird.

Ok, jetzt wisst ihr zwei Bescheid, wie ihr euren Flitzer überprüfen könnt. Wenn irgendwas nicht stimmt, einfach die Kiste in die Werkstatt bringen. Es gibt aber auch eine ärgerliche Sache, die man nicht ohne weiteres überprüfen kann: Marderschäden. Marder (eigentlich »Echte Marder«) sind kleine hundeartige Raubtiere, die gerne die (elektrischen) Leitungen im Motorraum anknabbern. Das fällt natürlich nicht gleich auf (wer schaut schon jeden Tag unter sein Auto?) und ist deshalb nicht ungefährlich. Was, wenn so ein Tier die Kühlleitung anfrisst? Deshalb solltet ihr euer Auto vor Marderbissen schützen.

Der Lieblingsangriffspunkt für die Marder ist der Motorraum.

Dieser hat einerseits »Höhlencharakter«, andererseits werden die Tiere von der Abwärme angelockt, wenn das Auto vom Fahren noch heiß ist. Das erklärt auch, warum die meisten Marderschäden im Frühjahr und im Herbst passieren: Abends ist es draußen kühl, aber der Motor ist noch warm. Im Winter kühlt der Motor schnell ab und im Sommer ist es draußen auch sehr warm. Zudem beginnt im Juni/Juli die Paarungszeit. Da haben die kleinen Marder anderes zu tun ...

Welche Bauteile am Fahrzeug sind durch Marder in Gefahr? Das sind Kabel und deren Isolierung, Schläuche und Isoliermatten, die sich alle im Motorraum befinden. Wenn's knüppeldick kommt, kann der Katalysator kaputtgehen, der Motor überhitzen oder Schmutz eindringen, der zum Beispiel die Lenkung blockiert.

Was also tun? Grundsätzlich lässt sich sagen: Ist dein Motorraum gut gekapselt, dann gibt's auch weniger Marderschäden. Deshalb sind laut ADAC Autos der Marke Mercedes relativ wenig betroffen. Sehr gut geschützt ist auch der Porsche. Aus aerodynamischen Gründen wird der Sportmotor durch eine feste Bodenplatte gekapselt. Zudem ist der Motor sehr voluminös und füllt den Motorraum fast komplett aus.

Vermutlich werdet ihr in nächster Zeit weder Porsche noch Mercedes fahren (oder ist ein Lottogewinn geplant?). Was schützt also? Die Antwort ist einfach und billig, aber genial: Der von Stefan Raab besungene Maschendrahtzaun hilft weiter. Ein Stück davon unter das Auto gelegt und die Marder werden laut ADAC den »unangenehm nachgiebigen Untergrund« meiden. Wenn ihr oft unterwegs seid, dann nehmt ihr am besten immer ein Stück Maschendraht- oder Kaninchenzaun mit. Achtet auch darauf, dass das Drahtgeflecht vorne nicht zu weit unter dem Motor hervorschaut. Pingelige Ordnungsämter fangen da schon mal an zu meckern. Weitere (aber teurere) Möglichkeit ist die Anschaffung von speziellen Ultraschall- bzw. Elektroschockgeräten. Oder ihr schützt die Kabel mit verstärktem Kunststoff.

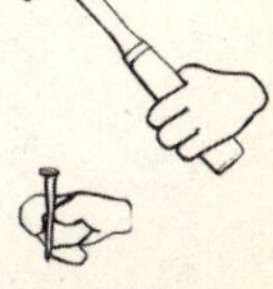

Ein Märchen hingegen ist, dass Marder durch gewisse Duftstoffe ferngehalten werden. Katzenhaare, Hundehaare, WC-Steine oder spezielle Marder-Abwehrsprays können die gefräßigen Tierchen höchstens kurzfristig aufhalten. Übrigens: Sollte eine Marderfamilie im Dachboden oder sonst wo in eurer Nähe eingezogen sein: Dort einfach ein kleines Radio ein paar Tage laufen lassen. Die Marderfamilie zieht bei solch lauten Nachbarn ziemlich schnell wieder aus.

Zuletzt haben wir noch einen Tipp für euch, der manchmal Gold wert sein kann:

Scheibe in die Türverkleidung gekracht? ★★☆☆☆

Bei einer bekannten deutschen Automarke mit zwei Buchstaben passiert öfter Folgendes: Das Auto steht im Sommer längere Zeit in der Sonne. Wenn du dann losfährst und den elektrischen Scheibenheber betätigen willst, knirscht es laut und die Scheibe fällt in die Türverkleidung. Hintergrund ist, dass sich durch die Hitze Teile verbiegen, die sich eigentlich nicht verbiegen sollen. Die Automarke weiß um das Problem und repariert auf Kulanz.

Dummerweise passiert so etwas aber immer, wenn man unterwegs ist, lange Strecken auf der Autobahn fahren will, das Auto über Nacht draußen stehen bleiben soll oder es Sonntag ist.

Hier die »Mädchen-Lösung«:

Panzerklebeband in den kleinen Spalt zwischen verschwundener Scheibe und Gummizeugs versenken. Mit einem Lineal oder Ähnlichem das Klebeband an die versenkte Scheibe drücken. Nun kann man die Scheibe mit dem Klebeband aus der Tür ziehen. Scheibe nun schön schick mit Klebeband im Rahmen befestigen. Hält in jedem Falle bis zum Besuch der Autowerkstatt.

Was meint die Jury?

: Das kenne ich sehr gut. Ist mir inzwischen schon viermal passiert. Bei jeder Scheibe einmal! (Übrigens grundsätzlich Samstagabend). Ich habe bis jetzt immer die Türverkleidung mühsam abgemacht, um die Scheibe wieder hoch zu drücken. Auf die Idee mit dem Klebeband bin ich leider nicht gekommen. Na ja, wer's nicht im Kopf hat …

: Bei Autos mit drei Buchstaben passiert das auch ab und zu.

: Ich weiß, warum ich ein Auto mit vier Buchstaben fahre. Auch, wenn manche es popelig finden.

: Ist mir mit der popeligen Vier-Buchstaben-Marke auch schon bei zwei Fenstern passiert!

: Der Tipp ist super. Es sollte aber darauf hingewiesen werden, dass Panzerband wirklich schwierig sowohl von der Scheibe als auch vom Lack wieder ab geht. Also – sparsam verwenden oder gleich japanische Autos kaufen!

So, das war's dann aber auch, was ihr als Laien am Auto werkeln könnt. Alles Weitere solltet ihr den Profis überlassen. Wir hoffen, du und Ingo gehört nicht zu den Menschen, die jeden Samstag ihr Auto waschen, putzen, polieren, bohnern, streicheln und liebkosen. Trotzdem sollten die sicherheitsrelevanten Teile immer sauber sein. Dazu gehört zum Beispiel die Frontscheibe. Da muss man ohne Behinderung der Sicht durchgucken können. Und da kommen die Scheibenwischer ins Spiel, die deine Frontscheibe auch während der Fahrt sauber halten.

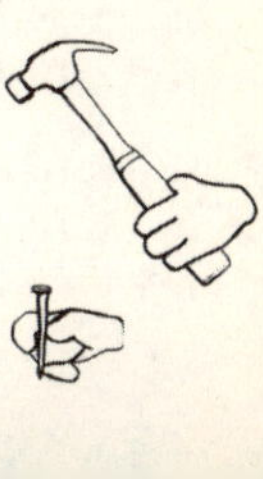

Scheibenwischer aufmöbeln

Die Scheibenwischer fangen nach einiger Zeit oft an zu quietschen und reinigen die Scheibe nicht mehr richtig. Bevor du dir neue Scheibenwischer kaufst, kannst du die Gummilippen mit einem feinen Schmirgelpapier aufrauhen. Dadurch halten die Dinger noch ein paar Wochen. Wenn es dann soweit ist, nicht die ganzen Wischarme austauschen, sondern nur die Gummilippen. Ansonsten wird's teuer! Du musst ja als (Noch-)Studentin nicht unbedingt die Glaspaläste und Showrooms der großen Autokonzerne mitfinanzieren.

Aber die Scheibenwischer reichen nicht immer aus. Vor allem festgetrocknete tote Fliegen auf der Frontscheibe sind zu hartnäckig.

Fliege meets Windschutzscheibe ★★★☆☆

Schnapp dir eine alte Zeitung, leg ein paar Blätter aufgefaltet auf die Frontscheibe und schütte Wasser drauf. Das Ganze lässt du einige Minuten »einwirken«. Danach ziehst du die Zeitung ab und spülst mit klarem Wasser nach. Fertig – ohne Schrubben und (fast) ohne Chemie. Schont Material, Muskeln und Umwelt.

Was meint die Jury?

: Jepp, funktioniert super!

: Um im Motorradurlaub das Visier vom Helm sauber zu bekommen, griffen wir zu folgendem Trick: Als wir abends immer zurück zur Pension kamen, sind wir auf die Zimmer, drei oder vier Blätter Toilettenpapier abgerissen, kurz unters Wasser gehalten und dann das Toilettenpapier aufs Helmvisier geklebt. Ein paar Minuten einziehen lassen und dann wieder runter damit. Und die Fliegen sind weg. Anschließend mit einem weichen Lappen nachreiben. Man sollte aber das Papier nicht zu lange einziehen lassen, sonst hat man ein Problem mit festgeklebtem Papier auf dem Visier.

: Was auch funktioniert (wirkt Wunder, ohne die Scheibe oder den Lack anzugreifen): Das geht fast ohne Chemie und teure Mittel vom Autozubehörhändler. »Fast ohne« bedeutet lediglich mit Spülmittel und warmem Wasser. Steht der Eimer bereit, dann helft eurer Freundin aus den Klamotten und klaut ihr zu guter Letzt die Nylons. ;-) Bevor es dabei allerdings zum Streit kommt, tun es aber auch ausgemusterte Strumpfhosen mit Laufmaschen. Funktioniert einwandfrei, da der Nylon härter als die Fliegenreste, aber weicher als der Lack ist. Ein befreundeter Autolackierer gab mir den Rat.

Das ist übrigens auch eine gute Taktik, wenn mal wieder ein Vogel auf deiner Karosserie sein »Geschäft« hinterlassen hat. Dann einfach mit Wasser einweichen und abwischen. Ist vor allem wichtig, wenn das Zeug auf dem Autolack gelandet ist. Manche Vögel sind so »scharf«, dass die Abfallprodukte den Lack angreifen können.

Hast du eigentlich die Möglichkeit, dein zukünftiges Auto in eine Garage zu stellen? Wenn nicht, dann kannst du dich schon mal auf den Winter freuen. Wenn's draußen kalt ist, hast du nämlich besonders viel Spaß mit deinem Auto. Wir sagen nur: kalte Heizungen und zugefrorene Autotüren. Und das Fitnessstudio kannst du dir ebenfalls sparen. Eis von der Autoscheibe kratzen ist Extremsport. Vor allem, wenn du keine Handschuhe

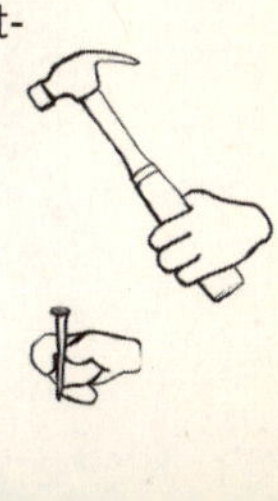

an hast. Aber das ist immer noch besser, als den Motor und die Heizung so lange laufen zu lassen, bis das Eis weggeschmolzen ist. Du schadest damit nicht nur der Umwelt, sondern vor allem deinem Auto. Wenn du an einem kalten Wintertag morgens das Auto vor Fahrbeginn zehn Minuten laufen lässt, dann entspricht das einer Motorbelastung von 35 000 km! Durch die Kälte ist das Motoröl so zähflüssig, dass es im Leerlauf unten in der Ölwanne bleibt. Kannst du dir vorstellen, was es für den Motor bedeutet, wenn er ungeschmiert bei diesen Temperaturen läuft? Das ist etwa so, als ob du in dicken Winterklamotten die trockene Wasserrutschbahn im Freibad herunter müsstest. Also lieber den Eiskratzer verwenden. Sollte der Eiskratzer nicht mehr richtig kratzen, dann kannst du ihn mit Schleifpapier etwas »schärfen«. Danach funktioniert er wieder besser!

Gegen zugefrorene Autotüren ★★★★☆

Autotüren frieren nicht zu, wenn du die Türgummis mit Melkfett oder mit einem Lippenpflegestift einreibst. Das machst du einmal im Herbst und die Türen gehen den ganzen Winter ohne Probleme auf. Sollte die Tür doch einmal zugefroren sein, dann presse sie rundherum fest gegen das Auto. Das Eis sollte so brechen, und die Tür lässt sich wieder öffnen.

Was meint die Jury?

: Mach ich jeden Winteranfang, und es funktioniert!

: Ich stelle es in die Garage. Funktioniert auch.

: Vaseline geht genauso gut.

: Man kann die Autotür auch offen lassen.

Klar funktionieren alle Tricks. Nachteil ist jedoch, dass Fett den Gummi angreift und auf Dauer zerstört. Dies vermeidet man, wenn man Talkum nimmt (das weiße Zeug, mit dem sich Turner die Hände einstäuben).

Aber nicht nur die Autotüren frieren zu. Auch das wehrlose Türschloss erliegt immer öfter den fiesen Killer-Eiskristallen. Der Grund hierfür ist Feuchtigkeit, die ins Türschloss gelangt. Viele empfehlen, bei ständig zugefrorenen Autoschlössern Graphit oder Waffenöl in das Türschloss zu spritzen. Das schützt zwar tatsächlich vorm Einfrieren, kann aber auf Dauer das Türschloss verdrecken. Das Öl kann sogar verharzen. Und das ist dann nicht mehr schön.

Cheat – Eisfreie Türschlösser

Viel stressfreier sind folgende Tipps:

1. Ein sparsamer und einfacher Trick gegen das Einfrieren von Autotürschlössern: Ein Stück Tesafilm drüberkleben und das Türschloss bleibt eisfrei. Es kann keine Feuchtigkeit eindringen.
2. Vor allem durch den Schlüssel kommt viel Feuchtigkeit ins Türschloss. Deshalb einfach den Schlüssel vor dem Benutzen kurz mit einem Papiertaschentuch abwischen. Schützt auch vor Zufrieren.
3. Gleich ein Auto mit Fernbedienung kaufen.

   Oder:
4. Wenn du ein Cabrio hast: Verdeck offen lassen.
5. Nicht abschließen :-)

Ok, ihr Saubermänner. Jetzt ist mein Auto also porentief rein und eisfrei. Aber wie kann ich meine Kiste tunen?

»Tunen« ist uncool. Punkt. Wir konnten noch nie verstehen, was ein Ofenrohr hat, was ein Auspuff nicht hat. Und wenn du eine dicke Anlage in dein Auto bauen willst: Lass es bleiben. Es gibt nichts Peinlicheres als einen dröhnenden Kleinwagen, bei dem ständig der Kofferraum so laut klappert, dass sich die Passanten auf dem Gehweg kringelig lachen. Außerdem solltest du beim Autofahren immer hören können, was in deiner Umgebung passiert, um in Gefahrensituationen schneller reagieren zu können.

Sicherheit ist sowieso ein wichtiges Thema im Straßenverkehr, das viel zu oft unterschätzt wird. Wie die Straßenverkehrsordnung funktioniert und wie du dich sicher im Verkehr bewegst, hast du ja in der Fahrschule gelernt. Wir können dir noch empfehlen, ein Fahrsicherheitstraining zu absolvieren. Das bietet zum Beispiel der ADAC an. So ein Training dauert einen Tag, und du lernst mit dem Auto umzugehen. Da kannst du deine Kiste mal ordentlich »rumlassen«, Vollbremsungen üben und das ABS austesten. Das Training kostet ein paar Euro, und du erhältst danach eine Urkunde. Mit der kannst du bei deiner Versicherung anfragen, ob du eine Ermäßigung auf den Beitrag bekommst. Manche Versicherungen bieten das an – und »fragen kostet ja nix!«

Aber was tun, wenn der Ernstfall eintritt?

Komplettlösung – Wie verhalte ich mich bei einem Unfall?

Ein Unfall ist eine ernste Sache. Vor allem, wenn Menschen dabei zu Schaden kommen. Außerdem kann ein Unfall ein gerichtliches Nachspiel haben, weshalb du bei einem Unfall sehr besonnen vorgehen solltest. Nicht selten kommt es vor, dass Unfallbeteiligte oder -zeugen später Aussagen zurückziehen oder anderes behaupten.

Es gibt zwei Fälle: Du bist in einen Unfall verwickelt – oder eben nicht.

»Ich bin in einen Unfall verwickelt.«

1. Die wichtigste Regel ist: Ruhe bewahren. Viele Menschen sind nach einem Unfall verwirrt oder geschockt.

2. Zuerst gilt es, sich selbst abzusichern. Also: Warnweste anziehen (ist ja Pflicht) und das Warndreieck aufstellen. Das muss 100 Meter (also etwa 150 bis 200 Schritte) von der Unfallstelle entfernt postiert werden.

3. Als Nächstes gilt es herauszufinden, ob Unfallbeteiligte verletzt sind.

4. Falls Hilfe benötigt wird, solltest du anhaltende Autofahrer/Menschen darum bitten, den Notarzt zu rufen. Bitte herumstehende Menschen um Hilfe. Muss erste Hilfe geleistet werden?

5. Ist die Sicherheit gewährleistet, kann man sich um die Sachlage kümmern. Bei Umstimmigkeiten solltest du die Polizei rufen. Nie ein Zugeständnis unterschreiben! Abwarten, bis die Polizei eintrifft. Dann kann alles geklärt werden.

6. Du solltest immer eine Einwegkamera im Handschuhfach deponieren. Bei einem Unfall kannst du die Unfallszene dokumentieren. Dazu gehören nicht nur die demolierten Autos, sondern auch der komplette Unfallort, zum Beispiel die Kreuzung, auf der sich der Unfall ereignet hat.

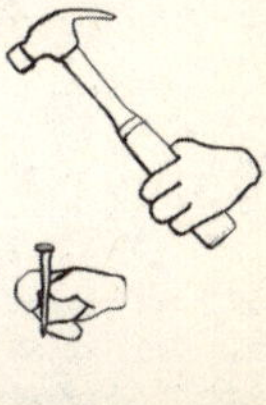

7. Du solltest darauf achten, dass nichts verändert wird. Geschickt ist ein Stück Kreide, das du ebenfalls im Handschuhfach haben solltest: Mit dem kannst du die Standorte der Reifen anzeichnen.

8. Ist alles geklärt, muss der Unfallverursacher den Unfall innerhalb von 24 Stunden seiner Versicherung melden.

9. Muss dein Auto abgeschleppt werden? Die Hotline deiner Versicherung kann dir weiterhelfen. Oft ist bereits ein Abschleppdienst in der Versicherung enthalten. Wenn du Mitglied in einem Autoclub bist, wird dein Auto ebenfalls kostenlos abgeschleppt.

»Ich habe einen Unfall beobachtet.«

1. Wenn du Unfallzeuge bist, so musst du dies melden. Also: Anhalten und überprüfen, ob Hilfe benötigt wird! Danach musst du so lange da bleiben, bis die Situation geklärt ist (notfalls durch die Polizei).

2. Solltest du den Unfall nicht beobachtet haben, versuche zu prüfen, ob jemand verletzt ist und ob Hilfe benötigt wird. Ist dies nicht der Fall und die Menschen am Unfallort haben alles unter Kontrolle, ist es klug weiter zu fahren. Denn dann stehst du nur im Weg rum und gehörst zu den Gaffern. Auch wenn du es gut meinst, kann sich das Anhalten am Unfallort in so einem Fall negativ für dich auswirken. Sollte es zu einer Gerichtsverhandlung kommen, so wird oft durch die gegnerischen Parteien versucht, Zeugen mit hineinzuziehen und Einfluss auf diese zu nehmen. Das solltest du dir sparen.

Ach, wer bremst verliert!

Ingo!!! Deine Klapperkiste fliegt sowieso bald auseinander! Es wär besser, du nimmst dein neues Fahrrad. Dann würde vielleicht auch mal dein kleiner Schnitzelfriedhof um den Nabel wieder verschwinden. Als ich dich kennen gelernt habe, hast du dir noch richtig Mühe gegeben!

Soso, der Ingo bekommt ein kleines »Wohlstandsbäuchle«. Da wär es wirklich mal wieder an der Zeit, das Fahrrad fit zu machen!

Och nee, mein letztes Fahrrad wurde mir geklaut und mit dem neuen Fahrrad trau ich mich nicht auf die Straße. Das ist dann auch gleich wieder weg.

Fauler Hund, das sind doch alles nur Ausreden. Du kannst dein Fahrrad doch sicher machen, oder, Jungs?

Ja, Ingo, dein Fahrrad kannst du in der Tat ordentlich absichern. Im Jahr 2005 wurden etwa 390000 Fahrräder in Deutschland geklaut. Da hat die Industrie längst reagiert und bietet ordentliche Produkte an. Nur die Radfahrer lassen ihre Räder immer noch fast ungesichert in der Landschaft rumstehen!

Bei der Absicherung deines Fahrrads solltest du nicht geizig sein. Faustregel: Zehn Prozent des Fahrradpreises solltest du in die Sicherung deines Drahtesels investieren. Am besten eignen sich Bügelschlösser oder Panzerkettenschlösser. Diese können nicht mit einem Bolzenschneider durchtrennt werden. Dafür sind sie unflexibler in der Handhabung. Du solltest auf die Größe des Schlosses achten: Es ist wichtig, dass du das Fahrrad mit dem Schloss an einem festen Gegenstand (zum Beispiel an einem Laternenpfosten) abschließen kannst. Kabelschlösser sind mit einem Bolzenschneider leicht zu durchtrennen (weshalb sie auch den Spitznamen »Geschenkbänder« tragen). Trotz ihrer Flexibilität solltest du deshalb Abstand von diesen Dingern nehmen.

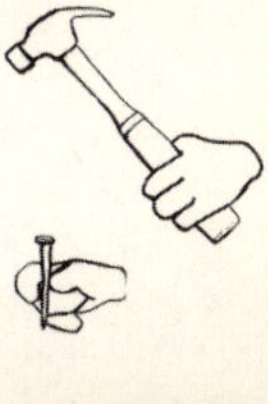

Der nächste Punkt ist der Schließzylinder. Achte beim Fahrradschlosskauf auf das VdS-Zeichen. Schlösser, die dieses Zeichen tragen, haben das Gütesiegel der Versicherungswirtschaft und wurden wichtigen mechanischen Tests unterzogen. Ein Fahrradschloss mit diesem Siegel hält dem »Hammer-Test« stand, und auch mit Spezialwerkzeug lässt sich der Schließzylinder nicht knacken.

Der nächste Punkt ist der »Bauteile-Klau«. Verfügt dein Rad über Schnellspanner, so hat ein Dieb ruckzuck das Vorderrad oder den Sattel abmontiert. Hier gibt es auch spezielle Verschlusssysteme ab vierzig Euro. Wenn dir das zu teuer ist, musst du beide Räder abschließen und den Sattel mitnehmen. (Achtung bei Regen: Wenn dir dann Wasser in den Rahmen gelangt, verrostet schnell das Tretlager. Für diesen Fall einen alten Korken mitnehmen, um damit das Loch zu »verstöpseln«.)

Eine weitere Möglichkeit ist die so genannte »Fahrrad-Codierung«. Die Polizei oder der Händler graviert dabei eine Nummer in den Rahmen deines Fahrrads. Wird dein Fahrrad geklaut und wiedergefunden, so kannst du als Besitzer sehr schnell ausgemacht werden. Leider wird dieser Service von der Polizei nicht mehr so oft angeboten. Also vorher nachfragen (oder beim Händler ein paar Euro dafür bezahlen). Übrigens: Du kannst auch andere Gegenstände wie Teppiche, Handys oder Bilder mit einem Code versehen lassen.

Noch eins drauf setzt der »Bike-Finder«. Das ist ein Chip, der an deinem Rad befestigt wird. Über diesen Chip kannst du als Besitzer des Fahrrads im Fall einer Wiederbeschaffung ausfindig gemacht werden. Kostenpunkt: 24 Euro.

Übrigens: Wie schon im vorigen Kapitel erwähnt wurde, kannst du dein Fahrrad auch in der Hausratversicherung mitversichern.

Mir springt aber ständig die Kette runter und dann mach ich mir die Finger schmutzig!

Mensch Ingo – dir ist aber auch gar keine Ausrede zu peinlich. Wenn die Kette runterspringt, dann musst du doch einfach nur in einen höheren Gang schalten, mit der einen Hand das Hinterrad hochheben und mit der anderen Hand die Pedale drehen. Schon springt die Kette wieder aufs Zahnrad, und deine Finger bleiben schön sauber.

Und sollten beim Reifen Flicken oder Kette Ölen doch mal die Finger schmutzig werden, kannst du dir ganz einfach eine selbstgebastelte Waschpaste zusammenrühren, mit der du das Öl lässig von den Fingern bekommst.

Selfmade-Handwaschpaste ★★★★☆

Gerade am Auto geschraubt, Muttis Fahrradkette gewechselt oder sonstwo schmierige Finger eingehandelt? Dann schnappst du dir einfach den Rest Kaffee aus dem alten Kaffeefilter und vermischst ihn mit etwas Spülmittel und Wasser. Funktioniert wunderbar, da der Kaffee als Schleif- und das Spül- als Fettlösemittel arbeitet. Macht schön saubere Hände und riecht auch nach dem Filterwechsel beim Diesel eher nach Kaffee als allem anderen. Billig, einfach, wirksam!

Was meint die Jury?

: Tipp ausprobiert. Es klappt!

: Da schraub ich doch gleich viel lieber. Klappt supi!

: Das geht auch mit Zucker und Spülmittel. Gleicher Effekt (falls man kein Kaffeetrinker ist).

: Vor dem Schrauben mit den Fingernägeln noch in einem Stück Seife kratzen. Dichtet den Nagel und die Fingerkuppe ab

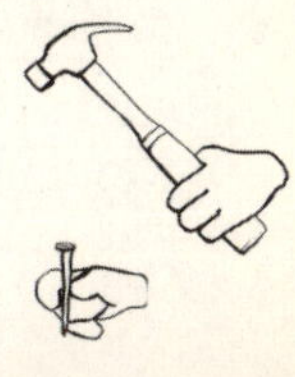

und verhindert so, dass Dreck/Öl unter die Nägel gelangt. Beim Waschen löst sich die Seife auf, und Bürsten unter den Nägeln ist überflüssig.

Und für das Fahrradflickzeug für unterwegs gibt's auch noch einen genialen Aufbewahrungsort:

Flickzeug platzsparend verstauen

Wenn deine Sattelstütze breit genug ist, kannst du Folgendes machen: Stecke dein Flickzeug in ein Plastikröhrchen (oft reicht das von den Mineraltabletten aus dem Supermarkt) und stöpsel das Röhrchen mit einem innen liegenden Gummipfropfen aus der Apotheke zu. Jetzt ab damit in das Loch der Sattelstütze und ebenfalls mit einem Gummipfropfen »wasserdicht« verschließen! Sattel wieder reinstecken, befestigen, fertig!

Falls ihr euch noch mehr über Fahrräder informieren wollt, dann können wir euch die ausführliche Website des Allgemeinen Deutschen Fahrrad-Clubs empfehlen. Auf www.adfc.de findet der Vollblutradler alles zum Thema Fahrrad: Sicherheit, Straßenverkehrsordnung, Radreisemöglichkeiten, Technik, Versicherungen und und und.

Hallo Jungs,
ihr werdet es nicht glauben. Nachdem Kathrin gestern mit meinem Auto wie eine Irre durch die Stadt gebrettert ist, wollten wir heute Morgen zum Geburtstag ihrer Omi düsen. Wir steigen ein, ich dreh den Schlüssel im Zündschloss um, es knackt plötzlich fies im Motorraum und dann stieg auch schon Rauch aus

der Kiste. Fast wären die Apachen gekommen, bei den Rauchzeichen …

Auf jeden Fall sitzen wir jetzt im Zug nach München. Kathrins Oma wird achtzig. Und weil Familienfeste immer so wahnsinnig spannend sind, lassen wir uns das natürlich nicht entgehen.

Die Bahntickets sind ja krass teuer, aber dafür ist die Unterhaltung im Zug nicht schlecht. Kurz vor Augsburg holte mich eine Ansage aus meinen Träumen, und ich weiß bis heute noch nicht, in welcher Sprache da mit mir kommuniziert werden sollte: »Leidiiis änd Dschentelmän, in a fjuu minits wi will areif in Augsburg Meinsteischen – sänk juu for treweling wis Deutsche Bahn änd gudd bei.« Was meint ihr?

Esperanto? Usbekisch? Keine Ahnung, wo der freundliche Bahnbeamte seinen letzten Sommerurlaub verbracht hat …

Ja, Ingo. Die Bahn ist nicht gerade das günstigste Fortbewegungsmittel, aber dafür ist der ICE im Sommer gemütlich warm und im Winter schön kühl. Spaß beiseite: Habt ihr zwei schon mal daran gedacht, eine BahnCard zu kaufen? Die BahnCard 50 kostet für Studierende nämlich nur die Hälfte, und wenn ihr in einer Lebensgemeinschaft lebt (was ihr ja tut), bekommt der Partner die BahnCard auch zum halben Preis. Ihr müsst beim Kauf lediglich nachweisen, dass Kathrin noch studiert und ihr die gleiche Adresse in eurem Personalausweis stehen habt.

Mit dem Zug zum Flug – günstig Bahn reisen! ★★★★★

Es hat sich ja herumgesprochen, dass Bahn fahren ohne BahnCard relativ teuer und fliegen relativ günstig sein kann. Also: Solltest du mal in die beneidenswerte Lage geraten, an einen günstigen Billigflug ins Ausland (geht nicht bei

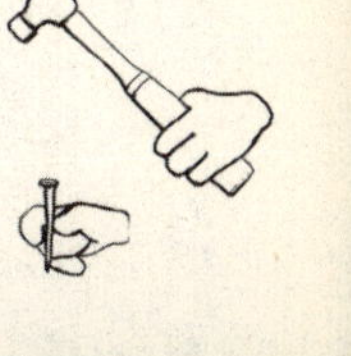

Inlandsflügen) von HLX (www.hlx.com) zu gelangen, obwohl der Flughafen am anderen Ende von Deutschland liegt: Zugreifen und dann für Hin- und Rückreise zwei »Zug zum Flug«-Tickets für 39,98 Euro buchen (19,99 Euro pro Person und Strecke).

Kleines Beispiel: Du wohnst in Stuttgart und kaufst ein günstiges Billigfliegerticket (samt zwei »Zug zum Flug«-Tickets), mit dem du von Hamburg aus ins Ausland fliegen kannst. An dem Wochenende, an dem der Flieger geht, fährst du mit der Bahn nach Hamburg, fliegst dann aber nicht und genießt die Zeit in Hamburg.

Fazit: für 39,98 Euro + Billigfliegerticket (ab 19,99 Euro) mit der Bahn durch fast ganz Deutschland (und wieder zurück) gefahren. Günstiger geht's nicht, auch wenn du eine BahnCard hast. Bei einer längeren Strecke sparst du da locker über 100 Euro.

Was meint die Jury?

: Echt? Das muss ich mal ausprobieren!

: So günstig ist es auch nicht, fährt man an einem Wochenende hin und an einem Wochenende auch zurück, zahlt man bei der DB die Hälfte, ist aber an einen bestimmten Zug gebunden. Wenn man aber bei deinem Tipp die Flüge noch schnell in der Stadt verscherbelt, könnte man wieder etwas sparen.

DRESSCODE & KNIGGE

Morgen haben Ingo und ich zweijähriges Knutschjubiläum. Ich wette, der hat das vergessen, so schusselig wie der manchmal ist. Aber ich mag ihn ja gerade auch deswegen. Und dank seines neuen Jobs gedeiht sein Kontostand ja auch prächtig. Er könnte mich eigentlich mal ordentlich ausführen. Aber vermutlich wird's sowieso auf eine DVD und eine Pizza von »Luigis Pizza Sprint« hinauslaufen.

Gepriesen sei mein neues Multi-Organizer-Mini-Handy-Mobile-Dingsbums. Dieses Wunderwerk der Technik hat heute morgen wie verrückt gebrummt und vibriert und mich auf den morgigen Termin aufmerksam gemacht: »Achtung! Zwei Jahre Kathrin! Opernkarten abholen!« Die hab ich nämlich schon letzte Woche heimlich bestellt und morgen werde ich mit Kathrin ganz entspannt fein ausgehen. Die wird Augen machen!

Wow! Du überraschst uns immer wieder, Ingo. Aber Vorsicht! Du erinnerst dich sicher noch an die Katastrophe mit Angelina. Dieses Mal muss alles passen. Ansonsten hängt der Haussegen schief. Frauen bewerten nämlich neben der Idee durchaus auch deren Ausführung. Und wenn du da versagst, bist du als Vollidiot abgestempelt. Das fängt schon bei der richtig gebundenen Fliege und dem passenden Anzug an.

Fliege? Anzug? Passen? Meine Lieblingsjeans ist frisch gewaschen – das muss doch wohl reichen.

Grad mache mer's Maul zu, wie man bei uns so schön sagt. Wenn ihr als Paar an einem gesellschaftlichen Event wie einer

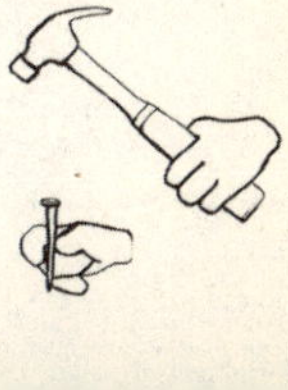

Opernaufführung teilnehmen wollt, dann solltet ihr euch auch den dazugehörigen »Standards« anpassen. Und das fängt bei der ordentlichen Kleidung an. Also: Hol morgen deinen schönsten Anzug und dein bestes Hemd aus dem Schrank, organisier dir eine Fliege – und los geht's!

Macht mal halblang, Jungs. Ich glaub, ich verstehe nur Bahnhof. Könnt ihr das vielleicht mal langsam erklären, für Dummys? Schaff ich das überhaupt bis morgen?

Okay, dann wollen wir dir mal eine kleine, aber feine Einführung in Sachen Männer-Dresscode geben. Vor allem in der deutschen Wirtschaft wird viel Wert auf das Äußere gelegt. Wer gut gekleidet und gepflegt auftritt, hat gegenüber anderen Vorteile. Fangen wir mit den unterschiedlichen Dresscodes an. Diese sind in vielen Unternehmen wichtig. Es wird von den Mitarbeitern verlangt, dass sie mit ihrem Kleidungsstil zum »Corporate Design« des Unternehmens passen.

Welche Dresscodes gibt es?

Freizeitkleidung/Casual wear
Der Herr trägt Hemd oder T-Shirt. Unten rum gibt's Jeans oder sonstige sportliche und bequeme Hosen. In südlichen Gefilden sind auch Bermudas oder Shorts erlaubt.

Gehobene Freizeitkleidung/Smart casual
Du solltest geschlossene Schuhe tragen. Dazu einen Anzug oder eine Kombination. Krawatte ist nicht erforderlich.

»Wie im Büro«/Business casual
Du darfst »wie im Büro« rumlaufen. Das heißt: Hemd und Jackett. Jeans ist meist nicht erwünscht. Die Krawatte ist

nicht zwingend erforderlich. Übrigens: Kurze Hosen sind in den meisten deutschen Büros tabu. Sandalen sind hingegen erlaubt.

Casual Friday (auch »Dress down Friday«)
Seit den 1950ern wird diese Gepflogenheit in manchen Unternehmen praktiziert. Weil es ja bald ins Wochenende geht, ist sportliche und legere Kleidung erlaubt. Seit dem Ende des Internet-Booms ist der Casual Friday nicht mehr so beliebt. Unternehmen sehen es wieder gerne, wenn sich die Mitarbeiter auch am Ende der Woche an den »ordentlichen« Dresscode halten.

Geschäftskleidung/Business-Kleidung
Die Kleidung, die normalerweise im Geschäftsleben (Management, Banken, Politik) getragen wird. Herren tragen einen Business-Anzug in gedeckten Farben, ein unifarbenes (einfarbiges) oder leicht gestreiftes Hemd samt unauffälliger Krawatte, gepflegte Schuhe und dunkle Socken. Die Damen tragen ein Kostüm oder einen Hosenanzug mit Bluse und Pumps. In manchen Ländern sind Strumpfhosen auch bei hohen Temperaturen Pflicht!

Übrigens: Selbst Fidel Castro trägt inzwischen zu Anlässen der internationalen Politik elegante Seide statt olivgrüner Kampfanzüge.

Abendgarderobe
Die Abendgarderobe, die zu festlichen Angelegenheiten getragen wird, fällt durch einen besonderen Stoff und Schnitt auf. Für den Mann tut es bereits ein schwarzer Sakkoanzug zusammen mit weißem Hemd und Krawatte. Geht's besonders festlich zur Sache, gibt es noch den Frack und den Smoking. Auf der Einladung steht dann »white tie/cravate blanche/

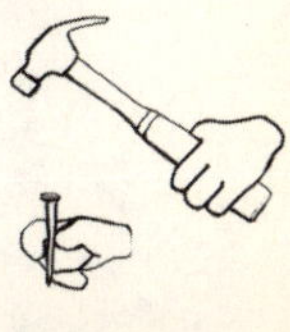

großer Gesellschaftsanzug« beziehungsweise »black tie/cravate noire/Gesellschaftsanzug«. Vor allem Frack und Smoking hat Ingonormalverbraucher normalerweise nicht im Schrank hängen, weshalb man sich diese Dinger auch für den Abend mieten kann.

Die Frauen haben da mehr Spielraum. Sie können mit ihren Reizen und ihrer Figur großzügig umgehen. Es gibt viel Auswahl: elegante Abendkleider, schulterfreie Cocktailkleider aus edlem Stoff oder feine Hosenanzüge. Das Dekolleté muss dem Anlass entsprechen. Faustregel: Je später der Abend, desto tiefer kann (muss aber nicht) der Ausschnitt sein. In manchen Regionen ist auch traditionelle Abendkleidung möglich. In Deutschland gibt es den Lodenanzug, die Tracht oder das Dirndl. In Schottland gilt der Kilt ebenfalls als klassische Festtagskleidung.

Die Missachtung von Dresscodes kann sich sehr nachteilig für dich auswirken. Bei manchen Veranstaltungen wirst du schlicht nicht eingelassen (Feste, Konzerte, Audienzen, Kasinos). Auch bei beruflichen Vorstellungsgesprächen (Kathrin weiß, wovon wir sprechen) kann sich die unangemessene Bekleidung sehr zum eigenen Nachteil auswirken. Wer die passende Kleiderordnung beachtet, schlägt gleich zwei Fliegen mit einer Klappe: Er zeigt seine gesellschaftliche Kompetenz und er bringt seine persönliche Würdigung des Anlasses zur Geltung.

Okay, das mit dem Büro ist klar, aber wie sieht es bei Hochzeiten aus?

Hochzeitskleidung

Bei Hochzeiten solltet ihr das tragen, was vom Brautpaar gewünscht wird. Ist dieser Rahmen geklärt, könnt ihr alles tragen, was euch gefällt.

Kirchliche Heirat
Bitte nicht aufreizend auftauchen. Elegant und dezent sollte die Kleidung sein. Für Frauen ist ein Hut nicht zwingend erforderlich.

Themenhochzeit
Manche Brautpaare wollen als Burgfräulein und Ritter heiraten. In so einem Fall müssen natürlich auch die Gäste passend gekleidet sein. Bei abgefahrenen Partyideen finden sich in der Regel immer ein paar Hinweise auf der Einladung.

Für Frauen gilt: Nie die Braut ausstechen! Es muss klar sein, wer an diesem Tag im Mittelpunkt steht. Weiß, Creme und Elfenbein sind verboten. Schwarz sollte es auch nicht sein, da Schwarz die Farbe der Trauer ist.

Puh, das ist eine ganz andere Welt. Da muss ich mich erst noch zurechtfinden. Was kommt als Nächstes?

Hemden, Ingo! Du weißt, diese Bekleidungsstücke mit dem steifen Kragen oben. Das ist das Stichwort. Davon hast du als Sesselpupser ja sicher schon ein paar im Schrank hängen. Hier erst mal ein Überblick über das wichtigste Unterscheidungsmerkmal.

Der Hemdkragen – ein Überblick

★★★★☆

Button-Down-Kragen – sportiv

Der Button-Down-Kragen wird mit zwei Knöpfen am Hemd befestigt. Die Idee stammt vom Polospiel, wo der Kragen beim Reiten immer auf und ab flatterte. Der Button-Down-Kragen wird nicht zum Anzug oder gar zum zweireihigen Sakko getragen. Wer keine Krawatten mag, ist mit diesem Kragen gut beraten. Man kann sie getrost weglassen.

Kent-Kragen – elegant

Der Klassiker. Er wird am häufigsten getragen und kann mit allem kombiniert werden: mit oder ohne Krawatte beziehungsweise Fliege. Optimal für Anzüge geeignet. Hier passt jeder Krawattenknoten. Der Namensgeber war übrigens der Herzog von Kent.

Haifisch-Kragen – modisch

Der Haifisch-Kragen ist der modischste Kragen. Die breitgestellte Abart ist vor allem in Italien beliebt und passt besonders gut zu Business-Anzügen. Der Doppelte Windsor und der Kreuzknoten eignen sich hier sehr gut als Krawattenknoten.

New-Kent-Kragen – korrekt

Der New Kent ist ein Kompromiss zwischen Kent- und Haifisch-Kragen. Nicht so breit gestellt wie der Haifisch-Kragen, aber auch nicht so »spitz« wie der Kent-Kragen. Nie »ohne« (Krawatte, Schleife, Plastron) tragen!

Kläppchen-Kragen – vornehm

Der vornehme Kragen für den besonderen Anlass (Gala, Oper und so weiter). Hemden mit Kläppchen-Kragen passen zu Smoking, Frack und Cut und sollten immer nur mit Fliege und nicht mit Krawatte kombiniert werden. Der Kläppchen-Kragen heißt auch »Vatermörder«, weil das Tragen früher sehr unangenehm war.

Tab-Kragen – klassisch
Der Tab-Kragen ist der klassische Krawattenkragen. Spezielle Laschen werden hinter dem Krawattenknoten verbunden und drücken so den Kragen ans Schlüsselbein. Die Folge: Der Krawattenknoten wird hervorgehoben.

Was meint die Jury?

: Für den alltäglichen Einsatz haben sich für mich der Haifisch- und der New-Kent-Kragen als völlig ausreichend bewährt. Button Down, Kläppchen und Tab sind ein einziges Gewürge.

: Ich steh auf den Old-School Kent. Hai und New Kent sind modernes Zeugs und sollen freundlicher wirken. Showkanzler Gerd hatte die auch immer. Bin aber keine Grinsekatze.

: Der New Kent ist im Übrigen auch als Windsor-Kragen bekannt. Wird von Prince Charles bevorzugt. Zu diesem Kragen passt auch sehr gut ein asymmetrischer, länglicher Krawattenknoten.

: Hier wird das Niveau jetzt aber hochgeschraubt *g*. Am besten so hoch, dass sich kaum mehr wer traut, mitzuplaudern.

Das wird ja immer bunter hier! Doppelter Windsor? Kreuzknoten? Könnt ihr mir nicht die wichtigsten Krawattenknoten vorstellen, die ich dann einmal zusammen knote, damit ich die Krawatten einfach nur in den Schrank hängen kann?

Das solltest du nicht machen, denn damit ruinierst du dir deine teuren Krawatten. Nach dem Tragen immer schön entknoten und am besten über einen speziellen Krawattenbügel hängen. Aber hier sind die drei wichtigsten Knoten, die für deine Anlässe immer funktionieren und jeden Kragentyp »abdecken«: Der Four-in-Hand-Knoten (lang und schmal, für den Standardkragen), der Windsor-Knoten (breit und dreieckig, für weit geschnittene Kragen) und der halbe Windsor-Knoten (mittelbreit und symmetrisch für normale Kragen). Falls dir die drei Knoten irgendwann nicht mehr reichen sollten, schau bei www.krawattenknoten.info vorbei. Dort gibt es Unmengen an Tipps und Tricks, wie du welchen Krawattenknoten bindest, zu welchen Hemden der Knoten passt, und was man zu welchem Anlass trägt. Hier ein kleiner Auszug aus den möglichen Knoten: doppelter Knoten, kleiner Knoten, Atlantik-Knoten, Diagonal-Rechts-Knoten, halber englischer Knoten, italienischer Knoten, türkischer Knoten, orientalischer Knoten, persischer Knoten, Onassis-Knoten und viele mehr.

Four-in-Hand-Knoten

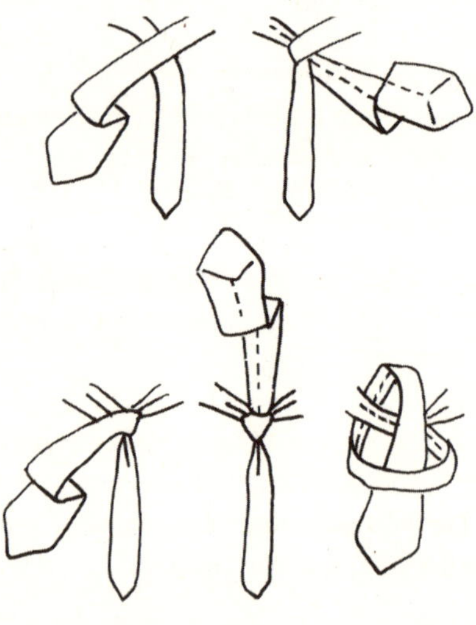

Windsor-Knoten

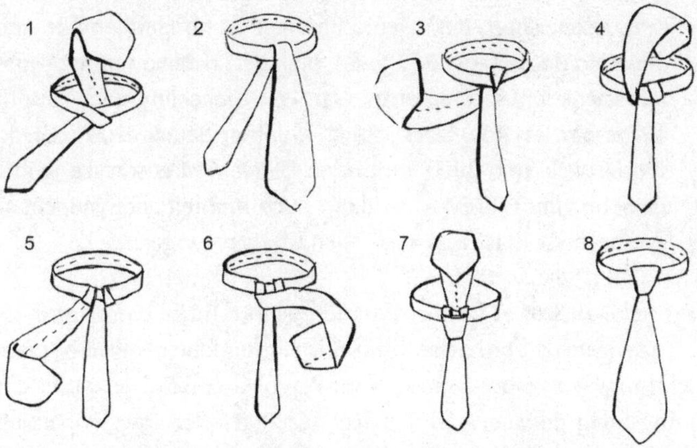

Halber Windsor-Knoten

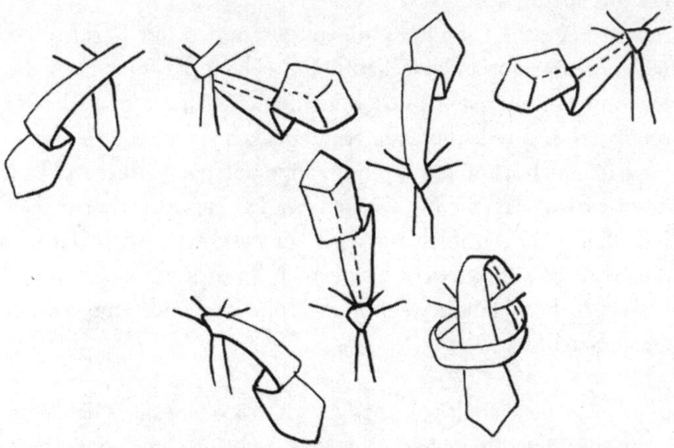

Übrigens: Die Krawatte sollte so gebunden sein, dass sie mit ihrer Spitze die Gürtelschnalle berührt.

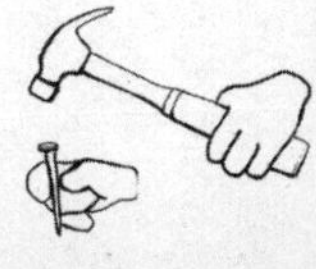

Auf der Welt gibt es ungefähr 705 Millionen Männer, die regelmäßig Krawatte tragen. In Deutschland wird vom Deutschen Krawatteninstitut, dem Deutschen Institut für Herrenmode und der KölnMesse seit 1965 jedes Jahr der »Krawattenmann des Jahres« gewählt. Der erste war Hans-Joachim Kulenkampff, 1972 war es Roy Black, 1991 Günther Jauch, 2001 Guido Westerwelle und 2005 kam dann Ulrich Wickert an die Reihe. Zwischendrin (2003) war's dann auch mal Borussia Mönchengladbach. Du hast also auch noch Chancen, Ingo!

Ihr Scherzkekse! Angeblich können geübte Büroheinis ihre Krawatte sogar bei Dunkelheit und mit verbundenen Augen binden. Ich hingegen brauche immer mindestens drei Anläufe, damit das Ding nicht entweder an den Knien hängt oder knapp oberhalb des Bauchnabels endet. Die Frauen haben es da viel leichter. Die müssen nur etwas Schickes anziehen und brauchen kein Studium im Binden von Seemanns- und Krawattenknoten zu absolvieren, um gut auszusehen!

Letzte Woche habe ich übrigens zusammen mit Kathrin zwei neue Anzüge für mich gekauft. Sie behauptete hinterher, dass ich ohne sie wahrscheinlich immer noch Schuhe mit Klettverschlüssen und reflektierende Kinderjacken tragen würde. Na ja, ich habe mich schon etwas dumm angestellt dabei. Aber wer kann denn wissen, dass die die Taschen bei den Jackets extra zunähen? Jedenfalls habe ich mich zunächst lautstark beim Verkäufer über diesen »Fehler« beschwert, bevor mich Kathrin mit einer unmissverständlichen Handbewegung in Höhe der Kehle zum Schweigen gebracht hat.

Peinlich, peinlich, Ingo! Aber grundsätzlich hast du es richtig gemacht: In der Regel hilft es, beim Klamottenkauf eine weibliche Person als Beraterin mitzunehmen. Zudem sind etwa zehn Prozent des starken Geschlechts farbenschwach oder ganz farbenblind. Das erleichtert die Aufgabe des Kleiderkaufs nicht gerade.

Frauen wissen in der Regel sehr gut, was dem modebewussten Mann steht, und du kannst dabei eine Menge lernen. Aber wenn gerade keine Frau zur Hand ist, solltest du es auch selbst hinkriegen. Also: Was musst du über Anzüge lernen, was die Frauen schon mit der Muttermilch aufgesogen haben?

Anzugkauf

Beim Kauf eines Herrenanzugs gibt es ein paar Dinge, die weiterhelfen: Hör auf deinen Berater. Geschickterweise ist das eine weibliche Person, die du mitbringst, oder es ist der Mitarbeiter, der dich professionell beraten kann. Am besten beugst du dem Fehlkauf vor, wenn dich diese beiden Personen beraten!

Teure Anzüge unterscheiden sich meist durch den hochwertigeren Stoff von günstigeren Modellen. Mach ruhig mal die »Knitterprobe«: Nimm ein Stück der Jacke in die Hand und zerknittere das Teil ordentlich. Sieht das Stück nachher immer noch glatt aus? Wenn ja, ist es guter Stoff. Das ist wichtig, wenn du oft Anzüge trägst und nicht ständig wie nach einer Nacht unter der Brücke aussehen willst.

Frag nach, ob die Arm- und Hosenlänge passt und achte darauf, dass keine Tragfalten entstehen, während du den Anzug an hast. Das sieht nämlich ziemlich suboptimal aus. Der Jackettärmel sollte bei nach unten hängenden Armen bis kurz über das Handgelenk gehen. Egal welche Farbe, ob Zwei- oder Dreireiher: Wichtig ist die Passform!

Ach ja: Das Jackett immer von unten her anziehen. Das heißt: Arme nach hinten unten strecken und dann das Jackett anziehen oder reinhelfen lassen. Das Ding ist kein Kapuzenpulli!

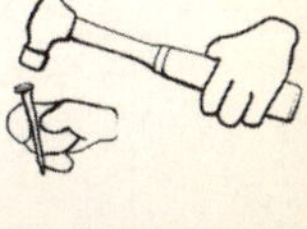

Komisch. Genau auf diese Sachen hat Kathrin letzte Woche geachtet.

Haben wir doch gesagt! Bevor wir weiter »nach unten« gehen, möchten wir aber noch auf ein Thema zu sprechen kommen, das buchstäblich gerne mal zu kurz kommt.

Der Hosenlängentest ★★★★★

Das Leben ist viel zu kurz, als dass der Mann von heute es mit stundenlangem Shopping verschwendet. Klamotten-Einkaufsrunden müssen zielorientiert und minutiös geplant sein, damit die präzise Ausführung gewährleistet werden kann. Doch Vorsicht: Augen auf beim Hosenkauf! Hier sparen Männer zu viel Zeit an der falschen Stelle. Es kommt nicht nur auf den Sitz an den Hüften an (»Jawoll, passt, nehm ich, Wiedersehen!«). Ansonsten ist die Hose, wie auch das Leben selbst, zu kurz.

Dabei sollte ein Blick auf die abendliche TV-Talkrunde eigentlich lehren: Noch das gewichtigste Redeargument des Anzugträgers (typische Fälle: Hans-Dietrich Genscher/Marcel Reich-Ranicki) verliert irgendwie an Autorität, wenn die Kamera dabei ein Hosenbein in Capri-Länge fokussiert.

Deshalb: Der Saum des Hosenbeins sollte im Stehen etwa einen halben bis ganzen Zentimeter oberhalb des oberen Schuh-Absatzrandes liegen. Als Ergänzungs-Test beim Hosenkauf empfiehlt sich die Talkshow-Altherrenpose: Du nimmst auf einem Stuhl Platz und schlägst ein Bein übers andere. Zieht sich der Saum dabei bis über den Knöchel, ist die Hose zu kurz. Wenn du dir das angewöhnst, sparst du dir in Zukunft die belustigten Blicke deiner Mitmenschen.

Von selbst sollte sich verstehen, dass diese Regel

a. auch für Jeans gilt,

b. nicht hingegen für ⅞-Hosen, und
c. wertlos ist, wenn du die falschen Socken an hast. Wer die ignoriert, kann sich seine Hosen auch gleich übers Knie krempeln.

Was meint die Jury?

: Sehr gut, mich grausen manche Hosenlängen auch. Schauen die Leute nie in den Spiegel?

: Erstens: Vernünftigerweise enden Hosen etwa zehn Zentimeter über dem Fußboden, dann werden sie nicht so schnell schmutzig. Es ist doch eklig, wenn die Hosenbeine so lang sind, dass sich der ganze Straßendreck daran festsetzt. Zweitens: »Marcel Reich-Ranicki verliert irgendwie an Autorität …« Welche Autorität? Und drittens: Es gibt einen einfachen Test für die richtige Hosenlänge.

1. Laufe durch eine große Pfütze.
2. Gehe durch den Stadtpark.
3. Schau danach, ob die Hosenbeine trocken sind und frei von Hundekot, Kaugummi und Rotze. Wenn ja, stimmt die Hosenlänge.

: Find ich reichlich knallig, »Autorität« über die Hosenlänge zu definieren! Gut, dass wir sonst keine Sorgen haben!

: In welchen Läden kaufst du? Wenn ich eine Hose finde, die gut um Hüfte und Gesäß passt, sind die Hosenbeine meist eine Handbreit zu lang!

: Die so genannten »Standard-Größen« passen leider nicht jedem Menschen. Zum Glück unterscheiden sich die Marken oft im Hosenschnitt, weshalb man seine »Lieblingsmarke« suchen sollte, mit der dann der Hosenkauf optimiert wird. Und wenn die

Hose mal doch zu lang ist: Gegen einen kleinen Aufpreis kann man sich die Hose kürzen lassen.

: Stichwort Anzüge: Maßschneider sind gar nicht sooo elitär, wie man immer denkt. Wer für einen Stangenanzug 300 Euro hinlegen kann (und das ist in vielen Kaufhäusern unterer Durchschnitt), könnte sich fürs gleiche Geld auch einen maßschneidern lassen (Computer-Schnittmusterberechnung drückt die Kosten).

Jungs, ihr werdet mir nicht glauben, was neulich passiert ist. Vor euch tut der Ingo ja immer so cool. Aber zu Hause ... Jedenfalls bin ich gerade auf dem Rückweg vom Einkaufen. Als ich mich mit den schweren Einkaufstüten zur Wohnung schleppe, kommt mir mein Freund entgegen, um mir zu helfen. Mir wird schlecht, und ich bin plötzlich der Ohnmacht nahe: Er hat Bermudas und Sandalen mit weißen Tennissocken an!

Als ich wieder sprechen konnte, habe ich ihn ultimativ dazu aufgefordert, diese Dinger sofort zu verbrennen.

Hey, wo ist da eigentlich das Problem?

Lieber Ingo,
was Kathrin dir damit sagen will: Socken sind ein heikles Thema – was übrigens auch die heißen Diskussionen der Jury zu diesem Thema zeigen. Um Kathrins Nervenkostüm und eure Beziehung zu schonen, notieren wir dir hier das kleine Socken-Einmaleins.

Das Socken-Einmaleins ★★★★★

Bei Sandalen gilt: keine Socken! Bei kurzen Hosen: entweder keine Socken oder so genannte Sneakersocken. Das sind diese Teile, die kurz unter den Fußknöcheln enden.

Nächster Punkt: Tennissocken heißen so, weil man sie NUR beim Tennis trägt. Im zivilen Leben trägt man sie aber weder zu kurzen Hosen noch bis kurz unter die Knie!

Ansonsten gilt folgender Grundsatz: Die Socken sollten sich an der Hosenfarbe orientieren. Ausnahme: schwarze Socken. Schwarz ist eine neutrale Farbe, die fast immer getragen werden kann (außer zu sehr hellen Hosen). Bei schwarzen Hosen sind schwarze Socken allerdings Pflicht.

Was meint die Jury?

: Volle Punktzahl! Die Sandalenhersteller sollten auf den Schuhkartons davor warnen, die innenliegenden Schuhe mit weißen Tennissocken zu tragen!

: Was auch nicht ganz verkehrt ist – die Schuhfarbe mit einbeziehen.

: Es lebe die weiße Tennissocke. Warum sehen das viele Leute so verkrampft?

: Ist doch egal, was Männer anziehen, Hauptsache sie fühlen sich wohl. Am besten wäre, wir hätten alle ein Fell: Morgens aufstehen und schütteln genügt. Und solche Anweisungen, wie und wann welche Socke zu tragen ist, das fällt dann weg.

: Kommt immer auf das »kulturelle« Umfeld an. Soweit ich informiert bin, gelten in den USA ausschließlich weiße Socken als angezogen – dunkle Farben sind da eher ein No-Go!

: Als ob die USA für Kultur und Stil bekannt wären.

: Ich hab nur ein einziges Paar Tennissocken. Und ja, die sehen einfach beschissen aus, sogar auf dem Tennisplatz.

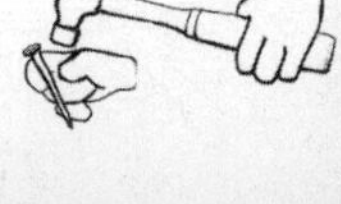

: Wenn ich Sandalen anziehe und keine Socken, dann habe ich am Abend schmutzige Füße. Da finde ich Tennissocken doch recht praktisch. Wenn Tennissocken nur beim Tennis getragen werden dürften, müsste das doch auf der Verpackung stehen. Gerade zu schwarzen Hosen finde ich weiße Socken als Kontrast sehr hübsch. Ich ziehe immer zur Hose komplementärfarbige Socken an, egal was manche Päpste zur Pflicht erklären.

: Also lieber wasche ich mir abends die Füße (was meist eh angebracht ist – wegen Gerüchen und so), als jeden Tag ein Paar Socken anzuziehen, die ja auch nicht sauber bleiben. Oder ziehst du die etwa noch mal an?

: Socken sollten lang genug sein, damit nicht haarige Beine zum Vorschein kommen, wenn »Mann« sich hinsetzt.

: Tennissocken heißen so, weil man sie nur beim TENNIS trägt? Und LAUTsprecher darf man nur LAUT hören?? Und im JÄGERschnitzel sind Jäger drin???

: Cool finde ich diejenigen, die die Ringel ihrer Tennissocken mit ihrer Anzugfarbe kombinieren. Die sind immer der Brüller bei Meetings und sorgen für ordentlich Lästerstoff.

: Ich kann nicht verstehen, warum erwachsene Menschen in einem freien Land sich nach einem »Dresscode« (Kleiderordnung!) richten. Nieten in Nadelstreifen?

: Man soll sich in seiner Kleidung wohlfühlen! Der eine fühlt sich nur wohl, wenn er Sachen trägt, die »in«, aber vielleicht unbequem sind (psychologisches Wohlfühlen). Der andere fühlt sich nur wohl, wenn ihn nichts drückt oder einengt, selbst wenn die Klamotten total out sind (physisches Wohlfühlen). Was höheren Stellenwert hat, sollte jeder besser selbst entscheiden …

Hmm, so habe ich das noch nie betrachtet. Allerdings ist die Farbe meiner Socken meistens so ein verwaschenes Graubraungrün. Deshalb war ich richtig stolz, als ich neulich dieses Paar nigelnagelneuer Tennissocken ganz hinten im Schrank gefunden habe. Die müssen noch aus meiner Boris-Becker-Phase mit vierzehn stammen. Ja ja, lang ist es her!

Na, dann sind wir ja zuversichtlich, dass die Tennissocken bald auch die allgemeine graubraungrüne Färbung deiner gesamten Wäsche annehmen …

Sockenpflege

1. Nur Socken aus Baumwolle verwenden.

2. Socken immer eine Nummer größer kaufen.

3. Schwarze Socken sind nicht besonders farbbeständig. Manchmal wundert man sich, woher die dunkelblaue Socke kommt. Diese war auch mal schwarz. Deshalb besser graue oder anthrazitfarbene Socken kaufen.

4. Immer mehrere Socken einer Farbe oder mit gleichem Muster kaufen. Wenn eine kaputtgeht oder von der bösen Waschmaschine gefressen wird, so ist es nicht gleich ein Totalschaden, weil du einfach durchwechseln kannst.

5. Häufig werden Wollsocken mit der normalen 60-Grad-Wäsche gewaschen, weil es sich nicht lohnt, für einige Socken die Maschine anzuschmeißen. Wollsocken laufen aber bei diesen Temperaturen gerne etwas ein. Deshalb gilt auch in diesem Fall: Einfach Socken eine Nummer größer kaufen!

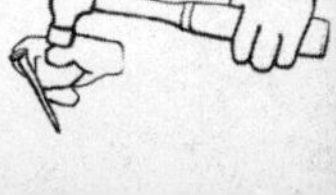

Das ist eine super Idee. Aber was mache ich mit meinen anderen Socken, die alle schon eingegangen sind?

Eingelaufene Socken wieder vergrößern ★★★★★

Wer kennt das nicht: Nach dem Waschen und Trocknen sind deine Socken oft geschrumpft und passen vielleicht noch deinem fünfjährigen Neffen. Um die Socken wieder auf die alte Größe zu bringen, gibt's einen ganz einfachen Trick: Nimm zwei leere große Plastikflaschen (Cola, Mineralwasser) und stülpe die Socken von unten darüber. Dann machst du die Socken nass und lässt sie wieder trocknen.

Was meint die Jury?

: Was für ein klasse Tipp! Danke – auf die einfachsten Dinge kommt man ja meistens nicht selbst.

: Ich verfahre nach dem gleichen Prinzip bei Heißgetränken in großen Bürotassen. Socke einfach drüberziehen. Das Getränk bleibt länger heiß, und ich verbrenne mir nicht die Pfoten. Habe mir sogar eine Socke stricken lassen, extra fürs Büro! Probiert's mal aus!

: Der Hammertipp! Mit Kondomen funktioniert das übrigens nicht!

: Super und total einfach, danke für den Tipp. Mir spannen die Gummibündchen sowieso immer.

: Gibt es einen Supertrick, wie ich meinen teuren Lacoste-Pullover wieder größer bekomme? Hab ihn mal zu »heiß gebadet«.

: Nach dem Waschen noch feucht an den Ärmeln aufhängen und unten Gewichte dran. Dann wird's schon mal länger. Für die Breite kannst du dann auch noch mal am Pulli ziehen.

: Hast du einen motorradfahrenden Freund mit Goretexklamotten? Wenn ja, dann frag ihn, ob er dir die Jacke mal für zwei Tage ausleiht. Jacke an, dann deinen Pulli nass über die Jacke drüberziehen und auf der Goretexjacke trocknen lassen. Die ist wasserdicht, und du kannst den Pulli sanft in Form ziehen. Wenn das nicht hilft, hilft nichts mehr.

Jetzt sind wir fast »am Boden« angekommen. Nach den Socken wollen wir noch ein paar Worte zu Schuhen verlieren. Wichtig ist eigentlich nur, dass die Schuhe gepflegt und sauber sind und farblich zum Gesamtbild passen. Damit die Schuhe auch über längere Zeit schön bleiben, kannst du einiges unternehmen. Schuhe sind ständig mit dem Boden in Berührung und werden deshalb besonders schnell schmutzig oder bekommen Macken. Am besten du kaufst dir bei Gelegenheit mal so ein Schuhputzset. Da ist so ziemlich alles Wichtige drin, was du zum Schuheputzen brauchst: Bürsten, Schuhwichse, Poliertuch, Wildlederbürste. Beim Kauf von Lederschuhen solltest du unbedingt die Schuhe vor dem Tragen mit Imprägnierspray behandeln. Das gibt's auch direkt beim Schuhverkäufer.

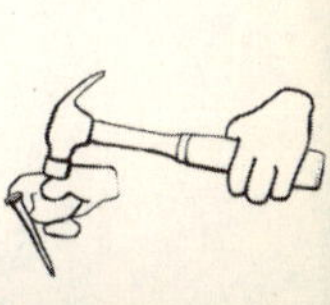

Flecken auf Schuhen

Auf Schuhen findet man immer wieder Flecken. Gegen die meisten kann man ohne großen Aufwand etwas tun: Im Schuhgeschäft gibt es spezielle Schuhradierer, mit denen du Flecken direkt von den Schuhen runterrubbeln kannst. Alternativ hierzu tut es auch ein Schmutzradierer.

Dunkle Gebrauchsstreifen auf hellen Schuhen (etwa auf Hochzeitsschuhen, die eingelaufen wurden) können schonend mit Gesichts-Abschminke entfernt werden. Greift weder Farbe noch Material an. Das funktioniert bei Leder- und Plastikschuhen, allerdings nicht bei Stoffschuhen.

Hässliche Schnee-, Salz- oder Schweißränder bekommst du weg, wenn du die Ränder mit einer aufgeschnittenen Zitrone oder Zwiebel bearbeitest. Danach einfach mit einem feuchten Lappen nachwischen.

Weiße Sport- und Lederschuhe werden mit der Zeit immer grauer. Dagegen helfen Babyfeuchttücher. Ordentlich damit abrubbeln, und schon sehen die Schuhe wieder weiß aus – und duften sogar noch nach Babypopo!

Kleine, aber feine Helferchen! Ich habe mir gleich mal ein Set Schuhcreme besorgt, denn meine schönen Lederschuhe, die ich mir letztes Jahr gekauft habe, sahen bei näherer Betrachtung schon so aus, als könnten sie mal etwas poliert werden. Allerdings ging es dann wohl etwas mit mir durch: Nachdem ich so gut wie alle Schuhe, die mir in die Finger kamen, eingecremt hatte, musste ich feststellen, dass nun in der halben Wohnung Schuhcreme hängt – auf dem Fußboden, meinem Stuhl und meinen Händen sind richtig üble schwarze Flecken. Hilfe!

Keine Angst, Ingo. Du hast wohl nicht gedient? Bei der Bundeswehr gibt es einen einfachen Trick: Zahnpasta auf die Flecken schmieren, etwas einwirken lassen und dann abwischen.

Ich und gedient? Na hört mal, ich wollte ganz straight den Kriegsdienst an der Waffe verweigern! Und dann haben die mich doch tatsächlich wegen irgendeiner Kleinigkeit ausgemustert. Das haben die bestimmt geahnt! Aber by the way: Haben die Bundis auch was gegen diese käsigen Gerüche, die aus so manchen meiner Schuhe aufsteigen?

Klaro: Einfach eine Tüte Backpulver in die Schuhe kippen, gut verteilen, über Nacht »einwirken« lassen und am nächsten Tag das Backpulver mit dem Staubsauger aussaugen. Der Tipp funktioniert so gut, dass selbst Günther Jauch seine Schuhe damit wieder »entmüffelt«! Und hier gleich noch ein Tipp: Vor allem bei Lederschuhen passiert es, dass sie schnell mal Knickfalten bekommen. Dem kannst du vorbeugen, indem du dir Schuhspanner kaufst (die im Kaufhaus sind oft billiger als die im Schuhladen). Die gibt es entweder aus Plastik oder aus Holz. Gerade für Menschen, die stark an den Füßen schwitzen, sind Schuhspanner aus Holz besser geeignet, da sie die Feuchtigkeit im Schuh aufnehmen können. Nach ein paar Tagen solltest du den Schuhspanner übrigens wieder entfernen, da sich sonst der Schuh unnötig weitet.

Wenn du nicht so viel Geld ausgeben willst, dann nimmst du einfach eine PET-Flasche. Die haben ungefähr die gleiche Form und erfüllen so denselben Zweck. Auch für Frauen eignet sich diese Taktik. Die schönen kniehohen Stiefel knicken nicht ständig um, wenn du einen länglichen Gegenstand wie zum Beispiel die leere Papprolle einer Alufolie oder eben die PET-Flasche verwendest, um die Stiefel zu stabilisieren. Zur Not tut's natürlich auch eine zusammengerollte dicke Illustrierte.

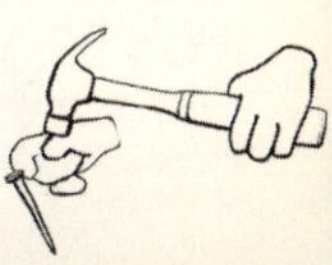

Aha, interessant. Muss ich gleich Kathrin erzählen. Die ist nämlich gerade von ihrer neuen Arbeit gekommen.

Puh, das war heute ein heißer Tag. Ich hab den Riesenfehler gemacht und bin heute Morgen barfuß in meine neuen Mokassins geschlupft. Bei den Temperaturen hab ich wie verrückt geschwitzt. Nächstes Mal darf ich die Füßlinge nicht vergessen.

Schwitz-Füße im Sommer:
Nimm zur Not Slipeinlagen ★★★★☆

Mokassins sind in Mode, und barfuß schwitzt man da sehr schnell, wenn es heiß ist. Eine teure Möglichkeit ist, Frottee-Schuheinlagen zu verwenden, die aber nicht immer waschbar sind. Außerdem verkleinern sie ja das Fußbett. In der Not helfen aber auch Slipeinlagen. Man klebt sie morgens in die Schuhe – und abends weg damit in den Mülleimer. Sie saugen den Schweiß auf. Ist natürlich nur eine Notlösung, aber sehr effektiv!

Was meint die Jury?

: Toller Tipp. Slipeinlagen hat man ja eh ständig im Haus. Und das ist immer noch besser als stinkende Füße.

: Ich steck mir immer Tampons zwischen die Zehen – jetzt kann ich's ja zugeben …

: Na ja, die Schuhe sollte man dann allerdings nirgendwo ausziehen, sieht bestimmt blöd aus!

In jedem Drogerie-Markt gibt es Einweg-Schuheinlagen, die sehen mit Sicherheit besser aus als eine Slipeinlage. Wie wäre es mit einem täglichen Rosmarinöl-Fußbad? Das hilft gegen Stinkefüße.

Unglaublich! Ingo hat unseren besonderen Tag nicht vergessen und Opernkarten für uns zwei besorgt! Wie romantisch! Er ist halt doch ein ganz Lieber, der Ingo! Nur hat er mir gleich gestanden, dass der Reißverschluss an seinem neuen Anzug klemmt. Und an seinem einzigen weißen Hemd fallen ständig die Knöpfe ab, obwohl ich sie jedes Mal wieder annähe. Das nervt! Kann der sich nicht endlich selbst um seine Klamotten kümmern?

Pimp my Pulli – Klamotten in Schuss halten

Auch Kleidung muss hin und wieder gewartet werden. Wenn Knöpfe mal richtig halten sollen, dann einfach mit Zahnseide oder Angelschnur annähen. Alternativ: Den Bindfaden am Knopf mit einem Tropfen farblosen Nagellack fixieren.

Fusseln auf Pullis oder sonstigen Klamotten kann man auf verschiedene Arten entfernen. Dafür gibt es spezielle Fusselrasierer und Fusselbürsten. Es helfen aber auch Einwegrasierer oder Langhaarschneider, mit denen man vorsichtig (!) die Fusseln »abrasiert«. Eine weitere Möglichkeit: Mit Klebeband das fusselnde Kleidungsstück bearbeiten und so die Fusseln abzupfen. Auch möglich: Mit der rauen grünen Seite eines Topfreinigers abreiben.

Laufmaschen hält man mit farblosem Nagellack auf. Wenn der nicht da ist, kann man es noch mit einem Klebstift versuchen.

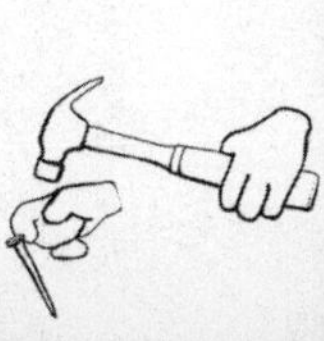

Wenn man ein Loch in der Hosentasche bemerkt und Nadel und Faden gerade nicht in der Nähe ist, lässt sich das Loch provisorisch gut mit einem Tacker verschließen. Hält auf jeden Fall eine Weile, bis man das Loch zunähen kann, und man verliert seinen Schlüsselbund nicht!

Wenn der Reißverschluss klemmt, einfach mit Seife oder dem Wachs einer Kerze einreiben. Wenn beides nicht da ist, funktioniert auch ein Bleistift, mit dem man die Zacken »bemalt«. Der Graphit schmiert und lässt den Reißverschluss wieder laufen.

… und was mach ich gegen Reißverschlüsse, die von alleine aufgehen?

Aufgehende Reißverschlüsse ★★★★★

Wenn man ständig blöd angeschaut wird, weil der Bauch wieder durch den Hosenschlitz guckt, nach Luft schnappt und der Reißverschluss immer wieder wie von Geisterhand aufgeht, hier der ultimative Tipp: Man nehme einen Schlüsselring und ziehe diesen durch das Loch am Reißverschlusshenkel. Im hochgezogenen Zustand dann den Ring über den Hosenknopf hängen und jetzt die Hose zuknöpfen, damit der Schlüsselring auch nicht vom Knopf abspringen kann. Es klappt super, man kann die Lieblingshose doch noch anziehen und kommt pünktlich zur Verabredung.

Was meint die Jury?

: Super Tipp! Mein Hintern ist in letzter Zeit noch knackiger geworden. Ich war kurz davor, alle Hosen wegzuschmeißen.

: Kenne ich aus meiner frühen Jugend, als meine Jeans noch knalleng sein durften.

: Besser als Sicherheitsnadeln, mit denen man sich dauernd sticht! SUPER!

: Das ist der beste Tipp, den es gibt. Ich wollte meine Hose schon in den Müll schmeißen wegen diesem blöden Reißverschluss.

: Ich mache das auch, allerdings mit einem Stück Schnur oder einem roten Haushaltsgummi. Der Schlüsselring wäre mir zu groß dazu.

: Jungs, ich sehe euch enthakeln, entwirren, durchknipsen, abreißen, wenn ihr mal aufs Klo müsst. Wie wär's mit der netten 5-Euro-Schneiderin um die Ecke?

Ich könnte platzen vor Wut! Wir waren doch gestern in der Oper. Das war wirklich eine super Sache. Dank euren Tipps konnte man mit Ingo sogar richtig unter Leute gehen. Eigentlich … denn dann sitzt auf einmal mein neuer Chef neben Ingo. Ich hab ihn natürlich sofort freundlich begrüßt und Ingo vorgestellt. Und was macht mein werter Freund? Der redet meinen Chef gleich mit »Du« an und fängt an, ihn zuzutexten. Peinlich! Jetzt werde ich die Probezeit nicht überleben.

Jetzt rege dich mal nicht so auf. Ich fand's ziemlich lustig. Und dein Chef hat sich auch köstlich amüsiert. Schließlich hat er uns nach der Vorstellung gleich noch auf ein Bier eingeladen.

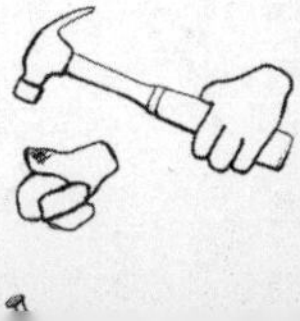

Lieber Ingo,
vor allem in der Berufswelt solltest du auf gewisse Benimmregeln achten, wenn du Sympathiepunkte sammeln willst. Aber nicht nur beim Chef und bei den Mitarbeitern kann man so Pluspunkte sammeln. Auch die Dame deiner Wahl (= Kathrin) wird hoch erfreut sein, wenn du sie mit deinem Benehmen beeindrucken kannst! Also was tun? Es gibt jedes Jahr einen neuen Knigge-Führer, und es gibt Hunderte von Seminaren, die einem gutes Benehmen beibringen wollen. In New York gibt es sogar einen Fahrstuhl-Knigge, der einem das richtige Benehmen im Aufzug näher bringt. Ganz so ernst muss man das dann aber nicht nehmen, wenn man ein paar wichtige Grundregeln beachtet.

Beginnen wir mal mit dem Arbeitsleben. Da habt ihr ja schon eine Menge von uns erfahren.

Ein Tag im Büro – wie verhalte ich mich?

Hey Boss – die Begrüßung

Der Herr grüßt immer zuerst die Dame, der Jüngere den Älteren, der Unverheiratete den Verheirateten – diese Regeln könnt ihr sofort wieder vergessen! Wichtig ist: Wer den anderen zuerst erspäht, der grüßt auch zuerst. Welchen Ton du dabei wählst, hängt von deinem Verhältnis zur anderen Person ab. Was natürlich nicht geht: nicht grüßen.

Du oder Sie? Wie sieht die Anrede aus?

Flache Hierarchien haben in die deutschen Büros Einzug gehalten. Das »Du« gehört inzwischen vielerorts schon fast zum guten Ton. Wenn sich also alle duzen, bist du mit deinem »Sie« bald der Außenseiter vom Dienst. Allerdings kannst du nicht jedem einfach das »Du« anbieten. Gerade Vorgesetzte und deutlich ältere Kollegen müssen das von sich aus tun. Taktisch ungeschickt ist es, ein Angebot zum Duzen abzulehnen. Damit schafft man sich eigentlich ziemlich sicher Feinde. Absolut tabu ist es auch, einfach zum »Du« überzugehen, ohne deinen Kollegen vorher gefragt zu haben.

Rauchen

Rauchen im Büro ist eher unangebracht. Andere zum Passivrauchen zu zwingen, ist nicht die feine englische Art. Der Raucher von heute sucht die Raucherecke auf oder benutzt den extra aufgestellten Aschenbecher vor dem Büro. Lässig eine Kippe im Büro eines Kollegen anzuzünden, ist unhöflich und dreist. Bist du selbst Nichtraucher und hast einen penetranten Raucher im Büro, dann weise ihn einfach höflich auf dein Problem hin und frage ihn, ob er etwas Rücksicht nehmen könnte.

Smalltalk

Nicht jedem liegt die leichte und oft sinnfreie Konversation für zwischendurch. Allerdings schafft die hohe Kunst des Smalltalks Sympathien und ermöglicht oftmals den Gesprächseinstieg. Also: Nicht stur sein und solche Gespräche abblocken, sondern einfach mal mit übers Wetter, den Urlaub oder den Wohnort plaudern.

Gespräche

Bei Gesprächen mit Kollegen ist auch die Körpersprache sehr wichtig. Sie gibt Aufschluss über deine Haltung zu deinem Gegenüber. Das bedeutet konkret: Augenkontakt halten, aber nicht starren. Sei interessiert und zeige das auch durch deine zugewandte Haltung. Steh nicht zu weit weg, aber auch nicht zu nah. Eine Armlänge sollte es etwa sein. Verschränke dabei

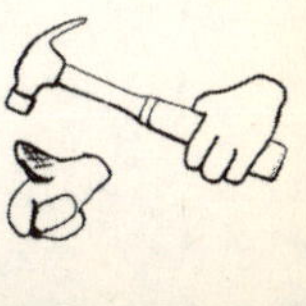

niemals die Hände, denn das wirkt unfreundlich und abweisend. Wenn's witzig wird: Lächeln oder ein ehrliches Lachen sind erlaubt. Mache dich aber nicht zum Pausenclown.

Plaudereien

Vor allem neue Mitarbeiter sollten sich mit Lästereien zurückhalten. Viel wichtiger ist es, die internen Strukturen zu erfassen. Wer duzt sich? Welche Pärchen gibt es? Wer geht zusammen essen? Wer den Überblick behält, tritt seltener in Fettnäpfchen.

Kritik

Es gehört zum Arbeitsalltag, mit berechtigter und unberechtigter Kritik konfrontiert zu werden. In beiden Fällen solltest du jedoch höflich bleiben. Wenn du einen Bock geschossen hast, ist ein klares Eingeständnis verbunden mit einer Entschuldigung das einzig Wahre. Bekommst du unberechtigte Kritik ab, so solltest du höflich, aber bestimmt darauf hinweisen, dass es sich nicht um deinen Fehler gehandelt hat. Tabu ist es, dabei gleich den Kollegen, der den Mist gebaut hat, anzuschwärzen. Damit bringst du ihn in Verlegenheit und machst dir keine Freunde.

Betriebsfeier

Betriebsfeiern sind eine hervorragende Gelegenheit, um sich für Jahre den Kollegen als Hampelmann ins Gedächtnis zu brennen. Also: Nicht wie ein wilder Elch in der Brunftzeit herumflirten, und auch den Alkoholkonsum nicht übertreiben. Man steht bei solchen festlichen Veranstaltungen immer unter Beobachtung des Chefs und der Kollegen. Trotzdem ist es empfehlenswert, diese Veranstaltungen zu besuchen und sich nicht davor zu »drücken«. Schließlich möchte man ja auch zum Betrieb gehören und zeigt so seinen guten Willen.

Aber nicht nur im Geschäftsleben sind gewisse Benimmregeln von Vorteil. Ein weiterer wichtiger Punkt sind Tischmanieren. Wer hier Bescheid weiß, der ist bei Geschäftsessen, Hochzeiten oder beim Rendezvous immer im Vorteil!

Also, was gilt es am Tisch zu beachten? Wichtig ist die Sitzhaltung. Wenn du aufrecht, entspannt und ungefähr eine Handbreit vom Tisch entfernt sitzt, dann schaffst du locker ein Vier-Gänge-Menü. Beim Essen sollten die Arme nicht auf den Tisch gelehnt werden. Erlaubt ist es, sie bis zum Handgelenk abzulegen.

Beim Besteck arbeitet man sich von außen nach innen vor. Das Messer ist immer in der rechten Hand, und die Gabel oder der Löffel wird immer zum Mund geführt, nicht umgekehrt. Benutztes Besteck sollte auf dem Teller landen und nicht auf der Tischdecke. Was es mit der Besteckspache auf sich hat, liest du weiter unten in unserem Cheat.

Eine Stoffserviette wird am Ende so zusammengelegt, dass die Flecken nicht sichtbar sind, und neben den Teller gelegt. Eine Papierserviette wird zusammengelegt auf dem Teller deponiert. Langstielige Gläser werden immer am Stiel angefasst. Bei mehreren Gläsern arbeitet man sich von rechts nach links vor. Das Wasserglas steht rechts. Vor dem Trinken sollte man sich mit der Serviette, die man auf den Knien platziert hat, den Mund abtupfen. Der Gastgeber fordert zum ersten Schluck auf. Dabei gilt wie in der Kneipe mit den Saufkumpels: Augenkontakt beim Anstoßen und ein Trinkspruch darf's schon sein (besser ist aber »Zum Wohl« als »Skol« oder »Prost!«). Aperitifs werden nur vor dem Essen getrunken. Ist das Essen serviert, bleibt er stehen. Beim Weinsortenwechsel wird der »alte« Wein nicht mehr getrunken. Will man bei einer Weinsorte bleiben, so respektiert das der Gastgeber von Welt.

Noch ein kleiner Tipp zum Wein: Hat man einen Wein bestellt, so bietet der Kellner einen ersten Schluck des Weines zur Probe an. Dabei geht es nicht darum, ob der Wein gut schmeckt,

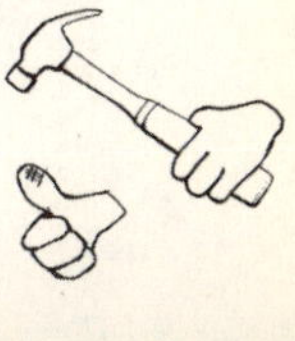

sondern ob der Wein korkt, sprich: ob er nicht richtig gelagert war und den Geschmack des Korkens angenommen hat. Man braucht also nicht zu sagen: »Super, schmeckt toll!« Vielmehr reicht ein Nicken des Einverständnisses, dass der Wein genießbar ist. Über den Geschmack kann kein wirklicher Kenner so schnell entscheiden.

Suppe pusten oder schlürfen ist nicht drin und der Suppenteller wird nie gekippt, um den letzten Rest auszulöffeln. Bei einer Suppentasse ist es hingegen erlaubt. Spaghetti werden nie mit dem Messer bearbeitet, sondern am Tellerrand mit der Gabel aufgerollt. Wer das nicht hinbekommt, nimmt den Löffel zu Hilfe.

Besteckspracje

Wenn du die Gabel und das Messer gekreuzt auf den Teller legst, dann heißt das: »Nachschlag, bitte!«

Wenn du die Gabel und das Messer wie ein nach unten geöffnetes V auf den Teller legst, bedeutet das: »Ich mach eine Pause.«

Und wenn du Gabel und Messer parallel auf den Teller legst, heißt das, dass du satt bist.

Brot wird nicht geschnitten, sondern einfach in kleine Stückchen gebrochen, leicht mit Butter bestrichen – und ab damit in die Futterluke! Ach ja, das Kauen nicht vergessen. Kartoffeln werden nicht mit dem Messer, sondern mit der Gabel geteilt. Zusammenmanschen ist ebenfalls absolut tabu.

Lieber Ingo,
mit den richtigen Tischmanieren kannst du jetzt auch die Frau deiner Träume einladen, ohne dich zu blamieren. Wenn du also deine Kathrin todschick ausführen willst, um die Blamage von gestern wieder auszubügeln, dann hilft dir folgende Komplettlösung.

Rendezvous

Grundsätzlich gilt: Beim Rendezvous ist der Mann am Zug. Die Dame darf genießen.

Pünktlichkeit
Sei pünktlich! Auch wenn es vielen Männern schwer fällt. Wenn du die Herzdame warten lässt, dann gibt das gleich dicke Minuspunkte. Falls doch mal etwas dazwischen kommt (dann muss es aber wirklich wichtig oder ohne eigenes Verschulden zustande gekommen sein), dann ruf rechtzeitig an. Ja, genau, dazu hast du dieses Handy!

Betreten des Restaurants
Die Dame wird es zu schätzen wissen, wenn der Mann einen Tisch reserviert und ihr die Tür zum Restaurant aufhält. Natürlich hilft er zuerst der Begleiterin aus dem Mantel, danach bringt er diesen zur Garderobe, wo er auch seinen Mantel aufhängt. Beim Verlassen des Restaurants läuft's dann in umgekehrter Reihenfolge.

Bestellung
Bei der Bestellung kannst du ruhig Empfehlungen aussprechen. (Du solltest das Restaurant dafür aber auch kennen. Wer die Speisen nicht richtig aussprechen kann, sollte besser ebenfalls die Finger davon lassen.) Damit kannst du dann implizit den »finanziellen Rahmen« vorgeben. Die Dame muss sich natürlich nicht an den Vorschlag halten, sollte aber ein Gericht in dieser Preisklasse wählen. Bestellen darf dann jeder für sich. Auch die Weinauswahl ist keine Männersache mehr.

Reklamation
Wenn irgendwas nicht passt, dann solltest du sofort reklamieren – hinterher bringt's nichts mehr. Dabei immer höflich bleiben, denn der Kellner kann nichts dafür, er hat das Essen serviert und nicht gekocht. Deshalb ist ein ruhiger und sachlicher Ton angebracht, um dem guten Herrn das Problem zu schildern.

Rauchen und Make-up
Rauchen ist grundsätzlich erst nach dem Essen erlaubt. Und auch dann nur, wenn alle Tischgäste einverstanden sind. Make-up auffrischen sollte die Dame auf der Toilette.

Bezahlen
Natürlich zahlt derjenige, der zum Essen eingeladen hat. Als Eingeladener schielt man dabei nicht auf die Rechnung, diese Neugier wirkt unhöflich. Um die Situation von vornherein zu vermeiden, kann der Gastgeber sich auch entschuldigen und die Rechnung direkt an der Theke bezahlen.

Balkonien & Grillen

Ahh, es ist Freitagnachmittag, endlich. Was ist besser als ein Sommerwochenende? Richtig, ein Sommerwochenende mit Grillabend! Du sitzt auf dem schattigen, von grünen Pflanzen umrankten Balkon, deine Freundin hat dir gerade ein eiskaltes Bier aus dem Kühlschrank gebracht, und an der Flasche bilden sich diese herrlichen Kondenswassertröpfchen.

Jetzt muss nur noch der Grill in Schwung gebracht werden, und dann beginnt das Leben. Nur dumm, dass das mit dem Anzünden immer so ein Heckmeck ist. Letztes Wochenende gab es schon Stress mit unseren Nachbarn von oben, weil die sich durch unsere »Abgase« belästigt gefühlt hatten. Na, ich habe beim Anfeuern auch ganz schön Rauchzeichen gegeben.

Aber wirklich: Es muss doch etwas qualmen, wenn man den Grill anzündet, oder? Allerdings ist das heute mal wieder besonders dichter Rauch, der gerade unseren Balkon zur Nebelbank macht. Wo war denn jetzt noch mal die Balkontüre? Wenn ich die jetzt nicht ganz schnell zumache, wird Kathrin bestimmt stinkig …

Wenn jetzt nicht jemand die Feuerwehr ruft, dann tue ich es. Letzte Woche hätten wir sie echt brauchen können, als Ingo mal wieder meinte, er müsse noch Feuerzeugbenzin ins offene Feuer gießen. Gut, dass die Haare wieder nachwachsen, allerdings fand ich diese Voku-Hila-Frisuren früher schon echt prollig. Sagt mal, Jungs, könnt ihr uns nicht mal ein paar gute Tipps zu diesem Thema geben?

Liebe Kathrin, lieber Ingo,

auch wenn Männer immer die Pole Position am Grill für sich beanspruchen, heißt das noch nicht, dass sie auch schon die

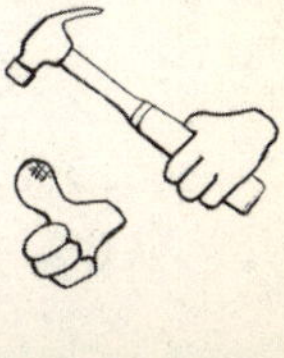

geborenen Barbecue-Chefs sind. Manch einer hat vielleicht die Grundausbildung bei den Pfadfindern genossen, doch auch das ist schon eine ganze Weile her. Aber natürlich haben wir auch mal ein paar Tipps, damit der Grillabend in Zukunft entspannt und ohne Kohlenmonoxid-Vergiftungen abläuft.

Grillbriketts anzünden ★★★☆☆

Grillbriketts lege ich immer in leere Eierkartons; wenig (!) Spiritus drüber, kurz warten, bis der Karton sich ein bisschen vollgesogen hat und dann mit Sicherheitsabstand mit einem Gasanzünder od. langem Streichholz entzünden.

So läuft der Spiritus nicht unkontrolliert in jede Ritze des Grills und entzündet sich da, wo man ihn braucht, nämlich direkt an den Briketts!

Was meint die Jury?

Das ist ja mal ein klasse Tipp! Danke!

Das werde ich gleich beim nächsten Grillen ausprobieren.

Geht auch Prima ohne Spiritus, einfach 'ne Lage mehr an Eierkartons nehmen und ab und an mal etwas wedeln. (Das mit den Kartons hat mir übrigens mal meine Oma erzählt.)

Der Flammpunkt von Spiritus ist zu niedrig (etwa 78° C, da Ethanol). Verpuffung und zu schnelles Abbrennen sind die Folge! Nicht gerade ungefährlich!

Es gibt ja daher flüssigen Grillanzünder – wieso den nicht mit Eierkartons kombinieren?

: Ups! Das war der Siedepunkt, Flammpunkt liegt bei 12 ° C – der von Grillanzünder bei etwa 65° C! Ist daher bei Weitem nicht so gefährlich!

: Spiritus sollte man beim Grillen nicht herumstehen haben, weil immer irgendein Volldepp meint, er müsste mal ein bisschen »nachhelfen«. Also bitte, auch wenn die Absichten des Gastgebers die besten sind, Spiritus fernhalten! Es gibt genügend ungefährliche Methoden, ein Grillfeuer anzuzünden und zu unterhalten.

Natürlich geht es auch ganz ohne chemische Hilfen. Wie überhaupt das Grillen eine Frage des persönlichen Stils ist: mit oder ohne Anzünder, auf Rost oder in Alufolie, über Kohlen oder mit Gas und, und, und. Aber schön langsam, Schritt für Schritt: Wir werden euch jetzt in aller Ruhe alles Wissenswerte und die besten Tipps zu diesem wahrhaft heißen Thema liefern.

Feuer ohne Grillanzünder: der »Kamin« aus Papier

Hier eine Methode aus Chile: Du nimmst eine Wein- oder Bierflasche und stellst sie mitten auf den Grillboden. Daraufhin nimmst du ein Zeitungsblatt und rollst es der Länge nach auf (am besten noch etwas verdrehen). Dann wickelst du es unten um die Flasche. Das wiederholst du so oft, bis die Flasche vielleicht zwanzig Zentimeter hoch von »Zeitungsblätterringen« umgeben ist (je nach geplanter Feuergröße und Kohlemenge mehr oder weniger). Im Anschluss schichtest du Kohle- oder Brikettstückchen um diesen Turm, wobei die größten Stücke nach Möglichkeit tief unten und nah an der Flasche liegen sollten. Wenn das Werk steht (ist alles ins-

gesamt eine Arbeit von höchstens fünf Minuten), die Flasche nach oben hin vorsichtig (!!!) herausziehen. Nun mit einem Streichholz oder Feuerzeug einen Papierstreifen oder Papierknäuel anzünden und damit im »Papierschornstein« Feuer legen (tief unten anfangen).

Im Normalfall sollte das schon reichen, damit die Kohlen bald richtig glühen. Falls nicht, etwas blasen, die übrig gebliebenen Papierknollen glühen schnell stark auf, und die Glut geht auf die Kohle über. Klappt garantiert, und der Wochenanzeiger erfüllt auch seinen Zweck.

Jajaja, langsam wird das was mit meinem Feuer. Jetzt muss nur noch die Glut in Schwung kommen, so dass wir lecker »grillieren« können. Ah, da kommt ja auch schon unser Besuch. Ich muss noch Getränke aus dem Keller holen, dann kann es losgehen. Bei uns läuft das heute nicht mehr so kompliziert wie früher. Was war das immer für ein Akt, wenn meine Eltern zum Grillen eingeladen hatten. Sie hatten die ganze Arbeit, alles war generalstabsmäßig bis ins kleinste Detail durchgeplant. Es musste Fleisch eingekauft, verschiedene Salate gerichtet, der Tisch sauber gedeckt, verschiedene Getränke serviert, Brot geschnitten und der Nachtisch gemacht werden. Und das alles blieb am Gastgeber hängen! Wie ätzend!

Heute bringt jeder ein bisschen was mit, das was er gerne mag, da wird per SMS ausgemacht, was noch fehlt, da wird improvisiert, selbstbedient, das getrunken, was da ist und dann geht's los mit der Party. Das ist einfach herrlich spontan, oder?

Ja super spontan. Während Ingo langsam mal beginnt, die Bierkiste aus dem Keller zu holen, hat er mich vor dem qualmenden Grill postiert, um die noch leicht kränkelnde Glut auf Vordermann zu bringen. Ich soll einfach ordentlich reinpusten, hat er zu mir gesagt. Bloß dass mir schon nach wenigen Minuten total schwindelig und schlecht geworden ist. Außerdem habe ich mir auch fast noch das Gesicht verbrannt. Das ist ja ein ganz schöner Sch…!

Liebe Kathrin,
warte mal, du musst dir nicht deine Nase ankokeln. Lies besser mal den Tipp hier.

Pusteschonend blasen ★★★☆☆

Wenn man beim Feueranzünden Wind machen möchte, entsteht er am stärksten, wenn man dazu eine leere Küchenrolle oder ein ähnliches Rohr nimmt: Dieses setzt man nicht direkt an den Mund, sondern hält es etwa zwanzig Zentimeter davon entfernt und bläst langsam und konstant. Der dadurch entstehende Wind ist stärker und zielgerichteter als einfaches Pusten (Trick der Mataco-Indianer in Nordargentinien).

Was meint die Jury?

: Woher kannten denn diese Indianer leere Küchenrollen? Hä?

: Keiner hat behauptet, dass die Mataco-Indianer Küchenrollen kannten.

: Aber Rohre kannten die, was? Rohre! Rohre! Meine Güte, Indianer mit Rohren!

: Aber ja, das müsstest du als Rohrverleger doch wissen: Blasrohre haben die etwa gekannt. Und denk mal ganz in Ruhe über sonstige rohrförmige Naturprodukte nach: Schilf, hohle Äste, hohle Tierknochen … Capito?

: Tippergänzung: Mit dem Rohr nicht zu nah rangehen, nicht dass sich noch einer das Goscherl verbrennt.

: Man helfe den Hilflosen und den Trotteln!!! Eine Heißluftpistole ist effektiver und schneller.

: Woher nehme ich in der Wildnis eine Heißluftpistole? Und wo finde ich abseits der Zivilisation eine Steckdose? Oder bist du gar eine Heißluftpistole?

Das ist ja alles schön und gut. Die Glut ist jetzt auch was geworden. Aber könnt ihr uns vielleicht noch verraten, was wir machen müssen, damit Ingo beim Grillen des Fleisches nicht immer zähe Schuhsohlen produziert?

Einfach ein saftiges Fleisch zubereiten ★★★☆☆

Um mit einfachen Mitteln das perfekte Fleisch zu bekommen, brauchst du lediglich einen Grill mit verschiedenen Höheneinstellungen. Also, als Erstes stellst du den Grillrost auf die niedrigste Stufe! Anschließend legst du das Fleisch kurz (!) auf den Grill. Dies dient dazu, dass beim Fleisch die Poren verschlossen werden und der Saft nicht mehr austritt. Nach kurzem Angrillen kannst du den Rost wieder je nach Belieben verstellen und das Fleisch nach Bedarf auch knusprig anbraten, ohne ein trockenes Stück auf dem Teller zu haben.

Was meint die Jury?

: Hat Fleisch denn überhaupt Poren? Hab irgendwo gelesen, dass das Quatsch ist.

: Zitat Jürgen Dollase, »Geschmacksschule«, Wiesbaden 2005, S. 34: »… das Fleisch die meiste Zeit in Bewegung halten. Wenn es zu lange bei zu großer Hitze an einer Stelle liegt, verliert es zu viel Saft und wird zu dunkel. Übrigens: ›Poren verschließen‹ gibt es nicht. Das Fleisch hat keine Poren, die man verschließen könnte. Aber es verliert durch zu große Hitze viel Wasser/Saft.«

: Fleisch hat keine Poren, aber es hat Kapillaren, durch die beim Erhitzen Flüssigkeit austritt.

: Genau, und eben diese Kapillaren kann man an der Oberfläche mit kurzem starkem Erhitzen durch das Denaturieren der Eiweiße und Karamellisierung des im Fleisch enthaltenen Zuckers verschließen, so dass kein oder zumindest weniger Fleischsaft aus dem Stück austritt.

: Nur Haut hat Poren. Habe aber selbst beim Bio-Schlachter bisher kein Steak mit Haut kriegen können.

Saftiges Fleisch auch beim Grillen: Mit Zucker ★★★★☆

Da ja bekanntermaßen beim Grillieren das Fleisch oft austrocknet, hier die Lösung: Das Fleisch zuerst marinieren/würzen, wie üblich. Dann rundherum Zucker drüberstreuen, aber nicht allzu viel. Das war's auch schon … Normal grillieren, normale Dauer. Aber das Fleisch (egal ob T-Bone oder Hühnchen) ist saftig!

Es funktioniert, weil der Zucker schnell karamellisiert und die Kapillaren zumacht. So bleibt der Saft drin! Echt lecker!

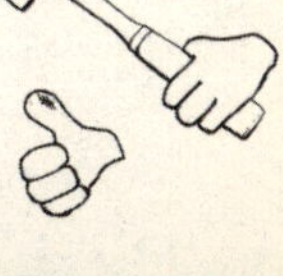

Was meint die Jury?

: Aha! Darum ist das Fleisch in deinem Steakhouse immer so saftig??

: Wow … klingt echt gut.

: Habe das an einer Schweineschulter ausprobiert. Resultat: die Zuckerschicht war schneller zu Kohle geworden als das Fleisch durch war. Hab trotzdem weitergemacht. Nach Entfernen der Kohle habe ich zartes und saftiges Fleisch vorgefunden.

So, das sollte eure kleinen Grillpartys am Freitagabend auf dem Balkon richtig in Schwung bringen. Aber wie ist es mit dem fachgerechten Brutzeln, wenn mal ein richtig fettes Barbecue auf dem Programm steht? Kein Problem, da haben wir für euch einige gute Tipps.

Lecker »indirekt« Grillen ★★★☆☆

Am besten gelingen dir große Fleischstücke wie Braten, Schweineschulter oder Haxen, wenn du sie indirekt in einem geschlossenen Kugelgrill garst. Dazu bedeckst du nur eine Hälfte des Kohlerostes mit viel Kohle. Die Glut hält dann über die ganze Zeit, der Deckel muss geschlossen bleiben; die Lüftungen unten und im Deckel bleiben offen. Das Fleisch legst du auf die Seite des Grillrostes, die nicht über der Kohle ist. Die Lüftung des Deckels ist über dem Fleisch. Gleich zu Anfang kann man kleine Buchenholzscheite oder noch besser Reste vom Schnitt von Weinstöcken oder wildem Wein auf den Rost über die Glut legen. Bei geschlossenem Deckel kokelt das Holz vor sich hin und räuchert gleichzeitig das Fleisch. Ab und zu macht man den Deckel kurz auf. So werden etwa die Speckschwarten auf der Schweineschulter oder der Haxe langsam richtig kross und verbrennen nicht.

Bei vielen Gästen solltest du damit etwa eine Stunde vor der Party anfangen. Dann ist das große Stück Fleisch für den ersten Hunger fertig. Andere Stücke kannst du dann, nachdem du Kohle nachgefüllt hast, offen direkt oder wieder indirekt schnell grillen.

Was meint die Jury?

: Indirektes Grillen ist genial für fleischige Gelüste, da der Backofeneffekt ausgenutzt wird. Lediglich die Wurst sollte auf offener Flamme gegrillt werden.

: »Lediglich die Wurst sollte auf offener Flamme gegrillt werden.« Klar, damit das Fett schön ins Feuer trieft und einen dicken rußigen Belag auf der Wurst erzeugt.

: Es gibt auch Wurst von besserer Qualität, die nicht vor Fett trieft, wenn du sie grillst.

: Meines Erachtens gibt es keine Wurst ohne Fett. Auch die teuerste Wurst vom Fleischereifachbetrieb enthält Fett, das beim Grillen ins Feuer trieft.

Als wir vor ein paar Wochen bei meiner Kollegin zum Grillen eingeladen waren, war es echt gemütlich. Das Tollste war, dass es ein reiner »Frauenabend« war. So richtig typisch: mit Nägel feilen, tratschen, lachen, Sekt trinken, über Kollegen lästern und auf Aluschalen grillen. Da wird das Fleisch und vor allem das Gemüse nicht so schnell schwarz, es tropft nix in die Glut, es entsteht fast kein Rauch und es bleibt mehr Zeit zum Reden, weil es länger dauert.

Ah, zum Thema »Kein Fett in die Glut« haben wir auch noch einen etwas ungewöhnlichen Tipp.

Grillen mit Glaskeramikfeld ★★★★☆

Wer kennt ihn nicht, den heißen Stein? Leider ist mir der heiße Stein zu teuer. In der Garage habe ich dafür ein altes Glaskeramikfeld gefunden. Ich habe das Glaskeramikfeld vollkommen ausgeschlachtet und wollte es zur Verwertungsstelle bringen. Da hatte ich die Idee: Warum nicht das Ganze auf die Holzkohle und darauf grillen?

Ein Glaskeramikfeld hält ganz schön viel Hitze aus (etwa 1200 Grad). Gesagt getan! Anstatt des Rostes das Glaskeramikfeld drauf – und es funktionierte! Eine schöne große Fläche und am Randbereich eine »Warmhaltezone«. Kein Qualm, da nichts ins Feuer tropft. Ideal für diejenigen, die kein »wie Kohle verbranntes« Fleisch haben möchten. Fleisch, Kartoffeln, Gemüse, Zwiebeln und so weiter: perfekt. Am Ende ein wenig Wasser, Wein oder Bier draufkippen, das ergibt einen köstlichen Grill-Braten-Fond. Außerdem braucht man keine Grillzange, sondern nur einen Spachtel.

Ach ja, nachdem es ein wenig abgekühlt ist, das Glaskeramikfeld gleich mit Spülwasser reinigen.

Was meint die Jury?

: Funktioniert!

: Wie? Der Tipp ist gerade mal zwei und eine halbe Stunde alt, du hast ihn also gleich ausprobiert, weil du ja ein Glaskeramikfeld rumliegen hattest und zum Frühstück schon grillen wolltest? Klar, ich glaube dir, es funktioniert …

: Auch wenn der Tipp erst zweieinhalb Stunden alt ist: Es soll tatsächlich Leute geben, die das schon vor ein paar Jahren ausprobiert haben. Erst denken – dann schreiben …

: Super-Idee, besser geht's nicht! Leider habe ich kein Glaskeramikeld, werde aber den Tipp bei Gelegenheit weiterempfehlen!

: Na ja, ich glaube, das hat nur noch wenig mit Grillen zu tun. Das kann man eher als anbraten sehen. Zum Grillen gehört Rauch.

: Stimmt schon. Aber dann gehört auch mal deutlich gesagt, dass bereits das Herumfuhrwerken mit (umweltschädlichen) Aluschalen auf dem Rost ebenfalls nichts mehr mit Grillen zu tun hat.

: Ja, wenn ich die Wahl habe zwischen reinem Acrylamid und Acrylamid mit Aluminiumstaub, dann nehme ich doch lieber die Reinform …

Nun gut, ein wenig exotisch vielleicht, aber wem es Spaß macht …

Hier mal die Komplettlösung für sauberes, rauch- und rußfreies Fleisch von der Freiluftkochstelle. Wenn du diese Regeln beachtest, wird sich nicht mehr ständig der Himmel über dir verdunkeln.

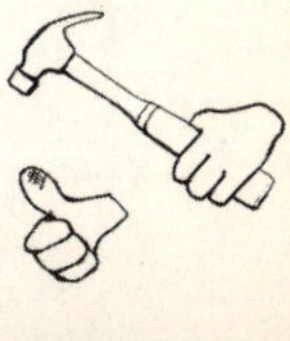

Das Grill-Einmaleins

Um richtig gut und gesund zu grillen und trotzdem nicht auf das typische Holzkohlearoma verzichten zu müssen, beachtest du Folgendes:

Den Grill erst belegen, wenn eine weiße Ascheschicht über der Kohle ist. Dafür darf's auch etwas mehr Kohle sein.

Am besten eignet sich ein Eierkarton zum Anzünden. Einfach zerreißen und anzünden. Das ist billig, stinkt nicht und ist umweltfreundlich.

Die Kohle ringförmig an den Rand des Grills legen. In die Mitte eine Alu-Grill-Schale legen und darüber das Grillgut positionieren.

Das Grillfleisch mit Küchenkrepp abtupfen, bevor es auf den Grill kommt, dann tropft nix und der Rost bleibt erheblich sauberer. Das spart auch Zeit beim lästigen Saubermachen.

Steaks nie mit der Gabel anstechen oder wenden, dadurch läuft der Saft aus und das Steak wird zur Schuhsohle. Lieber eine Grillzange verwenden, dann bleibt's schön saftig!

Grillgut nie mit Bier ablöschen, auch wenn's lecker schmeckt und gut riecht. Denn danach hat man nur Asche am Fleisch. Eine gute Glut brennt nicht!

Würstchen vorher mit der Gabel anpieken, dann platzen sie nicht auf dem Grill!

Woran merkt man, ob das Fleisch durch ist? Drück mit dem Finger aufs Steak: Fühlt es sich so an, als ob du mit dem Finger auf den Daumenballen drückst, dann ist es genau richtig! Na dann, guten Appetit!

Mein bester Freund kauft ja sein Fleisch grundsätzlich bei Aldi. Das ist schön »ginschtig«, wie er sagt, und überhaupt von der Qualität auch nicht schlechter als beim Metzger um die Ecke. Aber man hat da ja schon so viel Schlechtes gehört, vor allem in den Medien. Ehrlich, ich habe da ja überhaupt keine Ahnung. Wo kriege ich denn heute eigentlich noch richtig gutes Fleisch her?

Lieber Ingo,
das ist natürlich eine schwere Frage. Die Verbraucherzentrale schreibt zu diesem Thema:

»Fleischeinkauf ist zwar Vertrauenssache, aber deswegen ist das Fleisch aus dem Supermarkt noch lange nicht immer schlecht und das vom Metzger nicht immer gut. Viele Supermärkte bieten heute schon Fleisch aus Markenfleischprogrammen an, beteiligen sich an Qualitätssicherungssystemen u. ä. Durch den Einkauf in größeren Mengen können sie Fleisch oftmals günstiger anbieten als der Metzger um die Ecke. Dafür kennt dieser seine Fleischlieferanten oft persönlich, die Transportwege waren besonders kurz oder er hat die Tiere vielleicht sogar selber geschlachtet, hat Fachinformationen zu geeigneten Teilstücken und zur Zubereitung. Aber auch im Supermarkt sollte man qualifizierte Auskunft über Herkunft und Aufzucht der Tiere bekommen können, anonyme Billigware besser meiden.«

Grundsätzlich kannst du schon über Aussehen und Anfühlen ein gewisses Urteil über die Qualität und die Frische des Fleisches treffen. Schweinefleisch sollte gleichmäßig rosa bis dunkelrosa sein, Rindfleisch dunkelrot. Achte beim Kauf auch auf die Marmorierung, das ist der so genannte intramuskuläre Fettanteil im Fleisch selbst. Nein, nicht der Fettrand, Kathrin. Leicht marmoriertes Fleisch ist meistens aromatischer als mageres, denn schließlich ist Fett der Geschmacksträger.

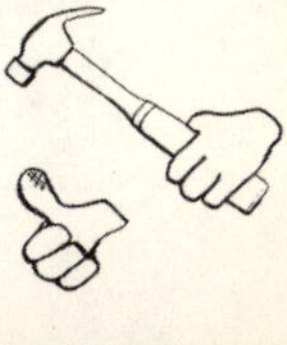

Lammfleisch sollte hellrot bis rot sein, Wildfleisch dunkelrot, auf keinen Fall leicht bräunlich. Dann ist es nämlich nicht mehr frisch. Fleisch sollte immer einen frischen Glanz haben und nicht schmierig sein. Es muss fest sein und darf sich nicht leicht eindrücken lassen.

Du kannst dich beim Fleischkauf natürlich auch nach bestimmten Gütesiegeln richten. Allerdings sollte man hier durchaus auch kritisch vorgehen, denn nicht jedes »Qualitätssiegel« ist wirklich aussagekräftig. Letztlich gibt es hier keinen anderen Weg, als sich umfassend zu informieren und – auszuprobieren. Denn bei allen äußeren Merkmalen soll dir das Fleisch ja auch schlicht schmecken!

Jetzt bin ich aber froh, dass ich es mir aufgeschrieben habe, das Rezept, mit welchem unser Besuch sein Fleisch eingelegt hatte. Ich darf nur Ingo nichts davon erzählen. Wenn er nämlich erfährt, dass da viel gutes Bier reingemischt wird, will er nichts anderes mehr. Soll ich es euch verraten?

Au ja, wir wollen doch auch mal was von dir lernen! Aber lass uns erst noch etwas Allgemeines dazu sagen.

Fleisch selbst marinieren

Kauf dein Grillfleisch nicht abgepackt, sondern frisch beim Metzger deines Vertrauens, und lege es selbst ein (= marinieren). Du wirst sehen, es schmeckt nach ein paar »Probemarinaden« um ein Vielfaches besser als das fertig marinierte.

Erstens kannst du die Geschmacksrichtung selbst wählen und zweitens ist das frische Fleisch vom Metzger einfach oft von anderer Qualität.

Beim Marinieren werden Lebensmittel wie Fleisch oder Fisch haltbar gemacht, ihnen wird ein spezieller Geschmack verliehen und/oder es wird auf eine weitere Verarbeitung vorbereitet.

Vermutlich ist der Begriff dadurch entstanden, dass Lebensmittel für die Marine haltbar gemacht werden sollten beziehungsweise dass die Lebensmittel früher in Lake (aqua marina) eingelegt wurden.

Vorgehensweise:
Du legst die Lebensmittel einige Stunden oder auch mehrere Tage lang in die Marinade ein. Diese besteht im Regelfall aus Essig, Weißwein oder Rotwein und verschiedenen Kräutern und Gewürzen. Die Marinade kann auch Öl, Ketchup, Honig, Zitronensaft oder Joghurt enthalten. Auf Salz solltest du verzichten, da es dem Fleisch Flüssigkeit entzieht und so der saftige Geschmack leidet.

Was passiert da:
Essig und Weißwein hemmen die Bildung von Bakterien und zersetzen das Eiweiß im Fleisch. Dadurch wird es mürbe, was zu kürzeren Garzeiten führt. Kräuter und Gewürze geben den Lebensmitteln verschiedene Geschmacksrichtungen. Besonders beliebt ist das Marinieren bei der Vorbereitung von Grillfleisch.

So, jetzt verrat uns mal dein Rezept, Kathrin!

Kathrins Altbiermarinade für Koteletts zum Grillen ★★★☆☆

Für etwa zehn Koteletts brauchst du

0,5 l Altbier (egal, welche Marke, aber bitte kein alkoholfreies)
½ Flasche Tomatenketchup
etwa 2 EL Senf
2 Zwiebeln
gemahlener Pfeffer und Salz, ruhig kräfig würzen
ganze Pfefferkörner
Wacholderbeeren

So wird es dann gemacht: Du nimmst eine große Schüssel und schneidest zuvor die Zwiebeln in Scheiben. Anschließend schichtest du die Koteletts abwechselnd mit den Zwiebeln in die Schüssel. Wenn du das alles getan hast, nimmst du dir eine Rührschüssel und einen Rührbesen und mischst das Bier, Tomatenketchup, Senf, Pfeffer und Salz, Pfefferkörner und die Wacholderbeeren.

Anschließend gibst du diese Mischung zu dem Fleisch und den Zwiebeln in die Schüssel. Dann das Ganze abdecken und über Nacht ab in den Kühlschrank (oder dahin, wo es halt kühl ist). Am nächsten Tag ist das Ganze dann echt mal lecker auf dem Grill (die Koteletts kann man während des Grillens immer noch mit der Marinade bestreichen).

Was meint die Jury?

: Ist hier genau wie bei den Muttis, alles egal, Hauptsache Alk drin! *Scherz* Nein, im Ernst, sollte man(n) mal probieren, ist genau mein Ding!

: Schmeckt wirklich lecker, ist aber schade um das Bier.

: Kannst ja hinterher die Marinade filtern und Punsch draus machen.

Gegrillte und gefüllte Hähnchenbrust ★★☆☆☆

1 kg Hähnchenbrust
1 mittelgroße Zwiebel
3–4 Knoblauchzehen
4–5 getrocknete Tomaten
20 g Semmelmehl
100 g Reibekäse
Balsamicoessig
Olivenöl
1 Eigelb
Salz
Pfeffer
ital. Kräuter (etwa Knorr Kräuterlinge zum Streuen)

Tomaten, Knobi und die Zwiebeln fein würfeln. Alle anderen Zutaten in eine Schüssel geben und gut verrühren. Gewürzt wird nach Geschmack. Nun Taschen in die Hähnchenbrüste schneiden und füllen, mit Zahnstochern oder Ähnlichem fixieren und etwa 15 Min. bei nicht zu großer Hitze rundherum grillen.

Was meint die Jury?

: Vier Knobizehen scheinen mir doch recht heftig, zumindest für Leute, die am nächsten Tag Kundenkontakt haben.

: Alternativ wäre eine Füllung aus Mais und Ananas – ohne Knobi – mit Curry-Sauce. Aber das wäre dann ein anderes Rezept.

: Wegen der Salmonellengefahr scheint mir die Grillzeit zu knapp bemessen. Ich würde ruhig noch ein bisschen zugeben.

: Knorr Kräuterlinge? Ne, danke. Lieber nehme ich richtige Kräuter. Dieses Einheitsgewürz mit fragwürdigen chemischen Zutaten kommt mir nicht ins Haus.

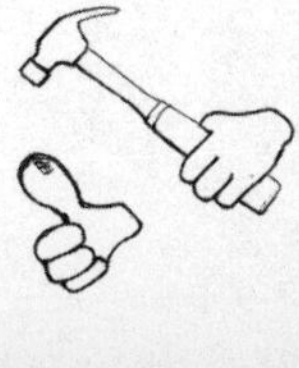

: Manche Leute stellen sich vielleicht an, es ist doch nichts Schlimmes, wenn man ab und an mal ein Fertigprodukt verwendet. Das machen sogar die Profis.

Honiggrillfleisch ★★★☆☆

Man(n) oder Frau benötigt

etwa 200 g Fleisch (Minutensteaks, Schweinebauch vom Discounter/Metzger deiner Wahl) pro Person
und für die Marinade (je nach Geschmack)
3–5 EL Honig
2 Knoblauchzehen
1 Zwiebel
Öl (Sesam oder Oliven)
Zitronensaft
Soja-Sauce
Pfeffer
Zucker
Kräuter der Saison oder des persönlichen Geschmacks

Nun alle Zutaten für die Marinade fein pürieren, und das Fleisch über Nacht, besser noch 30 Stunden, gut gekühlt, marinieren. Auf Holzkohle grillen, mit Toast und Salat servieren.

Was meint die Jury?

: Klingt interessant. Statt Soja-Sauce geht bestimmt auch Maggi.

Hey, ich habe auch noch ein Rezept!

Legger Knobi-Sauce zum Grillen und Dippen ★★★☆☆

Du brauchst:

1 großes Glas Miracel Whip Balance
1 große Tube Mayonaise
Sambal Oelek
Zucker
etwa 8–10 Knoblauchzehen (je nach Geschmack)

Miracel Whip und Mayo in eine Schale geben, schön umrühren. Dann etwa ein halbes Glas Sambal Oelek dazu (sodass es eine schöne lachsfarbige Sauce ergibt). Zwei Teelöffel Zucker und 8–10 frische Knoblauchzehen (kein Knoblauchgewürz).

Alles schön umrühren und im Kühlschrank ziehen lassen. Mindestens zwei Stunden vor dem Essen aus dem Kühlschrank nehmen. Am besten einen Tag vorher zubereiten, damit die Sauce gut durchgezogen ist.

Was meint die Jury?

: »1 großes Glas Miracel Whip Balance
1 große Tube Thomy Mayonaise
Sambal Oelek« = gekocht???

: Geschüttelt oder gerührt?

: Ist bestimmt lecker, klingt aber ein bisschen fettig.

: Find ich super, das Rezept. Leicht nachzumachen.

Gemüsepacks – vegetarisch Grillen ★★★★★

Bei uns hat sich folgendes Rezept zum Grillen als Standard etabliert und sogar Fans bei den Fleischfressern gewonnen:

Du brauchst

Alufolie
1 Aubergine
1–2 Zucchini
1 Gurke
2 Paprika
1 Feta-Käse
Olivenöl
ggf. 1–2 gekochte Kartoffeln (geht aber auch ohne)
2 Knoblauchzehen

Einfach das ganze Gemüse in Würfel scheiden, den Feta natürlich auch. Danach mit etwas Olivenöl und den gepressten oder zerhackten Knoblauchzehen in eine Schüssel geben. Nach Belieben mit den Standards würzen. Dann kräftig umrühren und eine Stunde ziehen lassen (wenn Zeit ist, auch länger, dann zieht der Knoblauch richtig ein).

Die Alufolie in Stücke reißen (wie groß muss jeder selber wissen), und das Gemüse somit portionieren. Es sollten dann mehr oder weniger kleine Alu-Pakete entstehen, das Gemüse also mit der Folie richtig schön umwickeln. Die Pakete kommen anschließend in die Glut des Grills. Nach etwa 20 Minuten in der Glut ist der Feta wunderbar in all das Gemüse gezogen.

Gemüsepack aus der Glut holen – Finger verbrennen – lecker essen!

Was meint die Jury?

: Also nach 20 Minuten in der Glut ist doch alles verbrannt. Oder ist das so gewünscht?

: So was Ähnliches gibt es bei uns auch zum Grillen. Schmeckt supergut.

: Alufolie ist ein schlechter Wärmeleiter. Bis das Gemüse verbrannt wäre, ist es schon wieder aus der Glut.

: Glas und Luft sind schlechte Wärmeleiter. Was lernt man heutzutage im Physikunterricht (oder heißt das inzwischen Püsik?)

: Gemüse und Grillen schließen sich kategorisch aus. FLEISCH ist mein Gemüse!

: Klingt lecker und nach wenig Aufwand! Wird morgen gleich mal ausprobiert.

Mett-Baguette ★★★☆☆

Köstlich beim Grillen, quasi als Vorspeise »auf die Hand«:

1 Baguettebrot in fingerdicke Scheiben schneiden. Die Scheiben auf einer Seite mit Mett beschmieren (gerne auch Jäger- oder Zwiebelmett) und dann ab auf den Grill! Erst auf der »Fleischseite«, dann auf der »Brotseite«, bis das Brot knusprig und das Mett gar ist. Für ein Baguettebrot braucht man etwa ein Pfund Mett.

Der Renner auf unseren Familien-Grillpartys! Mahlzeit.

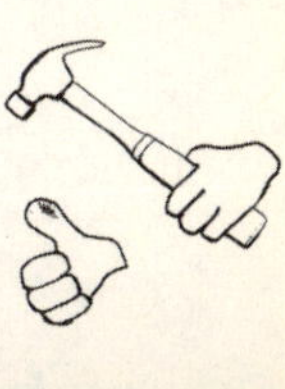

Was meint die Jury?

: Ich kenne eine leicht abgewandelte Art: Brötchen halbieren und die Seiten mit Mett bestreichen. Diese dann entweder grillen oder in den Backofen (der hat auch einen Grill, und es wird genauso lecker).

: Mjam!!!!

: Hört sich gut an.

Putenfleisch vom Grill ★★★★☆

Du brauchst
etwa 200 g Putenschnitzel oder Putenbrust
für die Marinade
3 EL Senf
1 EL Tomatenmark
3 Zwiebeln
Knoblauchzehen
Pfeffer, Peperoni, Cayennepfeffer oder Tabasco, Zucker
Balsamicoessig (weiß)
Olivenöl
Alle Zutaten für die Marinade, je nach Geschmack, fein pürieren. Die Putenbrust in Scheiben, Würfel oder Streifen schneiden, die Würfel oder Streifen auf Holzspieße stecken. Nun das Fleisch rundherum mit Marinade bestreichen und über Nacht, besser 30 Stunden, ziehen lassen.

Was sagt die Jury?

: 30 Stunden? Das ist nix für die spontane Grillparty am Abend.

: Kann man ja mal mittwochs auf Verdacht fürs Wochenende machen. Wenn das Wetter gut wird, gibt's da immer einen Anlass.

Zwiebeln grillen ★★★★★

Wenn ich zu einer Grillparty eingeladen bin, frage ich (vorzugsweise die Hausherrin) nach *Alufolie*, *Zwiebeln*, *Olivenöl* (oder ein anderes – ist wurscht!), *Salz* und *Pfeffer*.

Nachdem ich die verwunderte Frage »Wozu?« mit einem beruhigenden »Lass dich überraschen!« beantwortet habe, teile ich die Alufolie in so große Stücke, dass ich die Zwiebel gut darin verpacken kann. Dann lege ich mir die Folie in die hohle Hand, mache die Zwiebel rein, gieße einen Schuss Olivenöl drüber (oder ein anderes Öl – ist immer noch wurscht!). Jetzt nach Geschmack und Erfahrung salzen und pfeffern, gut verschließen und ab auf die Grillplatte! Dauert etwa 35 bis 45 Minuten, bis die Zwiebeln schön durch und süß (!) sind.

Die Variationsmöglichkeiten sind praktisch unbegrenzt …

Was meint die Jury?

: Volle Punktzahl für das Rezept. Abzug dafür, dass du bei einer Party den Speiseplan nicht den Gastgebern überlässt oder wenigstens die Rohstoffe selbst mitbringst.

: Muss die Zwiebel vorher geschält werden, oder wird sie mit Schalen gegrillt?

: Guter Tipp, aber warum bereitest du es nicht schon zu Hause vor? Das gefällt jeder Gastgeberin besser.

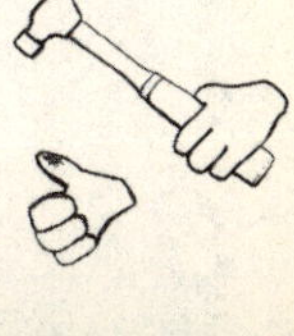

Hey Jungs,
Kathrin ist momentan in der Küche. Wir sind schon etwas am Feiern. Habt ihr für mich und meine Kumpels nicht ein abgefahrenes »Spiel«? Die zwei Tequila-Flaschen, die Sven mitgebracht hat, sind eine Gefahr für die Jugend und sollten schnellstmöglich unschädlich gemacht werden.

Jaja, Ingo. Wenn die Damen mal nicht zuschauen … Obwohl, du hast schon recht. Man kann auch Alkohol trinken, ohne Spaß zu haben. Aber mit Spaß ist es dann doch »fluffiger«. Wir haben hier mal ein »Spiel« herausgesucht. Aber bitte immer daran denken, dass man es mit dem Alkohl nicht übertreibt, gell! Deshalb übernehmen wir hier ausnahmsweise keine Gewähr und auch keine Pistole …

Flunkyball ★★★★☆

Ihr benötigt:

2 Teams
1 Bierflasche pro Person
1 Plastikflasche mit Flüssigkeit
1 Fußball

Beide Teams stellen sich etwa dreißig Meter entfernt voneinander auf. Dann stellen die Teams ihre Bierflaschen in einer Reihe vor sich auf den Boden. In der Mitte zwischen den Mannschaften wird die Plastikflasche aufgestellt. Eine Mannschaft fängt an und hat einen Versuch, die Flasche mit dem Ball zu treffen. Wie sie das versucht, ist egal: werfen, kicken, rollen – alles ist erlaubt. Wenn das Team die Flasche nicht trifft, sind die anderen dran. Wenn das Team die Flasche getroffen hat, muss das gegnerische Team losrennen und die Flasche wieder aufstellen. In dieser Zeit muss die andere Mannschaft ihre Bierflaschen so schnell wie möglich austrinken. Wenn das andere Team die Flasche aufgestellt hat und wieder hinter ihrer Bier-Flaschenlinie ist, rufen sie »Stopp!«. Das gegnerische Team muss aufhören zu trinken und die Flaschen wieder hinstellen.

Nun ist die andere Mannschaft dran. Gewonnen hat das Team, das als Erstes seine Flaschen ausgetrunken hat: Als Beweis wird jede leere Flasche auf den Boden gelegt. Sollte eine Flasche mal versehentlich umkippen, wird sie durch eine neue Flasche ersetzt.

PS: Ursprünglich ist der Flunkyball eine zusammengedrückte Bierdose, mit der man eine mit Sand gefüllte Bierdose treffen soll, und statt Flaschen kann man natürlich auch Bierdosen nehmen.

Was meint die Jury?

: Das hört sich lustig an ..., *g*, wird ausprobiert!

: Ja, ist sehr lustig. Allerdings sind dreißig Meter Abstand viel zu viel, da dauert dann ein Spiel nur eine Runde. Besser sind so sechs bis acht Meter. Ein neues Bier – Strafbier – gibt es auch, wenn die Flasche überschäumt oder am Ende noch viel Bier aus der Flasche herausläuft, wenn man sie umdreht.

: Unter www.mwpf.de (Mehrwertpfandflasche.de) könnt ihr euch gleich zum Turnier anmelden. Findet einmal im Jahr statt.

: Das klingt nach den Olympischen Ballermann-Spielen.

Das ist genau das Richtige für uns. Nur werden wir die Tequila-Flaschen besser nicht mitspielen lassen und doch besser zum Bier greifen.

Und falls euch vor lauter Kicken der Stoff ausgeht und die nächste Tanke schon zu hat, hier noch ein kleiner Tipp:

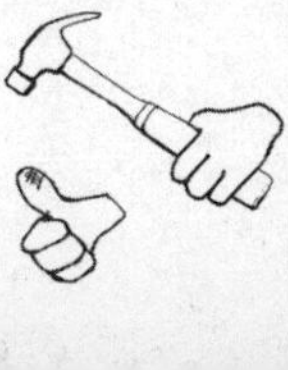

Hausgemachter Cognac ★★★★★

Für besondere Anlässe: 0,5 Liter Rotwein in ein Dampfbügeleisen füllen und einschalten. Dampf an einer Fläche kondensieren und in ein Glas abtropfen lassen. Ergibt 0,4 Milliliter Cognac.

Was meint die Jury?

: Und zentnerweise rotgefärbte Bügelwäsche! Na ja, wer's mag.

: Gib mir den Rotwein und hau dir das Bügeleisen auf den Schädel … Dann haben wir beide 'ne Dröhnung!

: Wer kommt denn bitte auf solche Ideen? Allein der Gedankengang ist fünf Punkte wert.

: Und der feine Duft, wenn ich anschließend damit die Hemden meiner Busfahrerkleidung bügle. Schafft sicher Vertrauen bei den Fahrgästen.

: Hey, was fülle ich ein, um Ouzo rauszubekommen? Weißwein?

: Die Herstellungskapazität kann man wesentlich durch Verwendung eines Industriedampfreinigers erhöhen. Die prozentuale Ausbeute bleibt allerdings gleich. Diese kann man jedoch durch einen geschlossenen Kühlkreislauf verbessern. Die braune Farbe erhält man, wenn man das Destillat durch eine zusammengerollte Torfmatte filtert (in einer Zoohandlung erhältlich). Der Cognac bekommt dann auch gleich seinen erdigen Geschmack. Kenner lassen den Cognac dann in einer PET-Flasche für zwei Tage reifen, der feine Geschmack wird durch den Weichmacher noch verbessert.

: Muss ich danach das Bügeleisen entkalken?

: Wenn der Wein sauer genug war, dann wird das Bügeleisen automatisch entkalkt.

: Wie viel Prozent hat eigentlich dieser Bügeleisencognac? Den werd ich mir nachher mal reinbügeln!

Mann, das war 'ne Feier gestern. Ich war voll wie ein Aquarium. Als ich ins Bett getorkelt bin, hat sich alles gedreht. Hab zwar den Fuß rausgehalten und gebremst, hat aber leider nichts gebracht. Das ganze leckere Essen und diverse Alkoholika ließ ich mir dann nochmal durch den Kopf gehen! Und jetzt bin ich komplett erledigt. Jetzt schluck ich erst mal eine Aspirin.

Lieber Ingo,
haben wir dich nicht väterlich zu bewusstem Umgang mit den Rauschmitteln aufgefordert? Also sage nicht, dass wir dich nicht gewarnt hätten! Jedenfalls pflegte unsere Französischlehrerin an dieser Stelle immer zu sagen: »Richtige Männer erkennt man an Folgendem: Die saufen die Nacht durch, aber am nächsten Tag merkt man ihnen nichts an.« Aber für die anderen haben wir hier ein paar gute Tipps. Also lass die Finger von den Kopfschmerztabletten, schließlich hast du in Sachen Intoxikation ja bereits gestern ganze Arbeit geleistet, oder? Hier kommen ein paar gesündere Wege der Katerbekämpfung.

Komplettlösung – Der Tag danach …

Wenn es am Abend zuvor mal wieder fünf Bier zu viel waren, dann kommst du mit folgenden Tipps wieder halbwegs auf die Matte:

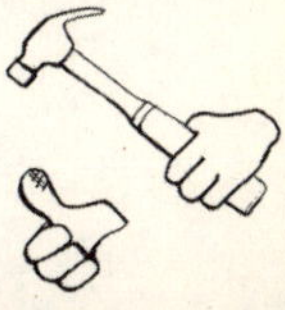

1. Viel Wasser trinken. Durch den Alkohol hat dein Körper viel Flüssigkeit verloren. (Klingt paradox, stimmt aber. Erklären wir dir später, wenn du wieder klar denken kannst!) Am besten noch vor dem Schlafengehen eine Flasche Mineralwasser trinken.
2. Am nächsten Morgen weiter Mineralwasser in dich reinschütten. Dazu viel Obst und Gemüse essen. Es fehlen dir nämlich Vitamine und Mineralien. Die hat der böse Alkohol alle mitgenommen.
3. Irgendetwas Deftiges in den Magen hilft auch. Hauptsache salzig.
4. Mal so richtig kalt duschen. Das bringt den Körper auf Touren. Danach fühlst du dich wie ein junges Reh. Oder wie heißt doch gleich das Tier mit dem Rüssel?
5. Wenn es die Zeit erlaubt, am besten noch mal hinlegen und ein paar Stunden an der Matraze horchen.

Ihr seid gut: Noch mal schlafen gehen! Kathrin möchte mit mir shoppen – sie braucht eine Hose und »ein oder zwei Tops«.

Okay, das klingt eindeutig nach einem »Notfall«. Hier kommt die harte, aber effektive Tour.

Kaffee mit Zitrone ★★★☆☆

Klingt grausig und ist es auch! Aber es gibt nichts, was schneller und sicherer wirkt! Nimm eine Tasse kalten Kaffee (nix mit Irish-Coffee oder so!) und hier presst du eine halbe bis ganze Zitrone hinein. Nimm auf keinen Fall Zucker oder Milch! Dieses Gesöff mit einem kleinen Löffel langsam »einführen«. (Harte Kerle hauen das natürlich einfach so runter.) Danach fühlst du dich wieder wie frisch geboren!

Was meint die Jury?

: Das stimmt! Ein Spritzer Zitrone im Kaffee hilft auch gegen normale (Spannungs-)Kopfschmerzen – zum Beispiel, wenn es heiß ist!

: Aus eigener Erfahrung: Ist zwar ekelhaft, wirkt aber.

: Das klappt aber auch mit schwarzem Tee, was bedeutend besser schmeckt.

Lieber Ingo,
bei all diesen Tipps sollte dir aber eins bewusst sein: Auch der stärkste Kaffee oder die salzigste Hühnerbrühe bauen den Alkohol im Blut nicht schneller ab. Es gilt die Faustregel: Pro Stunde 0,1 Promille. Du bist also auch nach unserer Komplettlösung immer noch alkoholisiert, fühlst dich aber besser dabei. Also Finger weg vom Autofahren – nur die Zeit senkt den Alkoholpegel!

Letztes Wochenende waren wir mal wieder zu Besuch bei meinen Eltern. Die haben es schon schön bei sich. Eine tolle Terrasse mit Markise und viel Platz. Und dann der Garten! Voll der Hammer: irre gepflegt, mit jeder Menge Obst und Gemüse. Es geht nichts über einen kurzen Gang durch den Garten, um dann mit vollen Händen zum Abendbrot zu kommen. Tomaten, Radieschen, frischer Schnittlauch … einfach herrlich.

Wobei – wenn ich an den Herbst denke, bin ich ganz froh, dass wir jetzt nur einen Balkon haben. Tagelang in den Büschen sitzen

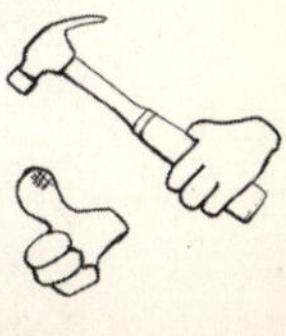

und Trauben und Beeren »zupfen«, auf irgendwelche »Stückle« fahren und Äpfel, Birnen oder Quitten auflesen. Wahlweise auch Kirschen, Mirabellen und Zwetschgen pflücken. Ganz schön anstrengend.

Vieles hat natürlich echt Spaß gemacht, und ich denk ja gerne daran zurück. Aber wenn es dann ans Abbeeren, Abkochen, Keltern, Einkochen, Entsteinen und Abfüllen ging, war der Spaß auch wieder schnell vorbei. Ganz zu schweigen vom Bauchweh, das ich durch das viele Naschen bekommen habe. Meine Eltern machen das immer noch so, nicht mehr ganz so umfangreich, aber immerhin. Ich weiß gar nicht, wie die das hinbekommen. Als ich noch alleine wohnte, sind mir sämtliche Pflanzen eingegangen, ja sogar die Kakteen sind verdurstet. Okay, ich weiß, dagegen würde gießen helfen.

Aber dieses Jahr haben Kathrin und ich zum ersten Mal ein paar Tomatenpflanzen unten im Garten stehen. Inzwischen hängen auch schon ein paar putzige grüne Tomätchen dran. Wir schauen regelmäßig danach, und mir läuft jetzt schon das Wasser im Munde zusammen, wenn ich an den ersten Biss in eine frisch gepflückte Tomate denke. Das ist einfach kein Vergleich zu irgendwelchen noch so teuren Tomaten aus dem Supermarkt.

Das Problem ist nur, dass den Hunderten von Schnecken auch das Wasser im Mund zusammenläuft. Aber die warten im Vergleich zu mir nur nicht, bis die Tomaten reif sind. Was kann ich denn überhaupt gegen Schnecken tun? Da war irgendwas mit einem Becher voller Bier, den man eingraben muss. Finde ich ja ehrlich gesagt eine reine Verschwendung, das gute Bier!

Hey Ingo,
das finden wir klasse, dass du dich ein wenig dem Obst- und Gemüsebau widmest. Es ist ja tatsächlich so: Nichts schmeckt besser als das, was im eigenen Stall – sorry, Garten gewachsen ist. Oder auf dem eigenen Balkon. Klar helfen wir allen jungen

und alten Hobbygärtnern gerne mit guten Ratschlägen weiter. Das von dir angesprochene Bier hilft tatsächlich. Du nimmst dir beispielsweise ein altes Gurkenglas, füllst es zur Hälfte mit Bier und gräbst es im Garten so ein, dass der Rand des Glases direkt auf Bodenhöhe ist. Die Schnecken werden angelockt, fallen ins Bier und ertrinken. Ist nicht sonderlich nett, dafür aber so effektiv, dass die Schnecken aus den Nachbargärten ebenfalls in deinen Garten pilgern.

Es geht aber auch wesentlich freundlicher. Hier haben wir einen interessanten Tipp, der sich mit der Schneckenbekämpfung befasst:

Kupferdraht gegen Schnecken ★★★★☆

Also, falls du die Schnecken aus deinem Garten entfernt haben willst, dann spanne einfach einen Kupferdraht um den Gemüsegarten, ein paar Zentimeter über dem Boden, so dass die Schnecken nicht drunter durch können: Und schon hast du beim Ernten schönes Gemüse ohne abgenagte Blätter.

Denn die Nacktschnecken mögen kein Kupfer, weil es auf ihrem Körper sofort oxidiert – und das giftig für die Schnecken ist. Schadet aber in keinem Fall dem Gemüsegarten oder sonstigem Getier.

Was sagt die Jury?

: Hey cool!

: Das ist doch Tierquälerei.

: Quatsch! Tierquälerei ist, wenn man sie durchschneidet, mit Salz überstreut oder sonstige Schweinereien mit ihnen macht,

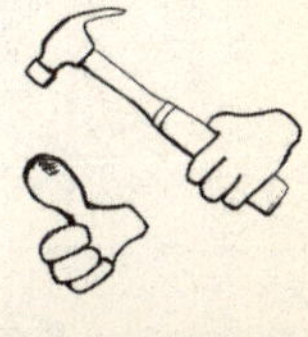

wozu ich oft Lust hätte. Andererseits kommen die überall aus dem Boden gekrochen: Woher weiß ich, ob die nicht schon drin sind im abgezäunten Bereich?

: Mit »Salz bestreuen«, mögen die etwa Tequila?

: Das ist keine Tierquälerei, weil ja die Nacktschnecken erst gar nicht dort hinkriechen. Das sagt ihnen ihr Instinkt.

: Muss ich unbedingt ausprobieren.

: Was auch wirken soll, ist das Besprühen des Gemüses und/ oder der Schnecken mit Kaffee. Nacktschnecken vertragen kein Koffein (Nervengift).

: Espresso oder Filterkaffee?

: Eher Folterkaffee, hihi.

: Falsch! Kupferdrahtrollen besitzen eine Klarlackschicht. Diese schützt das Kupfer vor der Oxidation. Besser Kupferbleche nehmen und ein wenig mit Schmirgelpapier das Kupfer bearbeiten.

: Kupferdraht half nur eine Woche. Nun springen die Schnecken einfach mit Anlauf drüber und sind drin.

: Jaja, die Evolution kann manchmal sehr schnell vonstatten gehen …

: Die Schnecken kriechen sogar über Rasierklingen. Über den Draht lachen sie nur.

: Schneckenzäune helfen auch, sind aber teuer und eignen sich von daher eigentlich nur für kleinere Beete (es sei denn, man hat genug Geld).

: Sägespäne helfen (zeitweise) auch, aber nur solange sie trocken sind (müssen erneuert werden, sobald sie nass sind). Das Gleiche gilt für Kaffeesatz! Von Bekämpfung mit Schneckenkörnern jeglicher Art halte ich absolut gar nichts, denn das ist absolute Tierquälerei! (Dasselbe gilt für diese Bierfallen, durch die tatsächlich erst recht Schnecken angezogen werden.)

: Man sollte Pflanzen möglichst nur morgens gießen, damit die Erde tagsüber trocknen kann (Schnecken sind meist nachtaktiv). Trockene Erde zieht keine Schnecken aus ihren Löchern (in Regenzeiten nützt dieser Ratschlag aber natürlich auch nichts).

: Die Pflanzen-Auswahl spielt eine wesentliche Rolle: Es gibt reichlich Pflanzen, die bevorzugt von Schnecken gefressen werden, und eben solche, die sie eher meiden (oder nur selten fressen). Aber in der »Not« fressen sie eh so ziemlich alles.

: Kein Erfolg! Habe gerade eine Schnecke beobachtet, die über meinen mühsam errichteten Kupferdraht geklettert ist.

Heute werde ich mal meine Pflanzen umtopfen. So langsam werden nämlich die Töpfe zu klein. Ich bin ja schon ein bisschen stolz auf mich und meinen grünen Daumen. Seit wir in die Wohnung mit Balkon gezogen sind, wachsen meine Pflanzen richtig schnell. Und seither macht es auch total Spaß, danach zu schauen und sie zu pflegen. Und in die alten kleinen Töpfe pflanze ich wieder neue Blumen und Kräuter rein. Wenn ich so weitermache, dann haben wir bald ein Gewächshaus hier im Wohnzimmer. Das Problem bei der ganzen grünen Pracht ist

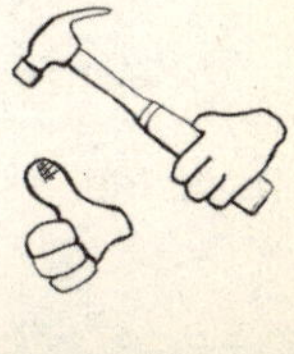

aber immer das Gießen. Ingo macht das sowieso nie und wenn doch, dann spielt er Sintflut mit meinen armen Pflanzen. Aber ich gebe zu: Selbst ich verliere bei so viel Grünzeug irgendwann den Überblick. Und einen Rasensprinkler möcht ich auch nicht unbedingt neben dem Sofa stehen haben.

Liebe Kathrin,
um Blumen geschickt zu gießen, nimmst du dir einfach eine Glas- oder Plastikflasche, füllst sie mit Wasser und steckst die Flasche mit der Öffnung nach unten in die Blumenerde. Die Pflanze holt sich so viel Wasser, wie sie braucht. Wenn die Flasche leer ist, einfach wieder nachfüllen. Spart Zeit und Geld (für neue Pflanzen). Wenn man die Flaschen noch etwas verschönert, dann sehen sie auch noch gut aus.

Das erleichtert mir die Arbeit, vielen Dank, Jungs! Was ich allerdings überhaupt nicht leiden kann, ist, wenn unsere rauchenden Gäste meine Pflanzenkübel als Aschenbecher benutzen. Das kann den Pflanzen doch nicht gut tun.

Liebe Kathrin,
wir können verstehen, dass dich das ärgert. Aber lies mal folgende Tipps, vielleicht denkst du dann etwas anders darüber!

Zigarettenasche hilft gegen jegliches Ungeziefer ★★★★☆

Besser, als sie in den Müll zu werfen, solltest du deine Zigarettenasche in die Blumentöpfe deiner Zimmerpflanzen oder auch in die Balkonkästen streuen. Das ersetzt viele »Ungezieferverhütungsmittel«.

Was meint die Jury?

: Stimmt. Aber bitte die Filter vorher entsorgen. Die verrotten wohl nicht oder nur sehr langsam.

: Klappt wirklich, und ist preiswert. Wenn man Nichtraucher ist, dann hat man halt Pech und muss mal seine Nachbarn fragen.

: Hmmmh, das muss ich meiner besseren Hälfte zeigen. Ich werde immer ausgeschimpft, wenn ich die Asche in die Blumentöpfe schnippe.

: Ich kippe nicht nur die Zigarettenasche an meine Pflanzen, sondern auch Altöl und alte Bremsflüssigkeit. Und: Es hilft! Ich habe wirklich kein Ungeziefer, nach einiger Zeit brauche ich sogar die Pflanzen nicht mehr zu gießen.

: Das klappt wirklich mit dem Nikotin! Besser funktioniert's allerdings, wenn man den Zigarettenstummel 'ne Stunde im Gießwasser lässt, ihn dann entfernt und mit dem Wasser befallene Pflanzen gießt!

: Hab es auch mit der Asche probiert, aber nach zwei Wochen waren die kleinen Viecher wieder da. Hab vielleicht zu wenig geraucht.

: Oder die Biester haben sich dran gewöhnt und wollten mehr!

Oh, das wusste ich nicht. Dann werd ich wohl nächstes Mal meine Klappe halten, wenn Ingos Kumpels wieder gemütlich in die Blumenkübel aschen. Da spare ich mir schon das Insektenspray für die Pflanzen.

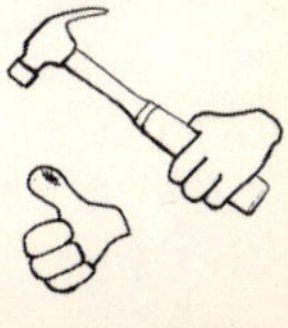

Nicht nur das, Kathrin. Pflanzen sind auch gut für die Gesundheit: Wer Zimmerpflanzen in seiner Wohnung hat, tut aktiv etwas für das Raumklima. Es wird Sauerstoff produziert, durch die Abscheidung von Wasser wird die Luftfeuchtigkeit erhöht, die Feuchtigkeit bindet den Staub, und manche Pflanzen machen sogar Giftstoffe wie Benzol oder Formaldehyd teilweise unschädlich. Natürlich müsste man sich einen Dschungel zulegen, wenn man alles filtern möchte, aber wir denken, dass du auf dem richtigen Weg bist.

Hey Jungs,
ich hab heute ein paar Blumen dabei – für meine Süße. Sie sagt zwar immer, dass sie keine Blumen geschenkt bekommen will, aber jedes Mal, wenn ich doch mal dran denke (so alle zwei Schaltjahre), freut sie sich doch wahnsinnig. Woher ich das weiß? Bei meiner Mutter ist es doch genauso.

Lieber Ingo,
du bist halt ein kleiner Charmeur. Oder hat dich unsere Knigge-Einführung so beeindruckt? Du hast die Blumen aber hoffentlich nicht im Nachbargarten stibizt? Ich glaube, wir wollen die Antwort darauf gar nicht wissen. Was für dich aber nicht ganz unwichtig ist: Wie bleiben die Blumen schön frisch, damit deine Herzallerliebste den Anblick deiner Blumen auch in ein paar Tagen noch genießen kann? Das kann wichtig sein, wenn du mal was richtig Fieses ausgefressen hast – dann gilt: Je länger die Blumen blühen, desto höher steigst du in der Gunst deiner Holden!

Die nette Dame vom »Blume 2000«-Laden hat mir so ein seltsames Beutelchen mitgegeben. Sie meinte, dass ich den Inhalt ins Blumenwasser streuen soll. Hilft das denn wirklich?

Ja, das ist genau das Richtige für die Blumen. Das Zeug in dem Beutelchen enthält zuckerartige Substanzen, ein paar antibakterielle Stoffe und Fungizide. So wird verhindert, dass sich Keime und Pilze zu schnell an den angeschnittenen Blumen festsetzen und die »Wasserleitungen« verkleben. Die zuckerhaltigen Stoffe sorgen dafür, dass die Zellen der Pflanze länger erhalten bleiben. Es gibt zwar ein paar Hausmittelchen (Hefe oder Zucker ins Blumenwasser), aber die helfen nicht immer. Das Zeug vom Blumenhändler gibt's ja meistens kostenlos dazu (wenn nicht, einfach mal nett nachfragen) und funktioniert ziemlich gut.
Was du außerdem machen kannst: Schneide die Blumenstiele alle paar Tage schräg an. Dadurch werden die »Wasserleitungen« im Blumenstiel wieder freigelegt und können besser Wasser ziehen. Wenn ein Blumenstiel sehr hart ist, dann hilft es auch, das Ende des Stiels etwas zu quetschen (etwa mit einem Hammer). Auch dann kann die Blume gut Wasser ziehen.
Und wenn du dann auch noch als perfekter Hausmann auftrumpfen willst, solltest du dir folgenden Tipp reinziehen. Denn wenn die Blumen irgendwann das Zeitliche segnen, bleibt oft ein ganz ekliger und zäher Schleim in der Vase zurück:

Vasen mit Eierschalen reinigen ★★★★★

Blumenvasen, die innen Schleim vom Blumenwasser angesetzt haben, kann man hervorragend mit Eierschalen und lauwarmem Wasser reinigen. Einfach zerbröselte Eierschalen in die Vase geben, Wasser dazu, kräftig durchschütteln, etwas stehen lassen und sauber ist die Vase. Ist vor allem dann gut, wenn der Hals der Vase zu eng für Putzhände ist.

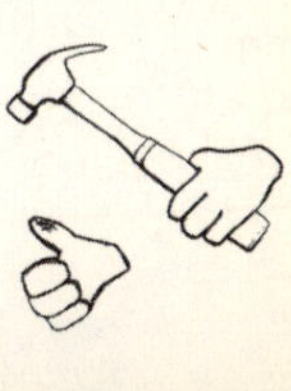

Was meint die Jury?

: Funktioniert gut. Wenn der Dreck aber schon festgetrocknet ist, wird's schwierig.

: Ja, funktioniert. Und da Eierschalen viel weicher sind als etwa Glas, braucht man auch keine Angst vor Kratzern in der Vase zu haben.

: *kopfkratz* Aber Eierschalen sind doch aus Kalk, setzt der dann nicht durch das Wasser besonders gut an? Mal bitte genauer erläutern!

: Ich glaube, hierbei geht's weniger um die Zusammensetzung der Schalen, sondern darum, dass es kleine Stücke mit scharfen Kanten sind, die auf die Wände der Vase wie ein Peeling wirken. Sand klappt bestimmt auch gut, aber Eierschalen hat man meistens eher zur Hand.

: Mit Corega-Tabs geht das am besten. Da löst sich dann auch angetrockneter Schmutz.

Hochzeit & Feiern

Psst, Jungs … ich hab da mal eine etwas intime Frage an euch …

Ja, Ingo, wir sind für alle Arten von Fragen zu haben. Schieß los!

Also, Kathrin und ich, wir wohnen jetzt seit knapp einem Jahr zusammen. Und was soll ich sagen: Es ist einfach dufte mit ihr! Also gut, am Anfang musste ich meine Vorstellungen von »Hausarbeiten« etwas an die weiblichen Bedürfnisse anpassen. Aber echt: Welcher Mann putzt schon freiwillig öfter als zwei Mal im Jahr die Toilette?? Nach diesen »konstruktiven« Auseinandersetzungen lief es dann aber wie geschmiert. Ich bin absolut superglücklich mit meiner Süßen. Inzwischen kann ich mir sogar vorstellen, mit ihr Kinder zu haben. Mann, wer hätte gedacht, dass ich noch mal so tief sinke? Hähä, kleiner Scherz …

Jedenfalls kam mir da neulich so der Gedanke, dass wir doch eigentlich – also, mir ist das ja ein bisschen peinlich – ihr wisst schon: der Bund fürs Leben, Hafen der Ehe und so weiter – kurz: ich habe überlegt, ob ich nicht um ihre Hand anhalten soll. Aber, verflixt, wie macht man das eigentlich? Wie ist da der korrekte Ablauf? Hilfe, ich bin ja so ahnungslos!

Lieber Ingo,
Glückwunsch, das sind ja tolle Nachrichten. Aber unter uns: »Um die Hand anhalten«, das sind reichlich olle Kamellen. Selbst im Schwabenland läuft das nicht mehr so ab, dass du zum Schwiegervater-in-spe dackelst, dort bei Blümchenkaffee und Nachmittagsgebäck diskret dein Sparbuch über den Tisch schiebst und um die Hand seiner Tochter anhältst. Inzwischen will deine

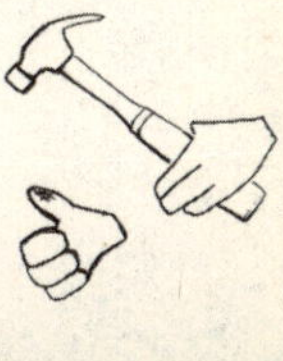

Zukünftige durchaus auch ein Wort mitreden bei dieser Entscheidung. Unglaublich, aber wahr!

Spaß beiseite, natürlich haben wir ein paar hilfreiche und abgefahrene Tipps zum Thema »Heiratsantrag«. Aber vielleicht zunächst ein kleiner Test, der deine Entschlusskraft noch mal auf die Probe stellt.

Will ich wirklich heiraten?
Gewissens-Test für den Mann

1. Samstags abends um kurz nach sechs …

… mache ich mir ein Bier auf und setze mich vor die Sportschau. (0 Punkte)
… komme ich so langsam vom Einkaufsbummel mit meiner Liebsten zurück. (5 Punkte)
… bin ich gerade mit dem Putzen der Küche durch, jetzt kommen noch Bad, Schlafzimmer, Flur und Wohnzimmer. (10 Punkte)

2. Kinder und Familie …

… sind eine unglaubliche Bereicherung unseres gemeinsamen Lebens. (10 Punkte)
… können ganz nett sein, sind aber gelegentlich auch ziemlich anstrengend. (5 Punkte)
… sind wie Pest und Cholera! (0 Punkte)

3. Ich treffe an einer Bar eine unglaublich gut aussehende Blondine, die mich zu einem Drink einladen will. Ich …

… lasse meinen Ehering unauffällig in der Hosentasche verschwinden und nehme dankend an. (0 Punkte)
… atme tief durch, bete ein Ave-Maria – und lehne dann dankend ab. (5 Punkte)
… rufe meine Frau an, um ihr sofort von dieser netten Begegnung zu erzählen, und frage, ob sie nicht zu uns stoßen will. (10 Punkte)

4. Dieses große schwedische Einrichtungshaus am Stadtrand ist …

… ein wundervoller Ort zum Shoppen, Essen und Entspannen. (10 Punkte)
… ein Ort, den man am besten nur werktags und mit klarer Zielsetzung betritt. (5 Punkte)
… eine Mischung aus Guantánamo und Fegefeuer. (0 Punkte)

5. Eine Hochzeit in Weiß mit Kutsche und allem Drum und Dran …

… ist das Schönste und Romantischste, was ich mir denken kann! (10 Punkte)
… ist eine ziemlich kostspielige Angelegenheit. (5 Punkte)
… löst bei mir etwa solche Gefühle aus wie die Steuererklärung von vor zwei Jahren. (0 Punkte)

Lösung:
0 bis 10 Punkte: Du solltest den Entschluss zu heiraten noch mal gründlich überdenken. Am besten mit deinen Kumpels in der

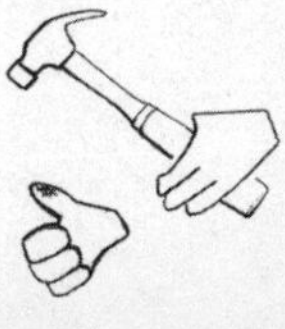

Kneipe. Oder der netten Blondine an der Bar. Jedenfalls sieht es mit der Eignung für den Lebensbund eher mau aus.

15 bis 45 Punkte: Gratuliere! Du zeigst die richtige Mischung aus Realitätssinn und Optimismus, um in den Hafen der Ehe einzufahren – und dort nicht gleich mit der Hafenmauer zu kollidieren.

50 und mehr Punkte: Langsam, langsam. Dein Hormonspiegel ist noch so hoch, dass wir dir von allen Kurzschlusshandlungen dringend abraten. Warte vielleicht noch eine Weile, bevor du deinen Entschluss zu heiraten in die Tat umsetzt.

Gewissens-Test für die Frau

1. Ich komme nach einem anstrengenden Arbeitstag nach Hause und ...

… schnappe mir erst mal das Telefon, um mit meiner besten Freundin alle Ereignisse des Tages bis zum letzten I-Punkt durchzuquatschen. (0 Punkte)
… höre mir geduldig alle Karrieresorgen meines Mannes an, während ich ihm das Abendessen zubereite. (10 Punkte)
... beschließe gemeinsam mit meinem Mann, ein vollwertiges und balaststoffhaltiges Fertiggericht in die Mikrowelle zu schieben. (5 Punkte)

2. Die Daily Soap ist …

… eine unglaublich entspannende Sache, die ich auf keinen Fall verpassen darf. (0 Punkte)
... absolut niveaulos und nicht zu vergleichen mit dem neuesten Buch von Martin Walser, das mir mein Mann empfohlen hat. (10 Punkte)
… manchmal ganz witzig (5 Punkte)

3. Durch einen unglaublichen Zufall lande ich mit Robbie Williams allein im gleichen Aufzug. Als der Aufzug denn auch noch stecken bleibt, sage ich:

»Ich glaube, ich werde gleich ohnmächtig …« (0 Punkte)
»Sind Sie nicht der berühmte Fußballer von Manchester United?« (10 Punkte)
»Mist, jetzt komme ich zu spät zum Treffen der Radikalen Feministinnen!« (5 Punkte)

4. Dein Mann hat zum wiederholten Mal euren Hochtzeitstag vergessen. Du …

… hast die Schnauze voll und konsultierst den Scheidungsanwalt. (0 Punkte)
… hast vor lauter Abwaschen, Kinderwickeln und Hemdenbügeln selbst nicht daran gedacht. (10 Punkte)
… lässt dich nur mit einem Brillantring wieder versöhnen. (5 Punkte)

5. Einen Heiratsantrag beim Candle-Light-Dinner …

… wünschst du dir, seit du nicht mehr auf Pferden reiten willst! (10 Punkte)
… musst du erst mit den Terminen in deinem Notebook abgleichen. (0 Punkte)
… wirst du nur annehmen, wenn er absolut der Richtige ist. (5 Punkte)

Lösung
0 bis 10 Punkte: Wie soll jemals ein Mann zu dir durchdringen, wenn du dauernd nur telefonierst? Das ist dir herzlich wurscht, denn du bist glücklich damit, einen guten Job zu haben und möchtest nicht unnötig durch Männer, Familie oder andere

Wechselfälle des Lebens von deinem Weg abgebracht werden.

15 bis 45 Punkte: Wer Robbie Williams so abserviert, muss schon ziemlich cool sein. Jedenfalls bist du selbstbewusst und gewitzt, legst aber durchaus Wert auf eine gute und ausgeglichene Partnerschaft. Das sind beste Voraussetzungen, um im Nahkampf der Liebe (vulgo: Ehe) glücklich zu werden.

50 und mehr Punkte: Hm, vielleicht solltest du wirklich ein paar Besuche beim Club der Radikalen Feministinnen absolvieren, bevor du in den Hafen der Ehe einläufst. In dieser Form bist du zwar der perfekte Muttterersatz für deinen Mann. Aber willst du das wirklich sein?

Origineller Heiratsantrag im Kino ★★★★☆

Wer seinen Heiratsantrag gerne ausgefallen hat, dem empfehle ich folgenden Link:
www.der-besondere-heiratsantrag.de

Hier kannst du deinen Heiratsantrag in den Vorspann eines bestimmten Kinos integrieren. Das läuft dann so ab: Du lockst deine Liebste unter einem Vorwand in das entsprechende Kino, und dann erscheint zwischen der Werbung plötzlich das Dia mit deinem Heiratsantrag. Das funktioniert bestimmt prima!

Was sagt die Jury?

: Abgedreht! Was kostet der Spaß?

: Find ich nicht so toll, so zwischen Marlboro-Werbung und Gruselfilm-Trailer. Na ja …

: Geht auch als Film, nicht nur als Dia. Kostet dann etwas mehr.

: Ich hab's gemacht, und es war der absolute Brüller. Das Kino hat getobt. Wir mussten aufstehen und uns küssen. Irre! Mein Tipp: Eine gut besuchte Abendvorstellung nehmen, wo das Kino schon bei der Werbung bis auf den letzten Platz besetzt ist. Das schockt's voll!

: Wie niveaulos. Ich hätte abgelehnt.

: Das möchte ich sehen, vor einem solchen Publikum! Da sagt keine Nein.

Antrag bei romantischer Ballonfahrt ★★★★☆

Ein wirklich ungewöhnlicher und romantischer Ort für den Heiratsantrag ist die Gondel eines Heißluftballons. Den kann man samt »Chauffeur« mieten (Adressen gibt's im Netz). Dann die oder den Liebsten zu einer Überraschung einladen. Und bei einer Flasche Schampus die Frage stellen. Der Spaß kostet natürlich ein bisschen Geld, ist es aber absolut wert.

Was meint die Jury?

: Und wenn sie nein sagt, kann man gleich springen, oder was?

: Das kann natürlich peinlich werden, wenn er oder sie ablehnt, man stelle sich das vor: noch mindestens eine Stunde in der Luft und die Stimmung auf dem Nullpunkt. Hoffentlich kennt der Schaffner ein paar gute Witze …

: Schöne Idee!

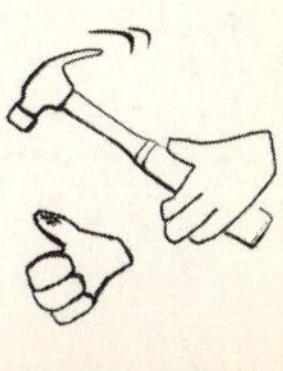

Lieber Ingo,
man kann das Ganze natürlich auch klassisch beim Candlelight-Dinner machen. Oder den Antrag auf ein altes Bettlaken schreiben und so aufhängen, dass sie es aus ihrem Bürofenster sieht. Denn die Antwort auf deine Frage lautet: Das ist letztlich Geschmacksache. In unserer heutigen Zeit der postmodernen Beliebigkeit gibt es da Gott sei Dank keine festen Regeln mehr. Du kannst also nichts wirklich falsch machen. Das gilt übrigens auch für dich, Kathrin. Niemand sagt, dass es immer der Mann sein muss, der die Sache mit dem Heiraten aufs Tapet bringt.

Es hat geklappt!!! Yippie! Wir werden heiraten, wow, mir ist ganz schwindelig! Eigentlich wollte ich ja das mit dem Bettlaken machen, aber beim Aufhängen hat sich das Laken dann in der Stehleiter verheddert, so dass ich fast von der Leiter gefallen bin. Dann hat es aber noch geklappt. Inzwischen standen schon die ganzen Kollegen von Kathrin am Bürofenster und haben gegrölt und applaudiert. Irgendwann kam sie dann runter und hatte eine knallrote Birne. Sie hat mich nur ganz fest umarmt und geküsst – und dann hat sie sich für den Rest des Tages frei genommen.

Liebe Kathrin, lieber Ingo,
na, da sind wir ja froh, dass das so gut geklappt hat. Und weil wir ja fürs Praktische zuständig sind, kommt hier gleich die passende Komplettlösung.

Heiraten für Anfänger

Etwa acht Monate davor …	Legt Ort und Zeit der Hochzeit fest.
	Entscheidet euch, ob kirchlich und standesamtlich oder nur Letzteres.
	Fotograf buchen.
	Macht eine vorläufige Gästeliste.
	Wählt die Trauzeugen aus.
	Besorgt euch die Dokumente für Standesamt und Kirche.
	Macht einen Kostenplan und legt ein Hochzeitsbudget fest.
	Sucht euch die Locations für euer Fest aus (Kirche, Hotel, Kneipe …).
Etwa sechs Monate davor …	Jetzt den Termin für die Hochzeit auf dem Standesamt reservieren (geht erst ein halbes Jahr davor).
	Schon mal ein Probeessen und -trinken in der ausgewählten Gaststätte machen.
	Das Brautkleid suchen.
	Familie einspannen: Wer macht was?
	Musiker aussuchen und buchen.
	Einen Friseur eures Vertrauens suchen. Übernimmt oft auch das Schminken am Hochzeitstag.
	Hochzeitsfahrzeug vorbestellen.

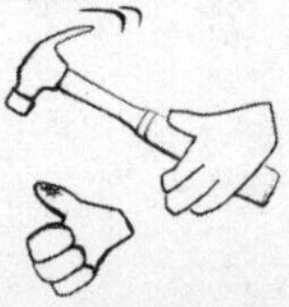

Etwa drei Monate davor …	Endgültige Gästeliste zimmern.
	Einladungen verschicken.
	Programm der Feier festlegen.
	Hochtzeitsanzug für den Bräutigam suchen.
	Tanzkurs machen (für den Walzer, sonst wird's peinlich …).
	Trauringe aussuchen und gravieren lassen.
	Wenn's einen Ehevertrag geben soll: Zum Notar gehen.
Etwa vier Wochen davor …	Festmenü besprechen und festlegen.
	Helfer informieren und anweisen.
	Antworten auf die Einladung auswerten und dann Sitzordnung festlegen.
	Blumenschmuck aussuchen und bestellen.
	Alle Termine um die Trauung und die Party festlegen (Fotograf, Band, DJ, Hochzeitstorte …).
	Alle Klamotten schon mal live testen.
	Tischkarten basteln oder drucken lassen.

Nur noch zwei Wochen …	Schuhe einlaufen. Sonst gibt's böse Blasen. (Frauen lieber etwas früher.)
	Die Gäste anrufen, die noch nicht auf die Einladung reagiert haben.
Nur noch eine Woche …	An einem Ort in der Wohnung alles bereitlegen, was mit Hochzeit zu tun hat: Klamotten, Ringe, Dokumente.
	Letzte Absprache mit dem Restaurant.
	Letzte Anprobe: Passt alles noch?
Nur noch einen Tag …	Wenn die Hochzeitsreise danach folgt: Jetzt dafür Koffer packen.
	Entspannungsbad nehmen oder in die Sauna gehen.
Nur noch wenige Stunden …	In jedem Fall frühstücken! Auch wenn man keinen Hunger hat!
	Mit der besten Freundin zum Friseur gehen.
	Brautstrauß abholen.
	Für den Bräutigam: Einige Papiertaschentücher einstecken. Denn auch die härtesten Männer werden vorm Traualter von der Rührung überwältigt!

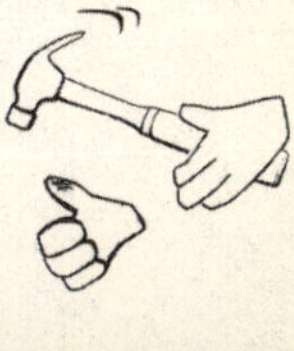

Ehevertrag – braucht man das?

Nicht sehr romantisch, aber später vielleicht sinnvoll. Ein Ehevertrag ist wie eine Versicherung: Man hofft, dass die dortigen Vereinbarungen nicht eintreffen werden. Denn letztlich regelt man hier den Fall der Trennung vom Ehepartner. Das ist keine schöne Aussicht, aber da sich in Deutschland etwa ein Drittel aller Paare wieder scheiden lässt, sollte man diesen Fall durchaus auch in seine Überlegungen mit einbeziehen.

Schließt man keinen Vertrag, so befindet man sich mit dem oder der Liebsten nach der Hochzeit in einer **Zugewinngemeinschaft**. Das heißt, dass die Vermögen der Partner auch in der Ehe getrennt bleiben. Nur was hinzugewonnen wird, gehört beiden. Im Übrigen haftet keiner der beiden für Schulden, die der andere allein aufnimmt. Nur gemeinsame Verbindlichkeiten sind auch gemeinsame Sache.

Kommt es jetzt zur Scheidung, wird sozusagen der Gewinn der Ehe ermittelt und durch zwei geteilt. Was gelegentlich gar nicht so einfach ist, vor allem wenn der »Gewinn« eines Ehepartners in einem Unternehmen steckt und dieses aufgelöst werden müsste, um den anderen auszuzahlen.

Neben der Zugewinngemeinschaft gibt es zwei weitere Güterstands-Modelle: die Gütertrennung und die Gütergemeinschaft. Beide müssen gesondert in einem Ehevertrag vereinbart werden. Die **Gütertrennung** legt fest, dass die beiden Vermögen auch nach der Ehe getrennt bleiben. Die **Gütergemeinschaft** führt hingegen dazu, dass auch die vorehelichen Vermögen nach der Hochzeit in das gemeinsame Ehevermögen übergehen.

Ersteres empfiehlt sich besonders bei reichen Menschen, Letzteres ist inzwischen sehr ungebräuchlich und kommt hauptsächlich noch im ländlichen Raum vor.

Über diese Güterstände kann im Ehevertrag natürlich alles Mögliche für den Fall der Scheidung geregelt werden. Hierzu lässt man sich am besten von einem Anwalt für Familienrecht beraten, der dann nach den gemeinsamen Wünschen einen Ehevertrag aufsetzt. Auch die notarielle Beglaubigung regelt der Anwalt für euch.

Grundsätzlich ist es zwar unangenehm, sich im schönsten Hochzeitsrausch mit der Frage der Trennung zu beschäftigen. Aber trotzdem kann ein Ehevertrag sinnvoll sein, weil es im Fall der Fälle Streit und gegenseitige Verletzungen minimiert.

Wirklich toller Tipp mit dem Bettlaken! Ich war das Gespött der ganzen Belegschaft! Trotzdem war es schon eine nette Überraschung, was der Ingo da gemacht hat. Wir sind schon schwer am Planen. Sagt mal, habt ihr für uns ein paar Tipps zum Polterabend? Meine Kollegen wollen jetzt alle noch eingeladen werden, und da dachten wir, das wäre eine ganz gute Möglichkeit …

Liebe Kathrin,
ja, der Polterabend ist eine gute Gelegenheit, die ganze Kollegenschar einzuladen, ohne sie auf der Hochzeit zu haben. Ganz traditionell findet der Polterabend vor dem Haus der Brauteltern statt. Dort gibt's dann auch etwas Einfaches zu essen und zu trinken. Der Witz an dem Polterabend ist natürlich das Zerschlagen von Porzellan, das die Gäste selbst mitbringen (allerdings keine Gläser oder – noch schlimmer – Spiegel).

Der Polterabend ist ein alter Brauch, der vielleicht mal dazu gedient hat, dass die enttäuschten Mitbewerber um die Braut an diesem Abend noch mal unschädlich Dampf ablassen konnten.

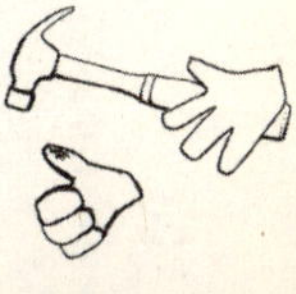

Deshalb geht es in der Regel dort auch etwas deftiger zu. Entsprechend sind auch die Scherze, die gelegentlich mit dem zukünftigen Ehepaar getrieben werden.

Anonymes Dosenfutter schenken ★★★★☆

Beim Poltern ist es ja üblich, dem zukünftigen Paar etwas zu schenken. Mein Tipp: Ein großer Karton voller Konservendosen mit Ravioli, Sauerkraut, Fertiggerichten, Obst, Mais, Bohnen, Hundefutter und so weiter. Eben alles, was in runden Dosen zu finden ist.

Der Witz dabei: Ihr müsst alle Etiketten entfernen. So wird das Kochen für die beiden zum Roulettespiel. Bei der Tiernahrung sollte man allerdings der Fairness halber »Animalfood« oder was Ähnlich draufschreiben. Ansonsten aber kein Hinweis auf den Inhalt!

Was sagt die Jury?

: Warum macht man die Dose Hundefutter denn dazu, wenn man's dann draufschreibt? Dann ist der Gag doch weg!

: Das ist ganz schön gemein mit dem Hundefutter und gar nicht lustig.

: Immer noch besser als Ölfarbe. Die gibt's auch in runden Dosen …

Tieflader mit einer Tasse ★★☆☆☆

Was gut kommt: Wenn ihr zu etwas späterer Stunde (wenn die Brautleute schon nicht mehr wirklich Lust zum Fegen haben *g*) einen Tieflader schöööön langsam vorfahren lasst. Dann kriegen die einen halben Herzkasper. Und dann lasst ihr richtig langsam eine einzige kleine Tasse runterkullern … sehr witzig!

Was sagt die Jury?

: Auch gut: Stiele der Besen ansägen, mit denen das Brautpaar die Scherben nachher wegkehren muss, haha.

: Alles ziemlich primitiv, aber gut!

: Wem's zu primitiv ist, der soll halt nicht auf den Polterabend!

Junggesellenabschied und Hen Party

Der Junggesellenabschied war angeblich schon bei den alten Griechen beliebt. Inzwischen haben sich die Frauen emanzipiert, und die »Hen Party« aus England hat sich bei uns breit gemacht. Ziel beider Veranstaltungen ist kurz gefasst das Gleiche: Noch mal ordentlich die Sau rauslassen, bevor es ernst wird!
Dabei geht es durchaus derb zu. Hier einige Gestaltungsbeispiele:

- Er wird mit Handschellen auf der Damentoilette festgekettet und muss eine fremde Frau davon überzeugen, ihn bei seinen Kumpels »freizukaufen«.
- Sie trägt ein Schild um den Hals, auf dem sie Küsse an fremde Männer für einen bestimmten Geldbetrag anbietet.
- Ihm oder ihr einen großen Holzklotz ans Bein binden (was das wohl bedeuten soll?)
- Sie oder er muss aus einem Bauchladen Kondome, Gleitcreme und ähnliches Zubehör aus dem Sex-Shop verkaufen.

Nach einer unbestätigten Legende ist es ein Muss für Junggesellen, an diesem Abend eine Zigarre zu rauchen. Angeblich folgt dies dem Beispiel der Gebrüder Guggenheim, die sich ohne Hast in den Salon der Titanic begaben, als sie erfahren hatten, dass diese sinken würde, um dort gepflegt eine letzte Zigarre zu rauchen …

Schräges Outfit für den Junggesellenabend ★★★★★

Darüber braucht man sich eigentlich gar keine Gedanken zu machen. Überlasst das doch einfach dem weiblichen Geschlecht. Vorgehensweise: Man besuche eine nicht zu große Disco und informiere den DJ über die Anwesenheit des Junggesellen. Dieser soll dann zum geeigneten Zeitpunkt den besonderen Gast über Lautsprecher begrüßen, nach vorne auf die Bühne holen und die anwesenden Frauen auffordern, beim Styling des Zukünftigen etwas nachzuhelfen. So bekommt der Junggeselle ganz kostenlos eine perfekte Behandlung mit Make-up, Lippenstift, Lidschatten und Wimperntusche. Für den Rest des Abends wird euer Kumpel garantiert der Blickfang jeder modebewussten Partygesellschaft werden.

Was sagt die Jury?

: Und was macht man mit der Freundin beim Hen-Abend?

: Dann sollen halt die in der Disco anwesenden Männer die Henne schminken. Müsst ihr nur das Schminkzeug selbst mitbringen.

: Coole Idee!

Die Ringe

Seit Tausenden von Jahren tauschen die Menschen bei der Hochzeit Ringe aus. Ursprünglich waren diese aus Eisen, im zweiten Jahrhundert nach Christus wurden dann auch Ringe aus Gold für den Lebensbund benutzt. Ganz klar, der Ring symbolisiert wie kein anderes Schmuckstück die (hoffentlich) unendliche Dauer der Liebe.

Inzwischen benutzt man definitiv keine Eisenringe mehr (zumindest nicht mehr in diesem Zusammenhang), aber dafür haben andere Edelmetalle den Weg auf unsere Finger gefunden. Hier eine kleine Stoffkunde:

Gold

Der Klassiker! Ringe aus Gold haben eine gelbrote Farbe und sind gut polierbar. Gold an sich verfügt zudem über außergewöhnliche Dehnungseigenschaften, doch das sollte hier eigentlich keine Rolle spielen – es sei denn, ihr nehmt nach der Hochzeit wahnsinnig zu. Allerdings ist Gold ziemlich weich und wird deshalb oft mit anderen Stoffen vermischt und in einer Legierung verkauft. Der Anteil reinen Goldes wird durch eine Zahlenkombination auf der Innenseite des Rings dokumentiert: Wenn dort etwa 585/000 steht, so heißt das, dass von 1000 Gramm des Gesamtgewichts 585 Gramm aus Gold sind. Dies gilt in gleicher Weise für Weißgold, Platin, Palladium und so weiter. Gold hat vor allem gegenüber Platin den Nachteil, dass es über die Jahre an Substanz verliert. (Wenn ihr eine alte Bauersfrau kennt, lasst euch mal deren Ehering zeigen – oft ist er nur noch ein ganz schmaler Reif.)

Weißgold

Weißgold gibt es in dieser Form in der Natur nicht. Hier wird durch die Beimischung von anderen Metallen versucht, dem

dem Gold eine hellere Färbung zu verleihen. Dabei werden etwa Silber, Palladium, Mangan und Nickel in verschiedenen Mischungsverhältnissen beigemischt. Hier solltet ihr darauf achten, dass das Weißgold ohne Beimischung von Nickel oder Mangan produziert wurde, denn diese Metalle können mit der Dauer zu allergischen Reaktionen führen. Am besten, aber auch am teuersten ist eine Beimischung aus Palladium, das zur Platin-Gruppe gehört. Die beiden für Trauringe geeigneten Legierungen weisen einen Feingehalt von 585/000 oder 750/000 auf.

Platin

Platin ist das teuerste und faszinierendste Edelmetall, aus dem ihr euch Eheringe machen lassen könnt. Für eine Unze Platin, das sind 31,1 Gramm, müssen etwa zehn Tonnen Erz abgebaut werden! Nach dem Abbau wird das Platin mühsam in 150 komplizierten Verarbeitungsschritten gewonnen. Das dauert nochmals fünf Monate. Platin ist zudem wesentlich seltener als Gold (etwa dreißigmal) und wird nur an wenigen Orten auf der Welt geschürft. Die Jahresmenge von Platin beträgt etwa 88 Tonnen (Gold: 2700 Tonnen). Und weiter geht's mit den Superlativen: Platin hat den höchsten Schmelzpunkt von allen hier genannten Metallen – wobei das im Alltag keine große Bedeutung haben sollte. Platin wird ausschließlich in einem Feinheitsgrad von 950/000 verarbeitet und ist optimal hautverträglich. Aber eben auch sehr teuer. Auch die Oberfläche von Platinringen verkratzt mit den Jahren, allerdings wird hier das Material nur verschoben und nicht abgerieben. Theoretisch sollte der Ring also auch in vierzig Jahren noch genauso schwer sein. Ach ja, Schmuck aus Platin ist extrem schwer, ein Ring aus Platin wiegt bei gleicher Masse etwa ein Drittel mehr als ein Ring aus 750er Gold.

Palladium
Palladium gehört zur Gruppe der Platin-Metalle, zu der auch Rhodium, Osmium und Iridium gehören. Es ist allerdings nicht so edel wie Platin. Trotzdem ist das weiße, stark reflektierende Metall an der Luft sehr korrosionsbeständig, da es bei Raumtemperatur nicht mit Sauerstoff reagiert.

Und wo wir gerade bei Ringen sind: Zum Thema Geschenke für das Brautpaar gibt es auch noch ein paar Takte zu sagen.

Geschenke für die Hochzeit

Das war ja schon an Weihnachten der Klassiker: Man packt erwartungsfroh die bunten Päckchen aus – und dann gibt es Unterhosen, Socken, den x-ten Schlafanzug, gerade so wie auch in den Jahren zuvor. Damit es euch oder den Brautpaaren, die ihr beschenkt, nicht so ergeht, gibt es ein paar einfache Dinge zu beachten:

Der Hochzeitstisch
Viele Brautpaare richten sich einen so genannten Hochzeitstisch in einem bestimmten Geschäft ihrer Wahl ein. Beliebt sind hierbei Haushaltswarenläden, da man sich ja oft auch eine gemeinsame Wohnung mit Küche einrichten will. Dort sucht sich das Brautpaar lauter Dinge aus, die es gerne hätte. Die Gäste können ihre Geschenke anschließend dann dort kaufen und sind sich dabei sicher, keinen Griff ins Klo zu tätigen. Für die Brautpaare: Wendet euch vertrauensvoll an ein Geschäft eurer Wahl. Achtet vielleicht darauf, dass ihr euch teurere und billigere Dinge aussucht, so dass sowohl die

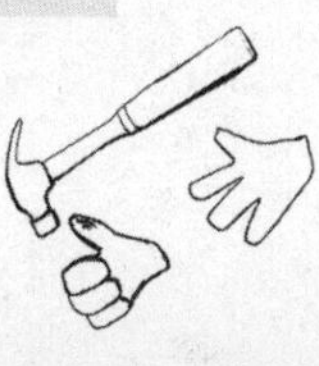

steinreiche Erbtante als auch der arbeitslose Ex-Kommilitone etwas finden. Für Gäste: Wenn nichts in der Einladung steht, fragt entweder den oder die Hochzeitsmanagerin oder das Brautpaar direkt danach.

Das Ganze gibt es natürlich auch als Geschenkbuch oder als Geschenk-Webseite.

Geld schenken?

Hierüber streiten sich die Geister. Viele empfinden es als unhöflich oder zu tantenhaft, Geld zu schenken. Aber es ist doch auch praktisch, denn das Paar kann sich damit seine Wünsche erfüllen, egal was es ist. Ein guter Kompromiss besteht aus unserer Sicht darin, das Geldgeschenk auf eine originelle und persönliche Weise zu »verpacken«. Hier sind zwei von unendlich vielen Möglichkeiten:

– Eiskalte Münzen

Die Vorbereitung für dieses Geschenk sollte einige Tage vor der Feier beginnen. Ihr braucht dazu einen längeren Strick, ein rundes Plastikgefäß, etwa einen kleinen Eimer, und etliche Münzen, am besten Zwei-Euro. Jetzt legt ihr einige der Münzen in den Behälter und schüttet etwas Wasser dazu, so dass die Münzen bedeckt sind. Den Strick legt ihr mit einem Ende ins Wasser, so dass noch mindestens ein Meter aus dem Behälter herausschaut. Danach kommt das Ganze ins Gefrierfach oder noch besser in die Tiefkühltruhe (mehr Platz!). Wenn die erste Schicht gefroren ist, kommt eine zweite Schicht mit neuen Münzen und neuem Wasser dazu, das wieder einfrieren muss. Das macht ihr so lange, bis das Gefäß voll ist und eure Münzen alle eingefroren sind.

Zur Hochtzeitsfeier löst ihr den wertvollen Eisblock aus dem Gefäß und hängt das Eis an dem Strick im Festsaal auf. Darunter platziert ihr den Eimer und darüber ein Sieb. Jetzt taut das »Geschenk« den ganzen Abend vor sich hin und lässt immer wieder klingelnd eine Münze fallen.

– Die getarnte Gurke
Okay, unsere Eltern haben immer gesagt, dass wir mit Lebensmitteln nicht spielen sollen. Aber diese Idee ist einfach gut: eine Salatgurke als Geld-Kaktus. Du benötigst dazu eine Gurke, die ruhig etwas verschrumpelt aussehen kann. Schneide nun mit dem Messer viele kleine Schlitze in die gesamte Gurke. Danach steckst du lauter Zwei-Euro-Stücke in die Gurke und »pflanzt« das ganze Ding in einen Blumentopf mit Erde! Der Kaktus wird garantiert viel Freude machen.

Noch mal 'ne blöde Frage zwischendurch: Wie ist das eigentlich mit dem Hochzeitsstrauß? Ich habe da ja keine Ahnung und wollte vielleicht ein paar schöne Tulpen besorgen. Um die Ecke gibt es einen Laden, der heißt »Blume 2000« oder so ähnlich, und ist auch nicht so teuer …

Halt, Ingo, jetzt keinen fatalen Fehler machen! Nach unseren privaten Erhebungen ist der Hochzeitsstrauß bei 95 Prozent aller Paare der Anlass für den ersten Ehekrach! Für die Frauen ist der Hochzeitsstrauß enorm wichtig – so wie für die Männer etwa der Brautwagen oder die letzte Sportschau der Saison.

Leider haben Männer einfach überhaupt keinen Sinn für diese bunten Gewächse (die Floristen unter unseren Lesern nehmen wir hiervon natürlich ausdrücklich aus). In diesem Fall empfehlen wir: Lass es einfach die Frau machen! Biete an, den Strauß abzuholen und sei irgendwie behilflich, aber such den Strauß bloß nicht selber aus!

Ah, gut, dass wir darüber geredet haben. Werde ich machen. Aber habt ihr nicht auch noch ein paar Tipps für unsere Party?

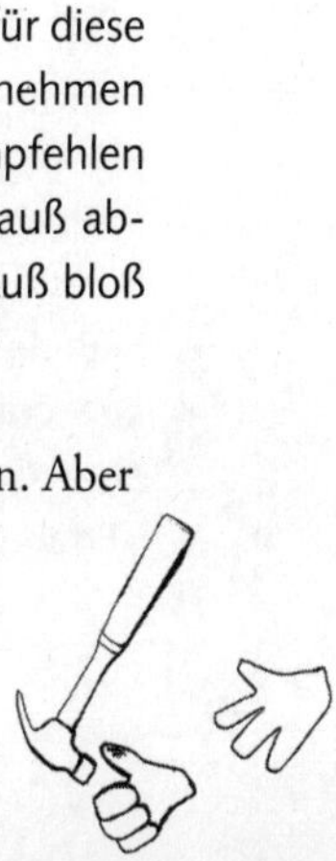

Na klar! Hier haben wir die besten, schönsten und praktischsten Tipps für euer Hochzeitsfest …

Tischordnung: Paare kreuzweise ★★★★★

Hier ein Tipp für eure Tischordnung bei der Hochzeit: Setzt eingeladene Paare nicht direkt gegenüber oder nebeneinander an den Tisch, sondern am besten kreuzweise verschränkt mit einem anderen Paar. So dass der Partner jeweils schräg gegenüber sitzt. Wenn ihr dann noch darauf achtet, dass die »zusammengelegten« Paare einige Gemeinsamkeiten haben, die sie im Laufe des Abends entdecken können, habt ihr alles richtig gemacht.

Was meint die Jury?

: Einfach, aber genial!

: Das ist wirklich eine gute Idee, werden wir gleich ausprobieren!

Essensmenge richtig einschätzen ★★★★☆

Das klingt zwar total banal, ist aber mindestens die halbe Miete für eine gelungene Hochzeitsparty: die richtige Essensmenge. Denn nichts ist peinlicher und nervender, als wenn das Essen nicht reicht, zu spät kommt, kalt ist oder fade schmeckt. Oft bleibt genau das dann von der Party in Erinnerung – über Jahre!

Bedenkt diesen Punkt deshalb lieber zweimal zu viel als einmal zu wenig. Wenn ihr das Essen bei einem Catering-Service oder einer Gaststätte »kauft«, verlasst euch nicht blind auf deren »Erfahrungen«, denn oft genug liegen diese »Profis« daneben.

Besteht von Anfang an auf einer ausreichenden Menge und lasst euch durchaus die geplanten Mengen sagen.

Was ebenfalls total abtörnt: Wenn der Catering-Service vor den Augen der Gäste das Essen aus diesen appetitlichen blauen Plastikboxen holt, die wahrscheinlich auch im Altersheim benutzt werden. Das verdirbt den Gästen in jedem Fall den Appetit. Sorgt in diesem Fall dafür, dass die Gäste das nicht sehen. Notfalls müsst ihr halt alle aus dem Saal an die frische Luft jagen und ein Hochzeitsspielchen machen.

Was sagt die Jury?

: Das ist ein verdammt wichtiger Tipp. Wir waren neulich auf einer Hochzeit: selten so gehungert wie da! Nach mehreren Stunden Anreise gab es nach der Trauung nur Sekt und trockenes Gebäck. Mehrere Stunden später wurde dann das Büfett eröffnet, aber das Lokal hatte sich mit den Mengen krass verschätzt, so dass schnell »rationiert« werden musste. Absolut peinlich!

: Das halte ich für weniger wichtig. Hauptsache, es gibt immer was zu trinken!

: Was man auch bedenken sollte: wie viele junge Gäste und alte Gäste hat man (die jungen essen nämlich deutlich mehr). Und: wie viele Sportler sind darunter (die essen meistens für zwei!).

Einfache Wegführung zur Partystätte ★★★☆☆

Erspare dir und deinen Gästen komplizierte und undurchschaubare Wegbeschreibungen (»beim Haus von Tante Erna geradeaus weiter ...«). Um den Freunden und Verwandten eine wirklich sichere Ankunft ohne Umwege zu ermögli-

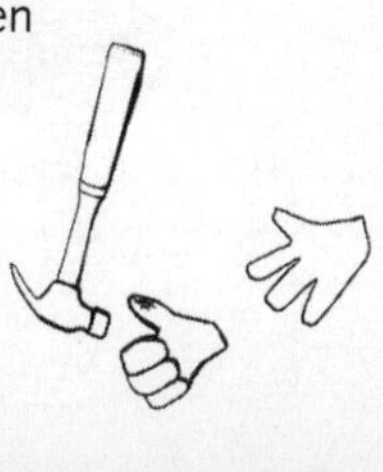

chen, hier eine sichere Lösung: Drehe deine Musikanlage bis zum Anschlag auf und lass die Gäste nach Gehör fahren!

Was meint die Jury?

: Und welche Musik empfiehlst du?

: Bestimmt nicht Bach oder Beethoven *g*

: Wie wär's mit »Stairway to heaven«?

Super Idee! Ich wollte schon immer mal die Grenzen meiner Anlage testen, aber habe es mich dann doch nie getraut.

Das lässt du mal schön, Ingo. Ich habe keine Lust, dass die Polizei schon am Mittag auf meiner Hochzeitsfeier erscheint.

War ja auch nicht ganz ernst gemeint. Aber wir haben hier noch ein paar nette Spiele für eure Party oder andere Hochzeiten, auf die ihr eingeladen werdet.

Schräge Spiele und Streiche für die Hochzeit

Bräutigam an den Beinen erkennen

Erkennt die **Braut** ihren Bräutigam mit verbundenen Augen – an seinen Beinen? Stellt sie auf die Probe! Dafür müsst ihr einige Männerbeine (inklusive der des Bräutigams) präsentieren, am besten auf Stühlen. Die Braut muss dann tastend den richtigen erraten. (Zur allgemeinen Erheiterung kann man der Braut auch ein Paar Frauenbeine dazustellen!)

Das lässt sich natürlich auch umgekehrt mit dem **Bräutigam** veranstalten. Vielleicht findet sich ja ein rasiertes Männerbeinpaar (Radfahrer fragen!), das ihr so »getarnt« unter die Frauenbeine schmuggeln könnt.

Eine ebenfalls witzige Variante: den Zukünftigen an den Ohren erkennen. Dazu auch die Augen verbinden und ein Stück Pappe mit einem Loch für die Ohrmuscheln benutzen!

Morgenstund hat Gold im Mund

Alte Volksweisheiten sind immer wert, dass du ihnen Beachtung schenkst. Und damit das junge Paar das auch nicht vergisst – besonders nicht am Morgen nach der Hochzeit –, kannst du sie folgendermaßen daran erinnern: Inseriere für den Tag nach der Hochzeit in einer lokalen Tageszeitung. Die Anzeige könnte in etwa so lauten: »Biete: Golf III, Baujahr 1998, 38 000 km, viele Extras, 1-a-Zustand, günstig abzugeben, VB 1900 Euro, bitte um persönliches Erscheinen bei (Adr. des Brautpaares), Tel.: (Nr. des Paares), ab 7 Uhr morgens.« Wenn der entsprechende Tag ein Sonntag ist, entweder eine Sonntagszeitung wählen oder schon am Samstag inserieren und ausdrücklich um das Erscheinen am Sonntagmorgen bitten.

Variante der »Reise nach Jerusalem«

Das alte Spiel »Reise nach Jerusalem« kennt jeder. So mit Stühlen und der Musik … Hier ist eine witzige Variante, die man gut zu fortgeschrittener Stunde spielen kann. Bei dieser Variante müssen sich die Teilnehmer nicht um die knappen Stühle balgen, sondern auf die Schnelle einen bestimmten Gegenstand besorgen, den der Spielleiter jeweils ansagt. Zum Beispiel geht es los mit einem Schnürsenkel. Wer hier nun als Letzter einen Schnürsenkel anbringen kann, ist ausgeschieden. Danach kann man dann schon etwas heiklere Gegenstände fordern: einen Damenstrumpf, eine Männerkrawatte und so weiter.

Je weniger Leute im Rennen sind, desto schwie-

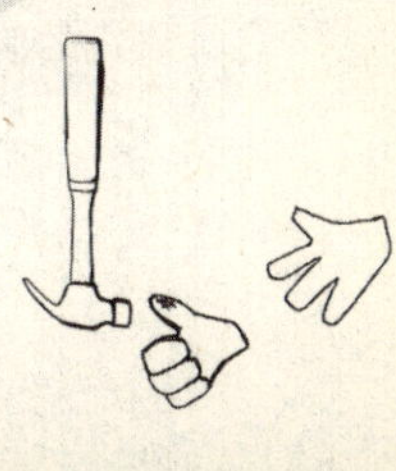

riger und delikater kann man die gewünschten Dinge wählen: eine Männerunterhose oder einen Damen-BH etwa.

Die Hochzeitsnacht

Das ist ein witziges Spiel, bei dem jemand beschreibt, wie er sich seine »erste Nacht« vorstellt – allerdings weiß er das in diesem Moment gar nicht! Man braucht dazu einen Spielleiter oder eine Spielleiterin, etwa drei männliche Freiwillige, die zu Beginn des Spiels den Raum verlassen, sowie eine Person, die einen Esslöffel bekommt.

Diese Person soll den Löffel nun so mit den Händen festhalten, dass man ihr den Löffel nur ganz schwer oder gar nicht entreißen kann. Den Freiwilligen vor der Tür gibt man die Aufgabe, dass sie einzeln innerhalb einer gewissen Zeit der Person den Löffel abnehmen sollen. Der Spielleiter weist die Freiwilligen auch darauf hin, es mit freundlichem Zureden zu probieren.

Den anwesenden Gästen erzählt man hingegen, dass das, was nun geschieht, die Ereignisse der Hochzeitsnacht des Paares darstellt.

Tipp: Beim Aussuchen der Freiwilligen sollte man auf weibliche Personen verzichten, ohne zu erwähnen, dass nur männliche geeignet sind. Die Person mit dem Löffel sollte auf jeden Fall sitzen und den Löffel am besten zwischen den Beinen halten!

Der ultimative Partnertest!

Dies ist der ultimative Test für das harmonische Zusammenleben des frisch gebackenen Brautpaares. Man benötigt dazu eine Spielleiterin oder einen Spielleiter, mehrere Helfer sowie das Brautpaar. Außerdem benötigt man ein altes Bettlaken, ein Paar kleine Schuhe, ein Kinder-Lätzchen sowie diverse Gegenstände aus dem täglichen Leben: einen Waschlappen,

Rasierzeug (bitte keine echten Klingen!), Joghurt, Zahnbürste und so weiter. Das Bettlaken wird von Helfern hinter einem Tisch hochgehalten. Es muss so präpariert sein, dass der Bräutigam dahinter sitzend seinen Kopf und seine beiden Hände durch Schlitze stecken kann. Auf der Vorderseite des Lakens ist ein kleines Kind aufgemalt, dessen Kopf der des Bräutigams ist und dessen Beine die Arme des Bräutigams sind. An die Hände des Bräutigams werden nun die Schuhe angezogen. Nun muss die Braut sich hinter den Bräutigam stellen und ihre beiden Arme ebenfalls durch Schlitze im Betttuch stecken – so dass das kleine Kind nun auch Arme hat.

Nun beginnt der Spaß mit den diversen Aufgabenstellungen: Das kleine Kind wacht auf, gähnt und reibt sich die Augen. Das muss die Braut nun mit dem Gesicht des Bräutigams tun, ohne allerdings etwas davon zu sehen. Danach soll das Kind sich die Zähne putzen, Joghurt essen, sich rasieren und waschen und, und, und. Die Helfer müssen die entsprechenden Utensilien reichen. Vor allem das Einschäumen beim Rasieren ist ein besonderer Spaß für die Anwesenden.

Der Tampon

Bei diesem zugegebenermaßen etwas derberen Spiel müssen die Teilnehmer mit Hilfe eines handelsüblichen Tampons versuchen, eine Flasche anzuheben. Das funktioniert so: Den Teilnehmerinnen und Teilnehmern wird zunächst ein Tampon mit einer Schnur so hinten am Gürtel oder Hosenbund befestigt, dass der Tampon etwa in Kniehöhe hängt. Danach müssen sich die Freiwilligen über eine Flasche mit Wasser stellen und sollen nun – natürlich ohne die Hände zu benutzen, deshalb am besten festbinden – den Tampon in die Flasche einführen. Wenn dies irgendwann gelingt, saugt der sich mit Wasser voll und anschließend kann man die Flasche anheben. Jetzt hat der Teilnehmer ent-

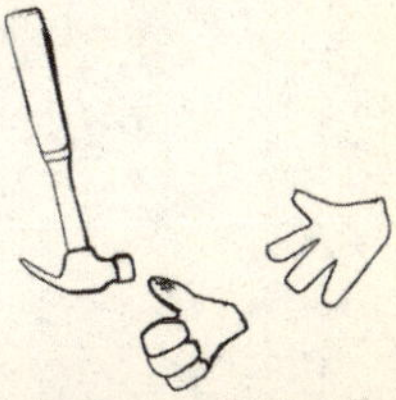

weder gewonnen oder muss vorher mit der Flasche noch einen Hindernisparcours durchlaufen. Eine andere Variante ist es, den Freiwilligen die Augen zu verbinden und die Anwesenden zur lautstarken Mithilfe anzuhalten.

Und zum Schluss noch etwas sehr, sehr Romantisches für eure Hochzeitsfeier: Luftballons mit Wunderkerzen steigen lassen. Das ist eigentlich verboten in Deutschland. Deshalb am besten in einer grenznahen Region heiraten und zu diesem Event kurz die Landesgrenze überschreiten. Und so geht es: Besorgt euch Ballons und Helium. Anbieter findet ihr im Netz etwa unter www.ballon24.de. Die liefern euch alles direkt bis in den Festsaal. Dann können zu vorgerückter Stunde und bei Dunkelheit viele rote Herzluftballons, an die ihr mit einer Schnur Wunderkerzen hängt, gleichzeitig in die Luft gelassen werden. Sieht absolut traumhaft aus! Die erlaubte Variante bei Tageslicht und mit »Antwortkarten« an das Brautpaar ist übrigens auch nett.

Heiraten im Ausland

Dass dies ein Trend ist, lässt sich schon an der Anzahl der professionellen Anbieter im Netz ablesen. Lange Jahre war die Blitzhochzeit in Las Vegas das Symbol für »die« Hochzeit im Ausland. Heute wird der Bund fürs Leben auf der ganzen Welt geschlossen. Das ist oft exotisch, geht meist ziemlich unkompliziert und verbindet zudem Hochzeitsreise und Zeremonie auf angenehme Weise miteinander. Wer an sich wenig Lust auf große Feierlichkeiten, viel Tamtam, die buckelige Verwandtschaft und den ganzen Rest hat, für den ist die Hochzeit im Ausland eine interessante Alternative.

Grundsätzlich wird eine solche Hochzeit in Deutschland anerkannt, wenn sie nach den im Ferienziel üblichen Regeln abgehalten wird. Sprich: Was in Las Vegas eine richtige Hochzeit ist, ist es auch in Deutschland. Zumindest theoretisch. Praktisch haben einige Paare dann schon etwas Ärger, allerdings erst in Deutschland – dann nämlich, wenn sie sich ihre Ehe von deutschen Ämtern anerkennen lassen müssen. Weitere Informationen zu diesem Thema gibt es beim Auswärtigen Amt in Berlin.

Wenn man sich für eine solche Variante entscheidet, kann man die Organisation entweder selbst in die Hand nehmen (was man dann frühzeitig tun sollte, um pünktlich alle notwendigen Dokumente vorliegen zu haben). Oder man kauft sich das »Hochzeits-Paket« von einem professionellen Veranstalter, was in der Regel nicht ganz billig ist. Entsprechende Anbieter findet ihr im Netz.

Die ausgefallensten Ideen sind übrigens: In Kanada beim Skifahren (das heißt, tatsächlich auf Skiern, auch der Standesbeamte wedelt mit die Piste herunter); in Las Vegas mit einem Elvis-Presley-Double als Trauzeuge; in Thailand bei einer buddhistischen Hochzeitszeremonie mit neun Mönchen; auf Hawaii am Strand …

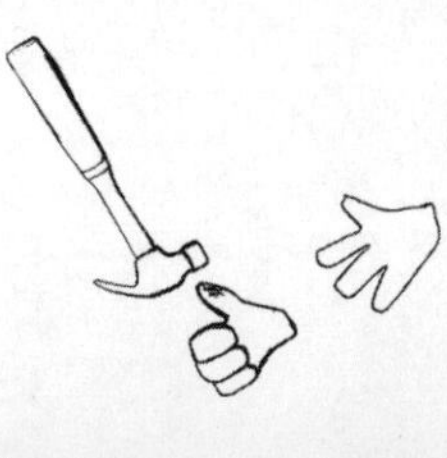

OUTRO

Wow, was für eine Fete das war, unsere Hochzeit! Obwohl wir schon seit zwei Tagen hier auf dieser wunderschönen Insel am Strand liegen, haben sich Jetlag und Kater noch nicht ganz verzogen. Aber das war's wert! Ingo ist gerade auf seinem Liegestuhl eingepennt, nachdem er eine Runde schwimmen war. Er gibt jetzt wieder diese charakteristischen Geräusche von sich, an die ich mich ja gewöhnen muss. Oder habt ihr nicht vielleicht noch eine Idee, was man gegen Schnarchen tun könnte? Ach, nee, lasst mal stecken, Jungs! Wir haben jetzt Flitterwochen, und da nehme ich meinen frisch gebackenen Ehemann ganz so, wie er nun mal ist … und ihr beide habt euch nach diesen vielen super Tipps jetzt auch etwas Urlaub verdient, oder? Gell, Ingo?

Chhhhhhhhrrrrrr – was? Ähh … ja sicher… du hast vollkommen recht, Schatz!

Liebe Kathrin, lieber Ingo,
wir freuen uns natürlich sehr, dass euch unsere Tipps weitergeholfen haben. Und ja, gegen Schnarchen wüssten wir schon etwas. Aber das wird vielleicht zu einem späteren Zeitpunkt an einem anderen Ort erzählt werden. Schließlich hat es uns wahnsinnig Spaß gemacht, für euch all diese Tipps und Tricks zusammenzustellen.

In diesem Sinne hoffen wir natürlich, dass wir uns bald wiedersehen!
Macht's gut und haltet die Ohren steif!
Eure Vatis
Bernhard und Hans-Jörg

SUCHMASCHINE

(fett gedruckte Stichworte verweisen auf Cheats und Komplettlösungen)

WEBSITEEMPFEHLUNGEN

Wissenswertes
www.frag-vati.de – Website der beiden Autoren
www.frag-mutti.de – Auch Website der beiden Autoren :-)

Geld, Finanzen & Versicherungen
www.tauschticket.de – Bücher u.v.m. im Internet tauschen
www.wearewhatwedo.org, www.wearewhatwedo.de – 50 kleine Ideen, die die Welt verändern
www.verbraucherzentrale.info – Die **Verbraucherzentralen** in den 16 Bundesländern bieten Beratung und Information zu Fragen des Verbraucherschutzes

Job & Karriere
europass.cedefop.europa.eu – Informationen für Bewerber rund um den Europass
www.netzeitung.de/arbeitundberuf – Umfangreiche Informationen zum Thema Jobsuche, Bewerbung und Karriere

Autos, Fahrrad & Mobilität
www.mobile.de – Autos (ver-)kaufen im Internet
www.autoscout24.de – Autos (ver-)kaufen im Internet
www.kfz-steuer.de – Alles rund um die Kfz-Steuer, inkl. Steuerrechner
www.fmso.de – Fahren mit Salatöl. Informationen für Spritsparer
www.adfc.de – Allgemeiner Deutscher Fahrradclub. Umfangreiche Informationen zum Thema Fahrrad
www.hlx.com – günstige Flüge im In- und Ausland. Angebot des »Flugs zum Zug«.

Dresscode & Knigge

www.krawattenknoten.info – alles (aber auch wirklich alles) zum Thema Krawatten

Hochzeiten & andere Feste

www.heiratsantrag-ideen.com – falls du auf der Suche nach dem besonderen Heiratsantrag bist. Hier wirst du fündig!
www.ballon24.de – Webshop für Luftballons und Helium
www.mwpf.de – Mehrwegpfandflasche.de: Anmeldung zum Flunkyball-Turnier

Wir bedanken uns bei

- unseren Internet-Muttis und -Vatis für die unglaublich vielen Tipps und Ideen;
- unseren »echten« Muttis und Vatis für die umfassendste kostenlose Lebensberatung, die man sich nur wünschen kann;
- Werner, Hilde und ihrem »Schöpfer« Sebastian Steitz;
- Werner Gailing, der ein wandelndes Auto-Lexikon ist und Namensgeber für unser Maskottchen war;
- Ina Finkbeiner für ihre seelische und moralische Unterstützung;
- Tino Heeg für die tatkräftige Unterstützung, der mit seiner Bohrmaschine trotz falschherum eingestellter Drehrichtung Löcher bohren kann;
- Martina Seith-Karow und dem ganzen S. Fischer-Verlagsteam, das sich immer wieder für unsere Ideen begeistern kann:-)

Ohne euch wäre »Frag Mutti und Frag Vati« voll in die Hose gegangen.

Bernhard Finkbeiner und Hans Jörg Brekle
Frag Mutti – Das WG Buch
Band 29951

Jetzt hilft nur noch »Frag Mutti«-Überlebenstipps für Nestflüchtlinge, Erstis, Lieblingsmitbewohner und Haushaltshelden Wie finde ich die richtige WG? Welche Putzpläne funktionieren garantiert? Wie werde ich den nervigen Mitbewohner wieder los? Welche Renovierungskniffe muss ich kennen? Und wer hat, verdammt nochmal, meinen Joghurt gegessen?

Bei diesen Fragen helfen dir die Experten von »Frag Mutti«: Die besten Top-Tipps für alle, die das erste Mal in einer WG ziehen – vom WG-Casting, über Putz- und Aufräumtricks bis zu Ideen für die abgefahrensten Partys: Mit Geschichten aus dem turbulenten WG-Leben, den besten Partyrezepten, Psychotests und dem ersten WG-Adventskalender zum Selbermachen.

Das gesamte Programm gibt es unter
www.fischerverlage.de

fi 29951 / 1

Bernhard Finkbeiner und Hans Jörg Brekle
Frag Mutti – Das Sparbuch
Band 17814

So macht Sparen Spaß! Bernhard Finkbeiner und Hans-Jörg Brekle, Studenten und Schwaben (!), bürsten das Thema gegen den Strich. Herausgekommen ist ein hilfreiches und unterhaltsames Kompendium der besten, gerissensten und witzigsten Spartipps:

- Kundenkarte – Spartipp oder Bauernfängerei?
- Die Wahrheit über Outlets
- Die schlimmsten Zeitfresser
- Welcher Spar-Typ bin ich?

Das gesamte Programm gibt es unter
www.fischerverlage.de

fi 17814 / 2

Die Männerschule

111 Kurse für das schwächelnde Geschlecht
von Gemüse grillen bis Komplimente erfinden

Band 19791

Ob Anfänger, Wiedereinsteiger oder Hochbegabte – mit der »Männerschule« werden Männer zu perfekten Beifahrern und erstklassigen Liebhabern, sie lernen die Sprache der Blumen und der Schwiegermutter, Gemüse grillen und leben ohne Fernbedienung. So viel Spaß hatten Frauen mit den Schwächen ihrer Männer noch nie!

Melden Sie Ihren Mann an. Jetzt.

Das gesamte Programm finden Sie unter
www.fischerverlage.de

fi 19791 / 1